中国化时代化马克思主义理论研究与实践

——浙江工商大学马克思主义学院论文集

李梦云 主编

浙江工商大学 出版社

ZHEJIANG GONGSHANG UNIVERSITY PRESS

·杭州·

图书在版编目(CIP)数据

中国化时代化马克思主义理论研究与实践：浙江工商大学马克思主义学院论文集 / 李梦云主编. — 杭州：浙江工商大学出版社，2024.6

ISBN 978-7-5178-6057-0

Ⅰ. ①中… Ⅱ. ①李… Ⅲ. ①马克思主义－发展－中国－文集 Ⅳ. ①D61-53

中国国家版本馆 CIP 数据核字(2024)第 111303 号

中国化时代化马克思主义理论研究与实践
——浙江工商大学马克思主义学院论文集
ZHONGGUOHUA SHIDAIHUA MAKESI ZHUYI LILUN YANJIU YU SHIJIAN
——ZHEJIANG GONGSHANG DAXUE MAKESI ZHUYI XUEYUAN LUNWEN JI

李梦云 主编

责任编辑	唐 红	
责任校对	沈黎鹏	
封面设计	蔡思婕	
责任印制	包建辉	
出版发行	浙江工商大学出版社	

（杭州市教工路 198 号　邮政编码 310012）
（E-mail：zjgsupress@163.com）
（网址：http://www.zjgsupress.com）
电话：0571-88904980,88831806（传真）

排　　版	杭州朝曦图文设计有限公司	
印　　刷	杭州高腾印务有限公司	
开　　本	710mm×1000mm　1/16	
印　　张	22.25	
字　　数	363 千	
版印次	2024 年 6 月第 1 版　2024 年 6 月第 1 次印刷	
书　　号	ISBN 978-7-5178-6057-0	
定　　价	69.00 元	

目 录

【马克思主义基本原理】

【马克思主义中国化研究】

【思想政治教育教学专题】

马克思主义基本原理

马克思主义与儒学的会通，如何可能？*

——评《马克思与孔夫子——一个历史的相遇》

王　磊①

摘　要：习近平总书记在庆祝中国共产党成立 100 周年大会上明确提出"坚持把马克思主义基本原理同中国具体实际相结合、同中华优秀传统文化相结合"。党的十九届六中全会审议通过的《中共中央关于党的百年奋斗重大成就和历史经验的决议》，在概括习近平新时代中国特色社会主义思想来源时，又强调了"两个结合"。何中华所著《马克思与孔夫子——一个历史的相遇》(2021 年 7 月)，正是对马克思主义与中华优秀传统文化相结合展开的研究，旨在回应马克思主义与儒学"何以能够会通"这一问题。

关键词：马克思主义；儒学；会通

　　马克思主义与儒学的会通是近年来学术界关注和讨论的一个热点问题。而马克思主义与儒学何以能够会通？两者的会通有哪些原因和内在机理？这些问题仍然缺乏理论上的系统论证和有效回应。何中华说："在马克思主义同儒学的会通和融合方面，我们面临的已不再是'是否可能'的问题，而仅仅是'如何可能'的问题。"②在《马克思与孔夫子——一个历史的相遇》一书中，何中华正是从理论上来论证和回应马克思主义与儒学会通的可能性的。

---

　　* 本文系 2022 年度浙江工商大学"部校共建"马克思主义学院课题"百年大党守正创新的内在逻辑"(BXGJ22008)的阶段性成果。

　　① 作者简介：王磊，浙江工商大学马克思主义学院副教授，研究方向为马克思主义基本原理与中华优秀传统文化、中国哲学。

　　② 何中华：《马克思与孔夫子——一个历史的相遇》，中国人民大学出版社 2021 年版，第 3 页。

一、分析马克思主义与儒学会通的历史必然性

晚清以降,"中国向何处去"成为当时中国人民不得不回答的时代问题。近代中国的落败和新文化运动对传统文化的批判,使国人清醒地认识到传统的道路已经走不通。"一战"的爆发,又使国人意识到西方文化的局限,进而对西方道路产生了一种警惕和怀疑的态度。这一时期,俄国十月革命的胜利,恰恰给中国人民带来了第三条道路的可能。何中华说:"马克思主义传入中国的历史契机,就在于当时国人对中国古典文化和西方现代文化感到双重失望,从而寻求'第三种文明'。"[①]在这样的时代背景下,中国人民经过不断求索,最终选择了马克思主义。于是,这就为马克思主义与儒学的会通创造了一个基本的历史条件。

马克思主义传入中国之后,需要适应中国特有的国情,同中国具体实际相结合,才能发挥其理论价值。中国特有的国情,很典型的一个方面在于,传统中国以农业为主要经济形式,以农民为社会的主体,在这种农耕型文明的土壤上,又形成了儒学这种思想形态。该书认为:"土地、农民、儒学,这一切具有发生学联系的历史—文化现象,共同决定了中国所特有的'国情',它从根本上塑造和建构了中国人接受马克思主义的深邃的解释学背景和期待视野。"[②]进而,"这一特定的国情,决定了马克思主义来到中国后必须做出相应的变通。中国社会所发生的这种以农民为主要力量的革命,内在地要求儒学文化相配合。由此决定了马克思主义在中国化的过程中,必然面临着如何同作为中国传统文化主流的儒学相兼容的问题"[③]。因此,作为中国革命、建设和改革的指导思想的马克思主义,必然要与儒学发生实践上的关联和会通。

二、论述马克思主义与儒学在思想特质上的共通性

该书认为,欧陆哲学与中国传统文化天然具有思想上的亲和性,这为马克思主义与儒学的会通提供了文化基础。西方哲学内部存在着欧陆哲学与英美哲学

---

① 何中华:《马克思与孔夫子——一个历史的相遇》,中国人民大学出版社2021年版,第57页。
② 何中华:《马克思与孔夫子——一个历史的相遇》,中国人民大学出版社2021年版,第117页。
③ 何中华:《马克思与孔夫子——一个历史的相遇》,中国人民大学出版社2021年版,第124页。

的差异,英美哲学传统更偏科学,欧陆哲学传统更偏人文。美国学者迈克尔·弗里德曼把欧陆传统与英美传统的分歧看成斯诺所谓的"科学文化"与"人文文化"冲突的一种表现形式[①]。而中国传统思想一向正是以人文思想的典型特质呈现出来的。于是,欧陆哲学与中国传统思想具有天然的亲和性,而英美哲学与中国传统思想则相对疏离。"严复引介的英国自由主义和胡适引介的美国自由主义,尽管较早即已传入中国,但始终未能在中国社会和文化中真正扎根。"[②]李泽厚曾指出:"自由主义在中国始终没能创造出自己的真正独立的哲学。"[③]不唯自由主义,英美分析哲学、语言哲学、科学哲学在近代中国都未能真正"中国化"。相较之下,中国传统思想与欧陆哲学之间的同质性和亲和性,使得欧陆哲学家如康德、黑格尔、马克思、尼采、海德格尔等的思想传入中国之后,更容易被纳进中国固有的话语方式,融入中国本土的思想体系。

该书认为,马克思主义与儒学在思想倾向上具有否定之否定意义上的一致性,这为两者的会通提供了思想前提。从显性层面来看,马克思主义与儒学具有明显差异,马克思主义是西方现代社会的革命理论,儒学是中国古代社会占主流地位的文化形态。马克思主义与儒学之间存在着明显的差异,往往使人忽视了两者之间共同的思想倾向。实际上,马克思主义是以批判西方现代社会的思想姿态而出现的,在一定意义上具有后现代性质;而儒学作为一种传统思想,具有前现代性质。据此,该书认为:"儒学的前现代性质,同马克思主义的后现代文化取向之间,存在着否定之否定意义上的某种一致性。"[④]而且,马克思又在辩证否定基础上对古希腊思想和文化有所追怀,这与中国传统思想在前现代意义上存在某种可以通约之处。因此,马克思主义与儒学在思想特质上的一致性,为两者的会通提供了思想前提。

三、阐释马克思主义与儒学在内在学理上的契合性

马克思主义与儒学的会通"如何可能",更根本地,乃是基于马克思主义与儒

① 迈克尔·弗里德曼:《分道而行:卡尔纳普、卡西尔和海德格尔》,张卜天译,北京大学出版社 2010年版,第 1 页。

② 何中华:《马克思与孔夫子——一个历史的相遇》,中国人民大学出版社 2021 年版,第 42 页。

③ 李泽厚:《中国现代思想史论》,东方出版社 1987 年版,第 266 页。

④ 何中华:《马克思与孔夫子——一个历史的相遇》,中国人民大学出版社 2021 年版,第 33 页。

学在内在学理上的契合性。该书从运思方式、人的存在方式、人与自然的关系、人性论、辩证法、实践观、历史观、自由观、社会愿景等多个维度阐释了马克思主义与儒学在内在学理上的契合性。在分析两者内在学理契合性的过程中,该书将儒学看作一个整体,搁置其时代差异与学派之争,从先秦、两汉、唐、宋、明、清的儒学中,提炼其共通的思想指归和价值观念;同样,该书以马克思的思想为核心,将马克思主义看作一个整体,搁置其民族差异与时代变迁,兼取马克思、恩格斯、列宁、毛泽东等的思想,提取其核心要义和整体特质。由此,作者展开了对马克思主义与儒学的对比分析,阐发出两者在内在学理上的契合性。

马克思主义与儒学分处不同的时代,有古今之异;根植于不同的文化传统,有中西之别。因此,该书对马克思主义与儒学在内在学理上契合性的分析,构成了一种创造性阐释;而且,该书能够把握恰当的阐释限度,把马克思主义与儒学摆在同一个水平位置,并未以某一方为绝对标准。这样既可以克服文化复古主义的"以儒代马论"对儒学的偏袒和盲信,又可以防止文化虚无主义的"以马废儒论"对儒学的过分贬低。由此,该书的阐释并非"以马释儒"或"以儒释马",而是在马克思主义指导下的"马儒互释",从而切实推进马儒互化和马儒会通。

如果说过去的一百多年,马克思主义主要是在中国革命、建设和改革的实践中逐渐中国化,从而生成了中国化的马克思主义,那么,该书对马克思主义与儒学的对比阐释,则是在哲学的内在学理层面,进一步推进马克思主义与中国传统思想的融通,从而促成马克思主义在中国文化中生根、开花和结果。同时,该书对马克思主义与儒学在内在学理上会通的创造性阐释,使传统儒学获得现代的话语方式和思想语境。我们相信,马克思主义与儒学将会进一步融合与会通,并且在未来将会生成新的思想形态。

马克思"现实的个人"理论及其当代价值

——基于《德意志意识形态》

朱京霞①

摘　要:马克思、恩格斯以对德国古典哲学家关于人的虚幻理解的批判为逻辑前提,提出了"现实的个人"这一概念,从人的物质生产实践出发把握"人","抽象的人"被拉回现实。"现实的个人"的发现为唯物史观的产生奠定了前提和基础,深入了解"现实的个人"概念的生成逻辑及丰富内涵,有助于中国共产党人在推进人类解放事业中始终站在历史唯物主义的立场上,坚持发展服务于人民,积极展现大国担当的理想信念。

关键词:《德意志意识形态》;"现实的个人";人的全面发展

以往的哲学家认为是观念或者某种绝对精神统治着这个世界,意识决定物质,所以以往的哲学家在关于"人"的理解上便想当然地用各种哲学概念来代替真正的人,人也变成了概念,变成了名词。一种观念代替另一种观念,这种幼稚的空想间的互相争斗就是德国古典哲学领域里的常态。"人"也就长时间在唯心主义的笼罩下成为观念的存在。

在《德意志意识形态》(后文简称《形态》)中,马克思、恩格斯把对"人"的认识从这种头脑风暴中解救出来,提出了"现实的个人"这一概念,指出我们开始要谈的前提"是一些现实的个人,是他们的活动和他们的物质生活条件"②,由此可以看出马克思认为"现实的个人"是他所要阐明的新世界观的重要前提。

因此,对《形态》中"现实的个人"概念的生成逻辑及基本内涵进行讨论,不仅

---

① 作者简介:朱京霞,浙江工商大学马克思主义学院硕士研究生,研究方向为马克思主义基本原理。
② 中共中央马克思恩格斯列宁斯大林著作编译局编译:《马克思恩格斯选集》第一卷,人民出版社2012年版,第146页。

有助于我们对唯物史观的深刻理解,而且有助于为中国共产党人在推进人类解放事业上提供深入的理论指导。

一、《形态》中"现实的个人"概念生成的逻辑前提

在马克思之前,哲学家们总是以词句反对词句。正如马克思所说,如果他们仅仅反对的是这个世界的词句,那么他们就无法触碰到这个现实的世界。《形态》共分为两卷,马克思、恩格斯在第一卷中对施蒂纳、鲍威尔及费尔巴哈的人学思想进行了批判,并在这个过程中阐释了自己的"现实的个人"理论。

施蒂纳哲学思想的核心是"唯一者"哲学,"唯一者"也被称为"唯我论"。"唯一者"哲学紧紧围绕利己主义这一核心思想,施蒂纳强调个体的独立地位,并将利己主义视为他整个哲学的出发点。马克思、恩格斯在谈到"现实的个人"的时候也强调了个人的个性,也没有否认个人的价值追求,批判"唯一者"的关键原因在于施蒂纳所强调的"个人"仍旧是"抽象的个人"。施蒂纳的"唯一者"没有看到个体之间的社会关系,而马克思谈到的"现实的个人"则将个体与个体之间联系起来,充分揭示出人们之间的这种社会关系。马克思谈到虽然"在任何情况下,个人总是'从自己出发的'"[①],但由于他们的需要或者说他们的本性,个人与个人之间必然要发生联系,所以必须要从人与人的社会关系出发去理解"现实的个人"。而施蒂纳的"唯一者"恰恰是将这种互相依赖关系抽象成"纯粹的我",故而是抽象的个人。在马克思、恩格斯看来,施蒂纳仍然是用哲学语言即"唯一者"去抽象地认识个体,他无法看到个体遭受压迫的现实根源,也就难以寻求个体解放的现实路径。

鲍威尔将黑格尔哲学分解为"实体"和"自我意识",并抓住"自我意识"这一方面进行自己的理论建构。"自我意识"就是追求个体独立,彻底摆脱封建迷信的理性精神。表面上看这种自我意识哲学在反宗教反专制方面具有进步性,但是马克思、恩格斯认为鲍威尔仍旧在"实体"和"自我意识"这些哲学概念里反复纠缠,没有触及现实问题。所以马克思、恩格斯指出,鲍威尔大肆宣扬这两个哲

---

① 中共中央马克思恩格斯列宁斯大林著作编译局编译:《马克思恩格斯全集》第三卷,人民出版社1960年版,第521页。

学概念的对立,其实只不过是"用这两个已变得毫无意义和毫无内容的抽象,他就能够变各式各样的戏法,而对现实的人及其各种关系则一无所知"①。鲍威尔过分夸大自我意识的作用,面对宗教观念的统治,他看不到人们心甘情愿接受这种统治是因为面对现实的苦难的无能为力,反而告诉人们只要头脑中有自我意识就能克服一切苦难,好像自我意识能够解决一切。面对如何彻底摆脱封建制度的统治,鲍威尔依旧把解决办法归结于自我意识,归结于这种思想启蒙。马克思、恩格斯认为既然鲍威尔用哲学概念代替现实问题本身,那么他也就无法找到解决问题的现实道路。

费尔巴哈哲学关于人的诠释的进步之处在于,他反对将人神秘化,而是把人理解为有血有肉的人。主要缺陷在于,他设定的仅仅是生物意义上感性的直观的"人",而不是在历史中发展的人。他认为他身处的感性世界自古以来就存在,并且一直保持不变,而看不到它其实是历史发展的产物,是时代活动的结果,每一代人都是在前面一代打下的基础上发展,并根据自身需要而改变自己的社会制度。所以当他是唯物主义者的时候,他忽视了历史;当他去探讨历史的时候,他不可避免地回到了唯心主义,而这也使得他看不见历史发展过程中的人。他看不见人们之间除了爱以外的别的社会关系。他把"爱"仅仅看作单个人所固有的抽象物,人的本质被他定义为"爱"这种情感,他的"类哲学"依旧停留在观念领域。

总之,不管是施蒂纳的"唯一者"、鲍威尔的"自我意识",还是费尔巴哈的"类",从本质上来说都停留在"抽象的人"这一阶段,没有将人真正从虚幻领域拉回现实领域。在对他们的思想的批判吸收中,马克思提出了"现实的个人"的概念,明确指出理解这一概念是理解其新的世界观的入口。

二、《形态》中"现实的个人"概念的基本规定

马克思、恩格斯通过对以往哲学家关于"个人"概念的扬弃,对"现实的个人"概念进行了丰富的阐释,实现了对以往哲学革命性的超越。②

---

① 中共中央马克思恩格斯列宁斯大林著作编译局编译:《马克思恩格斯全集》第三卷,人民出版社1960年版,第93页。
② 马丽军:《"现实的个人"概念刍议——读〈德意志意识形态〉》,《学理论》2022年第2期,第52—54页。

"现实的个人"具有自然性。赋予人自然性的存在也正是对唯心主义的突破,体现了马克思对费尔巴哈唯物主义的坚持。"现实的个人"可以为我们的经验所观察,"第一个需要确认的事实就是这些个人的肉体组织,以及受肉体组织制约的他们和自然界的关系",由此可以看出自然界与人之间的密切关系,人需要依靠自然界才能更好地生存下去。对"人"的认识回归到了人本身这样一个活生生的存在。

"现实的个人"具有社会性。马克思之前的德国古典哲学谈论的所有的哲学观念都忽视了产生这一哲学观念的现实基础,所以他们不能把他们的理论与德国现实联系起来。关于"人"的规定,他们要么没有看到人与人之间的社会关系,要么就只看见人与人之间的某种关系,如费尔巴哈只看见了爱。马克思指出,人不仅是自然性的人,也是处在社会中的人,人与人之间最大的区别在于他们与他人产生的社会关系的不同。从社会关系的角度去认识人,人就不再是"唯一者"那样独立的个体存在,不再是只有利己主义思想的自私的人,而是在社会交往中能够按照自己的想法处理个人利益与集体利益的有个性的人。

"现实的个人"具有实践性。实践性是"现实的个人"的根本规定性。人们从开始第一次物质生产活动的时候就将自己与动物区别开来了。马克思认为人"是什么样的,这同他们的生产是一致的"①,在马克思看来,对"现实的个人"的理解不应该只局限于生物意义上单纯的人,而要看到由于需要进行生产的能动性的人。

"现实的个人"具有历史性。一方面,历史的发展有其客观的规律;另一方面,人要遵循历史发展的一般规律,人从出现到现在本身就是一段历史。此外,人还是历史的剧作者,人在进行物质生产活动的同时也在生产他们自身,生产他们自己的历史。"现实的个人"应当是具有历史意义的存在。

"现实的个人"具有创造性。人与动物的区别除了人的劳动是根据自己的需要而进行的,还值得注意的是人的劳动是一种创造性的劳动,人不仅会生产,还会按照美的方式生产。人在从事生产活动之前,脑子里就已经绘制好了生产蓝图,也就是说人是具有创造性的。此外,人对于外部世界的反映并非像照相机那样成像,而是会创造性地添加自己的想法,这也就说明了为什么不同的人

---

① 中共中央马克思恩格斯列宁斯大林著作编译局编译:《马克思恩格斯选集》第一卷,人民出版社2012年版,第147页。

看到同一个东西会有不同的想法与感受,这就是充满艺术创造气息的人所拥有的特质。

从马克思、恩格斯对"现实的个人"概念的阐释上看,马克思、恩格斯眼中的"现实的个人"是具有血肉又富有生机的存在。他们关于"个人"的这种理解,不仅将哲学的理论视角投向现实生活世界,而且预示着哲学由理论手段转变为社会革命的发展动力,从而为科学社会主义的形成奠定重要理论基础。

三、"现实的个人"的当代价值

在《形态》中,马克思、恩格斯阐释了"现实的个人"的丰富内涵,展现出马克思主义的人民性特质。习近平总书记在党的二十大报告中指出"人民性是马克思主义的本质属性"[①]。中国共产党自成立以来,始终坚持马克思主义指导思想不动摇,人民至上是历代中国共产党人的工作宗旨。对人类命运的关怀尤其是对劳苦大众的关切,一直贯穿马克思、恩格斯的哲学研究的始终。《形态》中"现实的个人"概念的提出是"人民至上"理念的重要理论源泉,在当下的历史环境下要加强对这一概念的把握,坚定共产党的使命目标,为实现人的自由全面发展贡献中国力量。

(一)回归人本身,坚守为民初心

马克思、恩格斯在《形态》中指出"社会结构和国家总是从一定的个人生活过程中产生的",这说明了社会的发展与个人的发展是具有一致性的。建设社会主义不是要打造一个乌托邦式的政治理想,而是要回归到人本身,要重新认识历史唯物主义的出发点"现实的个人",满足人们多方位、多领域的需求,增强人民的获得感。人是社会的主体,让人民群众参与发展,这是坚持"以人民为中心"的现实举措,也是坚持发展依靠人民、发展成果由人民共享这一理念的具体体现。

让人民群众成为改革和发展的价值判断的主体,这深刻体现了改革、发展要始终为了人民。社会主义社会需要改革和发展,改革和发展是需要人们在追求

① 习近平:《高举中国特色社会主义伟大旗帜 为全面建设社会主义现代化国家而团结奋斗——在中国共产党第二十次全国代表大会上的报告》,人民出版社 2022 年版,第 19 页。

价值的过程中做出价值判断的活动。价值判断的出发点是什么呢？这种价值判断的出发点不是物、不是数字，更不是某种乌托邦的理想，价值判断的主体是人，而且是多数人即人民群众。通过对社会主义建设以来经验教训的总结，我们发现了坚持以人为本的理念的重要性，并将此作为我国经济发展和一切工作的重要准则。力求实现好、维护好、发展好人民群众的利益才是根本的价值选择。实质上讲，就是让发展的过程不断体现人民需求，满足人民的愿望。在党的领导下，通过一系列战略部署，我国历史性地解决了绝对贫困问题，并朝着共同富裕的目标不断前进。这些成就的取得也正是对马克思、恩格斯关于"现实的个人"论述的积极回应，同时这也是宝贵理论财富在中国大地的拓展性发展。

(二)同舟共济,为世界谋大同

在《共产党宣言》中，马克思、恩格斯指出"代替那存在着阶级和阶级对立的资产阶级旧社会的，将是这样一个联合体，在那里，每个人的自由发展是一切人的自由发展的条件"[①]。马克思、恩格斯毕生追求的自由全面发展目标与每个人的全面发展息息相关。整个人类社会是由无数个体组成的，因此自由全面发展是针对整个人类社会而言的。

回顾历史，无论是中国的丝绸之路还是西方的航海大发现，都是人类对彼此之间交往的向往。随着时代的发展，在当下历史环境下，人类之间的交往更加密切，世界各国无论是否出于主动都被紧密相连。当下世界各国是利益共同体的存在，但是发展进程中的各种风险挑战如"黑天鹅""灰犀牛"事件也在一次次挑衅着共同体的稳定性。面对这样的形势，中国共产党仍然坚守共同体意识，倡导同舟共济，谋求世界大同。

正如《形态》中，马克思、恩格斯对"现实的个人"概念的阐释中包含着人的社会性与历史性那样，在世界发展进程中，没有哪个国家和民族能够脱离人类社会发展规律反向前行，也没有哪个国家和民族能够脱离整个人类社会独自应对各种世界性挑战。作为共同体存在的各个国家，无论是命运共同体还是利益共同体，彼此只有互帮互助，同舟共济才能共渡难关。在抗击新冠肺炎疫情的斗争上以及在推动发展中国家建设上，中国彰显出应有的责任担当，为人类社会实现自

---

① 中共中央马克思恩格斯列宁斯大林著作编译局编译：《马克思恩格斯选集》第一卷，人民出版社2012年版，第422页。

由全面发展积极贡献自己的力量。

总之,马克思、恩格斯关于"现实的个人"的理论价值历久弥新,在中国特色社会主义伟大事业中彰显其理论魅力。马克思、恩格斯对于"现实的个人"的论述打开了通向历史唯物主义的大门,开创了崭新的世界观。马克思、恩格斯将个人的解放与人类历史和社会关系紧密结合,为实现人类的全面自由发展指明了方向和路径。在当下,更需要站在历史唯物主义的立场上,充分发挥人民主体地位,充分尊重人民首创精神,将人民至上的理念贯彻到社会建设的各方面,为满足人民群众的美好需要努力奋斗。

马克思全球化思想的当代价值

高雨铮[①]

摘 要:马克思的全球化思想揭示了世界历史形成与发展的客观规律,包含了对当代全球化趋势必然性的科学预见。马克思全球化思想分散地分布于其著作之中,其全球化思想以深刻性、独特性、超越性,为我们提供了科学的理论指导,对于我国积极参与国际文化交流、推动构建公正合理的国际秩序、科学把握资本主义与社会主义的关系、促进人自由而全面地发展、秉承人类命运共同体理念以实现各国共同繁荣具有重要的指导意义。

关键词:世界历史;全球化思想;人类命运共同体

全球化是当今世界历史发展的最鲜明特征之一,其作为一种世界性的潮流,影响范围已经突破了经济领域,给政治、文化、人的发展等方面都带来了巨大的冲击。当前,世界百年未有之大变局加速演进,在实现第二个百年奋斗目标的新征程上,如何科学认识和把握全球化发展的趋势,更深刻地回答时代之问、世界之问、人民之问,需要对马克思全球化思想进行多维度、深层次的研究和解读。在马克思卷帙浩繁的著作中,虽然没有对"全球化"这一概念进行全面系统的论述,但是马克思提出的"世界历史"概念已经直截了当地触及当下"全球化"趋势的本质,马克思全球化思想主要包括资本全球性扩张、世界市场、普遍交往、世界历史和人的解放等概念,这些概念都和当今的全球化趋势紧密联系,对当代仍具有宝贵的借鉴价值。本文试从不同的角度阐释马克思全球化思想对于参与国际文化交流、构建国际新秩序、促进人的全面发展及人类命运共同体理念形成的重要意义。

[①] 作者简介:高雨铮,浙江工商大学马克思主义学院硕士研究生,研究方向为马克思主义基本原理。

一、为辩证看待和正确参与国际文化交流提供理论指导

文化的跨区域交流和传播是当代全球化进程中一个十分重要的问题,关乎全球各民族、国家、地区各具特色的文化如何在全球化潮流中实现共存、交融和互促。马克思的全球化思想对于我们理解当前全球文化动态,特别是理解全球化和地方化之间的张力,评估全球性的文化交流对不同文化和社会的影响至关重要。深入学习和研究马克思的全球化思想,发掘其中的思想瑰宝,为我们辩证看待国际文化交流和意识形态的全球传播提供了思想指引。

马克思与恩格斯在著作中谈文化的情况并不多,并且多用"文学"一词来指代我们如今认为的"文化"概念,马克思所说的"文学"泛指科学、艺术、哲学与政治等方面的著作。马克思认为在资本主义发展的推动之下,社会分工的深度和广度持续拓展,使物质生产活动突破了民族的地域限制,相应地,各民族在生产协作的过程中,思想文化也进行着碰撞、交流和融合。马克思已经预见到,资本主义的本质在于不断扩张和追求利润最大化,资本主义通过全球市场的建立,将不同国家和地区紧密联系起来,这一过程不可避免地带来了全球尺度的经济和文化整合,随着资本主义不断发展,影响力日益增长,文化交流逐渐突破地域局限的趋势也是不可避免的。首先,资本主义推动下世界市场的形成为文化的传播与交流开辟了新路径,"日益发展的工业使一切传统的关系革命化,而这种革命化又促使头脑革命化"①。资本的持续扩张和资本主义生产方式影响范围的持续拓展,在影响诸多国家的政治和经济领域、改变人们现实生活的同时,也变革着人们头脑中的思想和观念。其次,通过普遍交往,原本各民族自己的精神产品逐步成为世界性的,民族与地方的文化在拥有自身原有"个性"的基础上,还在一定程度上被赋予了"共性"。

马克思全球化思想指明了国际文化交流趋势的必然性,为我们正确看待、积极应对文化的全球性交流提供了理论指导。首先,不应"逆势而行",要充分理解融入国际文化交流的深远意义。通过国际文化交流,人们可以更好地理解和尊

① 中共中央马克思恩格斯列宁斯大林著作编译局编译:《马克思恩格斯全集》第三十八卷,人民出版社 1972 年版,第 561 页。

重不同文化的价值观、传统和习俗。这种理解有助于减少文化偏见和冲突,促进全球和平与和谐。其次,在全球化时代,许多挑战,如气候变化、人权和贫困问题等,都需要跨文化合作和理解。通过文化交流,可以建立共同的价值观和目标,为解决全球性问题提供支持。总之,积极参与国际文化交流不仅是全球化时代的必然趋势,也是构建更加和谐、开放、进步的社会的重要途径。但是,我们也应当警惕,在全球化的过程中,西方的文化和价值观在全球范围内传播,这对不同国家和地区的文化身份与意识形态产生了重大影响。西方国家作为资本主义的中心,其文化和价值观在全球化进程中成为主导,这种文化霸权导致了全球范围内的文化同质化,本土文化和传统文化逐渐被边缘化。同时,与资本主义和西方文化相关联的意识形态也在全球范围内扩散,自由主义、个人主义等西方意识形态成为全球化语境下的主流思想,影响着世界各国的政治、经济和社会结构。因此,中国在融入国际文化交流的潮流中要以高度的文化自觉和文化自信,加强与世界各民族的交流、合作、互鉴,充分发挥我国文化包容性、创造性的优势。在国际文化交流中,应积极参与并倡导平等的文化对话,在尊重其他文化的同时,要积极介绍和推广本国优秀文化,形成双向的文化交流和学习。

二、为构建公正合理的国际新秩序提供价值引领

资产阶级主导的经济全球化"把一切民族甚至最野蛮的民族都卷到文明中来了"①。全球化的浪潮使世界各国的联系日益紧密,在政治、经济等领域的交往和合作日益深入开展,不同国家和民族的人民越来越作为一个整体而共同发展,因此,为了保障广大发展中国家的利益,就必须力求变革现有的国际政治经济制度,构建更加公平公正的新秩序。一方面,新秩序的建立将为世界各国的贸易往来提供更加广阔的发展空间,使得发展中国家地位提高,能够获得更多的发展机会,加强与发达国家之间的贸易往来,促进生产力的发展,在贸易过程中,国家与国家间各领域交往的深度、广度不断拓展,促进各方共同发展,这种由点到线、多线交织、由线及面的交往模式使得世界性的交往更加丰富和立体。另一方

---

① 中共中央马克思恩格斯列宁斯大林著作编译局:《马克思恩格斯选集》第一卷,人民出版社 1995年版,第 276 页。

面,世界交往的发展反作用于世界生产并推动其发展,在交往过程中,不仅促进了文化的交流互鉴,也促进了先进生产技术的交流,并在竞争、碰撞和比较中生成新的技术,从而推动生产力的发展。

在当今国际社会中,霸权主义和强权政治作为国际新秩序建立的头号阻力,严重影响着国际环境的稳定性,制约着全球化朝健康的方向发展。一些发达国家以自己强大的军事与经济实力为支撑,企图成为国际秩序的制定者和主导者,对相对落后的国家采取政治压迫与经济封锁等手段,谋求自身发展利益最大化,严重影响了国际局势的稳定,使国家间的矛盾日益尖锐,这就要求中国作为负责任的大国,必须以高度的历史使命感,坚持以马克思世界历史理论为指导,积极为全球治理建言献策,致力于构建符合全人类共同价值的国际新秩序。

马克思揭露了资本主义建立的共同体的虚幻本质,追求建立一个实现人类自由、平等和充分发展的"真正的共同体"。"真正的共同体"对内表现为消灭阶级对立和一切剥削制度,使个人和社会的利益达到完全一致,对外表现为坚持独立自主,尊重别国主权和利益,同时不受别国压迫和操控。中国在参与全球治理、推动构建国际新秩序的进程中,要始终牢牢把握马克思世界历史理论,认清资本主义"虚幻共同体"的剥削本质,在融入世界历史进程中始终保持自身的独立性,同时尊重别国的主权和发展利益,努力克服由资本主义国家主导的全球化的弊端,推动全球化向着民族性和世界性相统一的方向发展。

在新的历史条件下,马克思的全球化思想对于中国把握世界历史发展的客观规律,推动中国式现代化建设具有重要启示。只有以马克思的世界历史理论为指导,将本国的发展置于世界发展的宏观视野之中,把握世界历史发展的大势,才能保证现代化建设的方向不偏离,始终朝着中华民族伟大复兴的目标稳步前进。

三、对人的能力的异化与全面化进行科学阐释

马克思指出,随着资本的全球性扩张及人类的普遍交往,不同国家和民族的人的活动逐渐扩大为世界历史性的活动,一方面他们将日益受制于世界市场的主导力量,另一方面,"每一个单个人的解放的程度是与历史完全转变为世界历

史的程度一致的"①。每个人的解放和世界历史的发展进程是辩证统一的,世界历史发展,即全球化趋势发展的最终结果是实现全人类的解放,但是这个结果在资本主义主导的全球化进程中是无法实现的,资本主义的发展在促进世界历史形成的同时,也使得人的现实关系进一步丰富,在一定程度上使人的能力得到了解放和发展,但这种解放是片面的,因而其本质不是真正的解放。

马克思充分肯定了资本主义的历史进步性,它对人的能力发展起到了非常积极的进步作用,其中劳动能力是"人的本质力量的实现"②,在人的能力体系中居于首要地位,也是最重要的能力,"它第一个证明了,人的活动能够取得什么样的成就"③。资本主义彻底颠覆了以往的生产方式,将一切陈旧的、过时的、保守的东西都扔进了焚化炉,科学技术的发展使生产要素的组合更加多样化,劳动和分工愈发精细,这就要求劳动者不断地变革自身去适应新的劳动方式,而生产力的发展也要求人们扩大交往范围以适应生产社会化的要求,客观上促使人们不断提升自己的能力,在全球化的进程中推动自身能力向全面化发展。

马克思不仅深刻洞察了资本主义主导下的全球化进程中人的能力全面化的趋势,更重要的是深刻揭示了这种全面化是"片面的全面化",有着无法克服的局限性。资本主义生产方式以资本主义私有制为基础,劳动者劳动能力的进步加速了资本的积累,资本反过来统治人本身,人的能力全面化的最终目的是促进资本的增值,劳动者的能力越是发展,其受到的压迫和剥削就越严重,人的能力发展背离了其应有的本性而走向了自己的反面,不是自由而全面的发展,而是机械化的、畸形的片面发展。因此,在资本主义主导的全球化发展进程中,人的能力全面化和异化的矛盾是不可能得到解决的,只有推翻资本主义制度,彻底消灭阶级和剥削,建立共产主义制度,人才能从被资本支配的枷锁中解脱出来,开始自由自觉地支配自己的各项能力,这时的人才能真正自由而全面地发展。社会主义社会作为共产主义社会的初级阶段,克服了资本主义社会的顽疾和弊病,使人

---

① 中共中央马克思恩格斯列宁斯大林著作编译局编译:《马克思恩格斯选集》第一卷,人民出版社2019年版,第169页。

② 中共中央马克思恩格斯列宁斯大林著作编译局编译:《马克思恩格斯文集》第一卷,人民出版社2009年版,第233页。

③ 中共中央马克思恩格斯列宁斯大林著作编译局编译:《马克思恩格斯文集》第二卷,人民出版社2009年版,第34页。

的全面发展成为可能,因此,我们要对社会主义制度的前途充满信心,对共产主义的实现充满信心,并为之不懈奋斗。

四、为构建"人类命运共同体"思想提供思想来源

一方面,全球化趋势极大地促进了科学技术的发展,为生产力水平提高提供强劲动力,使共产主义社会的实现拥有了现实可靠的物质基础;另一方面,全球化带来的普遍交往为无产阶级从分散走向联合提供了条件。马克思理想中的"共同体"是"自由人的联合体"①,只有在克服了资本主义痼疾,消灭一切剥削制度和阶级差别,实现了对资本主义制度彻底超越的社会主义社会中才能够转化为现实。

马克思的全球化思想虽没有系统而完整地表述"人类命运共同体"的思想,但是这种思想的萌芽依然分散地寓于其经典著作之中。马克思指出:"整个所谓世界历史不外是人通过人的劳动而诞生的过程。"②全球化趋势的发展离不开现实中人类的实践活动,而原本分散的人也在全球化的演进下走向集合,越来越作为一个整体而共同发展。马克思深刻揭示了资本主义的剥削本质,其建立"虚幻共同体"的目的是维护资产阶级统治,通过戴上虚伪的面纱而使被压迫者无法认清其本来面目,安于自己的现状,从而有利于资产阶级进一步地压迫和剥削。随着世界历史的发展,其命运将是必然破裂和灭亡的。而"真正的共同体",作为世界历史发展的必然趋势,是以实现每个人自由而全面的发展为目标,消灭剥削和压迫,为全体人民服务的"共同体"。人类命运共同体的构想也是以人类共同命运为核心,致力于各国风雨同舟、荣辱与共,携手建设好我们生于斯长于斯的地球家园,实现全人类的共同发展。由此可见,习近平总书记提出的"构建人类命运共同体思想"萌蘖于马克思全球化思想,是将马克思全球化思想与时代要求相结合的一次富有中国特色的具体阐释和生动实践,进一步丰富和发展了马克思全球化思想。

在马克思全球化思想的科学指引下,习近平总书记以展望未来世界的长远眼光和战略定力,积极回应时代提出的新课题,统筹兼顾政治多极化、经济全球

① 冯硕、付秀荣:《共建"人类命运共同体":马克思"全球化"思想的新时代中国阐释》,《中共南昌市委党校学报》2022年第4期,第9—14页。

② 中共中央马克思恩格斯列宁斯大林著作编译局编译:《马克思恩格斯全集》第四十二卷,人民出版社1979年版,第131页。

化、文化多样化,积极应对传统与非传统安全威胁,在新的时代背景下,明确提出了构建人类命运共同体的宏伟设想,致力于建设人类"安全共同体""政治共同体""经济共同体""文明共同体"和"生态共同体",秉承"只有大家一起发展才是真发展"①的理念,回应了世界各国人民对和平与发展的向往与期盼,为解决人类社会共同问题贡献了中国智慧和中国方案。人类命运共同体思想从马克思全球化思想中获得思想启发和理论支撑,在继承马克思全球化思想中的未来社会理想的基础上,进行了系统而完备的现实规划,在中国式现代化建设的伟大实践中,在马克思主义中国化、时代化的历史进程中,将宏观的理想目标具体化、现实化,并形成一套完整的理论体系,将中国的前途与世界的命运相结合,续写了马克思全球化思想具有中国特色的新篇章,赋予了马克思全球化思想新的时代内涵。

五、结语

当今时代,全球的政治、经济、文化和思想等领域相较于马克思所生活的时代已产生巨大变化,但是马克思全球化思想基于对资本主义制度的批判与剖析,揭示了世界历史形成和发展的动力,以及资本主义必然被共产主义所取代的历史客观规律,对我们科学认识和准确把握全球化发展趋势、秉承人类命运共同体理念促进世界的和平发展与繁荣进步、重塑国际政治经济秩序、在共产主义社会的"真正的共同体"中实现人的自由全面发展等方面仍然具有重要的指导意义。

全球化的发展是一个具有必然性、长期性、曲折性的过程,在全球化的浪潮之中,任何一个国家都不是自我封闭的孤岛,都无法做到独善其身。如今的国际社会,霸权主义和强权政治依然存在,贸易保护主义抬头,逆全球化趋势加剧,要科学把握全球化发展趋势、认清发展形势、谋划发展前景,离不开对马克思主义经典著作的反复研读,要进一步深化对马克思全球化思想的理解及资本主义与社会主义矛盾的研究。中国特色社会主义道路的成功,在拓展发展中国家走向现代化路径的同时,也充分印证了马克思主义的科学性和真理性,在全球化加速演进的背景下,中国将始终以马克思全球化思想为指导,积极融入全球化进程,并努力引领全球化向着造福全人类的方向发展。

---

① 习近平:《论坚持推动构建人类命运共同体》,中央文献出版社 2018 年版,第 255 页。

马克思共同富裕思想研究

章吉红[①]

摘　要:共同富裕是社会主义的本质要求,是中国式现代化的重要特征。马克思共同富裕思想是马克思主义理论的重要组成部分,实现共同富裕是人类社会的理想目标。因此,研究马克思的共同富裕思想,掌握其内容和实质,有助于为我国实现共同富裕提供行动指南。

关键词:马克思;共同富裕;当代价值

一、马克思共同富裕思想的形成基础

马克思相关著作中并未明确提出过"共同富裕"这一词,但通过梳理其理论,不难发现其中隐藏着丰富的共同富裕思想,并对未来社会的基本特征及实现共同富裕的条件做出了思考。任何一种思想的形成都离不开特定的条件,马克思共同富裕思想的形成有其特定的时代背景和理论渊源。一方面,通过对其产生的时代背景的分析,可以了解这一思想产生的现实动因和演进逻辑;另一方面,通过对其产生的理论渊源的分析,可以理解这一思想的深刻内涵。

二、马克思共同富裕思想的时代背景

(一)资本主义社会生产力高度发展

19世纪上半期,在生产力方面,由于工业革命的持续推进得到高度发展;在

---

① 作者简介:章吉红,浙江工商大学马克思主义学院硕士研究生,研究方向为马克思主义基本原理。

生产关系方面,资产阶级革命取得胜利,资本主义制度得以确立。在工业革命的推动下,科学技术的进步催生了更加高效的生产机器,工厂手工业被机器大工业所代替,生产技术水平不断提高,劳动生产率也随之上升,资本主义进入了机器大生产时代,整个社会生产力高度发展。

(二)资本主义社会两极分化日趋加剧

随着资本主义的发展,资本家为了进一步扩大再生产,加大了对工人的压榨,以便取得更多的剩余价值。资本家占有了社会中的生产资料,劳动者唯有依靠付出自己的劳动力来维持生存。资本家通过雇佣劳动的方式,无偿占有雇佣工人创造的剩余价值。虽然资产阶级付给劳动者看似公平合理的劳动报酬,但劳动者在实际生产过程中所创造的实际价值远高于资本家支付的工资对价,而这两部分的差额就是雇佣工人所创造的剩余价值。在这一条件下,少数资本家获得越来越多的财富,而工人阶级则越来越贫困。于是,两极分化便产生了。随着资本主义的进一步发展,两极分化日趋严重。

(三)资本主义社会社会矛盾日益激化

资本主义社会中劳动者与资本家财富两极分化的状况日趋严重,工人阶级的地位不断下降,甚至对其生存造成了影响,"工人变成赤贫者,贫困比人口和财富增长得还要快"①。商品积压,企业倒闭,整个社会经济生活一片混乱。大批工人陷入失业困境,无产阶级更加贫困,资产阶级和无产阶级之间的贫富差距愈加严重,阶级矛盾日益尖锐。为了改善劳动环境和生活条件,实现自身的经济利益诉求,无产阶级通过工会、罢工等方式展开经济斗争。在意识到资本主义社会的本质后,无产阶级在政治上展开了斗争,要想彻底摆脱工人被资本家剥削的状况,首先必须消灭资产阶级政权,进而废除资本主义制度。与此同时,资产阶级还打着自由平等的旗号,对无产阶级进行思想教育,试图在思想上让无产阶级接受资本主义文化的洗礼。但无产阶级日益觉醒,展开了揭露资产阶级剥削压迫劳动人民这一事实的思想斗争。他们意识到,资产阶级是工人阶级的敌人,无产阶级只有联合起来发动斗争才能实现自身最终的解放。

---

① 中共中央马克思恩格斯列宁斯大林著作编译局编译:《马克思恩格斯选集》第一卷,人民出版社2012年版,第412页。

三、马克思共同富裕思想的理论渊源

（一）启蒙运动中的平等思想

启蒙运动是一场反对封建专制制度、反对宗教愚昧主义的思想解放运动。这一时期出现了许多思想家，批判了封建社会的弊端，主张以革命斗争的方式实现自由和平等的权利。孟德斯鸠反对君主专制，主张政治权利的平等和自由，并提出三权分立的思想。伏尔泰认为人生而平等，人人都享有"自然权利"，但财产权利的不平等是合理的。卢梭认识到了私有制是不平等产生的根源，主张通过社会契约来实现平等和自由。启蒙思想家宣扬平等自由，对马克思、恩格斯的平等思想产生了积极的影响，但由于他们始终代表着资产阶级的利益，具有一定的局限性。

（二）古典政治经济学中的分配思想

为了反对封建贵族及封建社会的地主阶级，英国资产阶级展开了激烈的斗争，斗争促进了资本主义在英国的发展。英国古典政治经济学代表着资产阶级的利益，威廉·配第认为工人劳动是社会财富的源泉，他的理论的缺陷在于不能理解劳动二重性。亚当·斯密发展了配第的理论，认为一切财富的根本来源是劳动，剩余劳动则是剩余价值的真正来源。大卫·李嘉图在劳动价值论的基础上，将生产与分配结合起来进行研究。古典政治经济学家们的分配思想具有一定的科学性，却把资本主义生产关系理解成是永恒的、一定的，具有一定的局限性。

（三）空想社会主义中的共同富裕思想

在资本主义私有制条件下，社会两极分化日益加剧，社会矛盾日趋严重。空想社会主义揭露和批判资本主义的弊端，不同时期的思想为马克思共同富裕思想的产生提供了理论基础。16—17世纪早期，空想社会主义者提出了社会主义基本原则，如公有制、财富共同分配等；18世纪，空想平均社会主义带有理论思辨和论证特色；19世纪初期，空想社会主义者开始批判资本主义制度和资产阶级。空想社会主义者对资产阶级的批判、对理想社会的设想具有先进性。

四、马克思共同富裕思想的发展脉络

(一)马克思共同富裕思想的萌芽阶段

在《评普鲁士最近的书报检查令》中,马克思指出书报检查制度加强了对舆论的控制,人民群众的自由权利受到了限制。在《关于林木盗窃法的辩论》中,马克思经过林木盗窃法案后,开始思考社会普遍贫困与私人所有权之间是否存在必然的联系。在考察摩泽尔河沿岸地区农民贫困境遇后,马克思意识到管理机构将贫困归为自然现象,并不打算彻底消灭贫困,因此,他力图通过报刊这一公开的形式为贫民发声。

在《论犹太人问题》中,马克思否定了鲍威尔将消灭宗教观视为政治解放的前提,认为仅仅对宗教进行批判不能解决犹太人遭受的政治压迫问题,并指出政治解放不等于人的解放。在《〈黑格尔法哲学批判〉导言》中,马克思揭示了宗教的社会根源,将宗教批判上升为政治批判,开始了对实现人的解放的现实路径的探寻。

(二)马克思共同富裕思想的形成阶段

在《1844年经济学哲学手稿》中,马克思主张劳动本应是人们实现自我价值的手段,但在资本主义私有制条件下,劳动发生了异化,劳动者不能获得经过自己劳动所创造出来的产品。马克思指出,只有从根本上消灭私有制才能消除异化劳动,而这需要工人阶级进行社会革命来实现。在《德意志意识形态》中,马克思揭示了生产方式的运动规律,指出未来社会生产力高度发展,生产资料公有制代替了私有制,社会全体成员既是财富的生产者,又是财富的享有者。

(三)马克思共同富裕思想的发展阶段

在资本主义社会中,资本家将获得更多的剩余价值和实现利益最大化作为资本的最终目标,工人阶级受到压迫和剥削,两极分化严重,劳动者越来越贫困,社会地位低下。马克思强调在未来社会,生产是为了实现每个人自由而全面的发展,社会全体成员的物质需求和精神需求都能得到满足。马克思在《资本论》中研究了资本主义的生产方式,通过对生产力和生产关系的矛盾运动规律的分析,揭示了私有制是无产阶级贫困的根本原因,发现了资本主义的本质及其发展趋势,为实现共同富裕奠定了基础。在《哥达纲领批判》中,马克思第一次将未来社会分为共产主义初级阶段和共产主义高级阶段,并且论述了未来社会的生产方式和分配方式,为实现共同富裕提供了方法论指导。

五、马克思共同富裕思想的主要内涵与实现条件

(一)马克思共同富裕思想的主要内涵

1.共同富裕的主体是现实的人

谁是共同富裕的主体、谁来实现和享有共同富裕是共同富裕思想的首要问题。"现实的人及其活动"是社会历史存在和发展的必然要求,在资本主义社会中,财富归资产阶级所有,资产阶段享有统治地位。与之相区别的是,在共产主义社会,所有人自己创造自己的财富,自己享有自己的财富。这与共同富裕的最终目的不谋而合。马克思认为,共同富裕的主体是现实的人,是社会全体成员。

2.共同富裕具体表现为物质富裕和精神富裕

物质富裕和精神富裕是共同富裕不可分割的两个方面,物质富裕是精神富裕得以实现的基础,精神富裕对物质富裕的发展起到促进、引导作用。一方面,"物质生活的生产方式制约着整个社会生活、政治生活和精神生活的过程"[①],生存需求是每个人最基本的需求,在基本物质生活有所保障的前提之下才能推动人的发展。另一方面,物质需求的满足使得人们有更多的时间和精力去追求精神生活,在未来共同富裕新社会,"通过生产而发展和改造着自身,造成新的力量和新的观念,造成新的交往方式、新的需要和新的语言"[②]。同时,人们的精神需

---

① 中共中央马克思恩格斯列宁斯大林著作编译局编译:《马克思恩格斯选集》第二卷,人民出版社1995年版,第32页。

② 中共中央马克思恩格斯列宁斯大林著作编译局编译:《马克思恩格斯全集》第四十六卷上册,人民出版社1956年版,第494页。

求得到一定程度的满足后,能够更好地促进生产力的发展,对社会财富的增加起到推动作用。

(二)马克思共同富裕思想的实现条件

1.资本主义私有制是产生贫富分化的根源

在资本主义社会中,资本家占有生产资料,无产阶级只有人身自由,并没有独立创造财富的机会,只能依靠资本家从事劳动。因此,在等价交换的掩盖下实现了资本的增值,资本家与劳动者成了雇佣与被雇佣的关系。在剩余价值规律的支配下,资产阶级为了获得更多的利润,在扩大资本规模的同时,也加大了对工人的剥削和控制。这一发展趋势产生了资本主义的基本矛盾,当资本主义基本矛盾发展到一定程度时,便引发了经济危机,商品积压,企业倒闭,整个社会经济生活一片混乱。

2.生产资料公有制是实现共同富裕的重要条件

消灭私有制是实现共同富裕的重要前提。在马克思、恩格斯看来,要实现共同富裕,必须先有两个前提条件,即生产资料公有制和按劳分配制度。消费资料的任何一种分配,都不过是生产条件本身分配的结果;而生产条件的分配,则表现了生产方式本身的性质。

实现共同富裕的关键在于解决分配问题,条件在于实行公有制,即当生产资料为公有制时,所有人共同占有生产资料,通过共同劳动,最终以按劳分配的方式实现共同富裕。

六、马克思共同富裕思想的当代价值

(一)马克思共同富裕思想的理论价值

马克思共同富裕思想为探索共同富裕道路提供了理论指导。新中国成立初期,国内经济十分落后,社会矛盾尖锐。毛泽东以马克思共同富裕思想为指导,将其与中国实际相结合,形成了与中国社会发展相适应的思想体系。邓小平对社会主义本质的定义为中国实现共同富裕提供了新思路。进入新时代,以习近平同志为核心的党中央不断提高共同富裕的战略地位,将共同富裕放在更高的位置,为解决当前经济发展不平衡问题提供理论指引。

马克思共同富裕思想为发展人民主体思想提供了理论基础。人民主体思想就是坚持以人民为中心,一切活动都是从人民出发,为了实现最广大人民的根本利益而进行的。马克思共同富裕思想蕴含着丰富的人本性,人的自由而全面的发展是马克思共同富裕思想的价值指归。中国共产党自成立以来,就以"全心全意为人民服务"为根本宗旨,坚持群众观点、群众路线不动摇,坚持以人为本、执政为民。进入新时代,只有坚持人民主体思想,切实维护人民利益,才能实现社会主义现代化,为最终实现人的全面发展提供方向。

马克思共同富裕思想为实现物质文明和精神文明协调发展提供了理论支撑。物质文明主要是指由生产力的发展所带来的物质财富的积累,精神文明主要是指理想信念、思想文化等精神形态的发展成果。全体人民共同富裕包括物质富裕和精神富有,在物质文明高度发展的基础上实现精神文明的极大丰富是马克思共同富裕思想的根本价值指归。

(二)马克思共同富裕思想的实践价值

健全制度体系是实现共同富裕的重要保障,制度建设要以当前生产力发展水平和现实社会为依据。改革开放以来取得的巨大成就充分体现了社会主义基本经济制度具有巨大优越性,进入新时代,坚持这一制度不动摇是实现共同富裕的有效路径。为实现人民的根本利益,改善人民生活,还需要健全社会保障体系,推动共同富裕取得实质性进展。

共同富裕思想为实现中国式现代化提供了路径指引。与西方资本主义不同,我国的社会主义制度决定了我们要走中国式现代化道路。进入新时代,中国式现代化有其新的特征,要坚持走共同富裕的现代化道路,推进社会全领域共同发展,最终实现社会主义现代化。

参考文献

[1] 高惺惟,崔笑李.马克思恩格斯对实现共同富裕的理论贡献[J].科学社会主义,2022(4):6-17.

［2］潘斌.马克思共同富裕思想的哲学逻辑及其当代价值［J］.南京师大学报(社会科学版),2022(2):76-84.

［3］王思瑶.马克思共同富裕思想研究［J］.中国集体经济,2022(24):76-78.

［4］刘纯明,兰曾妮.中国共产党推动实现共同富裕的理论、历史和实践逻辑［J］.成都大学学报(社会科学版),2022(5):1-13.

马克思对市民社会的扬弃与超越

陈郑豪①

摘　要:"市民社会"概念由来已久,其雏形可追溯到古希腊时期,到了近现代才开始成形。黑格尔和马克思分别对"市民社会"概念展开了研究,但同时其研究也有着一定区别。黑格尔的看法是市民社会发展只有一种阶段,最后必然要过渡到国家,从而提出了国家决定市民社会的观点,但后来马克思批判继承黑格尔,颠倒了黑格尔的观点,提出市民社会决定国家的观点。马克思对黑格尔和之前市民社会理论的扬弃与超越立足点就在于通过对其概念的重新分析,通过历史唯物主义和政治经济学对其进行扬弃与超越,进而提供了一种新的社会形态来代替市民社会,即人类社会,这种社会形态必须通过无产阶级革命实现,以期实现人类自由发展的联合体。

关键词:马克思;市民社会;扬弃;超越

一、立足点:对市民社会概念的辨析

(一)市民社会的概念

"市民社会"的历史依据最早可追溯到古希腊时期。亚里士多德认为,"市民社会"是作为一种"城邦"的概念出现的。古希腊的政治共同体是一种"城邦"国家,社会与国家通常是合为一体的。随着中世纪城市的发展,新兴资产阶级、手工业者等在经济领域的崛起,市民成为第三等级,即除了教会僧侣、贵族之外的

---

①　作者简介:陈郑豪,浙江工商大学马克思主义学院硕士研究生,研究方向为马克思主义基本原理。

市民阶层。该阶层凭借经济优势不断追求政治上的权利,逐渐形成了"市民社会"。近代以来,随着宗教权威的日渐式微,个人权利与自由越发凸显,进而导致国家与社会的分离,社会独立于国家且受到国家的保护。因此,一个现代背景下的"市民社会"就诞生了。

从特殊性来看,"市民社会"指的是资本主义社会的经济基础;从普遍性来看,"市民社会"指的是一切历史阶段的社会形态的经济基础。黑格尔和马克思分别谈到了国家与市民社会的区别和联系,同时马克思在黑格尔对市民社会概念的阐释基础上进行了批判并提出自己的观点。

(二)黑格尔对市民社会概念的阐释

黑格尔所处的是受英国资产阶级革命和法国大革命影响的时代。社会是在现代才运转起来的,而在古代是没有此概念的。黑格尔关于"市民社会"的阐释是基于现代性的背景展开的。现代性从时间意义上看是中世纪与现代的断裂。从社会观念上看,随着文艺复兴、启蒙运动的产生,人逐渐从蒙昧的状态中走出,成为主宰自己的主体,是一个真正具有理性的社会主体。

市民社会中的人是现代的理性人,是会以最低的成本来获取最大利润的经济理性人。在黑格尔看来,市民社会必须在绝对的精神世界当中得到发展。家庭是第一个环节,而市民社会是作为中间的过渡环节而存在的,它是迟于国家而产生发展的,必须以国家为前提,才能巩固它自身的存在。因此,国家是绝对真理的最高化身,而市民社会只是被决定的一个过渡。

(三)马克思对市民社会概念的阐释

马克思在其著作《论犹太人问题》中,对两种解放做出了差异性区分,并且指出两者之间不能够等同,虽然人在政治国家中得到解放,但是在市民社会中并没有得到解放。

马克思处于资本主义社会下阶级对立激烈的时代。无产阶级受到了资产阶级的无情剥削压迫,出于对时代尖锐的批判,他指出无产阶级是"一个并非市民社会阶级的市民社会阶级"①。在《〈黑格尔法哲学批判〉导言》中,他表明了无产

---

① 中共中央马克思恩格斯列宁斯大林著作编译局编译:《马克思恩格斯文集》第一卷,人民出版社2009年版,第16—17页。

阶级要将人的解放作为自己一生要为之奋斗的使命,就是要让人的本质回归到人自身。

一言以蔽之,虽然黑格尔的观点被马克思"颠倒"过来,但是此时的马克思思想还停留在一般唯物主义的层面,深受费尔巴哈的影响,并没有深入经济学领域对市民社会进行探究。但是该论断批判了黑格尔的观点存在抽象思辨性,没有立足现实而只是在头脑的观念中打转。

二、逻辑点:对市民社会的扬弃与超越

(一)基于历史唯物主义方法论的扬弃与超越

马克思在《关于费尔巴哈的提纲》中指出,"直观的唯物主义,即不是把感性理解为实践活动的唯物主义,至多也只能达到对单个人和市民社会的直观"①,生动形象地描述了以往的旧唯物主义把人的活动理解为直接性的,而马克思的唯物主义观将人的活动理解为"对象性的"。"旧唯物主义的立脚点是市民社会,新唯物主义的立脚点则是人类社会或社会的人类。"②在该著作中,马克思提出了实践的关键概念,继承批判了从前的唯物主义观点,提出了自己关于社会历史发展的新唯物主义观点,同时将新观点即历史唯物主义作为扬弃与超越市民社会的方法论。

马克思的历史唯物主义方法论主要包括以下两个方面。一是社会历史发展存在的基本矛盾,即生产力和生产关系、经济基础和上层建筑。在《德意志意识形态》中,马克思将市民社会视为一种社会组织,并且表明了其性质,"这种社会组织在一切时代都构成国家的基础以及任何其他的观念的上层建筑的基础"③,表明了市民社会是一切社会历史发展的经济基础,决定国家及其他观念的上层建筑;同时指出"一切历史冲突都根源于生产力和交往形式之间的

---

① 中共中央马克思恩格斯列宁斯大林著作编译局编译:《马克思恩格斯文集》第一卷,人民出版社2009年版,第502页。
② 中共中央马克思恩格斯列宁斯大林著作编译局编译:《马克思恩格斯文集》第一卷,人民出版社2009年版,第502页。
③ 中共中央马克思恩格斯列宁斯大林著作编译局编译:《马克思恩格斯文集》第一卷,人民出版社2009年版,第583页。

矛盾"①,表明了社会历史的发展又跟生产力和生产关系之间的矛盾有关。二是社会历史的主体是人民群众。黑格尔主张的是唯心史观,将历史发展当作其抽象精神的历史,其历史观扎根于精神的世界,而非此岸的现实世界,否定了在现实世界中活动的人的能力和作用。而马克思坚信是广大人民群众推动人类历史的发展的,指出"历史活动是群众的活动,随着历史活动的深入,必将是群众队伍的扩大"②,将历史从彼岸世界拉回到了此岸的现实世界,从而实现了从旧唯物主义到新唯物主义的转变。

马克思不仅扬弃、超越了黑格尔的唯心史观和费尔巴哈的唯物主义,而且扬弃、超越了从前一切旧的唯物主义在社会历史领域的局限性,进而从扬弃、超越中发现并阐发了人类社会发展的规律,肯定了人民群众在社会发展中的能力和作用。市民社会作为一种过渡阶段,最终会因人类社会的进步性而被替代,届时在市民社会中受到压迫的人,会在人类社会中真正成为自己。

(二)基于政治经济学方法论的扬弃与超越

上文探究了马克思运用历史唯物主义的方法论扬弃、超越市民社会。1847年,马克思开始转向政治经济学领域,写下了一些相关著作,比如《雇佣劳动与资本》等,在这些著作中初步向世人诠释了劳动价值论和剩余价值论,介绍了政治经济学批判的方法论。

马克思的政治经济学方法论主要包括以下三个方面。一是工人被资本家无情剥削统治。工人出卖自己的劳动力,却被资本家无情剥夺剩余价值,并且工资没有多少结余,至多维持自己最低生存,从而将劳动变为自己存在的目的。二是资本主义所有制是"历史的、暂时的产物"③。无产阶级建立的共产主义社会必然取得胜利,而资本主义社会代表的是"各个中间市民阶级和所谓的市民等级在现存制度下必然发生的灭亡过程"④。从这点可以看出,市民社会的经济基础已

---

① 中共中央马克思恩格斯列宁斯大林著作编译局编译:《马克思恩格斯文集》第一卷,人民出版社2009年版,第567—568页。

② 中共中央马克思恩格斯列宁斯大林著作编译局编译:《马克思恩格斯文集》第一卷,人民出版社2009年版,第287页。

③ 中共中央马克思恩格斯列宁斯大林著作编译局编译:《马克思恩格斯文集》第一卷,人民出版社2009年版,第603页。

④ 中共中央马克思恩格斯列宁斯大林著作编译局编译:《马克思恩格斯文集》第一卷,人民出版社2009年版,第712页。

经被马克思否定,且为过渡到人类社会的未来形态奠定了基础。三是生产社会化与资本主义私人占有之间的矛盾。这对基本矛盾贯穿资本主义社会的始终,成为难以调和的矛盾,并且会产生以生产过剩为特征的经济危机,因此,这也为人类社会的过渡提供了一种时机。

马克思对市民社会的扬弃与超越,已经从哲学层面转向经济学的领域,其政治经济学的论述打破了古典经济学的局限,同时指出了市民社会的经济运行方式及内在的基本矛盾。市民社会作为一种历史发展的产物,其基本矛盾最终会导致这种社会形态的破裂,最终为过渡到人类社会奠定实践基础。

三、落脚点:从市民社会到人类社会

扬弃与超越市民社会的落脚点就在于人类社会,就如马克思在《关于费尔巴哈的提纲》第十条中所宣称的那样,乃是要立足"人类社会"或"社会的人类"。向全世界宣告无产阶级的指导理论的《共产党宣言》给人类社会的实现路径指明了一个方向,无产阶级要消灭资产阶级对自己的威胁,必须进行斗争革命即无产阶级革命,打破资产阶级的垄断统治,同时将自己上升到统治阶级;并且这部宣告马克思主义产生的著作描绘了人类社会的未来形态即人的自由发展的联合体,代表着未来共产主义社会的人类社会新形态。下文将从人类社会的实现路径和未来形态出发,探究马克思对市民社会的扬弃与超越的落脚点。

(一)人类社会的实现路径

《共产党宣言》为人类社会的实现路径指明了方向,"至今一切社会的历史都是阶级斗争的历史"[①]。自从进入资本主义社会以来,阶级对立较于前面几种社会形态关系由复杂到简单化,且划为资产阶级和无产阶级两大阵营的对立。资产阶级作为拥有生产资料的资产者对没有生产资料的无产者进行奴役和压迫,无产阶级若想要不再接受奴役和压迫,必须集合起来,形成组织,由没有特殊利

---

① 中共中央马克思恩格斯列宁斯大林著作编译局编译:《马克思恩格斯文集》第二卷,人民出版社2009年版,第31页。

益的无产阶级政党带领,进行无产阶级革命,消除资本主义的威胁,打破资本主义的国家机器的统治。

无产阶级孕育于资本主义社会,且作为资产阶级的"掘墓人"而存在。随着工业革命的发展,资本者的奴役和压迫愈发严重,无产者的生存越来越受到威胁,于是无产者联合起来形成组织,进而发展成无产阶级,同时这个组织中最先进的最具革命性的一部分人组成政党,领导整个团体进行革命斗争,这个政党是无产阶级政党即共产党,该政党是没有任何自己的特殊利益的。它带领本国的无产阶级进行革命斗争,首先进行的就是政治斗争,推翻本国资产阶级的剥削统治,进而夺取政权。"从这个意义上说,共产党人可以把自己的理论概括为一句话:消灭私有制。"①

列宁创立社会主义国家,中国共产党带领中国人民走过百年奋斗历程并正在引领中国走向社会主义现代化强国的建设征程之中,这些例子都证明马克思提出的无产阶级革命事业是正确且可行的,因此扬弃与超越市民社会的实现路径就在于构建真正的人类社会。

(二)人类社会的未来形态

在《1844 年经济学哲学手稿》中,马克思研究了私有财产、异化劳动与共产主义三者之间的关系,阐述了共产主义的概念,"共产主义是对私有财产即人的自我异化的积极的扬弃,因而是通过人并且为了人而对人的本质的真正占有"②。该著作是马克思从哲学批判向政治经济学批判思想转变的一个关键点,市民社会作为资产阶级的经济基础,私有财产是资本者凭借资本对无产者进行压迫的工具。因此,要实现对市民社会的扬弃与超越,就必须对私有财产进行扬弃,将人之为人的本质复归到本原,能够实现这种理想目标的就是共产主义也就是人类社会的未来形态。

进一步来说,马克思在 1848 年《共产党宣言》中对共产主义的描述又更加具体化了,指出"代替那存在着阶级和阶级对立的资产阶级旧社会的,将是这样一

---

① 中共中央马克思恩格斯列宁斯大林著作编译局编译:《马克思恩格斯文集》第二卷,人民出版社 2009 年版,第 45 页。

② 中共中央马克思恩格斯列宁斯大林著作编译局编译:《马克思恩格斯文集》第一卷,人民出版社 2009 年版,第 185 页。

个联合体,在那里,每个人的自由发展是一切人的自由发展的条件"①。马克思为我们描绘了未来的蓝图,虽然没有给出具体的方案,但是精确地描述了必然王国和自由王国的辩证关系,提供了一种人类社会超越市民社会的思路和方向。未来的人类社会是真正回归到了人之为人的本质,每个人都是自由而全面发展的,进而实现了全人类的发展,真正达到了人的解放。在市民社会中,每个人因分工细化而没有全面发展的机会,劳动只是人保持温饱、维持自己最基本的生存的手段,而不是人的目的。毋宁说人在市民社会中是达不到自由而全面发展的目标的。反观未来的人类社会,生产力发达、物质资料丰富、没有阶级的压迫,每个人将劳动作为享受,并且在劳作之余发展自己的兴趣爱好。

四、结语:总结全文与展望未来

(一)总结全文

本文基于马克思的历史唯物主义及政治经济学方法论探究马克思对市民社会的扬弃与超越。首先,辩证唯物主义的否定观在于"肯定—否定—否定之否定",因此分析的出发点是解释市民社会的概念,黑格尔关于该概念的阐述有值得肯定的地方,同时也存在局限性,紧接着提及马克思的思想中有关市民社会的概念。其次,着重阐述马克思扬弃与超越市民社会的方法论,从而对旧唯物主义的市民社会观点进行否定批判。进一步进行否定之否定即落脚点在于从市民社会过渡到人类社会,并且提出了进行无产阶级革命才能过渡到人类社会,并阐述了人类社会就是全面发展的自由人的联合体即共产主义社会的观点。

"资产阶级社会"是马克思用来阐明自己关于市民社会看法的一种说辞。首先,他从新的唯物主义观点出发,指明了市民社会只是历史发展的一部分,最终形态是要过渡到人类社会;其次,他从经济学的角度出发,揭露了资产阶级社会的基本矛盾、经济运行规律,从实践方面来对市民社会进行解剖,找出了解决矛盾的实现路径。最终,他呼吁无产阶级一起组织起来对抗资产阶级的剥削统治,摧毁市民社会的经济基础,为实现无产者的共同理念而奋斗!

---

① 中共中央马克思恩格斯列宁斯大林著作编译局编译:《马克思恩格斯文集》第二卷,人民出版社2009年版,第53页。

（二）展望未来

如今,整个世界又正在面临"人类该往何处去"的困境。小到个人,大到整个世界,都在面临接下来该怎么做的困惑。市民社会从黑格尔开始,已经上升为一个现代性的问题。进入现代社会以来,虽然科技的发展带来了快速的变化,但是也给人们的精神和整个社会带来了困境与危机。在马克思的眼里,市民社会代表了资产阶级社会,其内在矛盾必然会导致其破裂进而进入下一个社会形态,那个形态就是共产主义社会。当代社会,资本主义生产力仍然在发展,还有容纳生产关系的空间。但是我们也可以看到中国作为一支新兴力量正在向世界展示社会主义的优越性。

西方走的现代化道路出现了许多难以解决的问题,随着中国在整个世界的影响力越来越大,越来越多学者开始研究中国的成长发展背后的秘密。中国式现代化,不但有普遍的现代化的共同特性,而且有中国自身的特殊性情况。中国正在走的现代化建设的道路是有别于西方垄断式的现代化道路的,与市民社会过渡到人类社会的实现路径是一脉相承且批判继承的。两者的目的都在于以人为本,实现人之为人的本质回归,从而达到全人类解放。

《共产党宣言》中的斗争精神[*]

邬镇斌^①

摘　要:《共产党宣言》作为无产阶级的革命纲领,对无产阶级斗争进行了深刻阐述,体现出鲜明的斗争精神。它坚持为绝大多数人的利益而斗争的人民立场,以批判、革命与建构的方式彰显出无产阶级的自信自强、团结合作和历史主动性,具有总体性、历史性和复杂性等特征。把握和汲取《共产党宣言》的斗争精神,将为深入理解和践行新时代中国共产党的斗争精神提供宝贵理论源泉。

关键词:《共产党宣言》;斗争精神;无产阶级斗争

党的二十大报告指出:"坚持发扬斗争精神。增强全党全国各族人民的志气、骨气、底气,不信邪、不怕鬼、不怕压,知难而进、迎难而上,统筹发展和安全,全力战胜前进道路上各种困难和挑战,依靠顽强斗争打开事业发展新天地。"^②纵观中国共产党的百年奋斗历程,斗争精神始终贯穿我国革命、建设和改革的各个时期,成为中国共产党波澜壮阔历史实践的生动写照。当前,我国处于第二个百年奋斗目标开局起步的关键时期,发扬斗争精神、增强斗争本领是推进中国特色社会主义事业取得崭新成就的内在要求。

《共产党宣言》(以下简称《宣言》)作为共产党人的革命纲领,在中国共产党斗争精神的形成与发展中发挥了重要理论奠基作用。《宣言》中的斗争精神主要体现在阶级斗争中。《宣言》以阶级斗争视角对资本主义社会进行了深刻批判,通过阐明无产阶级的生存状况、无产阶级与资产阶级之间的斗争,揭示出现象背

　* 本文系浙江工商大学研究生科研创新基金项目"《共产党宣言》的现代化观与中国式现代化研究"研究成果。

　① 作者简介:邬镇斌,浙江工商大学马克思主义学院硕士研究生,研究方向为马克思主义基本原理。

　② 习近平:《高举中国特色社会主义伟大旗帜　为全面建设社会主义现代化国家而团结奋斗——在中国共产党第二十次全国代表大会上的报告》,人民出版社 2022 年版,第 27 页。

后的阶级根源,以此指明未来社会是无产阶级消灭资产阶级进而"消灭了它自己这个阶级的统治"的无阶级社会。本文将通过考察《宣言》中关于无产阶级斗争的立场、形式、原则和特点等内容,阐明马克思恩格斯的斗争理论,进而揭示无产阶级的斗争精神。探究《宣言》的斗争精神,有助于深入理解中国共产党的斗争精神,为推进中国特色社会主义事业提供理论支持。

一、斗争立场:为绝大多数人的利益而斗争

无产阶级为绝大多数人的利益而斗争。资产阶级以其创造的巨大生产力颠覆了封建旧制度,建立起自己的政治和经济统治。然而,在马克思、恩格斯看来,这种政权仅仅是管理"资产阶级的共同事务的委员会"而已。资产阶级运动及其建立的国家政权以维护资产阶级自身利益为根本目的,这与先前所有运动并无区别,都是以牺牲多数人的利益换取少数人的利益。相比之下,无产阶级的运动是"为绝大多数人谋利益的独立的运动"①。无产阶级的生存状况与历史使命决定了他们应当且只能站在绝大多数人的立场。从生存状况来看,无产阶级赤贫者的地位是无产阶级为绝大多数人的利益而斗争的现实基础。资本主义私有制生产关系决定了无产阶级只能以雇佣劳动的方式获得生产和生活资料。无产阶级在雇佣劳动中不是主动地满足自身需要,而是被动地满足资本增殖需要。一方面,资本主义私有制的生产关系决定了工人生产的物质财富被资本家无情剥夺;另一方面,资本主义剥削的隐蔽性使工人生产的全部剩余价值也被资本家无偿占有。这种状况伴随大工业发展而愈演愈烈,最终爆发无产阶级革命。在阶级对立两极化的资产阶级社会,无产阶级革命必将是以代表多数人的无产阶级推翻代表少数人的资产阶级。

无产阶级的历史使命是实现自身的阶级解放进而实现全人类解放。首先,《宣言》是关于人类解放和无产阶级解放的革命宣言,《宣言》的广泛传播促进了现代工人阶级为争取自身,即争取社会中的绝大多数人的利益而斗争。正如《宣言》1888年英文版序言所说:"现在,它无疑是全部社会主义文献中传播最

---

① 中共中央马克思恩格斯列宁斯大林著作编译局编译:《马克思恩格斯选集》第一卷,人民出版社 2012年版,第411页。

广和最具有国际性的著作,是从西伯利亚到加利福尼亚的千百万工人公认的共同纲领。"①其次,无产阶级卑微的社会地位和生存状况,意味着取得革命胜利迫切要求全世界无产阶级紧密联合,即团结世界范围的绝大多数人并为自身利益服务。此外,无产阶级的特殊地位和历史使命决定了无产阶级如果不能使整个社会摆脱腐朽的现状,就不能使自己获得解放。可见,无产阶级只有代表绝大多数人的利益实现全人类的解放,才能实现自身解放。最后,共产党人是保障无产阶级运动取得胜利的坚强领导者,他们始终代表无产阶级及其整个运动的利益,为坚定无产阶级为绝大多数人的利益而斗争的立场提供了根本支柱。

二、斗争形式:批判、革命与建构

习近平总书记指出:"彻底的批判精神是马克思主义本质特征,马克思主义就是在同各种错误思潮的不断斗争中开辟前进道路的。"②批判是马克思开展斗争的重要方式。马克思在批判以往唯心主义、机械唯物主义的过程中创立了历史唯物主义。《宣言》正是这一新世界观的科学运用。《宣言》不仅批判资本主义社会的异化现象,而且批判各种反动的、保守的、空想的社会主义或共产主义——这些理论或是落入浪漫主义的窠臼,或是渴求通过"行政上的改良"以诊治社会弊病,又或是拒绝一切"政治行动",尤其是"革命行动",使斗争陷于空想。然而,批判不止于理论,更在于实践。马克思认为,"批判的武器"不能代替"武器的批判"。理论批判和实践批判相结合是马克思批判精神的突出特点。

马克思对资本主义社会的整体性批判。在马克思看来,实践批判主要是指以某种理论观点或思想学说对客观世界与现实生活的科学解释和客观把握为指导,人们能动地通过物质实践活动使客观世界和现实生活得到实际改变③。在资本主义社会,资本逻辑的根深蒂固和阶级对立状况决定了实践批判的现实途

---

① 中共中央马克思恩格斯列宁斯大林著作编译局编译:《马克思恩格斯选集》第一卷,人民出版社2012年版,第384页。

② 习近平:《思政课是落实立德树人根本任务的关键课程》,《奋斗》2020年第17期,第4—16页。

③ 陈勇、祖星儿、马晓燕:《马克思批判精神的历史意涵、逻辑必然与时代价值》,《思想教育研究》2020年第9期,第63—67页。

径只能是暴力革命。一方面,过去备受尊敬的职业在市场经济中失去尊严,变为以金钱衡量的商品;幸福和睦的家庭关系沦为金钱关系,家庭成员变为资本的奴隶……人与人之间的任何联系都被腐蚀为"赤裸裸的利害关系""冷酷无情的金钱交易"。另一方面,社会内部因各生产要素的不合理分配,分化为资产阶级和无产阶级;因经济和政治地位的不同,区分为统治阶级和被统治阶级。因此,资本家占有社会全部生产资料,工人只有在资本所需条件下将劳动力出卖给资本家才能生存。这种剥削和压迫随着无产阶级队伍的壮大而变得更加彻底。《宣言》在此基础上提出"两个决裂"的思想,澄清了共产主义革命的性质——倾覆传统的所有制关系和社会观念的彻底革命。

《宣言》以革命手段打破旧世界,在扬弃旧世界的基础上建构新世界。以暴力革命推翻现存社会不是最终目的,而是手段。马克思、恩格斯指出:"问题不在于改变私有制,而只在于消灭私有制,不在于掩盖阶级对立,而在于消灭阶级,不在于改良现存社会,而在于建立新社会。"①从"解释世界"到"改变世界"的过程中,存在着建构环节。在新社会建构方案上,《宣言》没有且不可能提出具体详尽的系统方案,而是将其建立在未来社会主体的实践基础之上。马克思、恩格斯坚持消灭私有制,提出了在经济、政治、文化等领域构建新社会的基本原则。因此,批判、革命和建构是无产阶级及其共产党人开展斗争的基本形式。

三、斗争原则:自信自强、团结合作、发挥历史主动性

坚持自信自强。《宣言》是对唯物史观新世界观的自信运用,是反驳"共产主义幽灵的神话"的自信体现。这份自信贯穿于无产阶级斗争的全过程。《宣言》通过阐明生产方式矛盾运动及从封建社会发展到资本主义社会的过程,揭示出阶级斗争的根源和资本主义社会无法克服的顽疾,从而展现出人类社会形态从低级向高级演进更替的历史规律,宣告了无产阶级胜利和资产阶级灭亡的必然性。无产阶级自信斗争的过程也是无产阶级自强的过程。《宣言》强调,在斗争中"共产党一分钟也不忽略教育工人尽可能明确地意识到资产阶级和无产阶级

---

① 中共中央马克思恩格斯列宁斯大林著作编译局编译:《马克思恩格斯选集》第一卷,人民出版社2012年版,第557—558页。

的敌对的对立"①。这为无产阶级由自在阶级向自为阶级的转变提供了认识基础。但这并不意味着无产阶级拒斥一切外来的"教育因素";相反,无产阶级十分珍惜因旧社会内部阶级斗争而投向自己的资产阶级和封建势力方面的"教育因素",并以此作为促进本阶级发展的重要基础。

加强团结合作。团结斗争是无产阶级作为被统治阶级推翻现存社会的内在要求。这种团结的力量起初由于无产阶级的被动联合而有所体现。随着社会内部冲突与日俱增,无产阶级队伍不断壮大,这种团结的力量愈发成为无产阶级的自我意识。《宣言》指出,"各文明国家的联合的行动"是无产阶级解放的首要条件之一。就形式而言,无产阶级斗争首先是"一国范围内的斗争",它要求的是各民族国家内部无产阶级的团结协作。此外,共产党人在斗争中积极发挥领导作用,努力争取各民主政党之间的团结协作,谋求各政党形成广泛统一战线。这种国内和国际的团结由于世界市场的开辟和交通运输业的发展而成为可能:资本主义世界市场的开辟,使野蛮民族成为现代文明的一部分,使资本主义异化现象蔓延全球,极大激发被压迫民族和国家的团结意识;交通运输业的发展加速了全球化进程,拉近了各国人民之间的联系,为各民族国家的团结提供了物质保障。

发挥历史主动性。发挥历史主动性是无产阶级斗争不失领导权和主动权、实现世界范围的无产阶级团结联合并最终获得胜利的重要保障。《宣言》指出,资产阶级的灭亡和无产阶级的胜利是一个自然历史过程,其中要充分发挥无产阶级的历史主动性和创造性。一方面,资本主义私有制成为社会发展的桎梏,带来了一场场的"社会瘟疫";另一方面,无产阶级沦为赤贫者,如果不炸毁现存社会就无法挺起胸来。《宣言》在驳斥批判的、空想的社会主义和共产主义时强调,他们"看不到无产阶级方面的任何历史主动性,看不到它所特有的任何政治运动"②。在这里,马克思、恩格斯将无产阶级的历史主动性作为区别于空想社会主义的突出特点,以此奠定了社会主义由空想到科学飞跃的主体性因素。

---

① 中共中央马克思恩格斯列宁斯大林著作编译局编译:《马克思恩格斯选集》第一卷,人民出版社2012年版,第434页。
② 中共中央马克思恩格斯列宁斯大林著作编译局编译:《马克思恩格斯选集》第一卷,人民出版社2012年版,第431页。

四、斗争特点：总体性、历史性、复杂性

无产阶级斗争的总体性。列宁曾将马克思主义比作"一块整钢"。这一论断不仅体现为马克思主义各组成部分的有机统一，更体现为各组成部分内部的总体性与整体性。《宣言》阐明的无产阶级斗争就是如此。从斗争内容来看，资本主义社会作为一个完整的社会形态，是一个总体性存在，内在地包含经济结构、政治结构和意识形态结构等部分。因此，无产阶级反抗资本主义社会的斗争是集经济、政治、意识形态等于一体的总体性斗争。从斗争形式来看，批判、革命和建构从理论与实践、抽象与具体的辩证统一中，阐发了无产阶级反抗现存社会进而实现共产主义的崇高理想，体现出斗争形式和方法论上的总体性特征。从斗争目的来看，《宣言》展现的"自由人联合体"思想，集中体现出无产阶级革命实现人类解放的坚定信念。这一点展现出无产阶级斗争的价值统一性与整体性。

无产阶级斗争的历史性。一方面，无产阶级斗争是一个长期历史过程。《宣言》指出，无产阶级斗争"最初是单个的工人，然后是某一工厂的工人，然后是某一地方的某一劳动部门的工人，同直接剥削他们的单个资产者作斗争"[①]。这种最初的斗争状况由于资产阶级反抗封建势力的斗争，使无产阶级被动联合起来同"自己的敌人的敌人"斗争。随着自我意识的提高，无产阶级将自觉联合成为一个团体、一个阶级、一个政党，逐渐转向与"自己的敌人"的斗争。最后，在全世界无产阶级团结斗争中实现对现存社会的超越。另一方面，无产阶级斗争是一个接续奋斗的历史过程。《宣言》在建构未来社会时明确指出，无产阶级应利用斗争取得的统治地位，逐步夺取资产阶级的全部资本，尽可能快地发展生产力以增加生产力的总量。可见，无产阶级斗争并非推倒重来无休止的循环，而是奠定在人类社会全部斗争成果之上的。

无产阶级斗争的复杂性。一方面，无产阶级斗争的条件具有复杂性。《宣言》透过阶级斗争的表象，深入对生产方式矛盾运动进行精准把握，将斗争根源归结为生产方式矛盾运动。矛盾不断变化，斗争也随之不断变化。不断变化的

---

① 中共中央马克思恩格斯列宁斯大林著作编译局编译：《马克思恩格斯选集》第一卷，人民出版社2012年版，第408页。

矛盾塑造出不同的社会状况和社会形态,使无产阶级斗争具有复杂性。另一方面,无产阶级斗争的过程具有复杂性。在与资产阶级的斗争中,工人偶尔会赢得胜利,但这些胜利往往只是暂时性的。在无产阶级组织内部,整个阶级及政党由于工人的自相竞争而常常遭受毁坏。尽管如此,这并不意味着无产阶级斗争便从此变得虚无缥缈;相反,随着资本主义社会的发展,斗争着的无产阶级组织将会不断产生,且比以往更加强大、更加团结,不断展露出无产阶级斗争的前进性。

五、结语

《宣言》关于无产阶级的斗争精神的论述内涵丰富、逻辑严密,为持续推进中国特色社会主义事业发挥重要指引作用。尽管当前距离马克思、恩格斯所处时代已过去近两个世纪,时代主题和特征发生重大变化,但是,当今时代依然处在马克思、恩格斯所关注的由资本主义向共产主义过渡的大历史中,马克思主义无产阶级斗争理论在当代特别是在当代中国仍将焕发出强大生命力。中国共产党团结带领全国各族人民,始终坚持马克思主义斗争理论、高扬斗争精神,成功开辟并推进中国式现代化道路。深耕《宣言》中关于无产阶级斗争的思想及其当代价值,发扬《宣言》的斗争精神,既是《宣言》与时俱进的内在要求,更是实现中国第二个百年奋斗目标的现实要求。

以社会系统研究法分析人、环境
与教育的关系及当代价值

——读《关于费尔巴哈的提纲》第三条

翟佳钰[①]

摘 要:《关于费尔巴哈的提纲》第三条中马克思对于人、环境与教育的关系的论述在今天仍不过时,习近平总书记在党的二十大报告中强调要坚持教育优先发展,这需要我们重新挖掘《提纲》第三条的当代价值。本文以社会系统研究法分析《提纲》第三条中三者的关系,发掘《提纲》第三条的当代价值,系统揭示了《提纲》对于今天我国社会和教育的发展具有的现实性指导意义。

关键词:《关于费尔巴哈的提纲》;马克思主义;实践观

"《关于费尔巴哈的提纲》(以下简称《提纲》)为马克思、恩格斯共同全面制定他们的新唯物主义的理论体系奠定了基础"[②],《提纲》中所提出的科学实践观为历史唯物主义的思想奠定基础,恩格斯评价"它作为包含着新世界观的天才萌芽的第一个文献,是非常宝贵的"[③]。本文通过社会系统研究的方法解释了《提纲》第三条中人、环境与教育的关系,即个体是在实践与环境的互动中发展起来的,同时,本文对旧唯物主义环境决定论与唯心论所提出的历史观进行批判。总之,《提纲》第三条具有不朽的时代价值,为我国在新时代建设社会主义和谐社会、发展教育事业和实施科教兴国战略提供了理论支撑。

---

① 作者简介:翟佳钰,浙江工商大学马克思主义学院硕士研究生,研究方向为马克思主义基本原理。

② 孙伯鍨:《孙伯鍨哲学文存·第一卷 探索者道路的探索》,江苏人民出版社 2010 年版,第 354 页。
③ 中共中央马克思恩格斯列宁斯大林著作编译局编译:《马克思恩格斯选集》第四卷,人民出版社 2012 年版,第 219 页。

一、《提纲》第三条辩证分析人、环境和教育的关系

马克思在《提纲》第三条中提到了这一点:"有一种唯物主义学说,认为人是环境和教育的产物,因而认为改变了的人是另一种环境和改变了的教育的产物——这种学说忘记了:环境正是由人来改变的,而教育者本人一定是受教育的。"①马克思在这几句话中不是在说实践,而是用这种观点来批判旧的唯物主义。

首先,马克思在《提纲》中所提及的唯物主义即关于人、环境和教育之间关系的旧的唯物主义,是指十八世纪的唯物主义者的思想,例如法国的爱尔维修和英国的罗伯特·欧文。爱尔维修相信,人因所处的环境与所受的教育而有所不同,即环境与教育决定着个人的成长。欧文亦认同爱尔维修的看法,他清楚地表明了环境与教育对于人们的重要性:人们会由于环境与教育而产生不同的思想。因此,要想改变一个人,就要改变他的生活环境,再改善他的教育。

其次,至于人、环境和教育三者的关系,无论是过去的历史学家还是现在的历史学家,都认同"生态决定论"和"教育万能论"②,即使他们的思想也是从生存的角度来解释社会现象,但他们将环境的影响归结为文化、道德和理性,他们相信,只有极少数的理性人才能够影响到人类,而只有这部分极少数人才能够影响到环境和教育,也只有他们才能推动社会和人类的进步。不得不说,这些研究者看到了环境和教育在人类发展中的作用,但夸大了天才的作用。

最后,"生态决定论"和"教育万能说"这种片面的思维方式把社会分割成了两半,一半是环境和教育的提供者,另一半是接受教育和身处环境中的人。根据这种学说,社会状况将主要取决于那些提供环境和教育的人,如果提供环境和教育的人品行端正,整个社会就会受到良好的教育;反之,社会就无法获得良好教育,换句话说,"生态决定论"和"教育万能说"这样的论调都是不成熟的、是片面的。马克思认为,我们不能迷信环境和教育对人的决定性作用,这种迷信会导致一个两极分化的社会,在这个社会中,一些人享受着教育且身处高位,而另一些人则生来困苦并将长期处于底层社会。

---

① 中共中央马克思恩格斯列宁斯大林著作编译局编译:《马克思恩格斯选集》第一卷,人民出版社2012年版,第138页。

② 张忠华:《教育学原理》,上海世界图书出版公司2012年版,第114页。

二、以社会系统研究法分析人、环境和教育的关系

(一)社会系统研究法的原则

第一,整体性原则。在对社会现象的研究中,马克思认为,一个系统首先必须是整体性的,才能形成一个系统,他在研究城市时谈道:"城市本身的单纯的存在与众多的独立家庭不同。在这里,整体并不是由它的各个部分组成。它是一种独立的有机体。"[①]

第二,结构性原则。"社会系统的性质和功能不但取决于要素之间的性质和功能,而且取决于要素之间的结构。社会系统有什么样的结构,就相应地有什么样的功能。"[②]社会结构的变化表明社会形态的变化,因此马克思研究社会发展的规律时就极其重视社会结构。

第三,层次性原则。"层次是指在系统中不同的组成部分依次隶属的等级关系。系统是由若干子系统组成的。"[③]我们生活的社会就是由多层次组成的复杂群体,在对社会系统进行分析的时候,要对各个系统进行具体分析,这样才能对社会有全面的认识。

第四,开放性原则。任何一个系统都具有开放性,内外运转,从而维持系统的生存。邓小平指出:"任何国家想要发达起来,闭关自守都不可能,长期闭关自守,把中国搞得贫困落后、愚昧无知。"[④]

社会系统方法是常见的社会研究方法,也是解决复杂系统问题的重要途径,因此,想要了解这个世界,就不能用局部的视角去取代整个的视角,而是要带着开放的眼光将某些事物看成一个不可分割的有机整体,从细微入手,加以分析和探讨,这样才能得出科学有效的结论。

当分析人、环境和教育之间的关系时,马克思认为三者是相互影响的。同

---

① 中共中央马克思恩格斯列宁斯大林著作编译局编译:《马克思恩格斯文集》第八卷,人民出版社2009年版,第131页。

② 本书编写组编:《马克思主义与社会科学方法论》(2018年版),高等教育出版社2018年版,第40页。

③ 本书编写组编:《马克思主义与社会科学方法论》(2018年版),高等教育出版社2018年版,第41页。

④ 邓小平:《邓小平文选》第三卷,人民出版社1993年版,第90页。

时,马克思提出,"社会不是坚实的结晶体,而是一个能够变化而且经常处于变化过程中的有机体"①,社会各要素之间总是相互依存、相互制约,你中有我、我中有你的。在社会发展中,教育起决定作用,是人和环境发展的基础;人则是社会发展的"骨骼";构成社会发展"血肉"的是环境。三者相互影响、相互制约,共同促进了社会的蓬勃发展。

(二)以社会系统研究法分析人、环境和教育的关系

首先,马克思在《提纲》中提道:"环境的改变和人的活动的一致,只能被看作并合理地理解为变革的实践。"②在他看来,实践才是联系二者变化的桥梁,因此,他没有否定旧有的观点,而是把二者放在一个整体中全面地考察。

其次,在考虑人与环境的关系时,他认识到环境在人的发展中的重要作用,以及人的发展也会对环境造成影响,所以二者不是简单的单向联系,而是双向的关系。既然人类与环境之间的关系不是单向的,而是双向互动的关系,那么,人就可以通过实践作用于环境,使环境朝着有利于自身的方向发展。

最后,马克思认为,教育者应该接受教育,因为教育是必需的实践活动,无论是个人还是社会都需要接受教育,但是对于三者的关系,我们要辩证地看待,既要看到教育对人的影响作用,也要看到人接受教育时的主观能动性和选择性,还要看到教育受社会环境发展的制约。我们要清楚教育并非万能的,只有主体的主动参与才能使教育对社会发展的影响朝着有利于人类的方向前进。总之,它们三者作为历史发展进程的不同方面随着社会的发展相互影响。

三、《提纲》第三条的当代启示

(一)为全面建成社会主义现代化强国提供理论启发

首先,马克思认为,人和环境相互作用,并协调统一于实践基础之上。"按照马克思的原意,'人的活动'不仅改造外部客观世界,也改造内部的主观世界。改

---

① 中共中央马克思恩格斯列宁斯大林著作编译局编译:《马克思恩格斯文集》第五卷,人民出版社2009年版,第10—13页。

② 中共中央马克思恩格斯列宁斯大林著作编译局编译:《马克思恩格斯选集》第一卷,人民出版社2012年版,第138页。

造外部客观世界就是改造自然，导致'环境的改变'；而改造内部的主观世界，就是'自我改变'，使人在实践活动中认知能力和水平得到提高。"①这一思想构成了新时代中国全面建成社会主义现代化强国的理论基础。当前，我们正在建设的社会主义现代化强国是人与自然、人与社会及人类本身之间和谐统一的社会。

其次，创新、协调、绿色、开放、共享的新发展理念是在 2015 年党的十八届五中全会上完整提出的。习近平总书记在会上指出："这五大发展理念，是'十三五'乃至更长时期我国发展思路、发展方向、发展着力点的集中体现，也是改革开放三十多年来我国发展经验的集中体现，反映出我们党对我国发展规律的新认识。"②创新、协调、绿色、开放、共享这五大新发展理念，既符合中国国情和发展水平，又符合引领中国从大国走向强国的时代要求，有了这样的理论基础，定将带领中国从一个大国走向强国，走向可持续发展的彼岸。

最后，这种和谐统一和发展的理念建立在中国特色社会主义的伟大社会实践之上，是《提纲》第三条的延伸和体现。这既反映了中国今天的发展受制于当下的客观环境，也反映了今天的发展环境可以通过主体的实践活动得到改善，充分体现了马克思关于通过实践和环境之间互动，从而实现协同发展的思想。

(二)为发展新时代教育事业提供理论指导

首先，新时代我国的发展表明，人才与教育具有内在联系。社会进步需要人才，人才的培养则需要一个良好的发展环境来支撑，更需要一个特定的教育环境来激发，而教育环境在这方面的保障作用是显而易见的。

其次，《提纲》第三条谈到"关于环境和教育起改变作用的唯物主义学说忘记了：环境是由人来改变的，而教育者本人一定是受教育的"③。从实践角度单独理解"教育者本人一定是受教育的"表明，教育者本人学习所收获的知识是通过实践获得的，教育活动本身必须符合社会历史条件和社会发展规律，因此，今天在学习贯彻党的二十大精神，进而统筹安排教育方针政策时必须符合社会历史

---

① 潘惠香：《马克思的哲学革命及其时代价值：〈关于费尔巴哈的提纲〉理解史的研究》，中山大学出版社 2021 年版，第 23 页。

② 中共中央党校组织编写：《以习近平同志为核心的党中央治国理政新理念新思想新战略》，人民出版社 2017 年版，第 27 页。

③ 中共中央马克思恩格斯列宁斯大林著作编译局编译：《马克思恩格斯选集》第一卷，人民出版社 2012 年版，第 134 页。

条件和社会发展规律。

最后,教育是国之大计,党之大计。在考虑教育与社会发展的关系时,我们必须意识到,虽然教育在促进社会发展方面发挥着有效的作用,但它并不是万能的,教育只有在特定的社会背景下进行,并在满足其所在的社会发展的需要时才能发挥作用。事实上,教育发生的实际环境就是教育活动发生的环境,因此,教育过程中的主体将不可避免地受到环境的影响。新时代,我们想要培养世界一流的、杰出的人才就必须要有一个政治、经济、社会和文化相协调的大环境,创造出培养高水平人才所需要的高质量教育环境,着力培养高精尖人才,聚天下英才而用之。

四、为实施科教兴国战略,建设现代化人才提供理论支撑

《提纲》第三条强调,人类作为实践的主体,在与环境的互动中自觉或不自觉地受到教育的影响,正如党的二十大报告中提道:"教育、科技、人才是全面建设社会主义现代化国家的基础性、战略性支撑。必须坚持科技是第一生产力、人才是第一资源、创新是第一动力,深入实施科教兴国战略、人才强国战略、创新驱动发展战略,开辟发展新领域新赛道,不断塑造发展新动能新优势。"[①]将教育、科技、人才作为一个整体进行论述,凸显了教育、科技与人才的内在联系。

首先,实施科教兴国战略要坚持教育优先。党的十八大以来,我国教育普及水平实现历史性跨越,高等教育的规模也逐年扩大,从少数人的教育到大众化的教育,我国的教育环境在不断地发生着变化,正如马克思、恩格斯在《德意志意识形态》中提到的,无产阶级"只有改变了环境,他们才会不再是'旧人',因此他们一有机会就坚决地去改变这种环境。在革命活动中,在改造环境的同时也改变着自己"[②]。哪怕条件再艰苦、落后,也要始终将教育放在第一位,培养全面发展的社会主义接班人,逐步实现中华民族伟大复兴。

其次,实施科教兴国战略要坚持科技创新。在当今社会,"科学技术是第一

---

① 习近平:《高举中国特色社会主义伟大旗帜 为全面建设社会主义现代化国家而团结奋斗——在中国共产党第二十次全国代表大会上的报告》,人民出版社 2022 年版,第 33 页。

② 中共中央马克思恩格斯列宁斯大林著作编译局编译:《马克思恩格斯全集》第三卷,人民出版社1960 年版,第 233 页。

生产力"①这个观点广为人知,通过社会生活中的种种实践,大家都能感受到邓小平同志的远见,即使在今天,这句话仍不过时。党的二十大报告中提道:"坚持创新在我国现代化建设全局中的核心地位。""培育创新文化,弘扬科学家精神,涵养优良学风,营造创新氛围。扩大国际科技交流合作,加强国际化科研环境建设,形成具有全球竞争力的开放创新生态。"②

最后,实施科教兴国战略要坚持人才驱动发展。创新驱动发展,实际上是人才驱动发展,习近平在《努力实现高水平科技自立自强》中强调:"激发各类人才创新活力,建设全球人才高地。世界科技强国必须能够在全球范围内吸引人才、留住人才、用好人才。我国要实现高水平科技自立自强,归根结底要靠高水平创新人才。"③爱才、惜才,将优秀的人才纳入中华民族伟大复兴事业的宏伟蓝图。

五、结语

回首往昔,中国能在今天成为世界第一大发展中国家,正是马克思主义与中国特色社会主义伟大实践相结合的结果。虽然今天距离马克思《提纲》的发表过去了一百多年,但是《提纲》中关于人、环境与教育的论述对于促进当今社会的发展、办好人民的教育、完善科技创新体系和加快实施创新驱动发展战略仍具有现实意义,所以,对于《提纲》,我们依然要坚持认真研究、不断创新发展。

---

① 邓小平:《邓小平文选》第三卷,人民出版社1993年版,第274页。
② 习近平:《高举中国特色社会主义伟大旗帜 为全面建设社会主义现代化国家而团结奋斗——在中国共产党第二十次全国代表大会上的报告》,人民出版社2022年版,第35页。
③ 习近平:《习近平谈治国理政》第四卷,外文出版社2022年版,第202页。

从家庭形态的演变看女性地位的变化

——基于《家庭、私有制和国家的起源》的文本分析

顾梦婷①

摘　要:家庭是社会的细胞,是社会发展的重要组成部分;女性是维持家庭稳定、推动社会进步的重要力量。在《家庭、私有制和国家的起源》这一文本中,恩格斯阐述了家庭发展的各个阶段中女性地位的变化,分析了女性地位下降的原因,提供了女性实现解放的三大途径,并在此基础上勾画了未来理想家庭的美好图景。

关键词:恩格斯;家庭演变;女性地位

一、四种家庭形态中女性地位的变化

家庭并非自古以来就有,也不是亘古不变的。家庭是一个历史范畴,是社会发展到一定阶段的产物。在家庭由低级阶段向高级阶段演进的同时,两性地位也发生了翻天覆地的变化。从蒙昧时代的群婚制家庭到野蛮时代的对偶制家庭,再到文明时代的专偶制家庭,恩格斯在《家庭、私有制和国家的起源》这一文本中向我们展示了一幅女性地位嬗变图。

(一)蒙昧时代的群婚制家庭

群婚制家庭的特点。血缘家庭是群婚的低级形态,产生于蒙昧时代的低级阶段。尽管在血缘家庭中婚姻联结的范围还比较广,但是已经可以看到家庭中出现了婚姻禁例:婚姻集团按辈分建立,婚姻关系只在同辈中发生,长辈和晚辈

---

①　作者简介:顾梦婷,浙江工商大学马克思主义学院硕士研究生,研究方向为马克思主义基本原理。

被区分开来,婚姻家庭的组成排除了代际通婚。从家庭的发展史来看,血缘家庭第一个登上了人类文明的舞台,使人类摆脱了原始状态。随着社会的生产力水平不断进步和人自身的不断发展,血亲婚配的弊病愈发暴露出来,近亲结婚所繁衍出来的后代在体力和智力方面都落后于没有血缘关系的人所繁衍出来的后代。于是两性关系中的一个新的禁例也逐渐确立了:限制兄弟姊妹之间的性关系,甚至旁系兄弟姊妹之间也禁止结婚。这样就从血缘家庭过渡到了普那路亚家庭。普那路亚家庭作为家庭的第二种形式,产生于蒙昧时代的中级阶段,是群婚的高级形态。

群婚制家庭中的女性地位。恩格斯在《家庭、私有制和国家的起源》(以下简称《起源》)中提到社会制度受"两种生产"的制约,分别是物质资料的生产和人口的生产即种的繁衍。在原始的蒙昧状态下,生产力不发达,生产工具落后,"共产制的家户经济意味着妇女在家内的统治,正如在不能确认生身父亲的条件下只承认生身母亲意味着对妇女即母亲的高度尊敬一样"[①]。在这种情况下,妇女由于在家庭中充当着人口繁衍和延续生命的重要角色,便拥有高度的尊敬。与此同时,在所有的群婚状态下,孩子的父亲是无法确定的,但是我们能清楚地分辨出孩子的母亲是谁,妇女作为后代的唯一确切知道的亲长,享有极大的威望。故在群婚制家庭中,女性居于崇高的地位。

(二)野蛮时代的对偶制家庭

对偶制家庭的特点。对偶制家庭产生于蒙昧时代与野蛮时代的交替时期,是家庭发展的第三种形式,也是人类家庭形态发展过程中由集体家庭模式向个体家庭模式转变的重要阶段。在这一阶段中,由于自然选择进一步发挥作用,结婚限制日益增多及女性对保持贞操权利的迫切,群婚逐渐退出历史的舞台。婚姻范围不断缩小,最终缩小到其所能联结的最后单位:由一个妻子与一个丈夫组成的家庭。此时的对偶制家庭虽然是由一个妻子和一个丈夫组成的,但是家庭作为社会基本经济单位的经济功能没有得到保障,加之夫妻双方拥有高度的自由,婚姻关系很容易由任何一方解除。因此,这种家庭模式本身是很脆弱、很不稳定的。但是相较于先前的家庭模式,对偶制家庭的出现已经表明了人类家庭

---

① 中共中央马克思恩格斯列宁斯大林著作编译局编译:《马克思恩格斯选集》第四卷,人民出版社2012年版,第56—57页。

文明又向前迈出了重大的一步。

对偶制家庭中的女性地位。对偶制家庭时期的经济基础是共产制家户经济，此时的家庭还未形成一个独立的经济单位，人们共同生活、共同劳作，女性作为生产的主力军担负着沉重的劳作，在家中依旧享有统治地位。随着社会分工的精细化、剩余产品的出现、财富的日益积累及财产的私有化，家庭领域也爆发了革命。家庭内部的关系发生改变：男子的地位因其能够创造更多的社会财富而重要起来，女子由于只扮演着家务劳动者的角色，相较于男子的劳动来说无法创造更大的价值，于是便被挤到了第二位。这样一来，一个深刻的革命便发生了。母权制为父权制所颠覆，女性的命运发生了历史性骤变，曾经尊贵、自由的女性瞬间从神坛上跌落，男子的地位骤然上升，两性地位彻底颠覆。

(三)文明时代的专偶制家庭

专偶制家庭的特点。专偶制家庭是家庭演变的第四种形式，产生于野蛮时代的中级阶段和高级阶段交替的时期，它的最后胜利乃是文明时代开始的标志之一。专偶制家庭的出现是为了确保"子女将来要以亲生的继承人的资格继承他们父亲的财产"①。所以，专偶制是基于男性统治的专偶，是权衡利害的婚姻，是以私有制为经济基础的家庭。尽管此时男女双方的婚姻关系要更为牢固，但仍不是真正意义上的一夫一妻制。相反，这是对妻子方面实施专偶的婚姻。

专偶制家庭中女性的地位。家庭形态由对偶婚走向专偶婚，女性地位下降这一现象便愈发显现出来。首先，由于专偶制家庭是建立在私有制经济基础之上的，男子拥有大量的物质财富，女子因金钱委身于男子、依附于男子的现象屡见不鲜。其次，虽然与先前三种家庭相比，专偶制的婚姻关系更加稳固，但是依然无法避免丈夫拥有解除婚姻关系和对婚姻不忠的权利。最后，专偶制家庭的实质是对妻子方面的专偶，丈夫在婚姻中享有极大的性自由，只要妻子背叛丈夫就会受到最残酷的惩罚。以上，在婚姻和家庭中，男性都占据着至高无上的地位，而女性总是处于被控制和被压迫的状态，最终沦为男性的奴隶和生育的工具。

---

① 中共中央马克思恩格斯列宁斯大林著作编译局编译：《马克思恩格斯选集》第四卷，人民出版社2012年版，第71页。

二、女性地位变化的原因

在探讨了家庭形态的演变过程中女性地位发生的变化之后,恩格斯也十分重视这一变化背后的根源。因此,他分别从私有制和两种生产的角度出发分析了女性受压迫的原因,为我们提供了正确分析女性问题的视角。

(一)分工、私有制和阶级的出现

恩格斯认为社会分工带来的私有制和阶级是导致女性地位发生变化的根本原因。在生产力水平较低的原始社会,人们共同劳作,共同占有生产资料,共同分配劳动成果,女性也因能为家庭成员提供稳定的维持生存和发展的物质生活资料来源而备受尊敬。到了原始社会末期,社会分工的兴起和交换的出现催生了私有制。此时,男性主要负责对畜群的驯养和照管,在家庭中发挥着无可替代的作用。随着财富的增加和个人生产的大量劳动产品出现剩余,产生了对这种新的财富的归属问题的思考,原先由氏族成员共同占有的生产和生活资料转归为家庭私有。这样一来,男性在家中掌握了财产的私有权,在经济生活中拥有了主导权,因此在家庭中便占据了主要地位,女性则退居于从属地位。分工除了带来了私有制之外,也使两性之间的关系逐渐演变成了阶级关系,从此便拉开了男性主导的历史帷幕,女性陷于被盘剥、被控制的悲惨境地,男女地位的不平等就此形成。

(二)"两种生产"的影响

在《起源》的第一版序言中,恩格斯指出:"根据唯物主义观点,历史中的决定性因素,归根结底是直接生活的生产和再生产。但是,生产本身又有两种。一方面是生活资料即食物、衣服、住房以及为此所必需的生产的工具;另一方面是人自身的生产,即种的繁衍。"[①]在人类发展的幼年时期,社会生产力低下,人们的生活主要受自然支配。因而,在此阶段,人自身的生产占据主要地位,女性相比

---

① 中共中央马克思恩格斯列宁斯大林著作编译局编译:《马克思恩格斯选集》第四卷,人民出版社2012年版,第13页。

于男性也就拥有更高的社会地位。随着生产力的进一步发展,人类创造出了丰富的劳动工具,掌握了更多获取资源的方式,开发出了巨大的物质财富。此时两种生产之间的关系发生了变化:物质资料的生产逐渐占据主要地位,人自身的生产对社会发展的影响减弱,退居于次要地位。因此,作为人口繁育的主要贡献者的女性,地位也随之下降。

总之,两种生产在不同的历史时期对人类的发展产生了不同的影响。但无论何时,两种生产始终相伴而生、相辅相成,共同推动着人类社会的更迭。

三、恩格斯关于女性解放的途径

从人人尊敬的崇高的亲长沦为被男性奴役的对象,女性的地位发生了历史性的嬗变。为了将女性从被盘剥、被控制的悲惨境地中解救出来,恩格斯从以下三个方面给出了相应的对策,对解决女性问题、解放女性具有重要的指导作用。

(一)从家务劳动中摆脱出来,参与社会大生产

在母系社会中,女性料理家务被视作"一种公共的、为社会所必需的事业"。随着家庭演变为个体经济单位后,女性料理家务的劳动不再具有公共性质,而成了"一种私人的服务";相反,男性则因创造了大量社会物质财富并且逐渐占据这些社会财富为他的私人财产而地位攀升。从经济上看,男子在家庭中占据了统治地位,女子则处于被统治地位。那么如何改变这种局面?恩格斯在《起源》中给出了相应的对策:女性的解放只有她们大规模地、全身心地投入社会生产才能实现。到那时,她们便可以走出家庭这小小一隅,投入社会生产的大潮流去充分发挥自身的潜力和才能,获取经济收入,从经济上摆脱男子对她们的统治,成为家庭和社会中的有产阶级,实现经济独立。到那时,女性便能在家庭中拥有合理的权利和平等的地位,在社会中实现自身价值。

(二)男女共同分担劳动,私人劳动变为社会事业

现代大工业的快速发展为女性提供了更多的工作机会,使女性投入到社会公共事业中,从烦琐的家务劳动中解放出来,一展独立面貌。然而,恩格斯也强调了"如果她们仍然履行自己对家庭中的私人服务的义务,那么她们就仍然被排

除于公共的生产之外,而不能有什么收入了;如果她们愿意参加公共的事业而有独立的收入,那么就不能履行家庭中的义务"①。为了改变这种状况,首先,在家庭中,男性要与女性共同分担家务劳动。在男女双方的共同努力下,减少女性在工作中对家庭事务的顾虑,有助于女性全身心地投入工作。其次,社会也应承担起相应的责任,赋予家庭内部私人劳动以社会性质。将家务劳动融入社会公共事业,这样不仅有益于女性的身心健康,也能促使女性才能的充分发挥和推动社会的进步。

(三)将爱情作为婚姻的基础,实现女性的爱情解放

随着人类文明的进一步发展,女性不仅在经济上成为奴隶,在感情中也被奴役。在以物质利益为基础的婚姻中的女性完全被剥夺了婚姻自由的权利。在配偶的选择上,由父母决定其结婚的对象,女性丝毫没有选择伴侣的权利;在婚姻中,男性享有对婚姻"不忠的权利",而女性则丧失了性爱自由的权利;在离婚问题上,夫妻之间虽然不能轻易解除婚姻关系,但丈夫仍然享有离婚权并有权赶走他的妻子。在这种权衡利弊的婚姻中,女性成了这场公开交易的牺牲品。因此,女性的真正解放不单单是经济上的解放,也包含着情感上的解放。当两性在经济上保持平衡之后,女性自然而然也就从情感的奴役中走了出来,开始了对爱情的探索,爱情成了她们缔结婚姻和选择伴侣的唯一要素。如果说经济上的解放是女性跳出权衡利弊的婚姻牢笼的物质前提,那么情感上的解放则使女性拥有追求以爱情为基础的婚姻的权利,是女性获得真正解放的标志之一。

四、实现女性解放与构建理想家庭

女性解放与理想家庭的建设密不可分。只有实现女性解放,才能创建以爱情为基础的理想家庭,才能创造男女平等的理想家庭,才能构建以人的自由全面发展为目标的理想家庭。

---

① 中共中央马克思恩格斯列宁斯大林著作编译局编译:《马克思恩格斯选集》第四卷,人民出版社2012年版,第85页。

（一）实现女性解放，创建以爱情为基础的理想家庭

爱情是婚姻和家庭的基础，女性解放是婚姻美满、家庭和谐的前提。在原始的群婚状态下，两性之间的结合是单纯的性欲满足，是种的繁衍的要求。到了专偶制时期，婚姻家庭的建立更多开始考虑经济和政治因素，女性常常出于经济或其他因素的考虑而委身于一个不爱的男子。尤其是在资产阶级家庭中，婚姻关系全然变成了"一种纯粹的金钱关系"。恩格斯通过对上述婚姻建立的错误基础进行批判之后，提出了未来共产主义社会的家庭是建立在爱情基础之上的理想家庭的观点。众所周知，在未来共产主义社会的家庭中，女性将从物质利益的束缚中走出来，与她所爱的男子缔结婚姻，实现真正的爱情解放。彼时的婚姻是建立在两性之间互相爱慕基础之上的婚姻；彼时的夫妻双方具有深厚的感情，不会轻易分离；彼时的家庭和谐美满、人人向往。

（二）实现女性解放，创造男女平等的理想家庭

女性并不是自古以来就地位低下，女性地位低下是人类社会发展到一定阶段才出现的现象。恩格斯在分析了私有制的出现和两种生产关系的变化使得女性地位降低之后，指出了在未来共产主义社会情况将截然不同。在未来共产主义社会的理想家庭中，私有制将会消失，个体家庭也将消除其作为社会的经济单位的属性，妇女从家庭中解放出来，回归到公共服务中去，同男子一样在社会上有自己的工作，拥有属于自己的报酬，经济独立，从而拥有与男性一样平等的地位。因此，未来的共产主义家庭是女性得到解放的家庭，是男女平等的家庭，也是建立平等婚姻关系的和谐稳固的家庭。

（三）实现女性解放，构建以人的自由全面发展为目标的理想家庭

女性解放是人类解放事业中的重要一环，其终极目标是实现人的自由全面发展。在父权制社会中，妇女群体由于长期处于被剥削位置，身心遭受巨大摧残，才能得不到充分发挥，价值无法真正体现。而在未来共产主义社会的家庭中，女性将不受任何限制和歧视，压迫、剥削、奴役等现象也将不复存在。女性可以自由地选择自己的职业和未来发展道路，全身心地投入到社会生产活动中。在工作之余，女性也可以从自己的兴趣爱好出发，发挥自身的特长，实现自我价

值。由此可见,实现女性解放与构建以人的自由全面发展为目标的理想家庭是高度契合的。人的自由全面发展是人在摆脱一切束缚后的最高发展境界;构建人的自由全面发展的理想家庭,是女性在摆脱一切束缚后所追求的理想家庭模式。因此,要将女性解放事业与人的自由全面发展相结合,构建自由、平等、温馨的理想家庭。

参考文献

[1] 中共中央马克思恩格斯列宁斯大林著作编译局编译. 马克思恩格斯选集(第四卷)[M].北京:人民出版社,2012.

[2] 江洋.恩格斯《家庭、私有制和国家的起源》研究读本[M].北京:中央编译出版社,2017.

[3] 余琪玮.恩格斯妇女解放思想的再思考:基于《家庭、私有制和国家的起源》的文本解读[J].荆楚学刊,2022,23(5):46-53.

[4] 张灵犀.浅谈恩格斯两种生产理论的诞生及含义[J].现代交际,2020(5):235-236.

[5] 喻蓉.论恩格斯的妇女解放思想:读《家庭、私有制和国家的起源》[J].经济研究导刊,2011(25):236-237.

[6] 王敏洁,史春林.恩格斯妇女解放思想研究:基于《家庭、私有制和国家的起源》文本分析[J].青岛农业大学学报(社会科学版),2022,34(3):66-73.

美好生活何以可能

——罗萨的新异化理论探析

方笑笑[①]

摘　要:罗萨从时间角度切入,对晚期现代社会进行分析,主张是"社会加速"缔造了实现美好生活的最大阻碍——"新异化"。基于此,他提出共鸣方案以期化解异化、朝向美好生活。罗萨的新异化理论虽丰富了马克思的异化劳动理论,但未深入资本逻辑,致其共鸣方案沦于表面,异化劳动理论在当代仍具有不可替代的价值。

关键词:新异化;加速;美好生活;共鸣

自第一次工业革命以来,科学技术飞速发展,不仅推动了社会生产的进步,还影响了社会生活的方方面面。时至今日,人类社会正经历以智能化、信息化为主要特征的第四次工业革命,世界正以史无前例的速度运转。科学技术的发展本应使人拥有更多可支配时间,不断接近美好生活的理想。然而现实却是许多人感觉自己的时间越发紧迫,与美好生活的追求渐行渐远。法兰克福学派第四代批判理论代表人物罗萨注意到晚期现代社会人们面临的时间危机,认为不断加速的现代社会已暴露诸多病症。为此,罗萨尝试运用异化概念进行准确诊断。通过异化批判,罗萨发现新异化已成为实现美好生活的最大障碍。针对新异化的侵入,其提出共鸣方案以期化解异化、朝向美好生活。对罗萨直指时代弊病的新异化理论进行研究,可以为探讨"美好生活何以可能"提供独特的视野。

---

①　作者简介:方笑笑,浙江工商大学马克思主义学院硕士研究生,主要研究方向为马克思主义基本原理。

一、社会分析:加速主导下的世界

罗萨从时间角度对晚期现代社会展开分析,从而指出正是社会加速导致了可凭经验察觉的异化形式。那就不得不追问:社会加速是如何产生的?为解答这一问题,罗萨一方面以竞争逻辑和文化逻辑为切入点,考察社会加速的外驱力;另一方面把社会加速拆分为科技、社会变迁和生活步调三个范畴,探讨社会加速的内驱力。

(一)社会加速的外驱力

竞争逻辑。资本主义获利原则扮演了重要角色:首先,在生产中,节约时间就能节省成本从而获得竞争优势;其次,投资者遵照利益和存贷的原则会竭力提升报酬和资本循环速度,这样除了生产,消费和循环也得以加速;最后,企业家为了获取额外收益会加速创新以领先于其他竞争者。因此,一般的社会加速,是由竞争逻辑主导的资本主义市场体系促成的。然而不只是经济领域,现代生活的所有领域基本都存在竞争逻辑。在政治领域,只有选举胜出的人或政党才享有权利;在科学领域,研究员执行研究项目的资源要靠竞争获得;在艺术领域,要卖更多的唱片、书、票等来击败对手;甚至在宗教领域,教派都要为信仰而竞争。所以罗萨才说:"社会加速的推动力主要就是社会竞争逻辑。"[1]

文化逻辑。罗萨指出,人不是单纯被迫去适应社会加速的,还在一定程度上主动追求加速。在文化上,现代社会是世俗的,人们的重点都在此世。因此,在此世追求贡献、选择和财富就变成渴求,要在有限的生命时间获得更多这些渴求,就只能加快步调;且在现代西方的主要文化逻辑中,人们认为"美好的生活就是被填满的生活"[2],也就是说好的生活要尽可能多地体验。于是,人们总是加倍快地去体验,其结果就是人自愿变成滚轮中不停奔跑的仓鼠。

---

[1] 哈尔特穆特·罗萨:《新异化的诞生:社会加速批判理论大纲》,郑作彧译,上海人民出版社 2018 年版,第 34 页。

[2] 哈特穆特·罗萨:《加速:现代社会中时间结构的改变》,董璐译,北京大学出版社 2015 年版,第 215 页。

(二)社会加速的内驱力

罗萨将社会加速拆分为科技加速、社会变迁加速和生活步调加速三个范畴。

科技加速。科技加速被定义为关于运输、传播沟通与生产过程的有意速度提升。首先,在运输上,交通工具的更新极大地促进运输速度的提高。其次,传播沟通速度明显提升了。从早期的马拉松、骑马、信鸽传信到电报和电话沟通,再到如今的因特网都足以证明。最后,生产领域也发生了巨大的革命。《共产党宣言》写道:"资产阶级在它的不到一百年的阶级统治中所创造的生产力,比过去一切世代创造的全部生产力还要多,还要大。"[1]事实上,为维持竞争力,生产的各个领域都在追求有益的速度提升。因此,科技领域总体上呈加速趋势。

社会变迁加速。社会变迁加速是指社会各事物和信息的时效变短,罗萨称之为"当下时态的萎缩"。为了证实萎缩,罗萨将关注点放在家庭与职业领域。在家庭领域,典型的家庭结构在农业社会能数个世纪不变,但到了古典现代,可能只能维持一个世代。至晚期现代,家庭的生命循环可能比个体的生命要短。在职业领域,前现代和早期现代社会父亲会把职业传给儿子,这种传承一般会维持几个世代。但到古典现代,每个世代基本都会改变职业。个体可自由选择职业,但一般只选一次且一辈子从事一个工作。到了晚期现代,单一的职业不再占据整个职业生涯。家庭和职业这两个领域时间的萎缩证实了社会变迁加速。

生活步调加速。生活步调加速是指"在一定时间单位当中行动事件量或体验事件量的增加"[2],即在更少的时间内做更多的事。为证实生活步调加速,罗萨采取主客观相结合的方式。在客观方面,有两种测量方法。一是测可界定行动花的时间,如测吃饭、睡觉、散步等花的时间。虽大趋势是我们比上一辈吃得更快、睡得更少,但总存在反例,如西方社会一些地方陪孩子的时间增加。二是测行动与体验时间的压缩,即减少休息时间或同时做多件事的情况。在这一点上,不断增长的事物量无疑推进现代人对时间的压缩,如因工作增多只能压缩睡眠时间、边吃饭边看电视等。在主观方面,最典型的就是个体感觉时

---

[1] 中共中央马克思恩格斯列宁斯大林著作编译局编译:《马克思恩格斯选集》第一卷,人民出版社2012年版,第405页。

[2] 哈特穆特·罗萨:《新异化的诞生:社会加速批判理论大纲》,郑作彧译,上海人民出版社2018年版,第21页。

间比以前流逝得快,担忧无法跟上社会步调,日益普遍的"内卷"现象就是很好的印证。

社会加速的三个范畴已形成一个环环相扣、不断自我驱动的反馈系统。生活步调加速引起时间短缺,时间越是短缺,人对科技进步的需求就越大(为了节省时间),于是不断推动科技加速。而科技加速定会引起生活形式全方位改变,即推动了社会变迁加速。在生活所有领域的社会变迁都加速的情况下,人们总觉得自己不进则退,只要稍喘口气就会变得落后。于是人们被迫追赶社会加速,导致生活步调再次加速,生活步调加速又对科技加速提出新的要求。最终,一个自我驱动的"加速循环系统"就形成了。

二、病症诊断:社会加速导致新异化

罗萨指出,社会加速虽造成诸多病症,但对实现美好生活带来的最大影响是导致了新异化。

(一)新异化的内涵

罗萨重提异化,主要就是想用它的核心概念中关于自我与世界关系的内涵。他对异化概念的这种理解,很大程度上受拉埃尔·耶吉(Rahel Jaeggi)影响。耶吉对异化概念进行了重新阐释,指出"异化是一种缺乏关系的关系"①。罗萨直接继承耶吉对异化的定义,并进一步指出它反映的是"世界不再触及我了,我也不再能触及外在的世界了"②的沉默关系。经此,罗萨的异化概念不再同于马克思的劳动异化,其异化更多指人与世界关系的疏离、淡漠。由此,他以这一概念来体现加速社会最大症结的表现形式。

(二)新异化的表现形式

空间异化。在数字化和全球化背景下,社会亲近性和物理邻近性不再具有直接联系,空间距离近的人不一定关系亲密,这为空间异化提供了可能。事实

---

① Rahel Jaeggi, *Alienation*, New York: Columbia University Press, 2014, p. 3.
② 哈特穆特·罗萨:《不受掌控》,郑作彧、马欣译,上海人民出版社 2022 年版,第 48 页。

上,要对某个空间感到熟悉,就需与这个空间建立熟悉的亲密关系。然而这些亲密关系是需要花大量时间才能建立的。常搬迁的人很难对一个地方产生熟悉的感觉,因为这些地方对他来说缺乏故事、回忆与认同感,也就无法让其感到熟悉、安心与舒适。于是,社会加速带来的流动性,最终导致人与空间关系的淡薄,使人与物理环境相异化。

物界异化。所谓物界,主要是指人生产的物与消费的物。人在生活中所用到的这些物在一定程度上构成其身份认同。如人们会觉得用了很久的手机已经内化为自己的一部分。然而在加速社会,物的更替越来越快,人们更倾向于在物没有损坏时更换它。只穿过几次的袜子当然不会成为自己的一部分。于是,物的快速更替使人失去关于物的相关知识,既有经验也越发不具价值。这就导致人与物之间的严重异化。

行动异化。在现代社会,人们须使用各种设备和工具完成任务。由于前文所述的人与物(科技产品、科技工具等)发生了异化,人在行动的时候不再那么自如,即使是做一些比较自我的事,于是人在行动时也感觉到明显的异化。以上所讲的行动异化主要存在于科技领域,然这种异化不只涉及科技领域,还发生在大部分工作领域。如人们经常抱怨无法做真的想做的事:许多人用于"核心业务"的时间变少,老师花在学生身上的时间变少,医生看病的时间变少,等等。所有人都被"要事清单"支配着,生活中各个领域的"要事清单"一直在增长,使人们有许多"必须要做"的事。这就导致人们不得不"自愿"做不想做的事,以致发生严重的行为异化。

时间异化。晚期现代,人们参与的活动越发孤立断裂,体验短/记忆短的时间模式成为普遍趋势。如人们可能会去电影院,然后去健身房,再去公园,所有这些活动都孤立且没有联系,容易让人根本不记得去过哪里。此外,去感官化、去背景化的科技设备加剧了这种异化的体验。如在看电视和玩电脑游戏时,人们总感觉时间过得飞快且没有在记忆中留下痕迹。总之,在晚期现代社会,人们所体验到的时间也异于自己。

自我异化与社会异化。社会加速直接造成人与世界(社会)关系的破坏,使人无法将体验到的时间整合成完整的生活,所以人与空间、物界、行动、时间之间的鸿沟越变越大。在这种情况下,人与自我的关系也难免发生异化。因为"所有我们的抉择,我们所认识的人,我们需要的物,都是我们对自己人身的可能描述、确立我们身份认同的素材"①。换句话说,我们与事物(世界)的关系会直接影响我们与自我的关系。如果我们无法与事物(世界)产生联系,那么与自我的关系就会产生危机。与世界产生异化和与自我发生异化是一事两面,当自我与世界关系出现问题时,自我异化就出现了。

社会加速不断推动新异化向生活中的各个领域侵入,从而导致人与世界关系的全面异化,对美好生活的实现造成极大阻碍。在对新异化展开批判的基础上,罗萨开始思考如何化解异化、朝向美好生活。

三、异化治疗:实现美好生活的共鸣方案

"我们对美好生活的构想应该根植于这样一种观念,即我们可以'获得'世界,可以'解锁'它,使它'可读'。"②换句话说,罗萨认为美好生活要以人与世界的正向关系来衡量。但在晚期现代,新异化已是人与世界关系的主要形式。对此罗萨指出,只要改变人与世界的相处模式就有望走向美好生活。基于该理念,罗萨提出其共鸣方案。

(一)共鸣的内涵

"没有异化,意味着人与世界之间有一种关系,在这种关系当中,主体能被他/她所遇到的人、地点、物所感知、所感动。"③这种关系就是共鸣,罗萨对共鸣的定义主要受查尔斯·泰勒(Charles Taylor)的影响。泰勒认为共鸣是主体与社会世界、物界、自然、劳动间相通的关系,罗萨基于此指出,共鸣是主体与世界"有关系的关系",是异化的反面。基于此概念,罗萨认为象征着人与世界正向关系的共鸣是化解异化、朝向美好生活的关键。

---

① 哈特穆特·罗萨:《新异化的诞生:社会加速批判理论大纲》,郑作彧译,上海人民出版社2018年版,第142页。
② Hartmut Rosa, Christoph Henning, *The Good Life Beyond Growth*: *New Perspectives*, New York: Routledge, 2018, p. 43.
③ 哈特穆特·罗萨、胡珊:《分析、诊断与治疗:晚期现代社会形态的新批判分析》,《江海学刊》2020年第1期,第35—44页。

（二）共鸣与异化的辩证统一

虽然共鸣是异化的反面，但罗萨却不觉得实现美好生活需要由共鸣代替异化，他指出异化和共鸣是辩证统一的。如前所述，在内涵上，共鸣是与世界"有关系的关系"，异化是与世界"缺乏关系的关系"，它们是对立的。但从另一方面来讲，共鸣与异化又是相互依存的，共鸣不会产生于纯粹和谐、没有异化的地方。新异化之所以成为晚期现代社会无法实现美好生活的根本症结，原因在于它成了人与世界关系的主要形式，而共鸣占很小一部分。用罗萨的话说，是因为"与世界的沉默关系和共鸣关系之间的平衡从根本上来说是功能失调的"[①]。总之，只有实现异化和共鸣辩证转化才能为美好生活的实现带来可能。

（三）建立共鸣轴

接着要思考的无疑是怎么建立人与世界的共鸣关系，使之在与异化的力量对比中不再居于弱势。对此，罗萨给出的答案是建立一个主体和世界之间相互对话、回应的空间，他称之为"共鸣轴"。依据空间类型的不同可分为"水平共鸣轴""对角共鸣轴"和"垂直共鸣轴"。

"水平共鸣轴"。"水平共鸣轴"是人与周遭人际形成的共鸣轴，主要包括家庭、友情和政治等共鸣轴。其中家庭是关键，在家庭中，丈夫与妻子纯粹的爱会形成典型的共鸣关系，且能通过婚姻制度形成稳定共鸣轴。但如果仅靠家庭共鸣轴是不够的，罗萨认为友情也很重要。由于社会加速的侵蚀，现代家庭关系已不再稳定，不能完全满足现代人对共鸣的期望，而友谊作为一种精神亲属关系能对其进行补充。友谊能打破家庭的封闭性，成为沟通家庭与世界的桥梁，促进共鸣轴向整个世界延伸。此外，建立政府与人民互相倾听的民主制度是形成政治共鸣轴的重点。三个共鸣轴相互补充、相互促进，最终促成人与周遭的人的良好关系。

"对角共鸣轴"。"对角共鸣轴"是人与物质世界的共鸣轴，主要包括物体、工作、学校和体育等。在对待物体上，罗萨倡导主体自适应地改造物体，让物体"说话"；在工作领域，需构建新共鸣轴，即主体通过接触、移动和改变塑造事物的行

---

① Hartmut Rosa, *Resonance: A Sociology of Our Relationship to the World*, Cambridge: Polity, 2019, p.441.

动,在工作中体会自我效能,形成人与工作的共鸣;学校是建立共鸣轴的重要领域,教师要给予学生充分尊重,并激发学生学习兴趣,学生要与教师保持良好互动;此外,体育活动能引发广泛共鸣,尤其是大型国际赛事,不过需警惕随体育活动兴起的消费活动。罗萨指出,"我们渴望通过买入一些商品的消费活动将世界的一部分占有,进而实现与世界更深入、强烈的联系"①,如随着世界杯的举行,有人高价买纪念品,也有人大肆买体育彩票,这些不基于个人兴趣的活动极有可能招致异化。

"垂直共鸣轴"。"垂直共鸣轴"是人和自然乃至超自然间的共鸣轴,涉及宗教、自然和艺术等。在宗教领域,人能通过宗教仪式感受被神明倾听,从而与宗教建立稳定共鸣轴;在自然领域,人与自然按照自己的方式展开对话很重要,如人类通过与自然事物的接触,得到感官或心灵上的共鸣,自然通过发出反击的声音,提醒人类要注意保护环境;在艺术领域,艺术家能通过作品表达内心,与作品形成深层共鸣,他人能通过聆听、触碰和观赏等形式,同作品产生联系,受到触动。不过罗萨认为,"垂直共鸣轴"常需主体处于特定环境,有时刻意去追求反而适得其反。

总的来说,罗萨的共鸣方案寄希望于调整主体日常的实践以形成主体与世界的正向关系,更多地强调主体适应社会加速,以削弱社会加速的负面影响。就其共鸣方案的内容而言,罗萨只描绘了建立什么样的共鸣关系的蓝图,并没有提出具体的实施路径。

四、新异化理论评析

罗萨的新异化理论围绕"如何超越加速逻辑实现美好生活"展开探讨,揭示社会加速对人的压迫,并提出超越加速、朝向美好生活的共鸣方案以期实现美好生活。其共鸣方案对个体适应社会加速有帮助,且能在一定程度上缓解社会加速的负面影响。此外,新异化理论对马克思的异化理论进行了当代补充:一是赋予"异化"新内涵,使其从描述异己劳动的词汇变为描述人与世界病态关系的词

---

① Hartmut Rosa, *Resonance: A Sociology of Our Relationship to the World*, Cambridge: Polity, 2019, p. 255.

汇;二是重构马克思异化理论中涵盖的人与物界、行为、自我和社会的异化关系，使异化理论能够体现当代社会弊病。

但罗萨对异化的批判未深入资本逻辑，致其共鸣方案能带来的"美好生活"只是表层的生活，且更多地强调个体适应社会加速，无法使人从根本上解放。总的来说，罗萨的共鸣方案没有指出实现美好生活的现实路径，要想寻求现实方案，须深入资本逻辑进行探讨，马克思的异化理论在当代仍具有不可替代的价值。

在历史进程中审视苏共二十大

武圣强[①]

摘　要:1953 年,斯大林去世。1956 年 2 月,苏联共产党召开了二十大。这是苏共中央旨在摆脱斯大林模式的束缚而召开的统一全党思想的党代会。赫鲁晓夫所作的秘密报告是当时苏共中央委员会主席团的集体决定。这对苏联党和国家、国际共运、中苏两国的关系影响很大。同时,它和历史虚无主义也有关联。

关键词:苏共二十大;秘密报告;非斯大林化

苏共二十大无论是在科学社会主义与国际共产主义运动史,还是在中共党史、中苏关系史上,都地位突出。近年来,学术界围绕斯大林肆意践踏法纪等错误、中苏两党分歧缘由、苏共相关改革等话题阐述了正确对待历史和善于对待历史经验的必要性,强调应在历史进程中审视苏共二十大,以相关档案文献对其中的具体史实细节进行证实、证伪,探究苏共亡党亡国的原因、教训及其对中国共产党执政兴国的启示等,成果不少[②]。但有些问题仍有进一步探讨的必要。

[①]　作者简介:武圣强,浙江工商大学马克思主义学院讲师,法学博士,研究方向为毛泽东思想、中国共产党治国理政。

[②]　参见李东明的《苏共二十大与美共的反思活动》(《历史教学问题》2019 年第 3 期)、梁柱的《风起潮涌的一九五六年——社会主义探索的历史经验及启示》(《中国延安干部学院学报》2016 年第 4 期)、胡振良的《从历史过程审视"苏共二十大及其意义"》(《当代世界与社会主义》2016 年第 1 期)、黄宗良等的《热话题与冷思考——关于"社会主义改革 60 年:从苏联模式到中国道路"的对话》(《当代世界与社会主义》2016 年第 1 期)、韩钢的《俄罗斯档案里的中共历史》(《社会科学报》2015 年 4 月 23 日第 8 版)、左凤荣的《赫鲁晓夫反对个人崇拜与中苏在斯大林问题上的分歧》(《马克思主义与现实》2010 年第 4 期)、李卫红等的《苏共二十大"秘密报告"并非赫鲁晓夫个人之作》(《学习时报》2010 年 12 月 27 日第 9 版)、柳建辉等的《百炼成钢:中国共产党应对重大困难与风险的历史经验》(人民出版社 2017、2021 年版)、沈志华的《处在十字路口的选择:1956—1957 年的中国》(广东人民出版社 2013、2018 年版)、沈志华主编的《中苏关系史纲(1917—1991)》(社会科学文献出版社 2016 年版)、刘舸的《苏共高层领导人的理论素养与苏联兴亡》(时事出版社 2016 年版)、陆南泉等主编的《苏联真相:对 101 个重要问题的思考(中)》(新华出版社 2010 年版)、张捷的《从赫鲁晓夫到普京》(社会科学文献出版社 2010 年版)、李慎明主编的《历史的风——俄罗斯学者论苏联解体和对苏联历史的评价》(人民出版社 2009 年版)等。

一、苏共二十大的基本史实回顾

苏共二十大是斯大林逝世之后苏联共产党召开的第一次全国代表大会,这也是作为苏共第一书记的赫鲁晓夫试图摆脱斯大林时代的影响在全党确立领袖地位的大会。需要指出的是,由时任苏共中央第一书记的赫鲁晓夫做苏共二十大的秘密报告是当时苏共中央委员会主席团的集体决定,且在此之前就已经形成翔实而完整的书面报告。

经数月的认真筹备,苏联共产党第二十次代表大会于 1956 年 2 月 14—25 日在莫斯科的克里姆林宫召开。代表全苏联 700 多万名党员的有表决权的 1349 名代表、81 名有发言权的代表出席了这次大会。55 个国家和地区的共产党和工人党的代表团列席此次大会①。中国共产党也派出以朱德为团长,邓小平、谭震林、王稼祥、刘晓等为成员的中共代表团。1956 年 2 月 24 日,苏共二十大选举出党的新一届中央机关等领导机构,原定的会议议程基本结束②。第二天上午,苏共在克里姆林宫召开内部会议③。除正式代表外,约 100 名曾在 20 世纪 30 年代遭受过迫害且已被恢复名誉的党员干部准予列席此次会议。赫鲁晓夫在这次会上作的报告,因当时会议是在没有公布报告文本,又加上绝大多数兄弟党代表团事先毫不知情且未被邀请参加等情况下召开的,故被称

---

① 蒲国良:《走向冰点——中苏大论战与 1956—1965 年的中苏关系》,国际文化出版公司 2000 年版。

② 按照 1955 年 7 月 12 日通过的《关于召开例行的苏共第二十次代表大会的决议》,所批准的会议议程主要有:苏共中央第一书记赫鲁晓夫代表苏共中央委员会作总结报告,莫斯卡托夫作苏共中央检查委员会总结报告,布尔加宁作 1956—1960 年苏联发展国民经济的第六个五年计划的指示,选举党的中央机关等。《赫鲁晓夫时期苏共中央全会文件汇编(一九五三年三月——一九六四年十月)》,商务印书馆 1976 年版,第 227 页。

③ 关于秘密报告的时间,许多研究者将其界定为 24 日午夜—25 日凌晨。参见陆南泉、黄宗良、郑异凡等主编的《苏联真相:对 101 个重要问题的思考(中)》,新华出版社 2010 年版,第 702 页;沈志华的《苏共二十大、斯大林问题与中苏关系——根据俄国最近披露的档案文献》,《国际冷战史研究》2004 年第 1 辑;沈志华的《冷战中的盟友》,九州出版社 2013 年版,第 118 页;格雷弗·弗的《苏共二十大"秘密报告"与赫鲁晓夫的谎言》,马维先译,社会科学文献出版社 2014 年版,代前言第 1 页。

为"秘密报告"①。赫鲁晓夫在这份报告里历数了斯大林种种错误行为及其造成的严重后果,由此打开被称作"非斯大林化运动"的潘多拉盒。1956年3月1日,这份4万余字②的秘密报告正式下发至苏共的各级党组织。不久又决定将其传达给苏联共青团的积极分子和苏维埃机关的工作人员。直至1989年才向全苏联人民公布这个报告。这位苏共领导人在苏共二十大上所做的秘密报告既是苏联社会主义建设中的一件大事,更在国际共产主义运动史上引起巨大反响。

关于秘密报告的内容,赫鲁晓夫主要列举了斯大林在党内政治生活中的严重个人崇拜等错误。需要指出的是,这份报告并没有全部否定斯大林,这是其一。当然,赫鲁晓夫在谈及斯大林的错误时虽也提及斯大林所犯错误的原因,却仅将其归结为斯大林的个人性格和道德缺陷,未能深挖斯大林个人崇拜为何会发生,也未能探究导致斯大林长期犯错误的体制机制等因素,这是其二。

二、苏共二十大的影响

第一,对斯大林的评价致使出现非斯大林化的倾向。

以赫鲁晓夫为第一书记的苏共中央为了树立权威,从揭露和批判斯大林的错误问题入手,致使国内乃至整个国际共产主义运动都出现了非斯大林化的倾向。客观来说,苏共二十大"秘密报告"所指出的斯大林当政时存在的种种问题,不能归结为赫鲁晓夫个人的一时心血来潮的结果,而是在斯大林去世之后苏共新领导层逐步形成的共识。从马林科夫在斯大林刚去世没多久的1953年3月

---

① 当时,只有波兰统一工人党代表团团长、党中央总书记贝鲁特与匈牙利劳动人民党代表团团长、党中央第一书记拉科西被秘密邀请参加该会议。这个秘密报告的中文版本大约为三个:1988年东方出版社出版的《赫鲁晓夫回忆录》(张岱云等译)、1988年上海人民出版社出版的拉齐奇所著的《赫鲁晓夫秘密报告事件始末》(夏平译)及1991年社会科学出版社出版的麦德维杰夫所著的《赫鲁晓夫的政治生涯》(述弢译)等。据新华社核查,中共中央办公厅于1956年3月16日印发的《秘密报告》文本和美联社、联众社播发的原文,除个别用词稍有出入外,"段落和文字都相同"。新华社编:《内部参考》1956年6月9日,第1903期,第229页。沈志华:《冷战中的盟友》,九州出版社2013年版,第118页。陆南泉、黄宗良、郑异凡等主编:《苏联真相:对101个重要问题的思考(中)》,新华出版社2010年版,第687页。

② 对于这份报告的字数说法不一,根据赫鲁晓夫在报告时经常会抛开讲稿即兴发挥,又加上他当时所作报告的时间约为四个小时,笔者比较倾向约为4万字的观点。蒲国良:《走向冰点——中苏论战与1956—1965年的中苏关系》,国际文化出版公司2000年版,第6页。左凤荣:《赫鲁晓夫传》,东方出版社1998年版,第100—103页。《赫鲁晓夫回忆录(下)》,生活·读书·新知三联书店1973年版,第502—514页。

10 日的中央会议上就提出反对个人崇拜问题,到贝利亚重新审查和平反斯大林时期的一些冤假错案、马林科夫在贝利亚被逮捕后继续批评个人崇拜、1954 年赫鲁晓夫重新审查列宁格勒等案件并为其平反等,就是明证。直到苏共二十大召开前,苏联共产党也并没有把个人崇拜、大清洗与斯大林联系起来。在准备苏共二十大的过程中,经赫鲁晓夫、米高扬及中央书记处成员的思考与讨论,把"去斯大林化"作为大会的主旨。

当然,苏共二十大的非斯大林化现象,适应了当时社会的发展。在斯大林去世后,苏联要实现去斯大林化的目标,必须直面如何对待崇拜斯大林这一现象。苏共中央批判斯大林的错误,目的就是使苏联摆脱斯大林模式。但由于当时时代的影响和苏共中央的认识局限及苏共党内外对斯大林的传统认识的不一致,苏共二十大并没有能够从社会变革的层面提出改造社会主义政治经济体制的任务,仅限于政策性的调整和一些具体措施的落实。这说明,以赫鲁晓夫为首的中央虽然在揭批斯大林错误上表现出政治上的不成熟,但是,苏共毕竟已经开始重新思考如何发展社会主义以摆脱斯大林模式的束缚。这就为当时的社会主义国家寻求自身的社会主义建设道路提供了可能性。

诚然,赫鲁晓夫在苏共二十大上并没有认识到正是苏联业已形成的党的领导体制使斯大林能在苏联进行大清洗。正是斯大林大规模的大清洗给当时的人们开始埋下失望与怀疑的种子。同时,也应看到,包括赫鲁晓夫在内这些斯大林体制所培养起来的党的干部,他们出于本能也会维护这种体制。赫鲁晓夫本人的解释就可以很好地说明:"苏联领导决定开始解冻时期,并自觉地走去的时候,大家,也包括我在内,同时对解冻感到担心:'会不会因解冻而出现冲向我们的洪水,这就将很难处理。'"①也就是说,当时的苏共中央还无法从根本上改革斯大林体制的根本性弊端。这或许是赫鲁晓夫、勃列日涅夫等苏共领导人包括体制僵化、干部任命终身制等在内的改革成效不大致使民心渐丧的一个不可忽视的原因。等到积重难返时,戈尔巴乔夫的改革举措不仅不能救苏联于水火,反而加重了党的执政危机,最终使苏共解散、苏联解体。

第二,苏共二十大对中共、苏共两党的影响。

苏共二十大后,中国共产党为此召开多次会议以及时有效应对,毛泽东先后

---

① 米·戈尔巴乔夫:《对过去和未来的思考》,徐葵、张达楠、王器等译,新华出版社 2003 年版。

于 3 月 17 日专门召开中央书记处会议,于 3 月 19 日和 3 月 24 日召开政治局会议,专题讨论赫鲁晓夫在苏共二十大关于斯大林错误的报告。在此基础上,《人民日报》发表《关于无产阶级专政的历史经验》和《再论无产阶级专政的历史经验》等社论,为以毛泽东为代表的中国共产党人独立探索适合中国建设的发展道路提供了契机。

首先,苏共二十大的非斯大林化倾向,给以毛泽东为代表的中国共产党和政府提供了客观看待苏联经验的机会。如果苏共没有在二十大上主动暴露并揭批斯大林所存在的种种错误,中国共产党和政府很难及时深入地思考许多问题①。确实如此,当时毛泽东在中国许多场合向很多领导人数落斯大林的种种不是,而且有时候还当着苏联人的面,抒发对斯大林干涉中国革命的不满。这有助于人们对揭批斯大林的理解和认同。邓小平在中共八大上的《关于修改党的章程的报告》里,为了反对个人崇拜,特意强调集体领导的重要性:苏共二十大为我们阐明"坚持集体领导原则和反对个人崇拜"的重要作用,它无论对苏共,还是对"全世界其他各国共产党",都影响深远②。在毛泽东等中国共产党人看来,中共不仅要走出一条具有自己特色的革命道路,在建设社会主义的事业中也应当有自己的特色。从这个意义上讲,在斯大林去世后,赫鲁晓夫的"秘密报告"和非斯大林化倾向无疑是为中共打开了独立探索社会主义建设道路的开始。

其次,毛泽东不反对揭批斯大林的个人崇拜,但不赞同赫氏在"秘密报告"中所采取的简单粗暴的方式。正是当时苏共中央贸然采取"突袭"这种对待党和国家领导人的不正确方式,致使各国共产党、工人党没有足够的思想准备,社会主义阵营因而差点乱了阵脚,给国际共产主义运动带来不少被动。因此,毛泽东和中共中央非常不满意苏共这种"过去把斯大林捧得一万丈高……现在一下子把他贬到地下九千丈"③的突兀行为。这或许也是引起毛泽东后来对接班人问题甚为担心和忧虑的一个不容忽视的因素吧。

最后,苏共二十大埋下了中苏同盟分裂的隐患。苏共在二十大公开进行"自我批评",揭批斯大林的错误,有意无意地动摇了苏联在社会主义阵营中的

---

① 诚如毛泽东在 1957 年 10 月 29 日与尤金的谈话所言:"批判对斯大林的个人崇拜,就好像是为我们党揭去了这个盖子。是谁让我们大家更容易、更正确地认识了个人崇拜? 是赫鲁晓夫同志,为此我们十分感谢他。"转引自沈志华:《冷战中的盟友》,九州出版社 2013 年版,第 118 页。

② 邓小平:《邓小平文选(第 1 卷)》,人民出版社 1994 年版。

③ 毛泽东:《毛泽东文集(第 7 卷)》,人民出版社 1999 年版,第 42 页。

"老大哥"地位。这势必使中国共产党在社会主义阵营的影响力不断扩大。无论是赫鲁晓夫还是后来的勃列日涅夫等苏共领导人,其领导与把控全局的能力,与中国共产党的毛泽东都不能相提并论。又加上当时的环境、后来中苏两党分歧导致两国同盟关系名存实亡等复杂因素,从国际共产主义运动发展的整个历史过程来看,中苏两党关于斯大林评价等认识差异是导致中苏同盟最终破裂的楔子。

第三,苏共二十大对其他国家共产党及国际共产主义运动的影响。

苏共中央第一书记的这份"秘密报告"在欧洲等国的共产党方面,引起了巨大的反响。苏共二十大刚闭幕没多久,《纽约时报》的通讯报道、路透社的波恩快讯、南斯拉夫的《共产党人》及法共的《人道报》等媒体都进行了报道,尤其是《纽约时报》于 1956 年 6 月 5 日全文刊载这篇报告,立即成为爆炸性的新闻,"震撼了整个世界"[①]。除了波兰统一工人党第一书记贝鲁特在莫斯科猝死之外,西班牙共产党前总书记卡里略谈到,一听到这个"秘密报告",斯大林在他心中的那种神一样的感觉就不存在了,自己终于能"用自己的头脑去思考,用自己的腿去走路"。

苏共二十大引起了社会主义阵营思想的混乱。第二次世界大战结束后,斯大林的联合政府策略在欧洲如法、意等国遭到惨败,以及美国在欧洲大力推行马歇尔计划,斯大林不得已组织共产党和工人党情报局进行应对。随着东欧各国对铁托分子的清理,苏联在大批军事顾问和国家安全顾问的助力下,与东欧的关系逐步趋于冷冻状态。然而,随着斯大林的去世,东欧各国对苏联及本国亲苏势力的不满开始显现。随着苏共二十大的自曝家丑,东欧各国一些党内反对派影响力逐步凸显,民众的不满情绪也逐步显现出来。1956 年,波兰统一工人党第一书记贝鲁特猝死在莫斯科,而 6 月底爆发的波兹南工人罢工事件进一步给改革注入了新的活力,有力地推动波兰走向独立的发展道路。与此同时,匈牙利党内改革派和社会知识分子也在酝酿着改革的呼声。对此,苏共中央除了施之于武力之外,显然拿不出其他的有效应对之策。这种情形最终酿成了 1956 年的"波匈事件"。

波匈事件实际上是东欧国家长期以来积累的与苏联的矛盾和对斯大林模

---

① 蒲国良:《走向冰点——中苏大论战与 1956—1965 年的中苏关系》,国际文化出版公司 2000 年版。

式不满的总爆发,而打开潘多拉盒子的就是苏共二十大上这位第一书记的"秘密报告"。

三、苏共二十大与历史虚无主义的关联

苏共二十大以反对个人崇拜为名片面评价斯大林的做法在意识形态领域产生了重要影响。在戈尔巴乔夫主政期间,苏联社会上涌动着抹黑苏共、否定苏联历史等逆流。[①] 首先就是从怀疑领袖权威和质疑先烈的真实性开始的,直至否定整个党整个国家的历史。苏联高官在回忆录中指出,在(苏共二十大)那些日子里,"群众的意识中被植入了歧义、无动于衷和怀疑一切的种子。这些杂草的种子狂长,到千年之末,杂草已经长满曾经是伟大国家的广袤空间"[②]。苏共二十大对斯大林的贸然揭批,不仅给整个国际共产主义运动带来了前所未有的危机,也为资本主义国家攻击社会主义国家、虚无共产党和国家的历史提供了口实和依据。

还应指出的是,虽然斯大林去世后在苏联所实施的非斯大林化倾向并没有全面否定斯大林,但自 20 世纪中叶始,苏联理论界有人否定"个人崇拜""专制独裁",质疑"人民群众是历史的创造者",一些自由人士以"重新评价斯大林"为名,用人道主义观点将他变为十恶不赦的战争狂。一些人借口平反苏共党史上的冤假错案,通过种种虚构历史的行为企图抹黑、否定斯大林。苏共二十二大后,即使苏共中央千方百计为非斯大林化倾向刹车,但苏联社会上的非斯大林化运动并未戛然而止,反而在此后两年半时间里席卷全国。其结果是,斯大林的丰功伟绩被肆意抹杀,错误被无限夸大,一些史实或者公然被歪曲,或者被污名化。这就是典型的历史虚无主义,即不顾缺乏历史根据、违背历史事实。这种结果势必会导致亡党亡国。

总之,正是那些打着人道主义历史观旗号的人对斯大林的功绩予以全盘否

---

① 戈尔巴乔夫认为自己是"二十大的产儿",是赫鲁晓夫"解冻"时期成长起来的一代人。不过诚如戈氏所言:"人们起初是提心吊胆、后来便愈来愈无所顾忌地对于某些历史事件及当代政治生活的某些现象的'固定解释'表示怀疑。"当然,戈尔巴乔夫当时所阅读的许多西方与法律专业相关的书籍或许是他改革新思维的一个因子。参见刘峋的《苏共高层领导人的理论素养与苏联兴亡》,时事出版社 2016 年版,第310 页;《戈尔巴乔夫回忆录(上册)》,述弢等译,社会科学文献出版社 2003 年版,第 67 页。

② 李方祥:《革命先烈名节不可抹黑》,《中国社会科学报》2015 年第 1 期,第 7—9 页。

定的行为进一步弱化了苏联党和国家的凝聚力和向心力,非斯大林化倾向与"解冻"思潮互相影响,致使苏联社会的政治信仰危机出现并不断加剧。苏联政治信仰危机之所以会出现,与苏共二十大及赫鲁晓夫的"解冻"举措有一定关联,这当然和历史虚无主义有一定的瓜葛。我们不能也不应当忽视苏共二十大与历史虚无主义的这种瓜葛。这或许是从苏共二十大的研读中获得的较大的启示吧。

世界革命论与统一战线论：季米特洛夫
革命路径思想及实践[*]

张万杰^①

摘　要：作为社会主义思想与运动史上的重要理论家、革命家，季米特洛夫的无产阶级革命路径思想通过国内外工人运动和阶级斗争的革命实践、帝国主义战争中的阶级革命策略、构建统一战线的革命探索逐步呈现。这是对列宁主义革命思想的继承与发展，在当时历史背景下回答了无产阶级革命道路和社会主义、共产主义运动如何探索及推进的问题。其无产阶级革命路径思想及实践，亦直接启发中国特色社会主义在当代实践中要始终坚持胸怀天下、坚定推进构建人类命运共同体、立足自身并联合世界左翼政治力量、弘扬全人类共同价值。

关键词：季米特洛夫；世界革命；统一战线；革命路径

作为社会主义思想与运动史上的重要理论家、革命家，季米特洛夫在走上无产阶级革命道路，尤其是与改良派决裂而成为一位彻底的革命马克思主义者之后，即开始了其无产阶级革命策略和路径的探索进程。他的无产阶级革命路径思想通过国内外工人运动和阶级斗争的革命实践、帝国主义战争中的阶级革命策略、构建统一战线的革命探索逐步展现；回答了在当时历史背景下无产阶级革命道路和社会主义、共产主义运动如何探索及推进的问题。季米特洛夫的无产阶级革命路径思想及实践对当代条件下如何推进世界社会主义发展、如何应对当代资本主义与社会主义间复杂关系等方面，都具有一定现实意义和借鉴价值。

　＊　本文系浙商大"部校共建"课题"习近平总书记关于社会主义发展史阶段划分的内在逻辑与理论意义研究"（BXGJ21014）、浙商大研究生教学研究与教学改革项目（YJG2020205）研究成果。

　①　作者简介：张万杰，浙江工商大学马克思主义学院副教授，法学博士，研究方向为马克思主义基本原理、科学社会主义理论与实践。

一、工人运动和阶级斗争中的世界革命情怀

在领导推进工人运动和阶级斗争过程中,季米特洛夫充分践行无产阶级国际主义,并积极履行无产阶级的国际主义义务。在莱比锡法庭上,他曾明确声明,"作为一个保加利亚革命者,我对于全世界的革命运动都有兴趣"①。他用无产阶级国际主义和无产阶级兄弟团结的精神来教育广大工人,倡议并积极参与为瑞典(1909)、德国(1910)、比利时、罗马尼亚(1911)的罢工工人,为挪威和塞尔维亚(1911)因工厂倒闭而失业的工人进行募捐的活动,通过援助展现出无产阶级的国际团结。在进行政治活动早期,他就积极参加紧密派社会党人反对巴尔干资产阶级民族主义和掠夺政策的斗争。该党派认为,在当时情况下,保加利亚人民和巴尔干其他民族只有在巴尔干民主联邦的范围内才能获得民族解放,实现民族统一;只有这样,各国人民才能避免相互冲突,不受帝国主义国家策划的种种阴谋诡计的危害②。作为全国工会同盟书记,他把从职工国际得到的三千马克转寄给了陷入战争、极端困难的邻国塞尔维亚工会。作为议会党团成员,他参与了援助塞尔维亚社民党机关报《工人新闻报》的行动,参加了为被判处徒刑并流放到西伯利亚的俄国社民党代表募捐的活动。

他在 1912 年发表的《寄自罗马尼亚的书信》中,提供了大量该国马克思主义政党和工会状况的材料,向舆论介绍了罗马尼亚工人运动的历史及发展情况。他不断向民众阐明紧密派社会党人的观点,对资产阶级和小资产阶级政党的行为进行揭露;号召为工人阶级的解放而奋斗的战士把巴尔干各国人民的斗争矛头对准怀有扩张领土、统治整个半岛思想的资产阶级和君主专制制度;他认为,工人阶级面临的任务不是为他人的利益去前线送死,而是为应对新形势下不可避免的阶级冲突组织和团结起来。他强调:"就让我们全力以赴地准备这样一场唯一的解放战争吧,这场战争非但不会造成现在的血腥军事冒险带来的死亡和破坏,而且还会使各国人民享受永世和平、自由和幸福。"③

---

① 《控诉法西斯——季米特洛夫在莱比锡审讯中的两个发言》,种冲校译,生活·读书·新知三联书店 1958 年版,第 36 页。

② 维·哈吉尼科洛夫等:《季米特洛夫传》,余志和、马细谱译,人民出版社 1982 年版,第 23 页。

③ 维·哈吉尼科洛夫等:《季米特洛夫传》,余志和、马细谱译,人民出版社 1982 年版,第 26 页。

马克思对世界性无产阶级革命深怀必胜信念,认为世界革命的高潮必定会到来,坚信"新的革命只有在新的危机之后才有可能。但是新的革命的来临像新的危机的来临一样是不可避免的"①。列宁为世界无产阶级革命和解放事业、为世界革命的推进做出了持续努力和躬身垂范。1915 年的《和平问题》中,列宁强调:"我们主张进行反对帝国主义即资本主义的革命斗争。"②他认为,无产阶级的解放不仅要消除各国内部阶级剥削,也要消除国家间民族压迫;全世界无产阶级的根本利益具有一致性,应通过革命推翻帝国主义世界统治,推进世界革命事业,建立没有阶级、剥削和压迫的联合体社会,实现彻底解放。遵循马克思主义革命思想,列宁领导共产国际成立后,联合全世界无产阶级、殖民地半殖民地被压迫人民,团结起来推进世界革命、反抗国际帝国主义压迫和侵略扩张。在极端艰难条件下,列宁坚定支持并援助了许多国家的革命斗争。

在 1915 年 7 月初第二次巴尔干社民党代表会议上,季米特洛夫作为决议起草委员会委员提出了成立巴尔干社民党联盟的建议。他指出,巴尔干社民党仍然忠实站在毫不妥协的阶级斗争立场,坚决反对"国内和平"这一叛变口号③。

无产阶级政党的国际联合要建立在革命的社会主义和无产阶级国际主义基础之上。作为议会党团成员,季米特洛夫在议会平台上强调:"任何东西都不能把巴尔干各国人民分开。使巴尔干各国人民在战争中自相残杀的是统治阶级,是王朝的资本主义利益和封建主义利益。巴尔干各国人民和欧洲各国人民要摆脱正在蔓延的世界大战的恐怖,就要铲除资本主义以及伴随着资本主义的军国主义和帝国主义。而要达到这一目的,只有依靠通过国际团结联合起来的各国无产阶级进行毫不妥协的、革命的阶级斗争。"④

1929 年,当巴尔干多国罢工运动风起云涌时,季米特洛夫及时号召工人们声援罢工,在道义上和物质上支持各国罢工工人,并指出"巴尔干国家无产阶级之间的实际声援具有无可比拟的重大政治意义,这种声援不仅会培养罢工者的战斗精神,而且也是一种将使无产阶级的阶级声援进一步得到发展和加深的教育手段"⑤。

---

① 马克思、恩格斯:《马克思恩格斯全集》第 7 卷,人民出版社 1959 年版,第 513—514 页。
② 列宁:《列宁全集》第 26 卷,人民出版社 1988 年版,第 316 页。
③ 维·哈吉尼科洛夫等:《季米特洛夫传》,余志和、马细谱译,人民出版社 1982 年版,第 35 页。
④ 维·哈吉尼科洛夫等:《季米特洛夫传》,余志和、马细谱译,人民出版社 1982 年版,第 36 页。
⑤ 维·哈吉尼科洛夫等:《季米特洛夫传》,余志和、马细谱译,人民出版社 1982 年版,第 87 页。

季米特洛夫还将无产阶级国际主义精神也贯彻到国内反法西斯斗争中。在国内出现反动逆流、1922年法西斯组织"人民同盟"建立后,他是首批公开谴责法西斯势力的革命者之一,号召人民奋起保卫权利和自由。他在集会中指出,反动势力的阴谋是"反对俄国和保加利亚人民的阴谋",阴谋分子的主要目的是在国内建立军人独裁,为把人民推进一场反对俄国的战争准备条件;并强调,保工人和农民决不向俄国兄弟开枪;还提出解除反动武装、同苏俄建立外交和贸易关系要求。他在集会上多次揭露保加利亚和巴尔干反动派,呼吁"巴尔干人民不要新的战争。苏俄事业是全人类事业。巴尔干人民不同俄工人和农民的共和国作战,而要同其建立和平,结成兄弟联盟"[1]。

二、在帝国主义战争中奉行无产阶级国际主义

1914年8月第一次世界大战全面爆发之时,以列宁为首的俄国党明确反对帝国主义战争和社会沙文主义政策,站在革命马克思主义的立场上,提出"变帝国主义战争为国内战争"的口号。国内紧密派和广泛派对这场战争持有不同立场和看法:紧密派持革命无产阶级国际主义的立场,主张支持俄国布尔什维克及忠于马克思主义革命原则的社会民主党人,反对任何一种会促使保加利亚站在某一帝国主义阵营一边卷入战争的政策,主张保持中立,要求政府积极促成地区各国间争端的和平解决;广泛派的主张反映第二国际思想,放弃国际主义,违背马克思主义,提出"保卫祖国""维护国内和平"等口号,充当资产阶级工具。

作为紧密派社民党代表的季米特洛夫站在革命无产阶级国际主义立场上审视这场战争,全身心投入紧密派发起的反战行动。他在公众集会上多次演讲反对政府政策,民众受其影响喊出响亮的"结束战争状态,各国人民之间的和平万岁!""取消新闻检查!""巴尔干联邦共和国万岁!"等口号。

在为实现和平、为建立巴尔干各国人民的联邦共和国而进行的多种斗争中,季米特洛夫也总是站在队伍最前列。在1914年11月为表决补充军事贷款而召开的国民议会会议上,其讲话阐明了紧密派在相关问题上的反战、要求和平、国家自由与独立、保持中立等原则,他代表议会党团指出,紧密派社会党人不仅反

---

① 维·哈吉尼科洛夫等:《季米特洛夫传》,余志和、马细谱译,人民出版社1982年版,第59页。

对补充军事贷款,而且反对一切军事贷款,因为这些贷款预示着国家将被洗劫一空;党绝不反对为保障保加利亚的独立和完整花钱;并强调"我们曾经在另外一个场合代表我们的议会党团声明过,我们社会民主党人反对战争,坚决反对军国主义。如果我国的独立和完整受到威胁,我们愿意为国家的独立和自由作出一切牺牲",但是"不愿意为那种非但不能保障保加利亚的自由和独立,反而会丧失这种自由和独立,会失去整个保加利亚的政策花一分钱,流一滴血。这就是我们的基本主张,这就是我们的原则性论点"①。

季米特洛夫对俄国十月革命进行了积极而热忱的革命无产阶级国际主义响应和捍卫。十月革命胜利后,1917 年 12 月 2 日,他在紧密派社会党人于索菲亚市举行的群众集会上发表激情演讲,民众热烈庆贺俄国革命所取得的胜利,要求政府接受苏维埃政府提出的不割地、不赔款、民主媾和建议;他根据民众意愿在索菲亚市议会上两次提出特别提案,要求市议会就苏俄的建议通过决议。他坚持从无产阶级国际主义立场出发,在市议会上反对索菲亚市为德国元首出访保加利亚举行隆重仪式,声明这种隆重的庆祝活动只会体现出人民根本不赞同的一种政策;他提出,如果市议员们想要表达人民的意愿,就应当要求接受苏维埃政府关于民主媾和、关于各国人民自决权的建议②。他还表示反对君主政体,认为应建立共和国。他也发文揭露帝国主义国家的反苏政策,当资产阶级在西方反苏方针影响下,准备参与对俄的"十字军远征"时及时揭露这一图谋,指出"没有一个保工人或农民会向俄工人或农民开枪,他们会懂得该把枪口指向哪里"③。当时国内新闻检查非常严格,为介绍和宣传十月革命及发展情况,他特别组织了秘密散发传单、小册子等材料的宣传活动。

三、革命统一战线的路径探索

第一个社会主义国家建立并不断巩固后,在革命斗争中季米特洛夫开始了对统一战线问题的理论认识与实践推进。

在对建立统一战线必要性问题的认识上,1921 年中到 1923 年 9 月起义前,

---

①　维·哈吉尼科洛夫等:《季米特洛夫传》,余志和、马细谱译,人民出版社 1982 年版,第 34—35 页。

②　维·哈吉尼科洛夫等:《季米特洛夫传》,余志和、马细谱译,人民出版社 1982 年版,第 40 页。

③　维·哈吉尼科洛夫等:《季米特洛夫传》,余志和、马细谱译,人民出版社 1982 年版,第 54 页。

他阐述了探索建立反对资产阶级的工人统一战线和工农统一战线、反对法西斯反动势力的劳动者统一战线的必要性问题。1921年7月,他在从莫斯科参加完红色工会国际成立大会回国后,开始阐述建立工人统一战线的必要性并进行尝试。文中指出,如果各国政党在劳动者中扩大影响,就能打退资本的进攻并转入反攻;要不顾社民党头目们设置的障碍实现共产国际提出的"到群众中去"的口号[1]。他在12月的讲话中指出:工会同盟面临的任务是同各中立工会,首先是同尚未组织起来的工人采取一致行动,各中立组织的工人奋起斗争,应同共产党人并肩一起;面包涨价和反动法令施行不仅涉及革命工会职工,也涉及改良主义工会和中立工会工人,涉及所有人[2]。

关于建立工农统一战线问题,他在专题文章中提出,劳动者应在共产国际和党提出的"建立工农政府"口号下紧密团结。他认为,建立起的工农政府不等于一个由共产党人领导的纯粹工人政府,也不意味着要在国内实行苏维埃制度,工农政府将来自工农阶级,保护工农利益[3]。

在推动建立反法西斯的劳动者统一战线方面,1923年八九月间,他在党的机关报上发表文章,为从政治上做好武装起义准备起了重要作用。他主张建立劳动者统一战线以反对法西斯进攻,并指出"建立劳动者的统一战线势在必行。谁今天反对统一战线,就是反对劳动人民的利益,反对劳动人民的权利,反对劳动人民的生命安全,就是反对国家的自由和独立,就充当了反动派、法西斯和少数资本家反对多数人民大众的可怜的工具"[4]。

关于统一战线性质问题,他在深入反驳反动势力污蔑过程中进行了阐明。面对国内无产阶级准备通过建立统一战线抗争浪潮,反动势力通过报刊大肆污蔑其是想通过统一战线这类"灵活的手腕"把农民联盟当成工具,并使工人政党的另一派——广泛派陷于瘫痪之中。他对此阐述了统一战线的性质,对污蔑紧密派进行了深入反驳。他指出,统一战线是各民主党派和社会团体反对法西斯进攻的战斗联合,参加党派和团体的纲领目标虽不同,但不应成为实现基本目标的障碍;这些不同也决不应使群众丢掉这个能与反动势力斗争的强大武器。

---

① 维·哈吉尼科洛夫等:《季米特洛夫传》,余志和、马细谱译,人民出版社1982年版,第57页。
② 维·哈吉尼科洛夫等:《季米特洛夫传》,余志和、马细谱译,人民出版社1982年版,第57页。
③ 维·哈吉尼科洛夫等:《季米特洛夫传》,余志和、马细谱译,人民出版社1982年版,第60页。
④ 维·哈吉尼科洛夫等:《季米特洛夫传》,余志和、马细谱译,人民出版社1982年版,第65页。

他指出,参加并认同统一战线纲领的政党将在组织上保留独立性,不偏离自身指导思想和行动策略;这不是像宣传的那样要使各组织面目全非,而是要使各党派在自由制定并通过的纲领基础上实现联合,这就不会使任何党派成为掩护共产党活动的工具,也不是说共产党要溶化在统一战线之中。那些害怕统一战线的党的领导人忘记了马列主义基本原则:不能仅依靠工人来摆脱资本桎梏,应使全体劳动人民和被剥削者参加斗争;统一战线同阶级合作毫无共同之处,是阶级斗争的一种形式①。

他在文章中论述关于统一战线斗争的近期目标与实现社会主义的关系问题。他认为,党目前不是为建立苏维埃政权和实现社会主义而斗争,而是为推翻法西斯专政、维护民主自由而斗争;应当用工农政府代替"人民同盟"政府,工农政府将使劳动人民得到合理的劳动报酬,使无地少地农民得到土地,使消费合作社得到国家资助;这都是民主的要求而非社会主义的要求,但这些要求可作为反法西斯斗争的联合环节;党接受这个民主纲领不意味着放弃建设社会主义这一最终目的;共产党认为,推翻法西斯专政、建立工农政权是使无产阶级摆脱资本桎梏进行斗争的一部分②。他的这些论述贯彻并发展了共产国际的列宁主义观点且使其具体化。他对保加利亚共产党的革命理论和实践、对世界革命运动的理论和实践做出历史性贡献,有利于加强列宁主义的理论武装。

他从1922年开始在工人运动中实践探索组织统一战线、进行统一行动的具体实现形式。在1922年6月的工会同盟第三次代表会议上,他建议:工会应以俄国工人委员会为范例,在企业中组织工人委员会,来代表职工同工厂主交涉。工人委员会实际上是无产阶级统一战线的具体体现,应由企业所有工人通过选举产生,无论这些工人是否已参加工会。不应把工人委员会看成全国工会同盟的机构。有组织和没组织的工人应通过工人委员会来加强联系,以便进行反对资本剥削的斗争。1923年,他进一步号召改良主义工会和其他工会工人团结在"劳动者统一战线"旗帜下,并建议所有工会联合成一个"劳动总联合会"。

1933年国会纵火案在莱比锡审判时,他在庭讯发言中阐述了在斗争中团结一致、建立统一战线的必要性,并说明了在实践中的各种复杂条件下如何能够实现团结统一。他发言保卫的不仅是共产党的工人党员,也是社会民主党的工人

---

① 维·哈吉尼科洛夫等:《季米特洛夫传》,余志和、马细谱译,人民出版社1982年版,第66页。
② 维·哈吉尼科洛夫等:《季米特洛夫传》,余志和、马细谱译,人民出版社1982年版,第66页。

党员,并在一定程度上也是在保卫社民党。他所发出的号召是,努力争取实现各党派及其影响下的工人阶级在行动上的一致,坚定去争取"无论多大的民主权利"。其论述和庭审斗争实践说明,工人阶级的团结一致正是团结一切爱好自由的力量来为民主、和平斗争的有效途径。

在《国会纵火案上的结束语》中,他援引共产国际执委会宣言,阐述了建立无产阶级统一战线的主要障碍问题:成立共产党工人和社民党工人斗争的统一战线,主要障碍在过去和现在都是社民党所奉行的同资产阶级联合的政策;共产国际和各国共产党多次宣称,准备同社民党工人一起向资本进攻,与政治反动派和战争威胁作斗争;共产党是共产党工人、社民党工人和无党派工人进行共同斗争的组织者,而社民党领袖却相反,在不断破坏工人的统一战线①。

关于共产党争取建立统一战线的态度和信心问题,他阐述了三方面观点。第一,共产党会一直站在争取无产阶级统一战线斗争前列,不是口头上而是在实际工作中,表现在阶级行动中。这是共产党通过多年行动已证明的。第二,共产国际执委会坚信,不论社民党领导人怎样对待建立统一战线,社民党和无党派工人将克服一切困难,同共产党一起在实践中实现统一战线。第三,在进攻德国工人阶级和发动世界反动派全部力量的法西斯面前,共产国际号召党再次同社民党建立统一战线,共产国际深信,工人阶级反对资产阶级的统一战线能打退资本和法西斯进攻,大大加速剥削阶级灭亡。

1945年,在第二次世界大战结束、革命胜利后回国建设社会主义的总结性认识中,他对统一战线发展阶段、起源等进行了总结和分析。他把国内民主力量发展、统一战线发展演变形式总结概括为三个历史阶段:统一战线阶段(主要是工农统一战线)、人民阵线时期、祖国阵线时期。他从四方面对祖国阵线历史根源进行分析,认为根源主要包括:共产党领导的劳动人民在十月革命影响下进行的反白匪(苏联敌人)斗争;反对"一战"后资本主义反动派进攻的斗争;1923—1944年反法西斯斗争的沉痛教训;为建立工农统一战线而做的巨大努力,以及为工人、农民、手工业者、知识分子争取利益进行的种种斗争。他还列举了统一战线为实现各阶层要求而进行的努力,至少包括:为他们自己的切身要求而斗争、为反对战争危险、为同苏联及其他民主国家人民友好合作、为反对保加利亚

---

① 季米特洛夫:《季米特洛夫文集》,解放社1950年版,第14页。

对德国的依赖日益加强、为把工农统一战线扩大到人民反法西斯阵线规模、为保卫受德侵略势力直接威胁的保加利亚的自由与独立而斗争的各种委员会所做的巨大努力等①。

四、结语

综上,在历经国内阶级斗争、国际工人运动历练,在成为一位彻底的革命马克思主义者(即列宁主义者)之后,季米特洛夫对当时历史背景下无产阶级革命道路和社会主义、共产主义运动如何探索及推进的问题进行了研析和实践。他在国内外工人运动和阶级斗争中充分彰显了推进世界革命的情怀;在帝国主义战争中坚定奉行无产阶级国际主义原则;社会主义由理论变为现实,社会主义国家苏联不断巩固后,在对建立统一战线必要性问题的认识、建立工农统一战线问题、推动建立反法西斯的劳动者统一战线、统一战线的性质等重要问题上,根据革命实践的需要都进行了较为深入的探索。

在当今时代视野下,其探索和实践对于我们推进当代社会主义思想与运动的发展,至少有以下三个方面的现实启示:要始终坚持胸怀天下的世界情怀,在为中国人民谋幸福、为中华民族谋复兴的基础上,积极为人类谋进步、为世界谋大同;要坚定推进构建人类命运共同体,倡导践行真正的多边主义,反对任何单边主义、保护主义、霸凌行径;要立足中国自身,联合当代社会主义国家、发展中国家及发达国家中的左翼力量,为争取并弘扬和平、发展、公平、正义、民主、自由的全人类共同价值而努力斗争,共同应对各种挑战。

---

① 斯捷拉·布拉戈也娃:《季米特洛夫传》,泽湘译,世界知识出版社 1958 年版,第 128 页。

马克思主义中国化研究

中国共产党文化领导力与文化自信自强探赜[*]

李驰宇　　韩兴武^①

摘　要：习近平总书记在党的二十大报告中指出："推进文化自信自强，铸就社会主义文化新辉煌。"从意识形态层面来看，党的文化领导力与文化自信自强具有内生耦合性，为铸就社会主义文化新辉煌提供着源源不断的理论支持。党的文化领导力对文化自信自强可起到政治导向定航、价值信念引领和文化软实力塑造的作用，而推进文化自信自强又能为文化领导力的提升筑牢思想根基。因此，充分认识党的文化领导力与文化自信自强本质内涵的辩证关系，考察两者关系关涉的核心议题，进而从拓展理论广度、提升知行深度、整合思维精度等方面，来强化两者的契合程度，实现文化自觉内生融入领导行为转化为文化领导力，从整体上提升党的文化领导力水平，推进文化自信自强。

关键词：意识形态；党的文化领导力；文化自信自强

迈入新时代，以习近平同志为核心的党中央把党的文化领导力与文化自信自强提到了新的战略高度。党的二十大报告进一步阐明了党的文化领导力与文化自信自强性质和方向的一致性。提升党的文化领导力是文化自信自强内蕴的本体问题，党的文化领导力自信是文化自信自强的硬核。辩证地认识和把握新时代党的文化领导力与坚定文化自信自强的逻辑同构性和价值内契性，坚持马克思主义在意识形态领域的指导地位、强化价值信念引领和提升文化

　　* 本文系国家社科基金重点项目"促进人民精神生活共同富裕的理论与实践研究"（22AKS023）、国家社科基金思政专项"习近平新时代中国特色社会主义思想概论"课实践教学有效性提升研究（25VSA029）、浙江省哲学社会科学重点研究基地浙江工商大学中国化时代化马克思主义研究课题的阶段性研究成果。

　　① 作者简介：李驰宇，浙江工商大学马克思主义学院讲师，法学博士，研究方向为党的文化建设、意识形态；韩兴武，浙江工商大学马克思主义学院博士研究生。

软实力,从而不断开创中国特色社会主义文化新境界,筑牢文化自信和文化强国的精神根基。

一、中国共产党文化领导力与文化自信自强的内生联系

党的二十大报告进一步指出,意识形态决定文化前进方向和发展道路,只有牢牢把握新时代党对意识形态工作领导权,才能以具有强大凝聚力的社会主义意识形态引领文化前进方向,夯实自信自强根基。从内涵和外延来看,文化领导力发挥的关键是主流意识形态的引领,而主流意识形态隶属于精神文化的核心层。党的文化领导力与文化自信自强在意识形态层面有着内在的逻辑和价值协同性。放眼当下中国与世界发展的危与机,准确把握基于百年未有之大变局,文化领导力在意识形态领域引领力发挥所面临的复杂形势;理性认识文化自信自强的坚定能提升文化引领力和向心力,激发全民族文化建设的主体性和创新力,更好地增强人民群众精神力量,我们既有提升文化领导力的必要,又有坚定文化自信的出路。探讨党的文化领导力与文化自信自强的内生关联,对促进两者的深度融合,具有重要的现实价值。

(一)从意识形态层面观照文化领导力与文化自信自强的协同性

党的文化领导力与文化自信自强的协同性基于意识形态层面,观照社会主义价值的认同及思想共识的达成。习近平总书记指出,“文化自信是一个国家、一个民族发展中最基本、最深沉、最持久的力量”①。由此可见,文化自信是一个政党对自身文化内涵和外延的高度认可,对自身文化特质和生命力的坚定信念,本质上是对中国特色社会主义理想信念和核心价值观遵从“认识、内化、认同、自觉、自信”内在逻辑出场的共识。从根本上说,意识形态决定文化前进方向和发展道路。意识形态是主权国家主张的精神形式,文化属性是意识形态的构成要素。文化自信具有意识形态潜在精神力量,影响着我们的文化领导力发挥状况。因此,文化自信本身承载着意识形态自信,对文化自信的涵育,要注重政治层面的文化领导作用的实现,以滋养包括政治认知、价值、情感、态度在内的政治文化自信来提升党的全面领

---

① 习近平:《习近平谈治国理政》第四卷,外文出版社 2022 年版,第 312 页。

导力。巩固马克思主义意识形态领域的指导地位,把中国共产党的意识形态建设使命转化为社会主义文化强国建设实践,增强社会主体的文化自信和创造活力。

(二)从一元主导与多元包容认识文化领导力与文化自信自强的内生性

在世界多极化、文化多样化发展趋势背景下,我国社会价值从传统单一的社会价值观向一元主导多元价值取向复杂多样竞相发展的态势转化。人们思想活动的多维能动性带来社会文化思潮的多元化表现性,一些反动思潮趁机冒头,蓄意冲击马克思主义的理性权威,出现意识形态"泛化"和"分化"的现实状况,"马克思主义过时论""淡化意识形态论""锐实力论"等甚嚣尘上,这些思潮妄图削弱马克思主义在意识形态领域的文化领导力[①]。因此,坚定文化自信自强始终要牢牢把握以马克思主义为一元主导的灵魂和方向,对马克思主义及其一脉相承的中国化创新理论保持高度自信,是文化领导力和文化自信自强的内生推进逻辑。文化自信自强要体现社会主义鲜明价值观导向,既遵从指导思想的一元化,又充分发挥马克思主义意识形态涵养和教化作用;还要警惕意识形态安全所面临的威胁,激发和凝聚中国特色社会主义文化自信,不断提升马克思主义意识形态的生命力、吸引力和感召力。

(三)从"文化领导权"的镜鉴中审视文化领导力与文化自信自强的同构性

基于葛兰西"文化领导权"实质内涵的审思和镜鉴,从国家政权的高度把握文化(意识形态)领导[②]。文化是国家安全、民族团结和社会稳定不可或缺的重要方面。习近平总书记曾指出,"文化的繁荣发展,是一个国家最深沉的软实力,是一个国家综合国力的重要组成部分"[③]。在葛兰西看来,一方面,"国家=政治社会+市民社会"[④],市民社会更指向于意识形态这一文化上层建筑范畴,国家的构成基于政治社会和意识形态的有机统一,国家政权能否取得和社会能否巩固的关键在于是否占据了"市民社会"的制高点,突出强调把握文化领导权的

[①] 孙绍勇:《新时代基于意识形态维度中国特色社会主义文化自信析论》,《思想战线》2022年第4期,第166页。

[②] 刘晓玲:《陈锐:文化领导权理论视阈下的政党文化自信》,《思想政治工作研究》2016年第12期,第21页。

[③] 习近平:《习近平谈治国理政》第三卷,外文出版社2020年版,第8页。

[④] 安东尼奥·葛兰西:《狱中札记》,曹雷雨译,中国社会科学出版社2000年版,第222页。

重要性。换句话说,只有夯实文化领导权,才能在意识形态斗争中占据主动,进而坚定文化自信,这直接关系到国家政治的稳定和文化的安全。另一方面,葛兰西提出"阵地战"这一战略思想,其涵括的合法性、意识形态、文化领导权、软力量等特征决定了革命要在市民社会进行长期的意识形态渗透。政权的合法性基于民众对政权确立的各项制度和价值体系的前提性支持和认同。"要先'侦查'地形,分析资产阶级是以哪些'战壕和堡垒'成分捍卫其政权的……只有这样,无产阶级的新道德、新理想、新生活方式等才能彻底攻克一座又一座资产阶级的'暗堡'。"①为赢得文化领导权而进行的意识形态领域的斗争与对政权坚定的文化自信有着历史、现实和未来的勾连,只有增强和树立民众的文化认同和自信,才能不断壮大"新道德、新理想"主流文化阵营,巩固政权主流意识形态,这正是文化领导权的价值所指和底气来源。倘若不去占领思想阵地,文化领导权必然旁落。"非意识形态化""淡化意识形态""去政治化""价值中立""意识形态终结论"等思潮正试图挑战党的"文化领导权",妄图阻止文化自信的立场和出场。

二、中国共产党文化自信自强研究中的文化领导力议题关涉

随着全球化在文化领域的广泛渗透,人们的价值追求更趋多元化态势。与此同时,提升文化领导力,增强文化自信也面临着严峻挑战。针对当前所面临的诸多风险,在对中国共产党文化自信自强的研究中,大多数学者基于其学科背景,多维度地阐释文化自信的现实议题。总结梳理学界对文化领导力和文化自信自强两者关系的关联议题,有助于全面理解两者协同、内生、同构的理论逻辑,促进两者在实践层面的融合发展。具体从以下几个方面来聚焦探讨。

(一)马克思主义意识形态指导论

坚定马克思主义精神信仰是文化自信的关键,是当代中国坚守文化自信的根本。马克思主义是中国共产党立党立国的根本思想,是中国共产党发挥文化领导力的精神坐标。始终让马克思主义占据真理和道义的制高点,不仅是中国

---

① 孙晶:《文化霸权理论研究》,社会科学文献出版社 2004 年版,第 27 页。

共产党必须具备的政治素养,更是党在带领全国人民进行社会主义文化强国建设进程中所必须遵循的政治原则。党的二十大胜利召开以来,以习近平同志为核心的党中央高度注重以党的文化领导力,推进文化自信自强问题,在继承与发扬马克思主义意识形态理论的基础上,把这一问题提到了前所未有的战略高度,并对提升党的文化领导力进行了创新性的发展。习近平总书记强调:"坚持马克思主义在意识形态领域指导地位的根本制度"①,建设"具有强大凝聚力和引领力的社会主义意识形态,牢牢掌握党对意识形态工作领导权,全面落实意识形态工作责任制,巩固壮大奋进新时代的主流思想舆论"②。再次对马克思主义在中国特色社会主义文化发展中的指导作用做了提升性阐释,明确马克思主义科学理论是引领其他社会文化的主导力量。马克思主义是文化自信的精神供给,坚定文化自信必须遵从马克思主义的指导地位。只有牢固树立马克思主义的指导地位,才能牢牢把握住党的文化领导权,激发全民族文化建设的主体性和创新力,更好地增强人民群众的精神力量。而在新征程中继续"坚持马克思主义在意识形态领域指导地位的根本制度"就是要坚持用习近平新时代中国特色社会主义思想领导当代中国文化建设,筑牢文化自信自强根基。这是因为,习近平新时代中国特色社会主义思想是马克思主义中国化的最新理论成果,是"当今时代最现实、最鲜活的马克思主义"③,不仅构成文化自信的鲜明底色,而且成为坚定文化自信的价值领航。

（二）理想信念精神引领论

文化自信是一个国家或民族文化自主性和自豪感的体现。每个民族在其自身的历史发展进程中都会形成自有的文化传统,民族成员浸润在这种文化传统中并承续发展着这种文化,民族成员为自身文化自豪并对其生存和发展持有理想信念,这就是民族文化自信。中国共产党之所以高度重视文化自信,就是要在社会实践中始终坚定政治立场、坚持政治信仰、坚守政治规矩,承续和发扬引以为豪的血脉定数和精神荣耀。从精神文明层面来看,文化自信正是一种坚定的

① 习近平:《高举中国特色社会主义伟大旗帜　为全面建设社会主义现代化国家而团结奋斗——在中国共产党第二十次全国代表大会上的报告》,《人民日报》,2022年10月16日,第1版。
② 习近平:《高举中国特色社会主义伟大旗帜　为全面建设社会主义现代化国家而团结奋斗——在中国共产党第二十次全国代表大会上的报告》,《人民日报》,2022年10月16日,第1版。
③ 张严:《当代中国鲜活的马克思主义》,《光明日报》,2018年6月26日,第6版。

政治立场、信仰和规矩,对于增强社会主义意识形态的凝合力具有极其重要的意义。党的二十大报告指出,"广泛践行社会主义核心价值观,弘扬以伟大建党精神为源头的中国共产党人精神谱系,深入开展社会主义核心价值观宣传教育,深化爱国主义、集体主义、社会主义教育"①。坚定中国共产党人的理想信念,一方面,要加强社会主义主流意识形态的宣传思想教育,领导广大人民群众实现基于正确文化观认同的文化自信的普及化;另一方面,要传扬中国共产党人的精神谱系,引领广大人民群众明确基于精神谱系考察的对文化自信的规律化认识。在百年党史的推进过程中,坚定的理想信念铸就了中国共产党人精神谱系最深层的本质内核,凝结为中国共产党人在精神气质上的深刻体现。基于正确把握文化自信与理想信念的内在关联,理解文化自信本身蕴含着对中国特色社会主义共同理想和共产主义远大理想的现实引领,理想信念是坚定和增强文化自信的精神支撑。站在全面建设社会主义现代化国家新征程上,从党的精神谱系中汲取信仰的力量,自觉做共产主义远大理想和中国特色社会主义共同理想的忠实践行者,为实现中华民族伟大复兴的中国梦注入强大信念力量。

(三)核心价值观自信实质论

文化的核心层是价值观,文化自信主要是价值观自信,离不开核心价值观的凝魂聚气,要通过核心价值观增强文化创造力,涵养文化自信。从核心价值观的内在价值要求来看,文化自信的文明特质和价值观层面的内在依据是相互贯通的。文化自信本质上是基于对先进文化的自觉和认同的一种价值自信,并在与西方"普世价值"相比所彰显的道义力量中凸显。核心价值观是坚定文化自信的价值底气,能为文化自信奠定文化底蕴,提供丰厚的文化滋养。从社会主义意识形态本质层面来看,核心价值观在文化发展中始终发挥着轴心作用,其文化内在地蕴含着深刻的历史、理论与实践自信根据,决定着国家文化性质和发展方向。深刻认识把握文化发展,包括承续中华文明的显著文明特质、文化铸就中国共产党人坚定理想信念、中国特色社会主义实践在内的规律性认识,依托"中国道路"的现实力量、马克思主义的真理力量和社会主义核心价值观的道义力量,促进核心价值观化育成风,形成稳定持久、高度自觉的文化自信。

---

① 习近平:《高举中国特色社会主义伟大旗帜为全面建设社会主义现代化国家而团结奋斗——在中国共产党第二十次全国代表大会上的报告》,《人民日报》,2022年10月16日,第1版。

（四）文化软实力构建塑造论

一个民族的文化自信与国家的文化软实力有着十分密切的联系，两者相辅相成。一方面，国民的文化自信是建立在强大而持久的国家文化软实力基础之上的，换句话说，国民的文化自信是国家文化软实力强大的集中表现。倘若国家没有强大的文化实力，国民的文化自信难以形成。另一方面，一个国家文化软实力的发展和增强，需要以更强大的国家文化领导力来增进国民的文化自信。国民的文化自信对国家文化软实力的提升起着支撑和推动作用。文化上的自信是一个国家、民族和其成员自信力的最高表现。只有增强文化领导力、提升国家文化软实力，才能以高度的文化自觉定位文化自信、谋划文化发展，为国人的文化自信提供内生外化的前提性条件。进一步来讲，坚定文化自信，要努力彰显涵括中华传统文化、革命文化、社会主义先进文化在内的中华文化主体和主流的文化价值，辩证统一于具体的文化建设和发展实践过程中，在历史传承中坚守本色，在现实实践中交融互鉴，在未来发展中开拓创新。通过文化、价值观、国家形象等柔性力量，来吸引、凝聚、濡化受众以达到对人的文化内化和价值取向的影响力。值得一提的是，增强国家文化软实力，仅从文化角度来考虑这一问题，带有局限性，要在中国经济社会发展战略构想的宏观视域中来审视。我国是一个文化资源大国，但非天然的文化软实力大国。资源要成为实力，还需要一个吸收和转化过程。长期以来，中国缺乏把文化资源深度吸收和合理转化为文化软实力的能力，这已成为中国文化软实力提升的障碍性因素。解决这一问题的关键，就是要克服文化自负导致的文化保守主义和文化自卑导致的历史虚无主义倾向，这样才能实现中华民族的文化自觉自信自强。为此，当今中国仍然需要重整国故，更好地传承国粹，并在此基础上对文化进行时代化大众化的创新。

三、以中国共产党文化领导力提升文化自信自强的几点思考

立物易，立心难。基于新时代十年伟大变革视域审视以发挥党的文化领导力来增强文化自信自强，以坚定文化自信自强来观照党的文化领导力自信，这是一个双向建构的过程。当前，学界围绕党的文化领导力与文化自信自强进行了深入阐释，让我们全面深入理解两者辩证统一关系的思路愈加明朗。与此同时，

我们也能看到,党的文化领导力与文化自信自强双向构建关键要在过程实践中体现,学界相关研究更多是在文化自信视域或在意识形态论域中涉及党的文化领导力的相关议题。对于党的文化领导力与文化自信自强的实践性研究,还有待进一步从拓展理论广度、提升知行深度、整合思维精度等方面来强化两者的契合程度,实现文化自觉内生融入领导行为转化为文化领导力,从整体上推进文化自觉自信自强,来提升党的文化领导力水平。

(一)拓展党的文化领导力与文化自信自强的理论视野

拓展理论视野旨在厚植党的文化领导力与文化自信自强研究的理论深度,支撑其理论构建体系。基于对文化领导力与文化自信自强内涵和外延的把握,文化的核心范畴是意识形态,受意识形态约束。文化的核心价值也要凭借意识形态来引领和彰显。考察党的文化领导力与文化自信自强的内在关系不能仅从横向观照两者关系的研究,还要进一步从纵向溯源,探寻其出场逻辑、演进脉络和发展趋势。第一,坚持马克思文化理论的意识形态领导。马克思文化理论是从"精神生产"分野布局而来的衍生体。马克思指出,"人们的想象、思维、精神交往在这里还是人们物质行动的直接产物。表现在某一民族的政治、法律、道德、宗教、形而上学等的语言中的精神生产也是这样"①。马克思认为,"精神生产"不仅包含着"作为观念上层建筑"的统治阶级的意识形态生产,还包含着语言、道德、宗教等社会结构中的"自由精神生产"。隶属于知识认知层面的文化创造和引领始终会受到意识形态因素的牵制,如政治意志、法律意志、道德意志等。由此来看,"精神生产"并不是绝对的意识形态生产,但作为"精神生产"多元形式的具体表现,无疑都带有一定的意识形态属性。在本体上把握文化自信与意识形态建设的相通性,要深入剖析马克思文化思想所蕴含的意识形态内涵和外延的掌控力和拓展力。总而言之,增强党的文化领导力如何彰显文化自信,文化自信何以增强党的文化领导力,亟待从渊源回溯视角来进行学理澄清和拓深。第二,科学研判西方马克思主义的文化意识形态化。西方马克思主义"自始至终主要关注文化和意识形态问题"②。从早期卢卡奇的"阶级意识"、马尔库塞的"精神

---

① 中共中央马克思恩格斯列宁斯大林著作编译局:《马克思恩格斯文集》第一卷,人民出版社 2009 年版,第 524 页。

② 佩里·安德森:《西方马克思主义探讨》,高铦、文贯中、魏章玲译,人民出版社 1981 年版,第 96 页。

分析"、葛兰西的"文化领导权",到阿尔都塞的"意识形态国家机器"等,其突出的特点是不断把文化等同于意识形态来分析阐述,"从主张暴力革命转向了意识形态革命,从阶级意识形态研究转向了文化意识形态研究"①。随着西方工业社会的发展,社会生活的资本化现象凸显引发精神生存和文化危机,西方马克思主义学者基于文化和意识形态主体建构者的生存意义和价值分析,从社会文化发展的危机层面对资本主义进行意识形态的理性批判。西方马克思主义文化意识形态化的演进思路对于认识和理解党的文化领导力与文化自信自强具有深刻的启示意义,尤其在文化全球化、西方文化霸权的境遇下,有必要从西方马克思主义的相关反思中提升对党的文化领导力与文化自信自强的理论认知,而不能仅停留在断章取义地借用相关概念,进行表层性的范畴阐述或曲意理解。"文化领导权"的建构要结合以社会主义主流意识形态引领当代中国文化建设的实际路径来进行融会贯通。值得一提的是,"文化领导权"与文化自信关系不能单纯套用西方马克思主义思想做批判性形式化的分析,还要从中国共产党执政党与领导党双重角色的特殊性视域,来阐释马克思主义意识形态普及化时代化对坚定文化自信的现实意义。第三,全面理解党文化领导力的意识形态逻辑理路。中国共产党在革命战争时期就确立了新民主主义"民族的科学的大众的文化"②建设纲领,并高度重视和善于发挥意识形态在文化建设中的引导统帅作用。毛泽东的"理论上再造出现实社会"、邓小平的"两手抓,两手都要硬"及习近平的"文化自信"在一定程度上从意识形态的维度聚焦文化的立体建构和多维发展。党的二十大强调"建设社会主义文化强国"的战略目标,"强"体现在哪里?其最根本的"强"是基于意识形态建设的文化领导力的"强"。理解党的领导力和文化自信自强切中要害的战略深意,仅从理想信念层面阐发过于空泛,还要着眼于党的意识形态建设传统及文化自觉自信自强意识演进,在历史与逻辑的统一中明晰党的文化领导力建设和发展理路。

① 郁建兴、陈建海:《马克思主义意识形态理论的嬗变与转型》,《北方论丛》2008 年第 1 期,第 56 页。
② 毛泽东:《毛泽东选集》第二卷,人民出版社 1991 年版,第 708 页。

(二)提升党的文化领导力与文化自信自强的知行深度

党的文化领导力与文化自信自强的理论依据是马克思主义文化理论,理论渊源是中华传统文化,现实依据是基于中国社会主义现代化实践的创新性发展。不论中国传统文化还是马克思主义文化理论都必须立足中国特色社会主义伟大实践进程,以促进实现中国式现代化建设为己任,以解决现实问题为基础来促进两者的知行统一。党的二十大报告提出,"新时代十年的伟大变革,在党史、新中国史、改革开放史、社会主义发展史、中华民族发展史上具有里程碑意义。走过百年奋斗历程的中国共产党在革命性锻造中更加坚强有力,在坚持和发展中国特色社会主义的历史进程中始终成为坚强领导核心"[①]。党的文化领导力在党史、新中国史、改革开放史、社会主义发展史、中华民族发展史(以下简称"五史")中得到充分体现,同时,在中国特色社会主义发展的新征程中得到不断的锻造和提升。对历史进程的认识越全面,对历史规律的把握越深刻,党的历史智慧越丰富,对前途的掌握就越主动。坚定文化自信,也就是坚定历史自信,内在要求坚持党的文化领导力自信。以党的文化领导力,增进理论自信,从而促进历史自信,以历史自信提升党的领导力自信。因此,要发挥党的文化领导力的持续力量,夯实文化自信自强根基,可以通过加强对"五史"的深入学习和提高领悟程度来助力行动力的转化。"学史明理、学史增信、学史崇德、学史力行"[②],这正强调了理论联系实际、知行统一的辩证关系问题。学习的目的全在于运用,明理、增信、崇德,最终都要落脚到力行上。习近平总书记曾指出,"要把学习党史同总结经验、观照现实、推动工作结合起来,把学习成效转化为工作动力和成效,防止学习和工作'两张皮'"[③]。学史增信,回答如何"知"的问题;学史力行,回应如何"行"的问题。同时必须解决好"知""行"如何统一的问题,这也是以学"五史"为桥梁,提升党的文化领导力和文化自信自强学术建构必须关注的核心问题。明理、增信、崇德,是为了更好地力行,再通过力行,使明理、增信和崇德更正确、更能增进文化自信自强。

---

① 习近平:《高举中国特色社会主义伟大旗帜 为全面建设社会主义现代化国家而团结奋斗——在中国共产党第二十次全国代表大会上的报告》,《人民日报》,2022年10月16日,第1版。

② 《习近平总书记出席党史学习教育动员大会并发表重要讲话》,《人民日报》,2021年2月20日,第1版。

③ 习近平:《在党史学习教育动员大会上的讲话》,人民出版社2021年版,第25页。

（三）整合党的文化领导力与文化自信自强的思维精度

当今世界复杂的、多元的文化体系共存现状孕育了高度的文化自觉意识。费孝通首次提出文化自觉的概念，明确："文化自觉只是指出生活在一定文化中的人对其文化有'自知之明'，明白它的来历、形成过程、所具有的特色和它发展的趋向……自知之明是为了增强对文化转型的自主能力，取得为适应环境、新时代而进行文化选择时的自主地位。"[①]从费孝通对文化自觉的界定来看，文化自觉本质上是一种文化实践活动，关涉的是每一个社会个体在实践理性的自我认同之观照下对文化选择的把控、自明和反思。简言之，"文化自觉，主要是一个民族、一个政党在文化上的觉悟和觉醒，包括对文化在历史进步中地位作用的深刻认识，对文化发展规律的正确把握，对发展文化历史责任的主动担当"[②]。中国共产党提倡文化自觉，就是要在准确把握历史文化发展规律的基础上采取觉悟和觉醒的行动，汇聚古今中外文化形态，进行创造性转化和创新性发展，推进到党的历史学习实践中，从而形成党的文化领导力与文化自信自强建构的综合性创新，并以此为起点，开启新一轮的文化实践活动。党在面对西方文化的泛滥和影响，使得我国传统文化的影响和创造力受到干扰时，在文化自觉的基础上对自身文化必须具有更加精准的判断与清晰的态度选择，需要坚定的文化自觉和自信帮助我们立稳脚跟，客观评价文化的优劣，这正是当下我们抵御文化冲击的内在力量。唯有充分认同自身文化，了解和触及每个国家的文化特点和基础，才能在文化多样性多元化的今天正确认识自己的位置，实现自我的文化价值，坚信自身文化具有生命力、感召力和影响力。

对于中国共产党而言，党的文化领导力和文化自信自强的构建不仅是一个纯学术问题，更是一个关涉执政党的思想理论建设、国家事业发展和实现中华民族伟大复兴的重大问题。这也成为中国共产党长期思考的"经济发展以后要干什么"的问题。习近平总书记强调，"一个国家、一个民族的强盛，总是以文化兴盛为支撑的"[③]，文化必然成为强国之基、强国之魂。党的十八大以来，习近平总

---

① 中国民主同盟中央委员会、中华炎黄文化研究会：《费孝通论文化与文化自觉》，群言出版社 2005 年版，第 344 页。

② 云杉：《文化自觉文化自信文化自强——对繁荣发展中国特色社会主义文化的思考（上）》，《红旗文稿》2010 年第 5 期，第 4 页。

③ 《习近平总书记系列重要讲话读本》，学习出版社、人民出版社 2014 年版，第 92 页。

书记围绕建设社会主义文化强国,在意识形态、文艺创作和社会发展等领域发表了一系列重要讲话。起始于"自",立足自身国情、依靠自身力量、发展自身特色;归宿于"强","强全民族文化创造活力","强人民精神力量","强文化整体实力和竞争力"①,强社会主义先进文化自信。值得一提的是,随着中国国际地位的不断提升,新时代中国共产党指导文化实践的关键在于如何充分发挥其文化领导力,建成社会主义文化强国,以实现文化上的"走出去"战略,让我国文化的引领统摄范围不仅局限于当下国人,更要成为吸引世界各国文明、民族文化的聚焦点,进而使我国文化在国际竞争中更具有话语权、更有认同感,展现出我国文明、民主、开放、进步的形象。

---

① 习近平:《建设社会主义文化强国　着力提高国家文化软实力》,《人民日报》,2014 年 1 月 1 日,第 1 版。

系统论视域中新时代提高党的建设质量的理论探析[*]

姚立兴[①]

摘　要：在系统论视域中，提高党的建设质量具有整体性、开放性、关联性的理论特质，面临着内外环境更加复杂、过程环节衔接薄弱、评判标准尚难操作的现实挑战。随着新时代党的建设新的伟大工程的深入推进，提高党的建设质量要遵循系统观念的内在规律与实践要求加以整体推进。

关键词：系统论；党的建设质量；全面从严治党

一、系统论视域中提高党的建设质量的理论特质

提高党的建设质量历来是一项复杂的系统工程。在新时代，不断提高党的建设质量蕴含着百年来党对加强自身建设的规律性和前瞻性认识，具有整体性、开放性、关联性的系统论特质。

(一)系统的整体性：顶层设计党建质量提升的伟大工程

系统科学理论认为，为高效快捷地实现目标，人们在认识和改造事物时需要从整体和全局的角度出发，对组成系统中的各方面、各层次、各要素进行统筹规划，以集中有效的资源推动任务顺利实施。这在提高党的建设质量系统工程中亦有体现，主要可以从以下两方面加以认识。一方面是越来越完整的

＊　本文系国家社科基金青年项目"海外关于中国式现代化的认知与评价研究"(23CKS031)、浙江省哲学社会科学重点研究基地浙江工商大学中国化时代化马克思主义研究院专项课题的阶段性研究成果。

①　作者简介：姚立兴，浙江工商大学马克思主义学院讲师，博士，研究方向为海外中共党史党建。

党建总体布局为质量建党提供了多维立体的载体支撑。在党的十九大上,习近平总书记指明要"全面推进党的政治建设、思想建设、组织建设、作风建设、纪律建设,把制度建设贯穿其中,深入推进反腐败斗争,不断提高党的建设质量"①,从而构筑了新时代党的建设"5+1+1"模式的总体布局。这一总体布局各个部分相互影响、彼此联系,组成了一个辩证统一的有机整体,为推动新时代党建质量的不断提升拓宽了空间领域。另一方面是把党的建设质量摆到"四个全面"和"四个伟大"中进行有机结合。党的十八大以来,全面从严治党上升为"四个全面"战略布局的重要内容,在深化党的体制机制改革、完善党内法规体系等方面取得了突破性进展,促进了管党治党模式的体系化升级。2022年,党的二十大报告进一步提出:"我们要落实新时代党的建设总要求,健全全面从严治党体系,全面推进党的自我净化、自我完善、自我革新、自我提高,使我们党坚守初心使命,始终成为中国特色社会主义事业的坚强领导核心。"②这一论断昭告我们,推进党的建设必须密切联系党的政治路线来推进、紧密结合党的中心任务来布局、紧紧沿着党的建设主线来进行,进一步把党的建设质量提升到新的科学水平。

(二)系统的开放性:内外贯通党建质量提升的动态环境

系统哲学的开放原理认为,在研究和认识对象系统时,必须把它放在环境大系统中加以开放性考察;在规划、设计系统时要有开放眼光,使系统内部子系统之间、系统与环境之间保证充分的物质、能量和信息交流,使系统的减熵趋势得以维持,并保证系统的有序度增强。依据这一原理,党的建设之所以能够从低层次向高层次运动和发展,正是内外因素相辅相成、内外需要相互催发、内外目标相互牵引的结果。进言之,从外部视角来看,推进新时代党的建设新的伟大工程特别是着力提高党建质量与实现全面建成社会主义现代化强国的目标高度一致,两者统一于中国特色社会主义伟大事业的发展之中;从内部视角来看,系统提升党建质量需要把全面从严治党和新时代党的建设总要求落到实处,直面党内存在的突出问题和尖锐矛盾,在实践斗争中提高党的自我治理能力。正因如

---

① 习近平:《在全国组织工作会议上的讲话》,人民出版社2018年版,第3页。

② 习近平:《高举中国特色社会主义伟大旗帜 为全面建设社会主义现代化国家而团结奋斗——在中国共产党第二十次全国代表大会上的报告》,人民出版社2022年版,第64页。

此,才能通过一系列的思想、制度与行动锻造出一个肌体健康、组织强壮的政治领导核心,保持党的建设自循环系统的良性演化。

（三）系统的关联性：协同发展党建质量提升的过程要素

系统本身内在的构成要素,以及系统的结构、功能、行为之间存在着相互作用和相互依赖的普遍联系。在系统的演进过程中,其内外要素和信息能量的密切协同与良性联动正是促成其递嬗的重要条件。在当前愈加复杂的社会条件下提高党的建设质量,更加需要强化党建过程的耦合、联动与协同。比如,就党员干部而言,要处理好数量和质量之间的协同关系,在落实"控制总量、优化结构、提高质量、发挥作用"工作要求的同时,也要满足"优秀年轻干部既要数量充足,又要质量优良"的发展诉求。再比如,就党群发展而言,要处理好权力使用和民主监督的协同关系,不但能够带着问题深入基层做群众的学生,而且还能够带着方法走上舞台做群众的先生,更加强调群众监督和评价考核的主体地位,把满足群众需求的压力变为提升党建质量的动力。由此观之,深入把握党的建设过程中不同要素之间的内在协同关系,最大程度地消解要素联动过程中的抵牾、内耗与障碍,对促使党建质量的跃升无疑大有助益。

二、系统论视域中提高党的建设质量的现实困境

党的发展规律一再表明,管党治党实践越是走向深入,对党的建设质量的现实要求就愈发凸显。在推进新时代党的建设新的伟大工程中,提高党的建设质量依然面临着诸多系统性挑战。

（一）提高党建质量面临的内外环境越发复杂

在系统科学的视域下,任何一个系统都不是封闭孤立地存在着的,而是存在于一定环境之中并受所处环境的深刻影响。系统越是能够保持与周遭环境进行持续的物质、能量和信息交换,就越能够展现出旺盛的生命力。按照这一观点,将党的建设置于当今世界百年未有之大变局中进行认知迭代,在其根本意义上就是调适党建质量与执政环境的关系。习近平总书记一再告诫全党："我们党面临的执政环境是复杂的,影响党的先进性、弱化党的纯洁性的因素

也是复杂的。"①可见,系统性地认知当前复杂的执政环境,是新时代提高党建质量的基本前提。概括来说,主要表现在以下方面。首先是长期执政遭遇的风险考验更多更大。进入新时代,中国发展起来以后的问题非但没有比不发展的时候少,反而是更加错综复杂。其突出表现为,在国内,由阶层利益抵牾诱发的"灰犀牛""黑天鹅"事件概率有所增加;在国外,以个别大国为代表的西方国家加紧抱团围堵中国。因而,当前我们党所考虑的内外部因素之严峻性和复杂性都超过了以往任何时候。其次是信息网络时代的思想迷雾繁多芜杂。互联网技术的普及在根本上改变了人们的社会交往方式,特别是成了人们获取信息的主要渠道。由此,许多形形色色、良莠不齐的思想文化相互交锋碰撞,在一定程度上冲击到了马克思主义的指导地位,给党的意识形态工作带来了新的挑战。最后是市场经济利益诱惑致使有些党员干部政德滑坡,加剧了官僚主义、享乐主义、精致利己主义、痕迹管理主义等不良风气。

(二)提高党建质量遭逢的过程问题依然严峻

在系统论视域下,整个系统的优化是由系统中相互联系的各个要素和组成部分互相作用的一个动态过程。提高党的建设质量水平需要对党组织系统中的各种要素都加以掌控,充分发挥其治党功能以改善党的内部治理过程。然而,从各方面反映来看,当前影响党建质量实效性的很多症结在于内部治理过程不畅。具体来说,主要表现在以下两个方面。一方面是党的建设在发展中出现了各色各样的有害问题。比如,腐败仍然是我们党面临的最大威胁。"老虎"腐败直接损害了党内外对党和国家的信任,"苍蝇"腐败贪食人民群众利益恶化了党群关系,"狐狸"腐败暗中输送裙带利益污染了政治空气。腐败蔓延在一定程度上把党的建设推向背离民心的危险境地,损害了党的建设质量。另一方面是党的建设在过程衔接上还存在不少薄弱环节。治理过程的衔接不畅、统筹不足容易使我们单项进行"头痛医头、脚痛医脚",造成"按下葫芦浮起瓢"的不良后果,难以避免地陷入顾此失彼、捉襟见肘的尴尬境地。习近平总书记多次讲过,我们党的建设还存在不少薄弱环节。弥补党内存在的这些"薄弱环节",意味着要加强党的建设各个领域和各个环节的有效衔接、相互配合和良性互动,注重党内治理过程的系统性和协同性。

---

① 习近平:《决胜全面建成小康社会 夺取新时代中国特色社会主义伟大胜利——在中国共产党第十九次全国代表大会上的报告》,人民出版社 2017 年版,第 61 页。

(三)提高党建质量形成的评判标准尚难操作

系统哲学基本原理认为,要实现系统总体最优化,必须"对系统过程的每一个环节的质量按指标进行控制,把质量问题分解在各部分,使各部分都能达到最佳质量标准"①。对于党建提质这一复杂系统工程而言,虽然党的十九大已经明确提出了新时代党的建设之目标要求,但在实践中真正体现党的建设总要求和提高党的建设质量的评判标准和体系都尚处于探索阶段,还没有形成对党的建设及其质量的科学评估体系。需要注意的是,随着提高党建质量的要求越来越迫切,在对党建质量评估标准的理论探讨和现实操作中,都难以避免地出现了一些依葫芦画瓢、原样克隆、宏观泛化的问题,严重制约了党建质量标准的具体落实和导向功能的发挥。当然,这也从侧面反映出了预判党的建设质量所面临的极大困难。具体来说,主要有以下几方面的原因。一者,不断发展的党的建设概念内涵,加剧了识别党建质量控制点的难度和不确定性。随着党自身建设总布局的动态拓展,对系统内新控制点和潜在控制点精准识别的难度在不断加大。在这种条件下,过去以经验为基础的质量判断方式越来越难以适应新时代党的建设伟大实践。二者,非系统性思维的分析路径,降低了对党建质量预判的准确性和客观性。判断党建质量不但与党自身的内部要素直接相关,还与当前的政治、经济、文化、社会等外部要素紧密相连。任何一端被轻视或被放大都会导致更大程度的误差,大大降低其准确性和客观性。三者,干群认知基础的不对等性,削弱了党建质量预判程序的民主性和灵活性。由于群众和党员干部对党建质量的理解不完全相同,使得预判党建质量在程序上出现的矛盾更加具体化了,对更新和创造党建相关理论框架及相应机制等方面的有益尝试造成了一定的阻碍。

三、系统论视域中提高党的建设质量的行动路向

系统论认为,在现代,不论是从普遍方面来说,还是从特殊方面来说,已经没有一门科学能够没有系统性观念。从上述对提高党的建设质量所遭逢的现实困

---

① 乌杰主编:《系统哲学基本原理》,人民出版社 2014 年版,第 93 页。

境解析中也不难看出,系统推进党的各项建设已然成为提升新时代党的建设质量水平的迫切需要。由此,我们应主动将系统思维、系统方法运用到新时代党建提质的伟大实践之中,特别是根据当前面临的困境及突出问题,有针对性地协同创新党建提质的行动路向。

(一)强化质量建党的目标意识,发挥政治建设的统领作用

系统方法之根本目的不是在于对系统要素所形成的多种多样组合加以描述,而是要从中选出能够为特定的实践目标所需要的最有价值的可行性方案。习近平总书记在党的十九大上明确提出了新时代党的建设总目标,从理论和实践双重维度科学回答了"建设一个什么样的党"的核心问题。这一带有鲜明指向性的目标系统,将会促使其内部诸要素进行创造性综合,从而在整体上达到党建系统工程的最佳状态。在这里,应当明确的是,党的政治建设无疑在加强党的建设的要素序列中处于统领位置,关乎提高党的建设质量的政治基础。这是因为,"党的政治建设是党的根本性建设,决定党的建设方向和效果"。因而,坚定以政治建设为统领,就要把党的政治建设摆在首位,进一步加强党的政治建设。一是要坚持党中央权威和集中统一领导。每一个党的组织、每一名党员干部,无论处在哪个领域、哪个层级、哪个部门和单位,都要服从党中央集中统一领导,确保党中央令行禁止。二是要严格遵守政治纪律和政治规矩。按照党规党纪办事,要做政治上的明白人而不是阳奉阴违的"两面人",永葆对党的忠诚,自觉维护党内团结。三是要重点改善党内政治生活。着重从制度层面对党内生活加以规范,标本兼治党内乌烟瘴气,创新途径和方式促使党内政治生活充分体现政治性、时代性、原则性、战斗性精神,涵养正气充盈的清朗政治生态。

(二)增强全面从严治党的系统性,协同过程治理的要素环节

在系统物质世界中,要使系统整体功能达到最佳状态,既要注重其内部子系统的正常运行和功能发挥,又要有效整合资源促使各构成要素和环节耦合协作。从过程论的角度来看,提高党的建设质量要坚持系统谋划、综合施策的治理思路,强调运用整体的思维和联系的观点把握内部作用机制,以系统推进、协同治理的方式清除党内久存不治的深层问题。正是基于这样的考虑,党的十八大以

来,习近平总书记明确提出了"增强全面从严治党的系统性、预见性和实效性"的重大战略,从而为提高党的建设质量创造了破除党内负面因素的保障性条件。在此意义上,增强全面从严治党的系统性,就要主动运用系统化的思维,探索全面从严治党的系统化方略。其一,顶层设计全面从严治党的治理体系。对全面从严治党的战略定位、步骤、要点及目标等方面进行整体规划,通盘考虑各个建设领域、各项治理举措之间的关联性和协同性。在着力解决当前党建阶段性任务的同时,又要筹谋如何化解深层次矛盾,做到上下联动、前后贯通、左右衔接。其二,有效推动全面从严治党的结构优化。在空间上,实现上级与下级、党内与党外良性协同;在趋向上,实现祛邪与扶正、激浊与扬清密切联动;在目标上,实现治党与治国、党的建设与现代化建设有机同步。其三,形成积聚全面从严治党的整体成效。在坚持和完善党委统一领导的体制机制下,汇聚党政齐抓共管、部门各负其责、群众共同参与的强大合力,着重增强党的全面领导能力和长期执政本领,保持并发扬党的先进性和纯洁性。

(三)健全党建质量反馈校正机制,完善科学有效的评估体系

对于任何一项系统工程而言,要实现总体最优结果,必须使系统在总体和分项上都确定一个可靠的质量指标,并根据质量指标对系统的功能实施过程进行权衡利弊并做出最优决策。习近平总书记多次指出:"标准决定质量,有什么样的标准就有什么样的质量,只有高标准才有高质量。"①按照这一认识,提高党的建设质量显然需要确立和完善一套较高标准,用以引导质量建党、质量强党走向程序化、规范化和制度化。由此,建构一套反映党建动态机制和实践应用等内容的质量评判体系势在必行,我们可以从过程反馈和结果评估两方面加以思考。一者,在过程反馈方面,构建及时有效持续的质量管理闭环。如何精准把握党的建设质量,加强反馈就是重要手段。因此,要依据相关规范对党建提质的全过程进行跟踪管理,畅通信息交流和共享机制,注重一线调研获取真实信息,善于吸纳智库、社会机构等外部智慧,及时纠偏调适,确保党建提质举措的精准有效。二者,在结果评估方面,推进党建质量标准向多维具体延伸。比如,在层次上,探索由纲领性标准、基础性标准、方法性标准、价值性标准等构成的立体多维体系;

---

① 中共中央文献研究室、中央党的群众路线教育实践活动领导小组办公室:《习近平关于党的群众路线教育实践活动论述摘编》,党建读物出版社、中央文献出版社 2014 年版,第 86 页。

在话语上,突出党的建设质量标准话语与新时代中国特色社会主义要件的微观结合;在主体上,推动党员发展标准、合格党员标准、好干部标准、高级干部标准更加可评可测。总而言之,提高党的建设质量作为一项系统工程,应当确立符合自身特点的评判标准,并严格按照标准进行部署和检查工作,做到不达标准不交账,不断提高党的建设科学化水平①。

① 欧阳淞:《中国共产党党的建设基本问题研究》,人民出版社 2021 年版,第 476 页。

新时代提高高校党的建设质量的若干思考[*]

郑　玥①

摘　要:不断提高高校党的建设质量是推进新时代党的建设伟大工程的重要组成部分。提升高校党的建设质量关乎高校事业高质量发展,对于落实新时代党的建设总要求和组织路线、破解高校党建突出问题具有重要意义。要坚持目标和问题导向,从强化质量意识、提升质量能力、强化保障支撑、优化考评机制等方面推动高校党建整体质量提升,着力破解当前高校党的建设质量提升存在的思想认识偏差、动力不足、融合性差、实效性不高等深层次问题,开启高校党的建设工作新局面。

关键词:新时代;高校党建;高质量发展

习近平总书记在全国组织工作会议上强调:“不断提高党的建设质量是着眼于永葆党的先进性和纯洁性提出来的,是新时代党的建设必须努力达到的要求。”②这既表明了新时代党的建设价值诉求和目标定位,也表明了高校党的建设工作的质量目标要求。高校党的建设是新时代党的建设新的伟大工程的重要组成部分,其质量如何将影响高校党的建设成效和政治功能发挥,关乎高校事业成败。如何以科学的理念、科学的思路和路径谋求高校党建提质增效是一个需要在高校党建工作实践中回答的重大理论和实践课题。

---

*　本文系浙江工商大学马克思主义学院部校共建课题“新时代提高党的建设质量问题研究”(1270JYN5922005G-011)研究成果。

①　作者简介:郑玥,浙江工商大学马克思主义学院讲师,主要研究方向为中共党史党建。

②　习近平:《在全国组织工作会议上的讲话》,人民出版社 2018 年版,第 15 页。

一、新时代提高高校党的建设质量的重大意义

（一）提高高校党的建设质量是实现高校高质量发展的根本保证

新时代高校高质量发展的基本要求有三点。一是办好中国特色社会主义大学。这就要求我国高校要将抓好党建作为办好教育的基本功。二是为党和国家培养合格的社会主义建设者和接班人。这就要求高校党建提质增效，确保高校成为培育担当历史使命的时代新人的坚强阵地。三是以高质量教育谋求国家治理现代化发展。习近平总书记指出，"党和国家事业发展对高等教育的需要，对科学知识和优秀人才的需要，比以往任何时候都更为迫切"①。高校党的建设只有同"发展科技第一生产力、造就高素质人才、增强创新能力"有机融合，才能将党建优势转化为发展优势，以教育现代化服务国家现代化。

高校党的建设内涵式、高质量发展的根本保证是高质量党建。高校能否坚持正确的政治方向，能否实现立德树人的根本任务，办好让人民满意的教育，实现高等教育内涵式、高质量发展，助力教育强国建设，根本在于是否能够加强和改进党对高校的领导，不断提高高校党的建设质量。

（二）提高高校党的建设质量是落实好新时代党的建设总要求和党的组织路线的题中应有之义

党的十九大将质量要求作为党的建设总要求加以明确，表明了我们党对质量建党的价值追求，为新时代高校党的建设提供了根本遵循。高校只有遵循党的建设总要求，坚持以高标准、严要求、高质量的党建引领各项工作发展，党的政治优势才能转化成发展优势。习近平总书记明确指出新时代党的组织路线是"着力培养忠诚干净担当的高素质干部，着力集聚爱国奉献的各方面优秀人才，坚持德才兼备，以德为先，任人唯贤，为坚持和加强党的全面领导，坚持和发展中国特色社会主义提供坚强组织保证"②。而我国高校具有鲜明的红色基因，是宣传研究马克思主义理论和培育高素质人才的高地。高校除了拥有坚定政治方向

---

① 新华社：《习近平在清华大学考察时强调　坚持中国特色世界一流大学建设目标方向　为服务国家富强民主复兴人民幸福贡献力量》，《人民日报》2021年4月20日。

② 习近平：《在全国组织工作会议上的讲话》，人民出版社2018年版，第11页。

和德才兼备的高级知识分子的教师队伍外,还在为国育才、为党育人,强化党的组织基础上发挥着重要作用。因此,贯彻新时代党的组织路线要求高校各级党组织在提升组织力、培养爱国奉献的优秀人才、抓好政治和业务学习上下功夫,不断提升党的建设质量。

(三)提高高校党的建设质量是破解高校党建突出问题的现实需要

对标"质量"要求加强和改进高校党的建设,不断提升高校党的建设实效性是破解高校党建突出问题的现实需要。党的十八大以来,高校各级党组织在确保党的建设质量上进行了卓有成效的理论和实践探索,高校党的建设工作总体效果得到显著提升。但在党的建设实践中仍存在亟待解决的突出问题,党的建设工作实际成效与党的建设目标实现还存在一定程度的差距。正如习近平总书记所指出,"一些地方和部门党建工作还存在重形式轻内容、重过程轻结果、重数量轻质量的问题,看起来热热闹闹,实际效果却不佳,甚至与中心工作'两张皮'、没有什么效果"①。如此,当前高校党的建设工作也存在一些为了党建而党建的应付式、应景式等形式主义问题,使高校党的建设弱化、虚化而成为"无效党建"。以上这些问题制约着高校党的建设质量提升。为此,高校必须树立"质量导向型"的党建发展理念,以自我革命精神破解当前高校党的建设和事业发展"两张皮"等影响党建质量提升的突出问题,积极探索党建提质增效的工作机制和有效路径,促进党的建设和高校各项工作有效融合,进一步为建设教育强国提供坚强的政治保证。

二、新时代高校党的建设质量提升面临的主要现实问题

(一)党建质量意识模糊,以党建引领高校事业发展的功能发挥作用不充分

从思想认识上看,当前,高校在党建实践中对党的建设功能和作用的认识还存在一定程度的偏差,质量意识不强和模糊的问题因此凸显,导致党的建设质量缺位。

---

① 习近平:《在全国组织工作会议上的讲话》,人民出版社 2018 年版,第 15—16 页。

一是有的高校忽视高质量党建引领学校事业发展的原动力作用,部分领导干部重教学科研改革、重学科建设和师资队伍建设等业务工作,而对党的建设各项工作的重视度不够。有的高校党委在促进学校事业发展上的研究不够;部分高校院系级党组织领导班子还存在"党建工作比较虚"的错误认识;有的教师党支部书记抓党建较为被动,将党的建设等同于发通知、写材料、开会等应付式党建。如此,党建工作和业务工作融合互促效用大大减弱。

二是一些高校在主观认知上意识到了党的建设引领作用,但由于党建质量意识模糊,出现主观定位与实际执行上的偏差,导致党的建设实际功能效用降低。一些高校认为重视党的建设工作就是要将所有精力放在抓党建工作上。这样一来,一方面党的中心工作就被忽视,党的建设服务中心工作的功能大打折扣;另一方面因为过度重视党的建设工作,导致一些二级院系党组织和基层党支部将工作精力大部分放在抓党建工作上,直接给党的基层组织带来沉重负担,由此极易出现一些基层组织因为疲于应付,而搞文本式党建、指令式党建、虚假式党建等流于形式、缺乏实质党建内容的问题,最终影响党的建设质量实质效果。

(二)抓党建能力有待进一步提升,以改革创新焕发党建活力效用不明显

新时代高校党的建设质量优劣与抓党建的能力密切相关。当前高校党的建设质量不尽如人意,一些党委领导班子党建工作本领不足,面对提高党的建设质量工作无从下手,一些高校党的组织建设能力不足,创新乏力,成为制约党的建设成效的一大制约因素。主要表现在以下几个方面。

第一,理论创新能力不足,理论指导实践效用不明显。部分高校党委理论武装不牢,持续强化理论学习的动力和自觉性还不够;部分高校在不同程度上还存在拿来主义、形式主义等现象,学思脱节。这样的学习方法导致部分高校领导干部的理论水平和专业素养有所欠缺,在实际党建工作中运用马克思主义思想、立场、观点研究、发现、解决问题的能力不够,理论指导实践的效用大大减弱。

第二,实践创新能力不足,基层党建活力不足。一些院系基层党组织习惯于依赖传统思路和模式开展质量建党实践工作,唯书本、唯上级指示,甚至缺乏调研,照搬照抄,而不懂得在更新理念、创新路径、优化方式、强化载体、改进体制,以及在理论和实际相结合中提升改革创新本领上下功夫;还有一些院系党委墨

守成规,按照一个药方"包治百病",顶层设计和统筹规划能力不够,不能结合实际探索一套完善的党建质量提升的工作方法、工作流程、工作模板、工作体制。

(三)责任落实不到位,制度执行监督效用失灵

第一,党建工作考评制度不健全。当前高校党建质量评价机制还存在短板。一是在队伍建设上,有的高校对专兼职党务工作者的考核偏重职务工作完成情况,忽视对党建工作完成成效的综合衡量;还有的高校未将院系领导班子、教师党支部书记的党建工作量纳入教学科研考核指标,部分教师党务工作者的党建工作考评结果未在职务晋升、评先评优工作中发挥有效作用。二是在高校党的建设工作考评机制中,学校整体考评体制没有将党建工作状况纳入学校建设发展的考核内容。同时党建工作考评机制失灵时有发生,一些高校上级党组织对院系基层党组织党建工作的考核偏重"痕迹"考核,部分院系的党建工作质量评估机制往往流于形式而很难发挥应有的效用。

第二,责任传导落实不到位,监督不力。部分高校党委主体责任落实不到位,比如在议事规则、队伍建设、制度建设上角色缺位;部分领导干部对履行全面从严治党"一岗双责"理解不到位,主体责任意识不够自觉;全面从严治党责任层层传递不到位;部分院系建章立制多,党建责任落实落细少,党内考核与业务考核联系并不紧密,监督形同虚设。

三、高校党的建设质量进一步提升的对策思考

(一)强化党建质量意识,筑牢高校党建质量理性认同基础

第一,要在形成质量意识共识上下功夫。"一个组织的质量管理能否成功的关键,就是看它是否能将质量意识渗透到组织的每个角落。"[①]高校党委要将确保质量作为党建工作决策起点和工作的目标,从源头上防止无效党建的发生。高校各级党组织要将党建质量要求落实到决策落实全过程,使党建工作各个环节都务实有效。高校各级党组织要定期组织开展党建工作质量评估,及时调整

---

① 李镜:《论质量管理知识体系》,《世界标准化与质量管理》2008年第4期,第11—13页。

不符合质量要求的工作思路和举措。同时要充分发挥党员、干部、人民群众在质量监测中的"探头"作用，确保质量问题能第一时间被发现、工作偏差能第一时间被纠正。

第二，明确质量意识内容。高校各级党组织要牢牢把握"人本党建"的本质，跳出"就党建抓党建"的思维定式，树立政治意识、融合意识、创新意识、专业意识、制度意识，使党建目的更为明确、党建质量理念深入人心，激发高校各级党组织探索高校党建质量提升的工作思路、体制机制的积极性和主动性。

第三，探索和优化提升质量意识方法。在明确了质量意识内容之后，高校各级党组织要强化党建功能和作用重要性宣传，讲好党建故事，渗透党建目的。同时，要加强学习培训，强化党建质量意识和修养。提升党的质量意识，单纯靠宣传和教育培训的形式不能解决根本问题，还需多方面有力配合：一是发掘质量管理的专业人才和提升党建质量的专门技术。二是优化党员结构。三是建立激励和约束机制，培育党建质量文化。

（二）以提质增效为目标，打造完备的党建质量支撑保障体系

第一，强化党建研究，构筑强有力的党建质量提升理论支撑体系。组织全校优势力量突出对党的建设质量提升的基础理论研究；依托高校党建资源及马克思主义学院的学科和师生优势，推进"中共党史党建"一级学科和"党的建设"二级学科建设，为党建质量提升的理论研究提供坚实的学科平台；加强指导，搭建交流平台，提升专业教师和党务工作者的研究能力，实施质量党建实践创新活动立项，促进研究成果的转化利用，实现党建质量研究由"虚"变"实"。

第二，创新工作载体，打造有效党建工作服务平台。高校要致力于打造有效党建工作信息化服务平台，为党建质量提升提供技术保障。利用新媒体及党建信息平台探索"互联网＋党建"工作新途径，推动党建管理手段、信息管理、数据分析上的创新；运用网络党校、在线会议、掌上社交等平台，发挥网络技术对党建质量提升的助推作用。要充分利用各种媒体推进党建宣传，提升党建影响力和宣传效果。

第三，强化基地阵地保障。对标党中央要求，强化党校和党务培训基地建设，增强党性教育实效；整合校内资源，为师生党支部提供数量更多、内涵丰富的党建服务中心及党员活动场所；有效利用红色资源和农村城市基层党建特

色,以结对帮扶或互联互建形式,建立马克思主义大众化试验基地,开拓党建工作新领域。

(三)以提升党的质量能力为抓手,打造高素质党务工作队伍

第一,立足基层党建实践,全面增强党的质量能力。高校党的建设质量提升根植于提高党的建设质量实践中,党的建设质量实践工作的开展依赖于党的质量能力的提升。高校要全面增强党的质量设计能力,即确定质量目标和制订质量计划的能力;要全面增强党的质量执行能力,即系统实施质量标准、质量计划的能力;全面增强党的质量改进能力,即根据质量建设工作中存在的新情况新问题不断改进和提升工作效率的能力。

第二,要提升党的质量能力,就要提升党务工作者的综合素质。高校要建强各级党组织带头人要注意三个方面。一是要选强配优队伍,注意选拔党性强、专业精、肯奉献的党员进入党委和党支部班子,提高班子成员抓党建质量能力,还要落实好院系组织员配备、教师党支部书记覆盖工作。二是要完善党务工作机制建设。完善选聘、培训、管理、考评和奖惩机制,尤其是要优化党务工作者"双线晋升"渠道和制度。三是完善教育培训体系,搭建有效平台。可开展高校院系党组织书记和支部书记示范培训、专题研修等。同时,搭建党务工作队伍研修合作、部门挂职等实践平台,推动高校党建示范和特色高校、标杆院系、样板支部、教师党支部书记工作室的培育建设工作,实现党建物理覆盖和内涵质量有效结合,不断提升党务工作队伍综合素质和质量能力。

(四)健全党建质量提升长效机制,确保党建工作责任制有效落实

第一,健全党建质量评价体系。一是设计规范可行的评估程序。科学的质量评价程序应包含评估目标确定、评估方案设计、评价方式选定、质量评价开展、质量评价结果拟定、评价结果反馈及最终的评价工作文件的整理等环节,以全过程的标准化评估来保证质量评估工作的科学、公正、有效。二是在评价方式上,上级党组织的他评要坚持定量和定性评价相结合的方式,可通过实地走访、座谈、问卷调查等方式获取真实有效的评价数据,避免以"看材料""听汇报"式的"痕迹考核"代替科学监督和精准考核。三是在评价内容上,要坚持过程性和发展性评价相结合。在过程性评价过程中,不仅要对过去党建工作完成量的效果

进行总结评价,还要针对党建工作发展中存在的问题提出具体要求和整改措施,让评价起到以评促建、以评促改的目的。四是对待评价结果的处理要避免无效评价情况的发生,即要对高校党建工作的质量评估结果进行有效的反馈整改。要将质量评价的结果融入党员干部的使用、教育、管理,与奖惩机制结合起来,使评价结果真正起到监督和提升党的建设质量水平的效用。

第二,健全责任落实机制。高校落实党建工作责任制应注意以下三点。一是要对党建工作进行分解、细化和量化,建立任务清单、责任清单。二是明确各项工作的主体责任和监督责任,然后按照质量标准推动层层落实。三是进行评估和反馈,形成一个完整的管理闭环。总之,在加强和改进党的建设过程中,高校各级党组织都要建立健全确保党建质量的责任体系,坚持"书记抓、抓书记""一级一级抓",并建立相应的问责办法,推动各级领导干部和党务工作者当好党建质量提升的推动者、把关者、带头人。

参考文献

[1] 习近平.在全国组织工作会议上的讲话[M].北京:人民出版社,2018.

[2] 习近平.习近平谈治国理政,第三卷[M].北京:外文出版社,2020.

[3] 洪振涛.推动高校党的建设与事业发展深度融合[J].思想政治教育研究,2018.

[4] 习近平在全国高校思想政治工作会议上强调:把思想政治工作贯穿教育教学全过程 开创我国高等教育事业发展新局面[N].人民日报,2016-12-09.

中国式现代化的哲学蕴含、生成逻辑与实践启示[*]

罗　倩①

摘　要:中国式现代化是现代化的普遍性和中国建设的特殊性,社会建设的系统性和发展成果的人民性,实践探索的创新性和现代化内容的时代性的有机统一。中国式现代化是由马克思主义现代化理论、中国特色社会主义现代化建设的伟大实践及中华民族伟大复兴强国梦的精神动力共同构成的现代化。只有坚持独立自主、自力更生品格,沿着中国特色社会主义道路,努力保持高质量发展,全面建成社会主义现代化强国才能如期实现。

关键词:中国式现代化;社会主义现代化国家;经验启示

现代化的概念是一个复合词,由"现代"和"化"组成,既具有时间的含义,又具有变化的含义,即人类社会从传统农业社会向工业社会、信息社会的转型过程。为了把近代以来中国独立探索现代化道路的经验总结上升到理论高度,进而指导全国各地进行现代化建设实践,党的二十大报告提出了中国式现代化的理论。习近平总书记深刻阐述了中国式现代化的科学内涵、中国特色、本质要求、战略安排和基本原则,强调要以中国式现代化全面推进中华民族伟大复兴,是全面建成社会主义现代化强国的行动纲领。理解和把握中国式现代化的整体框架,不仅对中国现代化实践具有理论指导作用,而且对世界现代化进程具有促进作用。

---

　*　本文系浙江省社科规划 2021 年度"高校思想政治工作研究"专项课题"服务性学习视角下高校思政课实践育人的协同机制研究"(21GXSZ062YBM)、团中央 2022 年度共青团实践育人工作立项课题"数字化时代大学生社会实践工作质量评价体系研究"(2022SJLX31)研究成果。

　①　作者简介:罗倩,浙江工商大学马克思主义学院硕士研究生,主要从事中国近现代史基本问题研究、思想政治教育和现代化研究。

一、中国式现代化的哲学蕴含

中国式现代化是中国社会内生演化、长期摸索、自主实践、逐渐成熟的模式，将中国现代化发展放在世界现代化的进程中，挖掘中国式现代化特有的深层价值和世界意义，总结中国现代化发展的经验启示，有利于更好地理解和把握中国式现代化的哲学蕴含。

(一)体现了现代化的普遍性和中国建设的特殊性

从整个世界来看，现代化是人类社会发展的基本趋势，是当今世界不可抗拒的时代潮流，因此其发展过程必然存在着共同特点。首先，现代化的基本要素是普遍的。纵览世界现代化历程，每一个国家的现代化建设基本都涵括了工业化、市场化、城镇化、民主化、大众化这五个核心要素，在此基础上，随着世界历史的发展，现代化又衍生出新的要素——网络化、全球化、智能化、生态化，这些要素构成了现代化的基本样态和基本框架，为后发型国家现代化建设提供了基本的发展方向。其次，现代化的动力源泉是普遍的。现代化的动力和源泉来自科技革命，从而推动了生产力发展，不管是西方国家由于内部科技发明、工业革命，率先开启现代化进程，自发走上现代化道路，还是后发型国家由于外部坚船利炮的冲击，被迫卷入世界现代化进程，发展实业、崇尚科学、改进技术，树立赶超意识，布局整体规划，自觉开始探求现代化模式。无论是先行国家还是后发型国家都足以证明现代化发展的动力具有共通性。从各个民族国家发展来看，如何实现现代化，又有自己的特殊性，这些特殊性表现在不同国家采取的途径、方式、步骤、手段各异。由于各国的历史发展、传统文化、现实条件不同，决定了现代化的道路不是单选题，而是多选题。因此，中国式现代化这条道路之所以走得通、走得行，就在于它既坚持了现代化的一般规律，又根据自身国情进行独立探索，具有鲜明的中国特色。中国式现代化建设昭告世人，现代化道路并非只有一条路径可寻，任何民族、任何国家只要探索出符合自身国情的现代化发展道路，在保持自身独立性的基础上，都能实现现代化。

（二）体现了社会建设的系统性和发展成果的人民性

中国式现代化是一个囊括经济市场化、政治民主化、文化大众化、社会多元化、生态绿色化、对外国际化的综合系统。不同于西方串联式的发展过程,工业化、城镇化、信息化按顺序依次发展,中国作为政治驱动型的后发现代化国家,为了把过去错失的发展机会补回来,决定现代化发展的总体部署是"并列式"的,即工业化、农业现代化、城镇化、信息化、网络化等齐头并进发展。党的十八大以来,我们党带领亿万人民办成了许多大事、要事、难事,国家治理体系和治理能力现代化明显增强。西方是一个阶段集中实现一个现代化,而中国则是诸多领域现代化同时进行、同时发展,正是因为如此,中国用几十年的时间走完了西方发达国家用二百多年时间走过的路,这正是中国式现代化道路为什么走得稳的奥秘所在。现代化道路是人类追求自我解放的必经之路,也是丰富和巩固人类文明新形态的必然要求,假使人类社会能实现这一巨大转变,世界将会以一个崭新的面貌呈现在人类面前。发展成果由全体人民共享,是马克思主义经典作家的期盼,也是党的初心使命的真实写照。以人为本是现代化的本质,即现代化的出发点和落脚点在于实现人民追求美好生活的愿望,使现代化的发展成果惠及广大人民。以人为本是中国式现代化的核心要义,中国共产党正是基于"以人为本"的价值取向,在探索中国式现代化道路的进程中制定相关政策,积淀相关经验,形成和嬗变出"以人民为中心的发展思想"。

（三）体现了实践探索的创新性和现代化内容的时代性

创新是一个国家、一个民族兴旺发达的重要力量,抓住了创新,就能够抓住未来,就能够拥有发展的主动权。约瑟夫·熊彼特是第一个提出经济发展是以创新为核心动力的。他认为,"创新就是把生产要素和生产条件的新组合引入生产体系"[①],创新包括五种情况:产品创新、技术创新、市场创新、材料创新、组织管理创新。创新背后的主要动因是经济增长,但是随着社会矛盾和问题日益突出,国家间的竞争不再单纯以经济增长论实力,而是转向发展的视角,创新也逐渐延伸到制度创新、文化创新、实践创新等领域。中华民族是敢于突破、勇于创

---

① 约瑟夫·熊彼特:《经济发展理论》,何畏等译,商务印书馆2000年版,第73—74页。

新的民族,曾经中华文明在世界上独领风骚,很大程度上与科技发现和创新有关。近代以来战火频发,我们错失了许多发展机遇,一味地以西方国家为模范,创新意识不强,科技成果零零散散、未成体系,从此落后于西方。自从有了中国共产党,革命面貌焕然一新。回顾百年党史,"创新"二字无不闪耀着真理的光芒,进入新时代,现代化建设比以往任何时期都更需要科学技术来解决现实问题,都更需要创新引领高质量发展。斯托弗·弗里曼认为,完善现代国家创新体系必须以制度为基础,需要建立有利于创新的制度,通过科学完备的制度运行协调创新活动开展,这是国家创新体系有效发挥作用的保障,为此国家需要出台一系列支持创新的规划、纲要、政策,为建成创新型国家提供战略支撑。人类社会是通过一个又一个相互联系、逐层递进的不同时代向前发展的,呈现出螺旋式上升的趋势,在时代演变的过程中,人类精神文明成果尤其是先进理论发挥着重要作用。任何先进的理论都需要顺应时代发展的潮流,符合时代主题和发展方向,它不仅要与时代同步前行,而且要作为灯塔指引时代前进。中国共产党的现代化理论是产生于中国大地的先进理论,具有明显的时代性。"现代化的时代性",是指在不同的时代条件下自觉主动转变,与时俱进地增添新的内容、发挥新的价值,进而推动时代的不断进步。首先,现代化覆盖领域上的时代性。从新民主主义革命时期的实现工业化到社会主义建设时期的实现四个现代化,中国特色社会主义现代化建设的总体布局从"三位一体"到"四位一体"再到"五位一体",现代化的内涵逐渐深化、拓展、健全。其次,现代化总体战略谋划上的时代性。从分"两步走"实现四个现代化到分"三步走"基本实现社会主义现代化,再到分"两个阶段"实现社会主义现代化强国的战略安排,体现了党对现代化战略安排的认识不断深化,表明现代化是一个永无止境的动态发展过程。

二、中国式现代化的生成逻辑

中国式现代化的理论并不是凭空产生的,而是有其自身的生成逻辑。马克思主义现代化观是其形成的理论根据,中国特色社会主义现代化建设的伟大实践为其提供了实践源泉,中华民族强国复兴梦的强大精神动力催生了中国式现代化的生成。

(一)马克思主义现代化观是中国式现代化理论形成的理论根据

马克思虽然没有系统地提出现代化概念,但在研究世界历史的过程中形成了独特的现代化思想。马克思认为,现代化就是资本主义化,世界现代化就是世界资本主义化,它具有以下三个特点。一是世界市场化。资本主义为了扩大生产,开辟新的市场,赚取更多利润,开始对外殖民扩张,形成了统一的世界市场。二是资本主义文明普遍化。资产阶级在殖民扩张的同时,将资产阶级的意识形态、价值观念传播给殖民地、半殖民地国家,"它迫使一切民族——如果它们不想灭亡的话——采用资产阶级的生产方式;它迫使它们在自己那里推行所谓的文明"①。三是社会两极分化严重。世界资本主义化导致贫富差距逐渐拉大,社会问题日益凸显,国家之间、民族之间、人与人之间的矛盾愈演愈烈。此外,马克思在谈到科学技术时,指出资本主义能创造出比以往任何时候创造的生产力还要多的原因是科学技术的推广和应用,"随着资本主义生产的扩展,科学因素第一次被有意识地和广泛地加以发展、应用并体现在生活中,其规模是以往的时代根本想象不到的"②。同时,晚年的马克思还特别关注落后国家实现现代化问题,他提出了民族文化和民族发展是现代化的历史基础。这一观点充分论证了现代化的多元性,为后发国家探索自身的现代化道路提供了直接的理论依据。列宁继承并发展了马克思的现代化理论,领导俄国十月革命取得胜利,开创了一条具有世界意义的社会主义现代化道路。他明确指出:东方经济落后的国家"可以不经过资本主义发展阶段而过渡到苏维埃制度,然后经过一定的发展阶段过渡到共产主义"③。除上述思想以外,马克思主义经典作家关于发展现代工业化、人的现代化等思想,也对中国式现代化具有理论意义。

(二)中国特色社会主义现代化建设的伟大实践为中国式现代化理论提供了实践源泉

任何一种先进思想都有其现实的实践依据,任何一种思想的诞生最终都只

---

① 中共中央马克思恩格斯列宁斯大林著作编译局:《马克思恩格斯选集》(第一卷),人民出版社1995年版,第276页。

② 中共中央马克思恩格斯列宁斯大林著作编译局:《马克思恩格斯文集》(第八卷),人民出版社2009年版,第359页。

③ 列宁:《列宁选集》(第4卷),人民出版社1995年版,第279页。

能从现实的、生动的实践中去寻找。我们党建设中国特色社会主义、实现改革开放的伟大实践,是中国式现代化理论形成和发展的丰厚土壤和不竭动力。我国改革开放的新变化和现代化建设的新要求,迫切需要科学理论的指导,强烈呼唤科学理论的诞生与发展,为中国式现代化理论的形成提供了现实空间。离开这一实践基础,中国式现代化理论就成为无源之水、无本之木。中国式现代化就是在中国共产党带领中国人民经过百年实践探索,从我国改革开放和现代化建设实际遇到的问题出发,以我们着力进行的伟大事业为主题,在分析和解决当下面临的重大问题的基础上的理论升华,并根据实践检验不断发展和完善的过程。党的指导思想和理论成果都是从中国特色社会主义实践中不断创新的,中国式现代化体现的深邃思想正是这一伟大实践的生动反映。一部改革开放的历史,就是中国式现代化日臻成熟完善的历史。在一个拥有十多亿人口的东方大国里如何实现社会主义现代化强国是前所未有的全新事业,没有成功的经验可资借鉴,没有固定的模式可以套用。因此,在全面开启第二个百年奋斗目标的背景下,现代化建设必将产生新的实践经验,产生新的理性认识,只有在深入实践的基础上勇于探索、敢于创造,把经验上升为理论,才能不断赋予现代化新的内涵和要求,才能为健全现代化理论提供丰富的实践素材,才能转化为指导现实活动的思想武器。

(三)中华民族强国复兴梦的强大精神动力催生中国式现代化的生成

实现中华民族伟大复兴是近代以来最伟大的梦想,中国梦已经成为汇聚党心民心、感召中华儿女接续奋斗的强大精神动力。美国《侨报》曾评论指出:新中国诞生的最大推动力是当时拥有全世界人口四分之一、百余年来饱受列强欺凌、曾创造人类辉煌文明的民族要独立富强的内在要求,中共成功运用了适合中国的方式将之变为现实。可见中国梦为新中国的诞生提供了强大精神动力和共同精神支柱。一部近代史不仅是中华民族为实现民族独立、国家富强、人民幸福而艰难斗争的历史,更是中国无数有识之士艰辛探索中国现代化道路的历史。中国梦与中国式现代化从一定意义上来说是前提与基础的关系,其中,中国梦是中国式现代化的奋斗前提,中国式现代化是中国梦快速实现的基础,两者相辅相成、相互促进。伟大事业需要伟大理论,伟大理论铸就伟大梦想。多数情况下,理论并不总是在梦想前面,等待梦想的到来,恰恰相反,梦想总是比理论更早形成,理论总是在梦想后姗姗来迟。正是由于中国梦背后的强大推动力才使中国式现代化成为现实,中国梦的实现通过中国式现代化目标路径而更加具体化,基于实现中国梦所提出的中国式现代化理论范式,我们也能形成建设社会主义现代化、实现中国梦的最大合力、共同价值遵循和行动指南。从人类社会发展规律、社会主义建设正反两方面经验来看,任何一个民族的崛起都需要先进理论的指引、先进的领导力量和正确的道路开辟,因此,要增强"中国梦"实现过程中理论创新的自觉性,用最新的科学理论成就最伟大的梦想。

三、新时代实现中国式现代化的经验与启示

党的二十大报告指出:中国特色社会主义进入了新时代。新时代背景下如何更好地推进现代化建设,笔者认为应该从以下几个方面入手。

(一)独立自主、自力更生品格是实现现代化强国的基本立足点

独立自主、自力更生不是闭关自守、盲目排外,也不是停止全方位、多层次的对外开放,而是把现代化建设的立足点放在依靠本国人民力量的基础上,积极争取外援。现代化是一项自主性与创新性很强的系统工程,如果一个民族国家不能独立自主,成为其他国家的附庸,是根本不可能实现现代化的。洋务运动、戊戌变法、辛亥革命是近代中国现代化进程中的三大探索,但是都失败了,究其原因,陈独秀认为:"非脱离国外非民主压迫和国内的分裂,一切经济政治都不能自由发展。"[1]马克思主义经典作家认为,一个民族"只有当它作为一个独立的民族重新掌握自己的命运的时候,它的内部发展过程才会重新开始"[2]。这些观点深刻表明了中国实现现代化的基本前提和立足点:要想实现现代化,必须首先赢得民族独立、人民解放。从历史上看,近代中国现代化之所以屡遭挫败、难以发展,原因就在于中国面临的首要任务不是或主要不是如何实现现代化,而是如何避免外敌侵略,获得民族独立。当反帝反封建的革命形势进行得如火如荼的时候,

---

[1]　陈独秀:《陈独秀著作选编(1932—1942)》(第5卷),人民出版社2009年版,第244页。

[2]　马克思、恩格斯:《马克思恩格斯全集》(第十八卷),人民出版社1964年版,第630页。

所谓工业救国、科技救国、教育救国等主张只能处于次要地位。独立自主、自力更生,是现代化强国战略的定海神针,一些国家现代化建设正反两方面经验表明,现代化的最大威胁,就是被不合理的世界格局所钳制,被西方主导的现代化模式所影响。中国现代化发展只能依靠自身力量和人民智慧,那种企图完全依靠外界帮助实现现代化的想法是根本行不通的。

(二)中国特色社会主义道路是关乎现代化兴衰成败的决定性力量

道路的探索与选择对于一个政党来说无疑是执政策略、智慧和勇气的重大考验。中国特色社会主义道路是在我们党的团结领导下,全国亿万人民经受千辛万苦、接力摸索出来的。这条道路既体现了科学社会主义的一般原则,又具有鲜明的民族特色,是近代以来中国人民为之不懈奋斗的道路,中国道路好不好,只能由人民来评判,只能拿实践成就来说话。历史与实践已经充分证明,中国特色社会主义道路,作为国家富强之路、民族复兴之路、人民幸福之路,已经深刻地体现在我们党带领人民推进伟大事业的生动实践中,深刻地改变着国家和民族的整体面貌,在未来的征途中,这条道路必将为我们带来新的"中国奇迹",也必将迸发出新的巨大生机与活力。中国道路是一个接续奋斗的历史过程,它一直处于发展变化之中,随着中国特色社会主义实践的推进,中国道路必将越走越宽阔,越走越辉煌。中国特色社会主义道路的内涵与指向,与实现现代化的手段和目标高度统一,中国道路的根本奋斗目标是实现社会主义现代化。正如黑格尔所说的,现代性作为世界历史的必然环节,"在它的那个阶段获得了它的绝对权力"①。现代性使历史转向"世界历史",由此建构了统治与被统治的关系,因此,中国道路所体现出来的世界意义,就是开辟并实现新的现代化道路。中国特色社会主义道路是关乎现代化兴衰成败的决定性力量,只有坚持走中国特色社会主义道路,才能实现社会主义现代化,才能为世界上渴望快速且独立发展的国家探索出一条非西方式的现代化道路。中国现代化发展速度如此迅猛、涉及领域如此广泛、成果惠及群体如此之庞杂,正是得益于中国特色社会主义道路的开辟、坚持、丰富、坚定、自信。

---

① 黑格尔:《法哲学原理》,范扬、张企泰译,商务印书馆1961年版,第353页。

(三)努力保持高质量发展是全面建设社会主义现代化国家的首要任务

中国进行现代化建设,要解决如何发展的问题,要形成适合我国现代化实践要求的发展理论。现代化发展的本质是实现高质量发展,从经济发展规律来看,高质量发展是大势所趋、主动求变;从科技革命和需求变化来看,高质量发展是顺应潮流、民之所盼。发展仍然是解决中国一切问题的关键,随着世情、国情、党情的变化,以往的发展模式已经难以为继,发展中的问题主要集中在发展质量上,这就需要我们适时提出相应的发展理念和战略,着力增强发展质量和效益,实现经济社会的跨越式发展。高质量发展理论正是应对社会主要矛盾变化、解决发展不平衡不充分问题的战略之举,它突破了以速度和规模论发展的局限性,转向注重发展的质量、效率、均衡和可持续性,不仅包括经济上的发展,而且还体现在改革发展稳定、内政外交国防、治党治国治军等方方面面,是当前乃至更长时期我国经济社会发展的主题,更是实现我国从"富起来"到"强起来"转变的关键所在。正如习近平总书记所强调的那样,进入新发展阶段明确了我国发展的历史方位,贯彻新发展理念明确了我国现代化建设的指导原则,构建新发展格局明确了我国经济现代化的路径选择[①]。因此,在实现全面建成小康社会之后,要聚焦"发展质量不高"这一制约经济社会健康发展的核心难题,坚持新发展理念,不断优化发展思路,构建新发展格局,以高质量发展推动实现社会主义现代化国家建设。

[①] 习近平:《把握新发展阶段,贯彻新发展理念,构建新发展格局》,《求是》2021年第9期。

中国式乡村现代化道路的百年
探索与基本经验研究

吴太贵　吴　珊[①]

摘　要: 习近平总书记提出的"中国式现代化道路"重大命题,是对中国共产党领导中国人民探索、开辟和推进的社会主义现代化发展道路的新时代概括。乡村现代化建设是中国式现代化中不可缺少的部分和重要环节,它既是过去百余年来我们党和国家推进农业农村现代化的脉络延伸,也是站在新的历史起点上,在"两个大局"时代背景之下全面振兴乡村的新的历史性飞跃,是我们全面建设社会主义现代化国家不可回避的重要问题。农业强不强、农村美不美、农民富不富,决定着社会主义现代化的质量,鉴古而知今,彰往而察来,回顾我们党推进乡村建设的百年探索,梳理内在逻辑,凝练基本经验,对进一步推进中国特色社会主义现代化建设,实现"第二个百年奋斗目标"具有重要意义。

关键词: 乡村现代化;乡村振兴;基本经验

一、中国式乡村现代化的内涵界定

一般说来,"乡村"一词都是和城市相对应的,但从学界已有的研究来看,并没有对"乡村"这一概念达成统一意见,"乡村"目前仍然是一个非常抽象且动态的相对概念。我们通常将"乡村"同"农业""农村""农民"三个概念相联系,但"随

---

①　作者简介:吴太贵,浙江工商大学马克思主义学院副教授,研究方向为马克思主义中国化;吴珊,浙江工商大学马克思主义学院硕士研究生,研究方向为马克思主义中国化。

着时代的发展,乡村的价值要重新审视"①,在很长的一段时间里,我们只是把"乡村发展"和"农业发展"相互联系,很少把乡村作为一个社会整体概念去理解和认识。在当前我们走向社会主义现代化国家的新征程上,我们必须将"乡村振兴""乡村现代化"与传统的"农业农村现代化"进行一个区分,明白两者的关系,避免将乡村的现代化建设简单地作为一种推动经济发展的行为。

(一)乡村现代化的内涵界定

历史唯物主义认为对客观事物的真理性的认识是随着实践而不断深入的,中国共产党对乡村现代化的认识也是在实践的基础上不断深入的。党的七届二中全会是第一次明确提出要"引导农业经济向着现代化方向发展"。但由于当时的历史条件,此时的农业经济并没有被提升到一个战略的高度,直到 1954 年的政府工作报告中才正式将农业现代化纳入国家发展战略框架。当新生政权面临帝国主义经济封锁、国民经济破产和城市工业破败的窘困局面时,党和国家将发展农业作为助推实现工业化的手段和举措,将农村认为是工业化原始积累的来源,这是从经济发展的角度出发将农业和农村的发展作为推动国家经济发展的手段和举措。直到十三届八中全会首次提出了"农业和农村的现代化",我们才跳出了原有的就农业论就农村论的思想枷梏,将农业现代化和农村现代化综合考量与审视,也是在这次全会中党和国家首次将农业、农村、农民联系到一起加以系统阐述,农村要稳定和全面进步,农民要小康,农业要现代化,由此也拉开了党和国家将"三农"融为一体的战略规划与设计,到这个阶段,农业农村有了乡村作为一个社会概念的雏形。随着生产力的不断提高,党和国家对乡村的认识和发展也进入了新的阶段,党的十六届五中全会提出了"建设社会主义新农村"的建设目标,这个目标涵盖生产、生活、乡风、村容和管理五个方面的要求。这五个要求中事实上已经有了与传统农业农村作为经济概念不同的社会概念,换句话说,农业农村现代化已经不仅仅是经济范畴的现代化,而是经济、政治、生态和文化的综合现代化。进入新时代后,着眼于人民对美好生活的向往同不平衡不充分发展之间的矛盾,顺应农民对美好生活的向往,党和国家做出了实施乡村振兴的战略决策,提出了"产业兴旺、生态宜居、乡风文明、治理有效、生

---

① 中共中央党史和文献研究院:《习近平关于"三农"工作论述摘编》,中央文献出版社 2019 年版,第99 页。

活富裕"①这样一个总要求。由此可见,乡村现代化是物质文明、精神文明、政治文明、社会文明和生态文明协调发展的现代化。

(二)乡村现代化与农业农村现代化

第一,农业农村现代化与乡村现代化两者可以用过程与结果的关系来解释。过程是发展经历的阶段,结果是在发展的基础上在某一阶段中达到的最后状态。这可以用以解释我们传统意义上的农业农村现代化和乡村现代化之间的关系,即农业农村现代化是乡村现代化的过程,而乡村现代化是农业农村现代化的结果。中国共产党百余年来一直将农业农村农民的问题当作重要问题来看待,制定了一系列助力发展的政策方针,例如"两条腿走路"②"社会主义新农村建设"③"实施乡村振兴战略"④等。但在传统意义上,我们普遍会将乡村的发展认为是一个经济发展行为,所以在我们百余年的乡村现代化建设历程中,我们都明确地提出"农业现代化"或者"农业农村现代化",但随着时代的变迁、时空条件的转换,乡村的发展已经走出了一条立足经济但跳出经济的道路,乡村的现代化建设也从简单的农业农村现代化转向了全方位的现代化,是涵盖多方面的系统性现代化。党的十九大报告指出乡村振兴的总要求,党的二十大报告指出要"扎实推动乡村产业、人才、文化、生态、组织振兴"⑤,要建设"宜居宜业和美乡村"⑥,这些都体现了乡村现代化的多方位和整体性,昭示了乡村作为社会概念的现代化与传统的农业农村现代化的区分性,展现了两者过程与结果的关系。

第二,农业农村现代化与乡村现代化是举措和目标的关系。在这对关系中,目标处于支配地位,举措是围绕目标展开的,举措失去目标则失去其最终意义,而仅有目标没有举措就使得其只能成为"空中楼阁",无法落地生根。从中国共

① 中共中央党史和文献研究院:《习近平关于"三农"工作论述摘编》,中央文献出版社 2019 年版,第5 页。

② 刘武生:《周恩来在建设年代(1945—1965 年)》,人民出版社 2008 年版,第 470 页。

③ 胡锦涛:《胡锦涛文选(第二卷)》,人民出版社 2016 年版,第 411 页。

④ 习近平:《决胜全面建成小康社会夺取新时代中国特色社会主义伟大胜利——在中国共产党第十九次全国代表大会上的报告》,《人民日报》2017 年 10 月 28 日。

⑤ 习近平:《高举中国特色社会主义伟大旗帜　为全面建设社会主义现代化国家而团结奋斗——在中国共产党第二十次全国代表大会上的报告》,人民出版社 2022 年版,第 31 页。

⑥ 习近平:《高举中国特色社会主义伟大旗帜　为全面建设社会主义现代化国家而团结奋斗——在中国共产党第二十次全国代表大会上的报告》,人民出版社 2022 年版,第 31 页。

产党建立伊始,我们就始终坚持将马克思主义基本原理同中国具体实际相结合,始终着眼于解决社会现实矛盾,顺应人民美好生活的向往,不断推进乡村现代化的建设。马克思主义认为生产方式变革是社会发展的根本力量,经济基础决定上层建筑。故而过去很长的一段时间里,我们党领导中国人民进行的乡村现代化都是以经济发展为中心的农业农村现代化,因为没有农业农村的现代化作为物质基础和经济支撑,乡村现代化的全方位和系统性建设只能是束之高阁的空想。准确把握农业农村现代化和乡村现代化之间举措和目标的关系是极为重要的,要认识到虽然农村生产力得到了极大的解放,农业的发展也有了长足的进步,但乡村现代化的最终目标并没有完成,决不能有松劲歇脚、疲劳厌战的情绪,要坚持不懈地以农业农村现代化引领乡村现代化从而促进社会主义现代化建设。

二、党推进中国式乡村现代化道路的百年历史探索

党的二十大报告指出:"我们党成功推进和拓展了中国式现代化。"[①]作为历史过程的中国式现代化,一方面是中国共产党人发扬斗争精神,在不断斗争中实践摸索出来的现代化道路;另一方面是建党百余年来一脉相承、守正创新的真实写照。党的二十大报告关于中国式现代化的重要论断表明,正是在理论与实践的互动中中国式现代化才能不断发展、不断完善。在现代化建设的进程中,农业农村农民的问题是所有国家都不可回避的问题,中国的乡村现代化历程更是贯穿了近代以来中国社会主义建设的全过程,百余年来"一代又一代的仁人志士孜孜不倦地致力于通过农村建设来改造中国社会的伟大事业"[②]。

(一)新民主主义革命时期:以革命促建设的中国乡村建设探索

晏阳初很早就提出了中国的生死存亡问题"是民族衰老,民族堕落,民族涣散,根本是'人'的问题"[③]。而农村运动就是为了解决这个问题而产生的,"对于

---

① 习近平:《高举中国特色社会主义伟大旗帜 为全面建设社会主义现代化国家而团结奋斗——在中国共产党第二十次全国代表大会上的报告》,人民出版社 2022 年版,第 22 页。
② 徐杰舜、海路:《从新村主义到新农村建设——中国农村建设思想史发展述略》,《武汉大学学报》(哲学社会科学版)2008 年第 2 期,第 275 页。
③ 晏阳初:《农村运动的使命》(节录),《新课程教学》(电子版)2018 年第 5 期。

民族的衰老,要培养它的新生命;对于民族的堕落,要振拔它的新人格;对于民族的涣散,要促成它的新团结新组织"①,所以他认为中国的农村运动在其意义上是担负着民族再造的使命任务的,而作为始终将为中国人民谋幸福、为中华民族谋复兴的中国共产党自然而然就担负起了"民族再造"的使命。

在我们经受国家蒙辱、人民蒙难、文明蒙尘的阶段里,在我国农业人口占绝大多数的现实情况下,在经过艰苦卓绝的斗争历程和详尽严实的实际调查中,以毛泽东为代表的中国共产党人逐步认识到农民和革命、乡村和建设是不可分割的两个联合体,也使农民从传统农村走入现代革命,从被动变为主动的历史逻辑,并且明确地指出中国革命的基本问题就是农民问题,从而带领全国人民走出了一条"农村包围城市,武装夺取政权"的以农村革命根据地为依托、土地革命为主要内容、武装斗争为主要形式的道路,这条道路既是争取民族独立、国家富强、人民幸福的起点,也是中国乡村现代化的特殊形式和起点。在农村革命根据地,中国共产党以土地运动为抓手建设民主政权,开展新式农民教育,建立和稳固工农联盟,致力于推进农民主体的现代化,使农民从政治压迫和经济剥削中解放出来,在革命斗争的大背景下促进乡村的建设和发展,而乡村的发展也为革命斗争取得最终胜利奠定了坚实的群众基础和经济基础。

(二)社会主义革命和建设时期:恢复与建设并举的中国农村现代化曲折探索

革命与建设从来都是一个统一体,建设是革命的必然归宿。中华人民共和国的成立代表着中国社会进入了一个建设的历史时期。中国共产党在七届二中全会上也做出了要以城市为重心,以工业化为主导的战略决策,在这一决策中,城市领导乡村、工业领导农业的作用日趋突出,也是在这一时期我们城市和乡村的"失重失衡"态势开始形成,并为未来的乡村和现代化建设埋下伏笔。但不能否认的是,即使是在党和国家认为"农业不能作为重心"②的背景下且存在"缓慢的农业被动摇了"③这一事实,这一时期的乡村建设和国家建设本质上是高度统一的,最终目的都是服务于工业建设和城市建设。为此,党和国家大力推动农业

---

① 晏阳初:《农村运动的使命》(节录),《新课程教学》(电子版)2018 年第 5 期。
② 周恩来:《周恩来选集》(上),人民出版社 1981 年版,第 9 页。
③ H.孟德拉斯:《导论·关于农民的研究.农民的终结》,李培林译,中国社会科学出版社 1991 年版,第 11 页。

合作化,以合作社为载体将农民组织起来并开展乡村的基础设施、卫生、文化、教育、社会保障等多方面的建设,使得"农民发展了生产,增加了收入……人财两旺"①。这在很大程度上改变了乡村的整体面貌,在人作为主体的现代化的基础上推进了乡村政治和经济的发展。但1957年后由于脱离实际的建设浪潮的兴起及错误发展思想的指导,导致了一系列的严重后果。恢复、建设与曲折是这一时期整个国家现代化建设和乡村现代化建设的真实写照。

(三)改革开放和社会主义建设新时期:以改革促发展的社会主义新农村建设探索

党的十一届三中全会后,发展战略转移到了经济建设这个中心,一心一意地搞四个现代化建设是那个时期的政治路线。在新的建设浪潮下,我国农村改革的大幕缓缓拉开,党和国家重新确定了加快农业农村发展的决定。以家庭联产承包责任制为着力点,逐步改变了经营体制,提升乡村经济协作能力,推动经营体制转型,废除人民公社体制、粮食征购制度,大力发展乡镇企业加快乡村城镇化建设,极大地带动了生产力的解放和商品生产的发展,也在改革的实践中逐步形成了完整的社会主义新农村建设思想。

随着发展的深入,面对新的形势,江泽民及时提出了我国农业发展的新的战略思想,提出了"走出一条建设有中国特色的社会主义新农村的路子"②的战略构想。在"三个代表"重要思想的引领和指导下,实施科教兴农的发展战略,将农业和农村经济的发展依靠点转移到科技进步和提高劳动者素质上来。并于党的十六大上,提出了要树立全面和正确的发展观,要"统筹城乡经济社会发展"③,从而为我国农业和农村经济的发展指明了方向,跳出了我们以往在研究乡村问题时就农业论农村、就农村论乡村的固定模式,推动乡村与市场、与城市更为紧密地结合。

进入新世纪新阶段,以胡锦涛同志为总书记的党中央领导集体按照美丽乡村发展要求科学发展,推动乡村现代化全面、协调、可持续发展,加快社会主义新

---

① 《关于一九五六年到一九六七年全国农业发展纲要(草案)的说明》,《建国以来重要文献选编》第8册,中央文献出版社1994年版,第65页。

② 中共中央党史和文献研究院:《马克思主义中国化一百年大事记1921—2021年》,中央文献出版社2022年版,第266页。

③ 胡锦涛:《在中央政治局第十一次集体学习时的讲话》,《人民日报》2004年3月31日。

农村建设。坚持农业基础地位不动摇,加快转变农业生产方式;坚持多予、少取、放活的正确方针,加大党和政府帮扶政策向"三农"倾斜的力度,改革不合理收费和税制,加强整体宏观调控,完善社会主义市场经济体制以促进乡村更好更快地发展;以科学发展观为思想和行动纲领,实行一系列重大举措加强农村基础设施建设、生态建设及精神文明建设,通过深化农村改革,统筹城乡发展,推动城乡一体化建设,使得我国乡村现代化进入新阶段。

(四)中国特色社会主义新时代:脱贫攻坚与乡村振兴有效衔接的中国式乡村现代化探索

民族要复兴,乡村必振兴。纵观历史,在党的领导下我们乡村现代化走过了城乡二元分割阶段、以城市为重点的城乡关系调整阶段、城乡统筹阶段,完成了脱贫攻坚、全面建成小康社会的历史任务,实现了第一个百年奋斗目标。但脱贫摘帽不是终点,社会主义现代化建设一直在路上,为此习近平总书记明确指出,"要在巩固拓展脱贫攻坚成果的基础上,做好乡村振兴这篇大文章"[①],"做好巩固拓展脱贫攻坚成果同乡村振兴有效衔接"[②]的工作。

党的十八大以来,以习近平同志为核心的党中央根据社会主要矛盾变化的现实依据指出:"农村现代化既包括'物'的现代化,也包括'人'的现代化,还包括乡村治理体系和治理能力的现代化。"[③]为此,党和国家以"四个全面"战略布局和"五位一体"总体布局为大局,全方位、系统性地采取多项政策举措坚持农业农村优先发展,按照乡村振兴五个总要求,建立健全城乡融合发展体制机制和政策体系,统筹推进乡村现代化建设,做好了巩固拓展脱贫攻坚成果同乡村振兴有效衔接,使得我们的乡村成为"人们养生养老、创新创业、生活居住的新空间"[④],让居民能够"望得见山,看得见水,记得住乡愁"[⑤]。

---

① 《中共中央国务院关于实现巩固拓展脱贫攻坚成果同乡村振兴有效衔接的意见》,人民出版社 2021 年版,第 30—31 页。

② 《中共中央国务院关于实现巩固拓展脱贫攻坚成果同乡村振兴有效衔接的意见》,人民出版社 2021 年版,第 30—31 页。

③ 中共中央文献研究室:《十八大以来重要文献选编》(上),中央文献出版社 2014 年版,第 684 页。

④ 中共中央党史和文献研究院:《习近平关于"三农"工作论述摘编》,中央文献出版社 2019 年版,第 99 页。

⑤ 中共中央宣传部:《"平"语近人:习近平喜欢的故事》第二季,人民出版社 2021 年版,第 181 页。

三、党探索中国式乡村现代化道路的基本经验

回望建设社会主义现代化国家的百年历程，我们所取得的历史性成就和发生的历史性变革都同乡村的发展和现代化建设密切相关。乡村的发展和现代化贯穿于革命、建设、改革和发展的全过程，我们党也在探索乡村现代化进程中就如何推动乡村发展，让乡村成为社会主义现代化事业助推剂的过程中凝练出了一整套宝贵经验。

（一）坚持党的领导是中国式乡村现代化的坚强政治保证

"办好农村的事情，实现乡村振兴，关键在党。"[1]我们党的百年奋斗历程充分证明"中国特色社会主义最本质的特征是中国共产党的领导，中国特色社会主义制度的最大优势是中国共产党的领导"[2]。纵观乡村建设的历史，中国共产党的坚强领导和正确的战略决策是我们不断推进乡村现代化的坚强政治保证。在理论上，中国共产党坚持把马克思主义乡村发展思想、城乡融合发展思想同中国具体实际、同中华优秀传统文化充分结合；在实践上，团结带领全体人民进入了新时代，打赢了脱贫攻坚战，完成了"第一个百年奋斗目标"。历史和现实、理论和实践都告诉我们没有中国共产党的领导就不会有中国特色社会主义事业的巨大成就，习近平总书记指出："党的领导是全面的、系统的、整体的，必须全面、系统、整体加以落实。"[3]

（二）坚持人民至上是中国式乡村现代化的价值旨归

治国有常，而利民为本，以人民为中心的根本立场是我们党区别于其他政党的鲜明标志，也是党百余年来乡村建设的价值旨归。百年乡村建设历程，中国共产党始终坚持以最广大农民的诉求为制定决策的依据，人民至上的理念

---

① 中共中央党史和文献研究院：《习近平关于"三农"工作论述摘编》，中央文献出版社 2019 年版，第 190 页。

② 习近平：《高举中国特色社会主义伟大旗帜　为全面建设社会主义现代化国家而团结奋斗——在中国共产党第二十次全国代表大会上的报告》，人民出版社 2022 年版，第 6 页。

③ 《中国共产党第二十次全国代表大会文件汇编》，人民出版社 2022 年版，第 53 页。

始终一以贯之乡村建设的全过程。从新民主主义革命时期、社会主义革命和建设时期、改革开放和社会主义建设新时期到今天的社会主义新时代,我国农村社会生产力不断解放和发展,实现了全面小康的飞跃,体现着我们党深入贯彻以人民为中心的发展思想,始终将人民的利益作为一切工作的出发点和落脚点。

(三)坚持以问题为导向是中国式乡村现代化的基本方法

问题是时代的声音,回顾党推进乡村现代化的百年历程,不同阶段对乡村现代化的探索都烙印着各自时代的印记,既有从党的使命任务出发的大党担当,又有着对乡村发展和城乡发展问题探索的阶段性和规律性。从新民主主义革命时期面临的"三座大山"、传统封建思想残余与新文化新思想之间的对立交融到社会主义革命和建设时期如何快速将我们国家建设成工业化国家,从新民主主义社会过渡到社会主义社会再到改革开放和社会主义建设新时期,从激发农村活力到推进城乡统筹发展,从建设社会主义美丽新农村到脱贫攻坚和乡村振兴,历史和现实都告诉我们无论是破解生产力障碍、消除生产关系的制约,还是上层建筑的变革和经济基础的变动,推进乡村现代化建设都必须紧紧扣住乡村不同发展阶段的重大问题,"只要科学地认识、准确地把握、正确地解决这些问题,就能够把我们的社会不断向前推进"[①]。

(四)尊重人民首创精神是中国式乡村现代化的重要动力

我们党立于不败之地的强大根基之一就在于能够始终坚持人民主体地位,充分调动人民积极性。中国乡村现代化事业之所以能够不断发展和前进正是因为依靠了人民。尊重人民首创精神是我们深化改革开放必须坚持和把握好的一条重要原则。百年乡村建设史就是我们乡村改革开放的历史,新民主主义革命推翻"三座大山"促进了乡村主体的变革,"家庭联产承包责任制"的实行推动了农村经济体制的变革,乡村振兴战略的实施整体上促进了政治、经济、文化、社会、生态的全面变革,无不证明"谋划发展,最了解实际情况的,是人民群众;推动

---

① 中共中央宣传部:《习近平新时代中国特色社会主义思想学习纲要》,学习出版社、人民出版社2019年版,第248页。

改革,最大的依靠力量,也是人民群众"[1]。历史告诉我们只有充分尊重人民首创精神,"才能为改革开放提供不竭动力,才能做到'致远'"[2]。

(五)坚持结合本国国情是中国式乡村现代化的重要原则

中华民族的精神之魂和我们立党立国的重要原则之一就是始终坚持独立自主。"党的百年奋斗成功道路是党领导人民独立探索开辟出来的"[3],中国乡村现代化之路同西方"先发展后治理""城乡对立""城乡二元割据"等模式有着鲜明的区别,回溯中国乡村百年发展历程,我们始终坚持"走自己的路",以"摸着石头过河"的勇气,联系"大国小农"的实际,构建出了城乡融合发展、城乡要素流动畅通的中国式乡村现代化局面,走出了一条有别于苏联又不同于西方的乡村现代化发展之路,为世界提供了中国智慧和中国方案。

五、结语

百余年的现代化建设历程,百余年的乡村现代化建设探索,"我们党成功推进和拓展了中国式现代化道路"[4],百余年来我国乡村发展成果举世瞩目,很多方面都给世界尤其是后发型现代化建设国家贡献了乡村发展的中国智慧和中国方案。我们相信只要有党的领导的政治优势,有社会主义制度优势,有亿万农民的创造精神,有强大的经济实力支撑,完全可以将乡村现代化高标准高质量高效率地建设好,为世界解决农业农村现代化问题做出重大贡献。

参考文献

[1] 习近平.在庆祝中国共产党成立100周年大会上的讲话[N].人民日报,2021-07-02(2).

---

① 中共中央宣传部:《习近平新时代中国特色社会主义思想学习纲要》,学习出版社、人民出版社2019年版,第42页。
② 孙海洋:《坚持辩证思维》,人民出版社2022年版,第267页。
③ 习近平:《高举中国特色社会主义伟大旗帜 为全面建设社会主义现代化国家而团结奋斗——在中国共产党第二十次全国代表大会上的报告》,人民出版社2022年版,第19页。
④ 习近平:《高举中国特色社会主义伟大旗帜 为全面建设社会主义现代化国家而团结奋斗——在中国共产党第二十次全国代表大会上的报告》,人民出版社2022年版,第22页。

[2] 李大钊.李大钊选集[M].北京:人民出版社,1959.

[3] 中央文献研究室.建国以来重要文献选编(第8册)[M].北京:中央文献出版社,1994.

[4] 尹胜,朱春花.毛泽东对传统农业的全面改造思想论析——以《一九五六年到一九六七年全国农业发展纲要》产生的历史与逻辑为视角[J].党的文献,2017年第5期.

[5] 中央文献研究室.建国以来毛泽东文稿(第4册)[M].北京:中央文献出版社,1990.

[6] 毛泽东.毛泽东选集(第5卷)[M].北京:人民出版社,1977.

[7] 毛泽东.毛泽东文集(第6卷)[M].北京:人民出版社,1999.

[8] 邓小平.邓小平文选(第3卷)[M].北京:人民出版社,1993.

[9] 江泽民.江泽民论有中国特色社会主义(专题摘编)[M].北京:学习出版社,2002.

[10] 农村教育改革研究丛书编委会.农村教育改革文献和资料汇编[M].北京:教育科学出版社,1988.

[11] 胡锦涛.在中央政治局第十一次集体学习时的讲话[N].人民日报,2004-03-31.

[12] 邢贲思.科学发展观读本[M].北京:人民出版社,2006.

[13] 江泽民.加强农业基础推进农村经济和社会全面发展[M].北京:人民出版社,1996.

[14] 胡锦涛.在联合国粮农组织第二十七届亚太区域大会开幕式上的致词[N].人民日报,2004-05-20.

[15] 马克思、恩格斯.马克思恩格斯全集第33卷[M].北京:人民出版社,2004.

[16] 习近平.论把握新发展阶段、贯彻新发展理念、构建新发展格局[M].北京:中央文献出版社,2021.

[17] 习近平.习近平谈治国理政(第四卷)[M].北京:外文出版社,2022.

从社会矛盾角度探究抗日战争时期的土地政策

黄清灵[①]

摘　要:社会矛盾研究方法提供解决矛盾的方法和途径,使人们认识社会的本质和发展规律,本文基于这个方法,把理论与土地政策相结合,分析中国共产党在抗战时期为什么实行减租减息政策,再用矛盾分析法探究减租减息政策的具体内容,以此说明这一政策促进了抗日战争胜利,帮助中国实现了民族的独立和自由。

关键词:抗日战争;减租减息政策;社会矛盾研究方法

一、引言

近代以来,中国共产党重视土地政策的制定和实施。在不同的历史时期,根据不同的国内形势,中国共产党颁布了符合广大人民群众根本利益的土地法并实行了不同的土地政策。比如土地革命时期、解放战争时期、建国初期及改革开放时期中国共产党从实际出发实行不同的土地政策。这些土地政策与国民党统治期间实行的土地政策存在差异,但抗日战争期间执行的减租减息政策与大革命时期国民党颁发的土地政策的内容异曲同工,只是当时国民党领导人没有付诸实践。不同历史时期的土地政策都发挥着一定的作用,抗日战争时期的减租减息政策巩固和扩大了抗日民族统一战线,帮助中国实现了民族的独立和自由。这一土地政策获得学术界的广泛关注,据笔者的不完全统计,围绕着这一土地政

---

① 作者简介:黄清灵,浙江工商大学马克思主义学院硕士研究生,研究方向为中国近现代史基本问题。

策发表的研究性论文约 200 篇,举行了一些相关的会议,出版著作上百部。在这些著作中,以山东省档案馆中共山东省委党史研究室编的《山东的减租减息》(中共党史出版社 1994 年出版)出版最早,该书是一部重要的党史著作,有着严格的学术研究。20 世纪 80 年代,学者初步分析减租减息政策在各个区域和抗日根据地实施的具体情况,以宏观研究为主。20 世纪 90 年代,学界主要研究减租减息政策的历史作用、经验启示、实施背景和原因、实施过程和特点等方面。21 世纪后,学界进入更深入、更宽泛的研究阶段,探讨历史人物与减租减息政策的关系,政策实施过程中地主与农民态度转变的过程,这一时期更重视各门学科的交叉研究,也产生了很多新的成果。学术界偏重研究减租减息政策的政治、经济和社会方面,多数学者认为减租减息政策融合了一切积极因素,团结了全国人民一致抗日,坚持了实事求是的思想路线和工作方法。逐渐实施的减租减息政策被学者大致划分为以下四个过程:宣传过程(1937—1939)、巩固根据地过程(1940—1942)、全面贯彻过程(1943—1944)、实地参与考察过程(1945—1946)[①]。阅读文献梳理出学术界对以下区域的减租减息政策实施情况进行了研究:山东、晋察冀、晋冀鲁豫、淮北、晋西北、山西、太行、太岳、淮南、三北、华北、鲁南、东江、胶州、苏北、鄂豫边区和陕甘宁边区等。21 世纪,学术界集中研究减租减息政策在区域和根据地的实施情况,并且区域覆盖的范围广泛。

迄今为止,"减租减息交租交息"政策的研究呈现出饱和状态,学术界经历了从宏观研究到中观、微观研究,从局限于政治方面的研究到涉及经济、文化和民众心态方面的研究,从抗日根据地实行的情况研究到重点区域执行的过程研究,从赞同、肯定减租减息政策到斟酌、检讨减租减息政策,但是目前以马克思主义社会矛盾研究方法分析减租减息政策的文章欠缺,社会矛盾研究方法提供解决矛盾的方法和途径,使人们认识社会的本质和发展规律,本文基于这个方法,把理论与土地政策结合,分析中国共产党在抗战时期为什么实行减租减息政策,再用矛盾分析法探究减租减息政策的具体内容,以此说明这一政策是抗日战争胜利的重要组成部分。

---

① 林森:《抗战时期减租减息政策研究综述》,《延安大学学报》(社会科学版)2011 年第 1 期,第 74—77 页。

二、社会矛盾的普遍性对土地政策的影响

社会充满着矛盾,社会生活的各个过程存在矛盾,社会矛盾贯穿社会发展的全阶段。我们首先承认矛盾,然后去分析矛盾的利弊,最后解决阻碍社会发展的矛盾。近代以来,解决好农民和地主的矛盾,也就是说解决好土地问题,制定符合实际的土地政策,是新民主主义革命成败的关键。农民与地主既对立又统一,没有地主就没有农民、贫民、雇民等,没有农民也就没有地主,地主在一定条件下可能转化为农民,对其正确引导可以为民主革命做贡献。无产阶级和资产阶级的矛盾贯穿中国共产党民主革命始终,在不同的革命时期,由于资产阶级表现出的妥协性和软弱性,中国共产党对其采取不同的态度和方法。

抗战时期执行"减租减息交租交息"的土地政策,维护了农民和地主双方的利益,实现了无产阶级和资产阶级的同盟,正确分析和解决了农民与地主、无产阶级和资产阶级的矛盾关系。1937 年 8 月 15 日在陕西召开洛川会议,宣布在各个抗日根据地执行"二五"减租和"一分减息"政策,这就是减轻农民受剥削程度的"双减"政策。抗日战争进入相持阶段,日军对中国共产党敌后根据地进行大规模扫荡,为了联合全民支持民族抗战,联合地主和资产阶级一致抗日,扩大抗日民族统一战线,1942 年 1 月 28 日,中共中央政治局颁发了《关于抗日根据地土地政策的决定》,要求广大农民交租交息,使地主有收入来源养活自己和家人,也提出了"鼓励资本主义生产方式"的政策。毛泽东说过:"在土地关系上,我们一方面实行减租减息,使农民有饭吃;另一方面又实行部分的交租交息,使地主也能过活。"①减租减息政策没有动摇封建剥削,只是减轻了农民受压榨程度,使农民获得一些土地,农民的生产积极性也得到提高,最后农民主动地投身到抗战中并提供抗战需要的生活物资和人力筹备。交租交息政策保证了地主的利益,壮大和巩固了抗日统一战线。奖励富农发展和联合富农发展政策,使得地主、富农、资本家紧跟中共领导,积极主动为根据地提供物资生产和生活资料生产。中国的城市小资产阶级、民族资产阶级,以及其他阶级和阶层都遭受着日本帝国主义不同程度的侵害,他们有民主需求也有抗日倾向,"减租减息,交租交

---

① 毛泽东:《毛泽东选集》(第三卷),人民出版社 1991 年版,第 808 页。

息"的土地政策使小资产阶级、民族资产阶级和国民党内的进步势力为抗战贡献智慧和力量,这正是减租减息政策的优越性,它实现了近代以来第一次的民族大团结。抗日战争时期,中华民族到了生死攸关的地步,中国共产党及时、准确地分析国内情况,肯定了抗日战争的根本力量是广大农民,认可了民族资产阶级和小资产阶级是抗日战争不可或缺的力量,承认了地主也是有抗日要求和倾向的,"减租减息,交租交息"政策和"奖励富农发展和联合富农"的政策展现了中国共产党利用唯物辩证法调和地主和农民之间、无产阶级和资产阶级之间矛盾的伟大智慧,并提供当代发展启示。

三、社会矛盾的特殊性对土地政策的影响

社会矛盾是普遍存在的,又是具体的和特殊的,马克思主义辩证唯物法注重研究不同阶段社会矛盾的特殊性,只有坚持具体问题具体分析,才能正确地处理各种社会矛盾①。

一切以时间、地点和条件为转移,适时制定土地政策,是中国共产党一直以来坚持的工作原则和指导思想,也是战胜强大敌人的重要法宝。日本帝国主义大肆侵略中国,中华民族和日本帝国主义的矛盾代替了阶级矛盾成为主要矛盾,在严峻的形势下,建立抗日统一战线是当务之急,工人、农民有抗日的要求,小资产阶级、民族资产阶级、开明绅士和富农也有抗日的要求和倾向,其中大地主大资产阶级为了自身利益也转向抗战,为了抗日战争胜利,联合社会各阶级和各阶层抗战,土地革命时期的反对地富和反对国民党反动派统治的政策已经不适合国情,中国共产党实行的减租减息政策是比较符合实际的,它把民族矛盾和阶级矛盾统一起来,解决了农民的土地问题,也建立了抗日统一战线,把抗日民族统一战线和解决土地问题结合起来,事实证明减租减息政策为抗日战争的胜利创造了条件。

马克思主义唯物辩证法要求随着形势变化而转变自己的政策,做到具体问题具体分析。人们接受新鲜事物需要过程,政策的贯彻要循序渐进才会得到社

---

① 马克思主义与社会科学方法论编写组:《马克思主义与社会科学方法论》,高等教育出版社 2012年版,第134—136页。

会的认可,中国共产党逐步实施减租减息政策,经历了宣传动员、初步开展、深入开展到查租保佃的阶段,每一个阶段内容和解决的具体问题不同,"减息减租交租交息"政策在执行过程中,具体内容在各个地方各不相同,不同抗日根据地可以按照自己的情况有所修改,而不是死搬硬套地遵循这些原则。土地政策具体实施过程中,受传播媒介影响人们对政策的解读出现偏差,导致根据地出现"左"的错误,此时中国共产党在详细研究各根据地的经验基础上,再次论述了减租减息政策的有机构成部分,即地主减租减息、农民交租交息和鼓励资本主义生产方式,这就是 1942 年 1 月 28 日中国共产党颁布的《中共中央关于抗日根据地土地政策的决定》及三个指导性文件的内容,三个指导性文件补充说明了特殊情况的应对措施和方法,这些文件的颁布提高了农民和地主对土地政策的理解和接受。面对日本帝国主义惨绝人寰的行为,国民党采取消极抗战、积极反共的政策,"皖南事变"就像"中山舰事件"一样佐证了国民党独裁统治拯救不了中国,中国共产党才能实现广大群众的幸福和期望。中国共产党根据抗战形势和各个根据地情况,逐渐执行减租减息政策并调整减租减息政策的内容,这些措施扩大和巩固了抗日根据地,也为新民主主义革命奠定了人力和物力基础。历史和实践证明,具体分析国内形势,适时制定土地政策,才能动员各阶级和各阶层进行积极抗战,才能实现民族的独立和自由。

四、矛盾的不平衡发展对土地政策的影响

矛盾的发展不平衡,其地位和作用是不同的,有的在事物发展中起支配作用,有的起次要作用并制约着事情的发展。在社会矛盾体系中,有主要矛盾和次要矛盾、矛盾的主要方面和非主要方面的区别,在解决社会诸多问题时,我们要找出制约社会发展的主要矛盾,抓住关键,分清主流和支流,才能事半功倍。

自《马关条约》签订后,日本帝国主义从没有停止侵犯中国,七七事变是其侵华的全面开始,面对日军惨无人道的杀戮,国民党寄希望于国际联盟,积极采取政策反对中国共产党,不抵抗日军惨绝人寰的侵略,日军践踏中国领土,奸淫掠夺无恶不作,中华民族岌岌可危。此时,阶级矛盾是附属矛盾,中日民族矛盾是中国的主要矛盾,毛泽东认为"一切阶级斗争的要求都应以民族斗争的需

要为出发点"①。

中国共产党为了团结抗日力量,放下政治成见,1937年2月10日,决定"停止暴力没收地主土地,执行统一战线",这就是中共中央发表的《致国民党三中全会电》,文件指出日本帝国主义是社会各阶级和阶层的共同敌人,我们应该团结一切积极力量,组成抗日民族统一战线,毛泽东指出:"中国土地属于中国还是属于日本,这是首先要解决的问题。"②在抗日根据地实行"地主减租减息,农民交租交息"的土地政策,激起了各阶级联合抗战的热情,兼顾了农民和地主两方面的利益,符合中国共产党革命过程的根本要求和现实需求,发展了抗日根据地的经济,提高了中国共产党的政治威信。近代中国是半殖民地半封建社会,这是中国的特殊国情,取得中国革命胜利需要分清各阶级代表的利益,近代改良和革命经验表明,除农民阶级和工人阶级外,小资产阶级和民族资产阶级也是民主革命的重要组成部分,中国共产党对其进行政治教育,可以使其成为革命的重要力量,中国共产党认识到解决中日民族矛盾是第一任务,应该争取一切积极的、团结的力量对付强大的敌人,抗日战争期间,地主和农民都是受害者,都有着驱逐外敌的强烈愿望,只有保障两者的利益,才能充分调动各方积极性从而迎来抗日战争的最终胜利。

五、总结

抗日战争时期,中国共产党从大局出发,放下政治成见,实行可以融合社会力量的"减租减息,交租交息"的土地政策,而不是暴力没收地主土地,使用社会矛盾研究方法分析,这一转变并非偶然,国内主要矛盾的转变、联合全国阶级和阶层一致抗日等是中国共产党实行减租减息土地政策的原因。"减租减息,交租交息"土地政策改善了农民的生活状态,实现了中华民族各阶级的大联结和大团结,奠定了新民主主义社会的阶级基础,推进了中华民族独立的步伐,并为实现中华民族伟大复兴提供启示。

---

① 毛泽东:《毛泽东选集》(第二卷),人民出版社1991年版,第539页。
② 毛泽东:《毛泽东选集》(第二卷),人民出版社1991年版,第632页。

延安时期党对知识分子的思想引导

孟　朋①

摘　要：延安时期，知识分子在思想上对延安社会存在着许多模糊性的认识，迫切需要正确的思想引导。中国共产党对知识分子在信念、立场、态度上存在的问题，进行了卓有成效的思想引导，这一过程使知识分子实现价值理念的重塑，对知识分子而言具有重大的意义。

关键词：延安时期；知识分子；中国共产党；思想引导

一、党对知识分子进行思想引导的必要性

全面抗战时期，知识分子浩浩荡荡地奔向延安，把中国共产党当作他们的精神寄托者，把延安当作他们能够安身立命的理想家园。但是这些从沦陷区、国民党统治区及海外涌来的知识分子在到达延安后，在党的直接领导下工作后，却表现出了与革命队伍不相适应、与党的主张和期待不相一致的情况。主要表现为知识分子在信念、立场、态度方面上对延安社会的模糊认知。

（一）知识分子缺乏必要的政治信念

中国共产党是马克思主义与中国工人运动相结合的产物，是在列宁建党学说的理论基础上组建的，更是由一批深受马克思主义影响的先进青年组织成立的，并且在后续的发展过程中始终坚持马克思主义的指导思想，共产党与马克思主义是不可分割的。但在文艺整风初期，"绝大多数的文艺界知识分子对革命文

---

①　作者简介：孟朋，浙江工商大学马克思主义学院硕士研究生，研究方向为中国近现代史基本问题。

艺的理解是不清晰的,对马克思主义的思想认知是不成熟的"①。知识分子奔赴延安投奔共产党,但是对马克思主义缺乏必要的信仰,甚至认为马克思主义成为其创作的条框,以至在文艺座谈会的讨论上"有人说学习马列主义辩证法,老是觉得影响创作情绪……"②

(二)知识分子的政治立场表现出不明确性

中国共产党代表的是无产阶级和人民大众的利益,强调集体主义价值观,但是延安知识分子却在过于看重个人得失中偏离工农大众,偏离无产阶级立场。中国共产党倡导集体主义价值观。而知识分子的个人主义倾向与这一集体主义价值观产生了冲突。"局部利益服从全局利益,牺牲小我,顾全大局,也是我所背烂的口头禅。可惜在实际工作中,常常是不适当的特别强调我自己所管的局部工作,总希望全局利益来服从我的局部利益。"③虽然明白集体主义的要求,但是个人主义的思想使他们难以从心底真正认同这一价值观念,故在实际行动中就不肯做出表示。

(三)知识分子在政治态度方面缺乏正确的指向

"比如说,歌颂呢,还是暴露呢?这就是态度问题。"④在这一方面,萧军的言辞足够偏激,他指出:"我们革命,就要像鲁迅先生一样,将旧社会砸得粉碎,绝不写歌功颂德的文章。"⑤知识分子这一批判的态度倾向,显示了他们政治态度上的模糊性,他们还不知道将自身的工作与维护党的利益结合起来,以至于毛泽东认为:"有的文章像是从日本飞机上撒下来的;有的文章应该登在国民党的《良心话》上的……"⑥

---

① 刘洋:《试析知识分子的思想转变问题——从王实味事件再评价谈起》,《天中学刊》2021年第2期,第14—22页。

② 朱鸿召:《延安日常生活中的历史1937—1947》,广西师范大学出版社2007年版,第113页。

③ 中国社会科学院新闻研究所、中国报刊史研究室:《延安文萃》,北京出版社1984年版,第157页。

④ 毛泽东:《毛泽东选集》(第三卷),人民出版社1991年版,第848页。

⑤ 肖云儒、高杰:《延安文艺座谈会写真(之三)》,《陕西日报》1992年7月21日。

⑥ 艾克恩:《延安文艺运动纪盛1937.1—1948.3》,文化艺术出版社1987年版,第355页。

二、党对知识分子思想引导的途径

(一)马列理论的教育渲染牢固政治信仰

朱德在鲁迅艺术文学院的报告中指出,要做一个好的艺术家,就"必须学马列主义。决不能看轻了这一点"[①]。延安知识分子由于阶级出身、教育背景等原因,对马列主义不甚了解,但是围绕在一个马克思主义政党身边,就必须读懂马列、学会马列、用好马列。在延安的政治文化环境熏陶下,知识分子既能受到专业的马克思主义理论教育,又总能在潜移默化中自觉深化对马列主义的政治信仰。

中国人民抗日军政大学、陕北公学、马列学院等一批学校的创办,为知识分子系统深入学习马克思主义理论提供了教育保证。学校教育全面性、专业性的特点,对知识分子掌握马列主义的一般原理起着重要的作用。马列主义、辩证唯物主义、列宁主义概论等理论教育课,使知识分子对马列主义的认识由表及里。

苏联文化的长期浸润,对知识分子起到了耳濡目染的教化作用。苏联作为世界上第一个社会主义国家,诞生了许多拥有无产阶级立场、善于运用马克思主义观点和方法创作的伟大剧作家,创作了一系列伟大的作品。因而苏联国内的许多优秀电影、话剧等在延安流传。伊万诺夫、拉甫列涅夫、契诃夫、柏洛乞可夫斯基等的话剧,在延安公演或为文艺工作者排演,给人以极大的震撼。《未来战争》《海军暴动》等苏联影片,更是使人直观地感受到苏联的文化氛围。对苏联人物、事件的纪念活动在当时的延安同样流行,如对斯大林、列宁等苏联领导人的纪念,对高尔基、普希金等诗人作家的纪念,对十月革命的纪念,等等。这些都在无形中形成了一种苏联革命式的红色文化,传达了一种无产阶级立场的话语表达。

(二)群众场域的构造深化无产阶级政治立场的认识

下乡运动和大生产运动使知识分子深入群众,促使他们在思想情感上主动向群众靠近。下乡运动不是纯粹的深入民间寻求素材,"而是一个有严重意义的

---

① 艾克恩:《延安文艺运动纪盛 1937.1—1948.3》,文化艺术出版社 1987 年版,第 199 页。

改造自己,改造艺术的问题"①。下乡运动使知识分子在与工农近距离接触中深化了无产阶级意识。知识分子要挣脱自身小资产阶级思想带来的局限性,摆脱个人主义价值倾向,就必须身体力行,深入生活,到工农兵中去。只有在和人民大众接触的过程中,才能深化对底层人民、底层社会的认识。只有和人民大众打成一片,结成水乳交融的关系,才能深刻认识到党的群众路线的真理性,从而深化自身对无产阶级立场的认识。

知识分子投身于大生产运动的实践,使他们在集体劳动中重塑价值理念。"集群力而为之"的合作劳动,使他们意识到集体主义的重要性。在大生产运动中广泛开展劳动竞赛,并且在这种劳动竞赛中产生的模范榜样起到了"教育和感化知识分子,帮助他们确立为人民服务的价值观"②的作用。不管是下乡运动还是参加生产实践,都会对知识分子树立群众意识产生积极的催化作用。

(三)中共领导人的思想引导促进政治态度的转变

中共领导人的思想引导,是促进知识分子政治态度转变最直接的方式。知识分子在与中共领袖的直接交往中,能够更清楚地认识延安社会,了解政党主张,省察自身的思想和工作是否存在失之偏颇的地方,从而收敛知识分子看重批判的张扬个性,能够正确处理批判暴露与歌颂赞扬之间的关系。

知识分子奔赴延安后暴露出的一些问题,毛泽东也深有体会,对此给予知识分子以情化人、以理服人的思想引导。毛泽东曾在给萧军的信中坦率地表明自己的态度:"延安有无数的坏现象,你对我说的,都值得注意,都应改正。"同时又直言不讳地指出:"但我劝你同时注意自己方面的某些毛病,不要绝对地看问题,要有耐心,要注意调理人我关系,要故意地强制地省察自己的弱点。"③以书信来往交流意见是毛泽东对知识分子进行思想疏导的重要方式。毛泽东重视知识分子的来信,善于观察知识分子的思想动态,对他们的疑问予以解答,对他们的不足予以指出。在这样的意见传递过程中,知识分子受到深刻的教育。

延安有缺点,同样也有优点,放大居于少数的缺点便是有失公道。而在抗

---

① 中国社会科学院新闻研究所、中国报刊史研究室:《延安文萃》,北京出版社 1984 年版,第 387 页。
② 郭婉绯:《延安时期党对知识分子思想政治教育述论——以日常生活为视角》,《延安大学学报》(社会科学版)2021 年第 1 期,第 53—60 页。
③ 艾克恩:《延安文艺运动纪盛 1937.1—1948.3》,文化艺术出版社 1987 年版,第 268 页。

战的环境下,像朱德所说:"我们希望前后方的枪杆子和笔杆子能亲密地联合起来。"①在抵御外侮的国难中,任何工作都应以有益于抗战为准绳,因而毛泽东倡导知识分子:"写当前的战争也可以写得很好。"②

三、党对知识分子思想引导的意义

知识分子在党的思想引导下逐渐实现了身份转向,塑造成契合延安社会政治文化环境的新型知识分子,对中国共产党进行的革命起到了重大的作用。同时也应该看到,党对知识分子进行的思想引导对知识分子本身的重大意义。

(一)为知识分子抗战救国找到了正确的道路

抗战爆发后,知识分子火热地奔赴延安,在延安寻到了安身立命之处。身处大后方,一部分知识分子淡化了自身工作与抗战救国的关系,或是找不到将自身工作与抗战联结起来的有效途径,甚至出现了"前方的同志为党为全国人民流血牺牲,你们在后方吃饱饭骂党"③的情况。这种现象的出现,既不符合民族危机下的艰难国情,亦不符合知识分子本身的爱国之情,因此更需要转变自身的态度及工作方式,自觉在中国共产党的领导下,将聪明才智、时间精力投入抗日战争。去歌颂工农兵,将他们视为朋友,视为革命的中坚力量,应由衷钦佩,而不是讥笑嘲讽;多一点对党和人民的歌颂,少一点批判暴露,因为现时的主要矛盾在于中华民族和日本帝国主义之间的矛盾,而解决这个矛盾最主要的力量是中国共产党及其领导的广大人民群众,因而需做党和人民的全力支持者。

中国的知识分子历来胸怀家国情怀,"五四运动"以来的知识分子更是在曲折坎坷的国运下一路走来,这种爱国热情表现得更为突出。应予承认的是,延安知识分子即使批判暴露,其初心也是好的,但是方式可否值得商榷,因为在批判暴露的问题上他们存在着认识不清楚的问题,工作重心应放在救亡图存的民族战争上。爱党爱国是统一的,延安时期亦是如此,在情感上真心拥护党,在行动上自觉跟紧党的脚步,才能找到救国安民的正确道路。

---

① 钟敬之、金紫光:《文艺史料卷》(第16卷),湖南文艺出版社1983年版,第77页。
② 艾克恩:《延安文艺运动纪盛1937.1—1948.3》,文化艺术出版社1987年版,第344页。
③ 李维汉:《回忆与研究》下册,中共党史资料出版社1986年版,第483页。

(二)知识分子围绕先进政党能够从中获益

知识分子的思想转变,能够从身份上自觉归属于党,将党的理论思想,转化为自身的理想信念;将党倡导的正确主张,转化为自身的价值取向;将党的行动指南,转化为自身的工作指导。如此,有利于塑造良好人格、高尚品质,使他们摆脱过去习染的不良倾向,塑造光辉进步的知识分子形象。

中国共产党用马列主义武装头脑指导实践。知识分子学习马列主义,是切切实实地接受一场深刻而生动的思想洗礼。正如吴玉章所说:"我加入共产党以来,在学习中,在革命实践中,自己觉得我幼年时代所学的好思想,更以马列主义来发扬了,巩固了;我错误的不正确的坏思想,也逐渐洗掉了许多。"①马克思主义的观点、方法对于知识分子小资产阶级思想的转变能起到重要的推动作用,对知识分子的文艺工作能够提供新的思路,开辟更广阔的道路。中国共产党以为中华民族谋复兴、为中国人民谋幸福为初心使命。知识分子以党的初心使命为价值取向可以帮助自身树立远大而崇高的理想,在这种使命的强烈牵引下,知识分子的责任意识、国家意识都能更加彰显。中国共产党以坚定的民族立场和人民立场矢志不渝地进行反帝反封建的革命任务。知识分子的人民情怀会更加深重,爱国意识更加浓厚,能够把自身的文化创造工作和国家民族的救亡工作紧密地结合起来,实现个人价值和社会价值的统一。党所蕴含的政党文化,对围绕在其身边的知识分子来说,是生动的一课。

(三)团结一致共进革命大业,知识分子人尽其才

知识分子在思想上与党中央保持一致,有助于加强与党、党中央的团结,从而为自身的发展找到坚强的支撑。近代以来,知识分子在救亡图存的过程中始终扮演着重要的角色,活跃在历史大事件的舞台。但是许多知识分子最终未能为中国找到出路,自己也陷入彷徨。有的因信仰不同分道扬镳,有的跟错了队伍苦无出路。由此,满腔报国情、一身好本事,都成了徒劳。中国共产党深刻认识到知识分子在民族解放中的重要意义,也深知"海阔凭鱼跃,天高任鸟飞"的道理,应为知识分子发挥作用、施展才华提供广阔的天地。知识分子选择延安,就

---

① 中国社会科学院新闻研究所、中国报刊史研究室:《延安文萃》,北京出版社 1984 年版,第 624 页。

是选择了最好的归宿。另外,中国共产党坚持抗日民族统一战线的方针,尽最大可能团结一切可以团结的力量。当知识分子有偏离延安社会的倾向时,党帮助知识分子疏导思想、端正行为,从而团结了国内的统战力量,也使党妥善处理了与知识分子的关系,避免知识分子与延安社会的冲突。

浅析提升中国国际话语权的实践进路

王东雪①

摘 要:改革开放以来,我国综合国力迅速提升,成功地解决了"挨打"和"挨饿"的问题,但是我国并未获得与综合国力相匹配的国际话语权,在国际上"挨骂"和"失语"的问题十分突出。为摆脱欲辩无词的窘境,赢得国际话语权,我国应从战略、根本、内容、主体、方式等方面构建"五位一体"的应对举措。

关键词:国际话语权;传播主体;实践进路

当前世界正处于大变革大调整时期,涌现出了许多阶段性的新特征、新变化、新转折。在这样一个机遇与挑战并存的环境下,国家间的竞争不仅仅是以军事经济为主的硬实力的较量,取而代之的是以国际话语权为主要文化标识的软实力的竞争。国际话语权就是指一个国家对自身各个方面的优势和特点进行对外传播,并且利用这些优越性在参与国际事务中产生影响、发挥作用的权力。不言而喻,国际话语权能够衡量一个国家的国际影响力,成为当前国际竞争中的一大关注点。

一、我国国际话语权建设的必要性

我国话语权的构建有两方面的必要性。一方面,提升我国国际话语权能够维护国家意识形态安全。随着我国的发展壮大,西方加紧了对我国的意识形态渗透,并且用话语进行包装和美化。其中文化渗透方式是西方惯用的手段和伎俩,将诸如"普世价值""自由人权""超前消费""借贷消费"等西方的价值观念、消

---

① 作者简介:王东雪,浙江工商大学马克思主义学院硕士研究生,研究方向为思想政治教育。

费观念和生活观念等传输给人们,严重影响到我国意识形态安全。倘若我国能提升国际话语权,就能为我国意识形态安全提供力量和保障。另一方面,提升国际话语权有利于推动全球治理环境的完善。"二战"结束后,世界上逐渐形成"西强东弱"的发展格局。西方大国凭借经济上的优势,逐步建立起以维护自身利益为核心的经济政治体系。发展中国家在国际政治和经济体系中均处于弱势地位,没有话语权,处在"失语"的状态。近些年,恐怖主义的蔓延、难民潮的出现、极端气候问题频发等一系列全球治理问题的出现表明西方主宰的全球治理体系有着根本缺陷。21世纪以来,我国发展势头良好,成为世界第二大经济体。中国在全球治理中发挥着重要的作用,比如提出的"一带一路"有力地促进了世界经济联动发展,提出的"人类命运共同体"的理念被越来越多的国家接受。这些中国方案表明我国有信心也有实力推动全球治理困境的解决,进一步推动全球治理环境的完善。

二、我国国际话语权面临的现实困境

近年来,我国下大力气构建国际话语体系,中国的国际话语权得到显著提升,然而当今世界"西强东弱"的话语格局还没改变。长期以来,西方国家利用其话语优势将自身发展道路与现代化等同起来,垄断了什么是现代化、如何实现现代化的定义权和解释权。少数西方国家将西式民主的优越性、合理性无限夸大,甚至赋予其某种历史的终极意义和"普世光环",这也就是他们所谓的"普世价值"。他们妄图通过推行西方价值观来渗透与自己价值观不同、政治制度不同的国家,分化、瓦解其内部各派力量,寻找"政治代理人",以达到"超越遏制"的真正目的。进入新时代以来,中国特色社会主义取得重大成就,这引起了西方国家的关注和警惕。为了打压和遏制中国的发展,西方国家不断炮制各种话语陷阱。如鼓吹"中国威胁论",污蔑中国式现代化是"资本社会主义",捧杀中国已经达到发达国家的水平,等等,这层出不穷的话语陷阱就是西方利用话语霸权打压和遏制中国发展的表现。由此可见,中国在提升国际话语权中面临着巨大的外部挑战,必须重点加以应对。

三、提升我国国际话语权的实践进路

在波谲云诡的国际局势中,中国难以在短时间内彻底改变"西强东弱"的国际话语格局。必须从创新国际话语体系、增强硬实力、推出中国方案、整合话语传播主体、拓宽话语传播平台五个方面发力,做到战略、根本、内容、主体、方式等方面"五位一体",才能在现阶段有效提升我国国家话语权。

(一)创新国际话语体系,把握提高话语权的制高点

国际话语权分配存在着对既有路径的依赖,而后发展国家将会受到这种惯性的极大影响,短时间之内很难改变话语权处在下风和弱势的格局,有时候连制定国际规则、批判是非曲直的机会都会被限制或剥夺。只有突出重视民族传统、现实需要和西方话语霸权三个基本维度,才能逐渐改变当前国际话语格局。

1.立足于民族土壤,构建本土化中国话语体系

中华文化源远流长,是构建本土化中国话语体系之源。倘若忽视了优秀传统文化的根基作用,我国就会囿于西方的话语体系下,无法改变"西强东弱"的话语格局。中国在世界舞台上发挥的作用越来越大,面对各种难题,世界需要中国方案,这就需要从中华优秀的传统文化中提炼出新语言,从社会主义国家经验中提炼出新语言,从党的理论创新成果中提炼出新语言。我国的战略定力和社会发展趋势变化为话语系统建构奠定了既有的基石,而全球不确定性和不稳定性影响因素的增强也为话语系统建构创造了新发展空间。中国只有努力发掘中华优秀传统文化的深刻内涵,并将其时代化、大众化,与构建话语体系相结合,才能切实增强文化产品的吸引力和感染力。

2.树立正确的全球认知意识,构建面向世界的中国话语体系

打造中国对外话语体系,需要开阔的国际意识,要坚持中国立场,面向未来、走向世界,展示真实、立体、全面的中国。[①] 全球认知意识反映的是对国际事务

---

① 宁琦:《我国对外话语体系建设中的国家意识与国际意识》,《天津外国语大学学报》2021 年第 6 期,第 5 页。

的看法,是中国把握自身利益和全球关系发展的一个重要思考方法和价值导向。全球认知意识可以有助于人们更自觉地、迅速地、广泛地认识全球社会,从而最大限度地缩短了我国特色语言系统和全球语言系统之间的时间差距。

3.破除西方话语霸权的消极影响

西方霸权是我国创新国际话语体系过程中的一大绊脚石。以引起热议的"中美关系国际贸易摩擦"为例,美方高举地方保护主义、单边主义的旗帜,故意损害既有的国际经贸合作体制和双边协定,并企图对由高速度发展向高质量发展转变的我国经济实施限制与冲击。在经贸冲突的背后,除了现实利益的考虑、地缘政治的战略、对尖端产品和先进技术的争夺之外,还有不可避免的思想层面的搏斗和较量,这些较量尽管在表现形式上不再以直观明确的"主义之争"表现出来,而代之以某种发展"道路之争"的表现,但"道路之争"的背后依然是包含着对"为了谁、依靠谁"这一基本问题的回答,所以它同时也是涉及思想的基本问题。长期以来,西方媒体带着偏见与不公正的态度解构中国话语,并且利用其国际话语场抹黑中国,方法层出不穷,花样百出。一是由外向内直接抹黑中国。如中国倡导的"一带一路"也被西方国家曲解为中国版"马歇尔计划",西方忽视中国为推动世界的和平与发展所做的努力,否定中国共产党的领导,破坏中国的国际形象。二是由内向外论证其预设的歪曲事实的合理性。"大翻译运动"就是最好的事例。国内外反华势力通过以偏概全、一叶障目的手段,达到"妖魔化""污名化"中国的目的。三是在国际社会塑造不真实的中国形象,夸大中国的综合实力[①],要求取消中国"发展中国家"地位。为了达到此目的,以美国为首的西方国家双管齐下,一方面利用世界银行增加中国的借贷成本,另一方面借"节能减排"的外衣给联合国施压要求终止中国发展中国家身份。这种种行为的实质是逼迫中国降低发展速度,阻止中国的"崛起",意在磨损消耗中国的发展潜力与制度优势。

(二)增强硬实力,抓住提高话语权的根本

硬实力是国家话语权的物质保障。既有的国际话语权研究,都将"话语"视为权力的载体,这也符合话语权概念的本义,而且,不管话语生产的能力,还是话

---

① 姜彬:《提升中国国际话语权的现实基础和实践进路》,《学校党建与思想教育》2021年第22期,第11页。

语产生的影响力,都是一种软实力。但是,硬实力从根本上为话语权提供力量依靠。这符合马克思主义的唯物史观,即从经济上说,国家的软实力必须具有物质基础。在国际话语权竞争中就体现为:将军事和科技构成的硬实力建设纳入国际话语权。十七八世纪开始,西欧各国通过资本积累不断发展并壮大了自己,在工业革命与技术革命的洗礼下,西方国家经济、军事和科技实力大幅度增强,资本主义在世界上的优势逐步扩大。其中美国逐步由新型资本主义大国发展成为全球超级大国,在国际形势和全球大局上占主导地位。与此同时,近代时期我国还是个因落后挨打、充满自然灾害、遭受西方列强入侵的落后国。这样的差距下,"西强东弱"的国际话语格局也就不足骇异了。

改革开放以来,我国各个方面实力均有大幅度提升。在经济上,我国成为仅次于美国的世界第二大经济体。在军事国防等核心技术领域,我国的战机、航母、战斗舰艇等军工兵器水平也处于世界前列,军事装备水平也逐渐进入了现代化阶段,这也充分反映了我国强大的技术创新能力和实战能力。在制造业生产领域,我国由一个贫困滞后的农耕国发展为世界第一工业生产制造大国。中华民族工业发展逐步成为驱使当今世界工业发展的核心驱动引擎。而谈起中国制造业就不得不提到中国高铁,2021年1月24日,《人民日报》的头版头条文章《高铁里程五年倍增》让人们纷纷感慨中国高铁的发展成就。2017年9月"复兴号"首次运行后,"350公里每小时"这一世界列车第一时速,就站上了全世界新闻媒体的主要报道版面。在航空、火箭、网络等高科技领域,我国已经取得了世界一流的技术水平。各个领域硬实力的增长,极大地促进了中国国际话语权的传播。由此可见,提升国际话语权的根本是增强硬实力,提升自我吸引力。

(三)推出中国方案,掌握提高话语权的核心

不断推出中国方案,不仅是推进意识形态建设、巩固政治认同的现实需要,也将提升中国国家制度与主流话语体系的国内外认同感,为实现中华民族伟大复兴凝聚世界力量[①]。

---

① 金素端:《"中国方案"话语影响力的价值、构成与提升》,《理论导刊》2021年第2期,第64页。

1. 中国方案的优势

首先,中国方案以保障全人类利益为出发点。中国所主张和实施的多边主义,强调联合国的重要角色,落实"一带一路"联合倡议,帮助二十国集团、上海联合机构、小金瓦国家发展,促进建立和健全区域合作制度,增强与全球共同处理资源能源安全、粮食安全、互联网安全和气候变化等问题的协作,减缓世界发展不均衡与不公平现象等,都是为了保障人们最整体的利益。其次,中国方案致力于寻求全人类的共同价值。西方某些发达国家利用其硬实力的优越性,给西方社会价值披上了称为"先进文明"和"专业知识"的外衣,向非西方发达国家进行社会文化建设和思想渗入,搞"攻心术",力求颠覆不适合西方社会经济利益的政体。最后,习近平总书记提出的"人类命运共同体"的方案是解决"世界怎么了,世界该往哪里去"的世纪之问、时代之问、世界之问。

2. 中国方案的特点

中国方案具有整体性。中国方案的提出并不是随意而分散的,我国在经济领域、互联网领域、全球气候治理问题、数据安全保护问题、核安全问题等重要的全球议题上相继提出中国方案,而且随着时间的检验,这些中国方案展现出强大的吸引力和生命力,在国际上发挥了重大作用,整体性是其发挥作用的重大内在原因。

中国方案具有历史性。历史事实证明,唯有社会主义才可以救中国,唯有改革开放可以蓬勃发展中国、蓬勃发展社会主义、蓬勃发展马克思主义。中国特色社会主义是改革开放以来中国共产党的全部理论与实践研究的主题,是党和人民历尽千辛万苦、花费了极大时间和代价才得到的根本成果。中国方案既不同于历史以来其他任何社会主义国家的发展模式,也不同于当代西方资本主义国家的发展模式,而是中国在吸收借鉴了人类社会所提供的一切先进文明成就基础上的自我变革和自我完善①。

中国方案具有世界性。"更好的社会制度"指的是人类发展不同阶段的根本社会制度。社会主义是对资本主义的批判、继承、创新和发展,代表更有效率、更

① 柴尚金:《当前世界社会主义研究中值得关注的几个问题》,《马克思主义研究》2022 年第 4 期,第 140 页。

加公平、更加美好的社会形态。2008 年金融危机以来,世界经济复苏遭遇难题。曾经兴盛一时的新自由主义和民主社会主义难以回应挑战、解决问题和摆脱困境。在人类面临和平威胁、民主赤字、治理困境等严峻挑战的时代背景下,中国特色社会主义开辟了世界社会主义运动新前景。中国凭借自己的努力逐渐走向世界舞台中央,不断为人类社会发展做出新的更大贡献。中国方案作为具有中国特色的 21 世纪社会主义实践方案,为社会主义建设和社会主义国家治理提供了成功经验,这是中国对社会主义制度建设模式的创新,具有伟大意义。

(四)整合话语传播主体,抓住提高话语权的关键

外交人员、意见领袖、专家学者和海外华人是国家话语权传播中的主要传播主体,发挥好话语传播主体的作用可以起到事半功倍的效果。其中,外交人员发挥重大作用,意见领袖发挥优势作用,专家学者发挥核心作用,海外华人发挥桥梁作用。

1.继续发挥外交人员的重大作用

外交人员在传播国际话语权的过程中发挥了举足轻重的作用。如外交部在 2019 年 12 月正式发布了第一条推特,仅仅一个月时间,粉丝直逼 3 万①。外交部发言人办公室还开通了抖音账号,进一步增强和新媒体用户的互动。在构建国际话语体系的过程中,让外交人员的声音传得更广、传得更响亮、传得更远,让广大人民群众听得见、听得清、听得到,是一件十分重要的事情。

2.突出意见领袖在传播话语权的优势作用

保罗·拉扎斯菲尔德在《人民的选择》中提出"意见领袖"的概念,其是指活跃在意见网络中,经常对他人提出意见、建议并对他人施加影响的人物。意见领袖的观点和发布的信息在社交媒体这个平台下得到迅速而广泛的传播,并且极大地影响了人民群众的想法和观点,可以说在社交媒体平台,意见领袖的话语权传播作用被大大增强了。比如,在 2021 年爆发的新疆棉事件中,国际知名服饰品牌 H&M 宣布禁用新疆棉花。共青团中央在微博上点名批评了瑞典服装品牌

---

① 孙吉胜:《中国外交与国际话语权提升的再思考》,《中央社会主义学院学报》2020 年第 2 期,第 49 页。

H&M,并贴出了去年的声明,斥责 H&M 对中国新疆造谣。此微博一发,浏览量和转发量迅速上升,一天之内,仅有关新疆棉花的微博话题热搜多达 50 条。事件持续发酵,引发人们强烈的爱国之心,让人们感受到新疆棉事件背后中西方的政治较量。由此可见,在处理国与国之间的关系时,意见领袖能够借助社交媒体迅速发布信息,广泛传播信息。

3.更加关注学科领域内学者与专家的核心作用

努力形成由相关领域科学家与专家形成的舆情与策略综合分析机制,能够有效地将科研成果转化为能影响国际舆论的对外宣传话语。专家学者是制约国际话语权实力提升的重要因素。西方国家之所以能够长期占据国际话语霸权地位,与国际话语权理论主要出自西方专家学者们的深厚理论研究分不开。目前中国在国际话语权领域非常缺乏拥有权威性的知名学者和研究专家,专业人才储备亦是一大短板,这是影响新时代中国提升国际话语权的重要瓶颈。新时代背景下,要破解此问题,就要重视宣传专家学者的培养。

4.推动海外华人成为中国与其他国家沟通的桥梁

海外华人是中国了解世界和世界了解中国的一群很重要的人物。当今人们在说好中国故事的过程中,所面临的主要问题就是既无法用中国话语很好地阐述世界问题,也无法用符合各国普遍价值、其他各国普遍认知的语言方式表述中国方案。对西方学者而言,站在中国的视角去认识中国方案是需要经过一段时间的社会适应过程的。所以反过来说,我们也要站在西方的立场上将中国方案表达出来。表达方式上注重全球化,并注意用全世界都易于了解和认可的方法阐述我国的理论、方案和政策。为了进一步提升中国的国际话语权,使全球社会都能听得到、听得清、听得进我国声音,必须重视海外华人的作用。海外华人由于身份的特殊性,可以努力地为中国经济发展和海外交流合作营造良好的国际舆论氛围。在双向交流的过程中,海外华人可以发挥沟通的桥梁作用。

(五)利用多种媒介,拓宽话语传播的平台

借用政府与 NGO(非政府组织)组织、世界主流媒体、世界知名公关公司、影视文化、议程设置、新媒体等讲好中国故事,建构全方位对外传播方式。

1.做好国际传播的受众细分

精准传播不仅在于有效覆盖,更在于精准抵达。因此,针对国际环境根据不同情况对受众进行分区分类是十分必要的。中国长期以来的传播思维及对受众需求和接受心理的认识不足使得中国媒体在不同观念的公众面前缺乏针对性和可读性,导致对外传播缺乏特色和吸引力。应充分考虑地区、国家和国际差异,尊重理解不同文化和宗教,尽量考虑接受对象的历史文化特点与接受程度,因地制宜、因人而异地调整中国故事的定位、制作与传播等环节,用国际化视野创新传播方式,制作出更加容易被受众接受的内容,讲符合不同文化背景的中国故事。只有实现本土化的改造,转化成海外受众可接受的故事,突破语言障碍,才能真正地用国际方式传达真正的中国故事。

2.培育新旧知名媒体

首先为了改变西方国家垄断的国际舆论媒体环境,我国需要加快建设一批世界级媒体集团,逐步打破传统传播模式,发展半官方的国际媒体传播主体,加快媒体走出去步伐,提高我国媒体的国际竞争力。其次是升级人际传播主体。网络时代蓬勃发展的社会化传媒为中文海外宣传提供了全新契机,社会化传媒平台所具备的公开性、参与性及连通性,使得人人都有麦克风。这不但能够让国际传媒等专业海外宣传组织实现国际文明传递,而且企业及一般公众等民间力量的参与也能够带来更多的国际声音,在一定程度上克服一些盲区。

3.增进各国社会团体和政府部门间、全球 NGO 间的交流和合作

目前全球 NGO 已成为政治转型的主要力量。尽管在全球政治中各国仍为主角,但全球 NGO 着眼于如何在世界范围内拓展活动空间,并与其他国家NGO 开展联系和协作,从而获得更多资源,所以全球 NGO 扮演了约束、控制并直接影响世界各国的关键重要角色。为达到上述目标,NGO 需要得到利益关系方政府部门和社区的积极帮助。而在此背景下,NGO 将在扩大全球关系话题范畴、直接影响全球舆情,以及为各国政府对外合作创造传播载体等领域,日益起到更加关键的作用。在中国特色大国外交的发展进程中,需要进一步关注和利用社会团体因素增强对外实力,进一步扩大我国政府对外的活动空间,进一步改

变对外关系中过分依靠政府部门间关系的传统方法,更加注重充分发挥社会团体因素及民间关系的积极因素。

参考文献

[1] 习近平.习近平谈治国理政:第三卷[M].北京:外文出版社,2020:320.

[2] 侯惠勤.意识形态话语权初探[J].马克思主义研究,2014(12):5-12+157.

[3] 邵鹏.新世界主义视域下国际传播新视野与策略[J].中国出版,2018(1):10-13.

[4] 李江静.西方国家推行话语霸权的隐蔽性策略及其应对[J].理论导报,2017(3):51-54.

[5] 张新平,庄宏韬.中国国际话语权:历程、挑战及提升策略[J].南开学报(哲学社会科学版),2017(6):1-10.

[6] 张国祚.讲好中国故事提升国际话语权[J].理论导报,2017(3):31-32.

[7] 蔡艳华.国际传播中社交媒体的话语权分析[J].新闻研究导刊,2017,8(8):69-70.

[8] 向芬.讲好中国故事与构建对外话语体系——学习习近平总书记系列重要讲话体会之二十八[J].前线,2014(1):30-32.

[9] 吴新文.新思想引领新时代——论习近平新时代中国特色社会主义思想对中华民族伟大复兴的意义[J].毛泽东邓小平理论研究,2018(2):23-31+107.

[10] 杨卫敏.中国特色政党制度的优势及对世界的贡献——"为人类对更好社会制度的探索提供中国方案"之管见[J].统一战线学研究,2017(1):15-31.

[11] 邵鹏.新世界主义视域下国际传播新视野与策略[J].中国出版,2018(1):10-13.

[12] 杨彬彬.中国特色政治话语体系的建构逻辑[N].中国社会科学报,2020-09-02(008).

[13] 常书辉.全媒体时代下国际新闻传播人才培养的创新策略[J].记者摇篮,2021(9):57-58.

[14] 檀有志.国际话语权竞争:中国公共外交的顶层设计[J].教学与研究,2013(4):62-70.

"山海协作"促进区域协调发展的应用探究

——以浙江省山区 26 县为例

叶文扬[①]

摘　要："山海协作"是习近平总书记关于促进区域协调发展的重要论述的理论源泉之一，是浙江缩小地区差距、实现共同富裕的重要方法。"山海协作"将"山"的资源与"海"的优势有机结合起来，推动浙江省山区 26 县融入全省经济发展的分工合作，为山区 26 县的高质量发展提供了崭新思路。本文结合理论，立足实际，总结了浙江省山区 26 县发展的问题短板，探究"山海协作"工程是如何解决这些发展难题的，最后，为"山海协作"更好地促进区域协调发展提供参考性意见。

关键词：山海协作；区域协调发展；山区 26 县

一、引言

党的二十大报告指出，促进区域协调发展，深入实施区域协调发展战略、区域重大战略、主体功能区战略、新型城镇化战略，优化重大生产力布局，构建优势互补、高质量发展的区域经济布局和国土空间体系。浙江省作为高质量发展建设共同富裕示范区，如何增强区域发展的协调性，让"山"与"海"共享发展成果？早在 2001 年，浙江省便提出了"山海协作"工程，旨在促进各区域经济协调发展。"山海协作"中的"山"主要指的是以浙西南山区和舟山海岛为主的欠发达地区，"海"主要指的是沿海发达地区和经济发达的县（包括县级市、区）[②]。由于地理

---

① 作者简介：叶文扬，浙江工商大学马克思主义学院硕士研究生，研究方向为马克思主义基本原理。
② 郭占恒：《统筹区域发展的战略谋局和生动实践》，《浙江经济》2017 年第 3 期，第 13—17 页。

位置和经济发展的差异,浙江省对不同县域进行了分类,产生了山区 26 县。相比东部沿海和发达地区县域的发展水平,这些县域被称作欠发达的山区县。这 26 个山区县特指衢州、丽水两市所辖县域,以及淳安、永嘉、平阳、苍南、文成、泰顺、武义、磐安、三门、天台、仙居等县域①。2002 年,"山海协作"工程正式实施,从实施之日起至今,历届浙江省委一任接着一任干,接力实施"山海协作"工程,动员各方力量,在不同领域进行了广泛探索,拓宽山区 26 县特色产品的销售渠道,推动文旅产业的发展,健全"山海协作"的合作机制,积累了宝贵的经验,为深化"山海协作"工程打下了坚实的基础。

二、浙江省山区 26 县高质量发展的问题短板

(一)基础设施不齐

基础设施建设不健全是山区 26 县居民"急难愁盼"的重要问题②。在全省范围内,山区 26 县的基础设施建设较为落后,表现在多个方面。第一,在教育方面,山区 26 县的教育经费与其他地区相比较少,高素质的教师也较少。第二,在医疗方面,山区 26 县的医疗资源短缺,存在设备老化、资金匮乏等问题,医疗水平低于全省的平均水平。第三,在交通方面,山区 26 县的交通不够便捷,主要位于浙西南部,山地多平地少,这也成为阻碍其发展的重要因素之一。2018 年,浙江省提出建成省域 1 小时、市域 1 小时和都市区 1 小时通达的 3 个"1 小时"交通圈,各地的高速公路网和铁路网相继建设完善。2020—2021 年期间,衢宁和金台铁路开始通车,改变了原本县域内不通铁路的落后面貌。当前,浙江省的 1 小时交通圈的目标并未完全达成,温州市、台州市、丽水市等的山区县的交通设施还有待完善。

(二)产业能级不高

第一,在产业类型上,山区 26 县的产业附加值较低,核心竞争力不强,制造

---

① 叶慧:《引领新常态 实现新跨越——浙江省推进 26 县加快发展纪实》,《今日浙江》2015 年第 5 期,第 12—15 页。

② 阳梦华:《乡村振兴与共同富裕协同推进的路径探究》,《当代农村财经》2022 年第 11 期,第 41—45 页。

业发展低于全省平均水平,在农业产业链方面也有待加强①。数字经济作为浙江省的"一号发展工程",对于推动经济增长具有重要作用,但在山区26县中,"数字经济"没有与县域发展有机融合,高新技术产业也相对较为薄弱,各种新兴产业如生物科技、食品健康等仍处于起步阶段。第二,在产业规模上,山区26县的产业集聚速度较全省较慢,产业总规模较小,规模经济效益提升空间较大,此外,山区26县普遍缺少龙头企业,产业链效率不高。《浙江省山区26县跨越式高质量发展实施方案(2021—2025年)》中提出要推动衢州、丽水打造"千亿级规模、百亿级税收"高能级战略平台,但是,丽水市的工业平台总产值与千亿的大规模相比,还相差甚远。目前,在众多山区县中,只有淳安县、遂昌县、永嘉县等7县的年产值突破了百亿元。

(三)城乡差距较大

山区26县农村地理位置偏远,交通不发达,出行不便,城乡差距较大,农村集体经济缺乏竞争力,就业岗位稀缺,农民增收困难。此外,山区26县的城镇化率较低,据相关数据统计,2021年,衢州常住人口城镇化率仅为58.1%,丽水和台州分别为62.5%和62.6%。从区县层面来看,山区26县城镇化率平均水平约为58%,甚至有部分区县仅为50%左右。与居住在城市的人口相比,居住在不利于生产生活的大山深处的人口占比更多,城镇发展困难重重,加之要素集聚效应不显著,导致山区26县现代化经济快速发展受阻。

(四)资源要素匮乏

山区26县资源要素相对匮乏。一是土地要素的匮乏,浙江的地形分布大致是"七山一水二分田",部分山区县甚至呈现出"九山半水半分田"的分布现状。山区26县的土地资源较为紧张,特别是建设用地紧缺,但基础设施的建设、产业园区的建造等都需要大量的土地资源,因此就形成了匮乏的土地资源难以匹配山区26县高质量发展要求的矛盾。二是资金要素的匮乏,从县域财政上看,山区26县产业薄弱、税源不足,财政总收入和一般预算收入都位于全省下游,且财政总收入多数依靠上级财政转移支付,严重制约重大项目的投资建设,抑制全省

---

① 毛晓红、李懿芸、胡豹:《共同富裕背景下浙江山区26县村级集体经济发展现状、困境及对策》,《浙江农业科学》2022年第10期,第2189—2193,2199页。

的经济发展;从微观农户、企业融资上看,山区26县的融资渠道较少、门槛较高,这也导致了融资难、担保难等问题,使得山区26县的现代农业和特色产业发展较为缓慢。三是人才要素的匮乏,山区26县均存在人才"引不进、留不住"的问题,科技创新人才、数字化人才等招引困难,人才吸引力和承载力不够强劲。尽管政府高度重视专业型人才的培养和引进,投入了大量人力和财力,但是在现实中山区26县的人才缺口仍然过大,在短时间内难以得到有效解决。

三、"山海协作"助推山区26县高质量发展取得的成效

自2002年"山海协作"工程实施以来,浙江省就一直致力于探索"山海协作"的模式,不断突破创新,从多个维度充实"山海协作"工程的内容,丰富"山海协作"工程的形式,针对山区26县发展中的短板问题,浙江省通过先富带动后富的方式,解决发展不平衡不充分的问题,进而谋求区域的协调发展。

(一)基础设施不断完善

伴随着"山海协作"工程的实施,山区26县的基础设施短板得到较快补齐。第一,浙江省的综合交通运输条件得到改善。近年来,衢宁铁路和龙丽温文泰段等路线日益完善,遂昌县、庆元县等县域不通铁路的落后面貌已经改变,融入"三个一小时左右交通圈"的山区县数量不断增多,这也使得更多的产业和项目落地到山区26县,带动了当地经济发展。第二,浙江省的能源水利条件得到改善。缙云县、武义县、松阳县等山区县采取多种措施解决偏远山区纯净水难以获取的问题,例如大力发展农光互补光伏电站、改造雨污分流管网、建设天然气管道建设等,无论在经济上还是生态上,都实现了富民的目标。第三,浙江省的生态保护和生态经济条件得到改善。山区26县坚持"绿水青山就是金山银山"的发展理念,借助天然的生态资源优势,补齐发展短板。例如,松阳县通过旧房改造的形式,创建高品质的地方特色民宿,这不仅为已经闲置的古村落增添了新的生机,还带动了当地旅游业的发展。

(二)后发地区持续发力

要促进区域的协调发展,其难点就是带动山区26县融入全省的高质量发展

全局,提升其"造血"功能①。为了促使产业协作类型由零散型转变为集群型,促进区域协调发展,政府深入了解各个山区县的具体情况,创建了适用于不同县域的多个合作平台。一方面,形成了"山"和"海"优势互补的稳定局面;另一方面,缩小了各区域之间的发展差距,加快推进山区 26 县引进高质量项目,推动产业的落地,增加群众的收入。"十三五"期间,丽水市开展"山海协作"项目共 890个,到位资金总计 910.58 亿元。据推断,到 2025 年,丽水市"山海协作"项目融资规模将会超过 2.5 万亿元。

(三)基本公共服务实现均等化

基本公共服务实现均等化是共同富裕的内在要求。习近平总书记曾指出:"在加强经济协作的同时,着力抓好新农村建设和教育、科技、文化、卫生、人才等社会领域的合作,积极推进欠发达地区的社会建设。"因此,自浙江省提出"山海协作"工程以来,就始终将公共服务作为工作的重点,不断推进高水平医疗建设、实现教育资源的共享与下沉。伴随着相关政策的相继出台,越来越多的资源下沉到基层,山区 26 县的基本公共服务均等化水平得到有效提升;又伴随着一些具体政策的出台,如遂昌县试点全国首创、浙江唯一的医疗卫生人才"省属县用"等,山区 26 县的基本公共服务水平实现了质的飞跃。

(四)结对协作促进农民增收

通过实施"山海协作百村经济发展促进计划""深化百村结对计划"等,浙江省内的沿海发达城市已为山区 26 县援建了多个产业项目,对山区 26 县农民的致富增收具有积极作用,同时还在旅游业、基础设施等方面投入了大量的人力、物力,引进了先进的技术,拓宽了销售市场,也积极引导更多的优质企业到山区 26 县投资兴业。截至 2022 年,部分山区县通过"山海协作"工程,获得援助资金近百亿元,乡村振兴示范点实现全覆盖,农村居民可支配收入与其他发达县区的差距逐渐缩小。可见,"山海协作"工程的扎实推进,使得共同富裕的基础变得更加坚实。

---

① 蓝伶俐:《超常规推动跨越式高质量发展 争当共同富裕示范区建设的山区范例》,《政策瞭望》2021 年第 8 期,第 23—25 页。

四、"山海协作"助推山区 26 县高质量发展的建议

作为浙江省的重点工程,"山海协作"要助推山区 26 县高质量发展,促进区域协调发展,必须要保持清晰的思路,明确协作的主体与客体之间的关系,立足实际,总结经验教训。

(一)构建稳定的主体关系

要保证"山海协作"工程顺利实施,首先,在县级层面上需要明确"山海协作"的主体关系。在浙江省的众多县域中,有发达县和山区县之分,长期以来,发达县和山区县逐渐形成相对稳定的协作关系,这种协作关系有多对一,也有一对多,即一个山区县由多个发达县协助,或者多个山区县由一个发达县协助。其次,各个县域内部构建不同类型的协作主体关系①。在产品生产、销售等环节,积极鼓励和引导山区县与发达县分工合作,构成相对稳定的生产销售的协作关系,例如,与集团合作共同打造旅游业、合作共建各类园区等。这种依靠政府和市场相互作用而形成的协作关系,更加和谐稳定。此外,为了发展壮大山区 26 县相关产业,可以鼓励政府部门、社会组织、私营企业等群体与乡镇建立产业协作关系②。

(二)强化"山海协作"宣传机制

在推进"山海协作"工程的过程中,可能会出现双方合作领域不够广泛、合作效果不够显著等问题。基于这些问题,建议双方增强结对的宣传强度,利用新闻报刊、微信公众号、微博、广播等官方平台,向广大人民群众宣传"山海协作"工程,使结对工程为更多的人了解知悉并予以支持。与此同时,为了推动"山海协作"向更广泛、更深入的领域发展,山区 26 县可以通过宣传本地优势更加积极主动地走出去,并吸引对方企业和人才的进驻。例如,山区 26 县可以采取线上线下相结合的方式,向结对县市的机关、企业、社区等目标群体宣传本地的优势产

---

① 孔翠芳:《浙江省山区 26 县新型城镇化发展模式研究》,《经济界》2022 年第 6 期,第 53—59 页。

② 周建华、付洪良:《深化山海协作助推浙江山区县高质量发展研究:"三链"融合的视角》,《商业观察》2021 年第 35 期,第 53—56 页。

品和项目,展示山区 26 县的发展潜力和合作机会。此外,山区 26 县还可以针对吸引对方企业和人才的需求,提供有针对性的政策支持,如制定优惠政策、提供税收减免、提供土地资源等,以吸引和扶持对方企业在山区 26 县投资兴业,促进产业合作和人才流动。

(三)大力推进农村数字化进程

面对数字技术的快速发展,无论是发达县还是山区县,对数字化的依赖程度都在增加。可以说,在数字化时代,各项应用程序的开发与完善都离不开物联网、大数据、5G 等数字技术,具体到"山海协作"工程中,可以发现技术力量在各种体系背后提供支撑,这为山区 26 县的建设与发展提供重要技术力量。技术是核心,也要让技术下乡,要在山区 26 县原有的技术规模上加以改造升级,保证信息的准确性和时效性,消除城市和农村之间的"信息鸿沟"。首先,政府应当贯彻落实《数字乡村发展战略纲要》,更加注重顶层设计和整体部署,完善体系结构和整体框架,积极响应中央出台的政策。其次,借助数字化时代的契机,将数字技术延伸至山区 26 县的各个方位,积极推进信息技术在山区 26 县的规划与应用,充分发挥丰富的自然生态资源和劳动力资源的优势,推动旅游业、休闲农业等新业态的发展。

(四)打造"村级山海协作"工程

对于偏远地区在"山海协作"工程中受到的带动作用不明显的问题,建议创新工程的具体内容,积极探索并打造"村级"的"山海协作"新模式。第一,实行分层分类管理。加快山区 26 县和沿海发达地区的"山海协作"部门对全县的行政村进行梳理,综合考虑产业特点、村民收入、资源禀赋等因素,将全县行政村进行分层分类。这样可以根据不同水平和层次的村庄特点,有针对性地制定合适的协作计划。第二,建立直接联系机制。省、市级"山海协作"部门可依据双方分类后的村庄,将产业特点相似、有互补性或者有借鉴学习价值的双方行政村直接联系在一起。通过建立直接联系机制,实现经济发达村庄对经济发展薄弱村庄的结对帮助,提供最直接、高效、科学的支持。第三,重视可持续发展。在"山海协作"过程中,要注重村庄的可持续发展,确保协作带来的效益能够长期持续,这可以通过培养当地的人才、提升村庄的自主创新能力、发展绿色产业等方式实现。

五、结语

在新的时代条件下,浙江省如何高效推进"山海协作"工程,将"山"的资源与"海"的优势有机结合起来,推动山区 26 县融入全省高质量发展的全局,从而促进区域协调发展,值得深入思考。自"山海协作"工程实施以来,浙江省就牢记习近平总书记的叮嘱,凝聚发展共识,践行"八八战略",采取的众多措施对当前解决我国区域发展不协调问题具有重要的参考意义。"一县一策"因地制宜、"飞地"建设高速发展、共享资源精准下沉等举措都取得了明显成效。① 但是,在"山海协作"工程的实施过程中,仍然会出现许多问题,如体制联动较为松弛、金融服务体系不够完善、部分地区产业基础薄弱等。为了将"山海协作"工程打造成为促进我国区域协调发展的重要工程,离不开精准性、高效化的干预,而这需要各地政府、各地居民和相关企业等群体的努力与配合,使"山海协作"真正成为山有所呼、海有所应,山海携手、合作共赢的重要工程。

---

① 俎昕煜:《乡村振兴背景下高质量打造"山海协作"工程升级版研究——以浙江省为例》,《农村经济与科技》2022 年第 13 期,第 134—136 页。

大学生精神富有的内涵指标及量表编制*

胡文燕　杨亚茹　朱佳莉①

摘　要：精神富有是新时代大学生实现全面发展的重要保障。精神富有不仅是当代大学生追求美好生活的内在动力，更是根本性地决定着他们的精神能量表达方式及实践目标。为探究大学生精神富有的内涵指标，在剖析精神富有内涵及相关理论的基础上，结合访谈与问卷实证分析结果，运用质性与量化相结合的研究方法将大学生精神富有内涵划分为内在与外在两个维度：内在维度包含精神素养、文化修养和心理素质；外在维度包含群体意识、人际和谐和社会参与。通过对量表的信效度检验，表明大学生精神富有量表理论构建合理，各项指标都符合心理测量学标准，是评估大学生精神富有程度的有效工具。

关键词：精神富有；大学生；量表

在党的二十大报告中，习近平总书记指出："物质富足、精神富有是社会主义现代化的根本要求。物质贫困不是社会主义，精神贫乏也不是社会主义。"②这一论述鲜明指出，精神富有与物质富足相统一才是真正的共同富裕，共同富裕与促进人的全面发展才是紧密联系的，人的全面发展的实现需要"精神富有"加以引领。因此，深入分析大学生精神富有的内部要素，既关乎其自身全面发展，又关乎全民共同富裕宏伟目标的实现。

────────────────

* 本文系 2022 年国家社科基金一般项目"新时代大学生精神富裕的指标测度与提升机制研究"（22BKS138）研究成果。

① 作者简介：胡文燕，浙江工商大学马克思主义学院讲师，博士，研究方向为大学生思想政治教育、心理健康增进和心理复原力；杨亚茹，浙江工商大学马克思主义学院硕士研究生，研究方向为心理健康教育；朱佳莉，浙江工商大学马克思主义学院硕士研究生，研究方向为思想政治教育。

② 习近平：《高举中国特色社会主义伟大旗帜　为全面建设社会主义现代化国家而团结奋斗——在中国共产党第二十次全国代表大会上的报告》，人民出版社 2022 年版，第 27 页。

一、文献综述

"精神富有"是一个动态的概念,其内涵会随着不同的历史背景发生相应变化。学界对精神富有概念内涵的研究大多基于以往研究对精神贫困的深入探讨,从精神贫困走向精神富有是新时代的必然要求。

目前,学界对"精神富有"概念的定义已有相关阐述,主要包括以下三个方面。其一,从"精神富裕"的角度理解"精神富有"的内涵。如陈乙华、曹劲松认为,人的精神富裕从本质上来看,是人生活富裕在精神层面的体现,其总体性上反映了个体精神生活得到了较高满足,乃至达到了充分满足的一种状态①。其二,在精神富有与物质富裕的关系中把握精神富有的内涵。潘捷军认为,"精神富有"与"物质富裕"相对应,可指向个体层面精神富裕的程度。其主要体现在个体对精神文化生活的兴趣偏好、内容构成、行为方式和所体现的价值观之间的关系。② 因此,人的富裕应是物质与精神相统一的富裕,两者从本质上而言是内在联系的,对于社会层面而言,即物质文明与精神文明的发展统一。其三,将精神富有理解为一种"精神状态"。如张伟斌、陈华兴认为,精神富有是人类在社会实践活动过程中,通过不断洗炼和完善主观世界及向上向善的精神内容而达到的一种状态和过程。③ 邢乐勤、游丽云认为,精神富有的主体包括个体、社会群体,精神富有的实现必定是建立在一定的社会物质基础之上的,主体不断丰富和提升自身的精神生产和精神生活,拥有创造精神财富的能力和意愿,以及获得精神财富后的满足和享受的精神状态,则意味着主体的精神层面体现出富有的程度或状态。④ 可见,学者们一致认为精神富有是人们精神发展过程中所呈现的积极状态。

通过文献综述可以发现,目前我国对大学生精神富有的研究尚处于起步阶段,对其内涵的理解与界定存在诸多不确定性,且国内还缺乏能准确测量大学生精神富有程度的测量工具,从而限制了对该领域进行深入、系统的调查。

---

① 陈乙华、曹劲松:《新时代精神富裕的内涵与实践要义》,《学海》2022年第4期,第5—12,52页。
② 潘捷军:《论"物质富裕"与"精神富有"》,《观察与思考》2012年第7期,第4—10页。
③ 张伟斌、陈华兴:《试论精神富有和精神富有的社会》,《浙江学刊》2012年第197期,第129—139页。
④ 邢乐勤、游丽云:《共同富裕视域下精神富有的内涵及其时代价值》,《观察与思考》2022年第533期,第107—112页。

二、大学生精神富有内涵指标的建立

为确保大学生精神富有内涵的关键指标提取既有代表性又有科学性,以已有研究对大学生精神富有内涵的研究及相关测量量表为先导,通过文献整理与分析、专家咨询及实证研究,立足于大学生全面发展视角,对各级关键指标进行反复与深入的分析和论证,最终选取了内在维度和外在维度的一级测查指标。内在维度包含精神素养、文化修养和心理素质,外在维度包含群体意识、人际和谐和社会参与,并在一级指标下建立各自的二级测查指标。

(一)内在维度

对于大学生精神富有的培养,只有关注到其作用于个体后的内在逻辑,使学生在精神、文化和心理层面共同发展,才能达到其最佳的精神状态,从而内化为促进大学生发展的精神动力。因此,在本研究中,大学生精神富有的内在维度旨在探究大学生精神富有的内在取向,具体包括精神素养、文化修养和心理素质三个方面。

第一,精神素养作为大学生精神富有的根本体现,直接决定人的价值观和思想高度。在本问卷中,理想信念、价值理念、道德观念构成了精神素养的三重特性[1],是人们要达到的一种精神境界。其一,理想信念是精神追求的最高层次,建立在对马克思主义普遍真理的情感认同基础之上。其二,价值理念影响人们价值判断和价值选择,只有树立科学、正确的价值观念,才能自觉把自我与社会的价值实现统一起来。其三,精神之发展与道德观念不可分割,或者说,道德本身就是一种精神的存在。因此,精神素养可以作为大学生精神富有内涵的重要指标之一。

第二,文化修养作为大学生精神富有的主要体现,能够构筑精神生活的文化形态与生命气象。在本问卷中,文化修养集中体现在文化自觉、文化自信、文化获得感及审美意识四个方面。其一,大学生的文化自觉是指深切关怀民族文化的历史、现状与未来,也是指不断提升自身文化品位与追求自我价值的

---

① 王引兰:《中国精神构筑的伦理维度》,《晋阳学刊》2019年第236期,第64—69页。

实现①。其二,树立和培养大学生的文化自信是当代大学生履行时代责任的前提和基础,以实现自我精神的形塑②。其三,大学生文化获得感是指大学生在文化领域达到的精神提升状态,是大学生在高校文化育人中获得文化熏陶后的心理体验③。其四,审美意识是体现个性的,其中不同程度地包含着主体的独特审美体验和创造精神④,故在一定程度上而言,个体人生境界的提高可体现在审美能力的提高方面。可见,文化修养能够很好地体现大学生精神富有的程度。

第三,心理素质作为大学生精神富有的重要体现,同人的精神世界总是密切相关的。在本问卷中,大学生心理素养主要表现为大学生是否具有稳定、积极、健康的心理状态和能力,能够在面临各种风险挑战时始终保持奋力向前的精神动能。良好的心理素质会激发大学生"自我实现"的心理需求,根据美国人本主义心理学家马斯洛的理论,个人趋向自我实现是指在任何时候和任何程度都能够实现自己潜能的过程⑤。因此,大学生健全良好的心理素质对其全面健康发展具有重要的激励作用,心理素质也是衡量大学生精神富有程度的重要指标之一。

(二)外在维度

大学生精神富有的提升成效,要外显于大学生行动的过程中,只有将个体置于群体、社会中,个体才能达到一种总体性精神发展状态,真正实现精神富有。因此,在本研究中,大学生精神富有的外在维度旨在探究大学生精神能量的外化方式及其实践目标,主要包括群体意识、人际和谐和社会参与三个方面。

第一,群体意识是社会主体在特定条件下,基于某种共同利益而聚合在一起内部成员都以维护该共同利益为目标,并贯彻到所有的行为举止中,从而逐渐形成的共同的价值认同与心理认知⑥。在本问卷中,利他精神、集体荣誉感是群体

① 徐宇宏:《新时代大学生文化自觉提升路径探究——评〈新时代大学生思想政治教育文化自觉研究〉》,《领导科学》2021年第16期,第129页。
② 张亚席:《文化强国视域下增强大学生文化自信的价值意蕴与实现路径》,《学校党建与思想教育》2022年第6期,第70页。
③ 胡继冬:《大学生文化获得感的基本内涵、生成逻辑及其提升路径》,《学校党建与思想教育》2021年第17期,第53页。
④ 朱志荣:《论审美意识的特质》,《上海师范大学学报(哲学社会科学版)》2016年第45期,第92页。
⑤ 陈京明:《当代成人大学生自我实现路径探析》,《中国成人教育》2016年第14期,第25页。
⑥ 朱军:《群体意识形态视角下的社会主义核心价值观建构研究》,华中师范大学硕士论文,2016年。

意识的重要表现,遵守群体规范、履行群体责任是群体意识的行为表现。大学生拥有利他精神,能够把"自我"的存在及生存意义和幸福与"他人"内在地关联在一起。① 同时,社会主义社会倡导全体公民要有群体观念,实质上是要有集体主义思想,获得集体主义最重要的就是要让大学生明白个体与集体的荣辱是密切相关的,学会重视和维护群体的利益。总之,大学生具备群体意识,有利于培养个人的核心素养、塑造个人的精神"美"。

第二,促进大学生全面发展,其重点可指向大学生个体的人际和谐,具体为大学生建立和谐人际关系的能力。人际关系最能体现个人精神发展的程度②,它是在社会交往中建立的。社会交往是促进人与人之间相互沟通理解的重要渠道,在这一过程中,人们不仅可以调节身心状态,其责任感也得到了提升。在本问卷中,人际和谐主要以同伴关系为主,互助行为是人际和谐的行为支撑,同辈群体之间可以互相提供帮助和支持以解决某些问题或困境。此外,拥有良好师生与同辈关系的学生更能在学校表现出情绪和行为上的稳定投入。总之,精神富有从本质上说,即对人精神需要的充分满足,其中就包含人际关系的需要③。可见,人际和谐是影响大学生精神富有程度的重要条件之一。

第三,社会参与能够集中体现大学生社会融合的程度,有益于个人与社会融合,进而提升个人幸福感。在本问卷中,社会参与是大学生具有社会担当意识的表现。新时代人们的精神标识可通过其个体的社会担当意识予以体现,个体的社会担当意识凝聚起来可激发巨大的精神力量,是推动中华民族伟大复兴的精神力量。大学生只有拥有社会担当的意识,才有可能实现人生的社会价值,拓宽人生的深度和广度④。个体越是融入社会,越能感到生活的意义和生命的价值,其幸福感越强,也越能体现其精神富有程度。基于此,社会参与对于大学生在社会中的自我发展具有重要意义,社会参与的程度越高,也越能表现出大学生的精神富有程度。

---

① 贺来:《"陌生人"的位置——对"利他精神"的哲学前提性反思》,《文史哲》2015年第3期,第131页。

② 陈敏:《当代大学生精神成人研究》,武汉理工大学硕士论文,2008年。

③ 徐文娟:《马克思主义幸福观视域下的浙江"精神富有"问题研究》,宁波大学硕士论文,2015年。

④ 孟庆艳:《培育新时代大学生社会担当精神的现实困境及路径选择》,《就业与保障》2021年第290期,第34页。

三、研究方法与路径

(一)研究程序

根据心理测量学的研究程序,本研究采用质性与量化相结合的研究方法。运用质性研究方法,通过深度访谈的方式与大学生进行互动,收集第一手资料,根据质性研究扎根理论的步骤探讨大学生精神富有的核心概念,为大学生精神富有量表的构建提供依据;再通过量化研究方法研究大学生精神富有的指标维度,编制《大学生精神富有量表》,用于测量大学生精神富有的程度,以促进大学生拥有健康积极的精神面貌。

(二)研究对象

1.访谈对象

预访谈对象 4 人,其中 2 名二年级心理学专业研究生(女,平均年龄 24 岁)和 2 名思想政治教育专业本科新生(女,平均年龄 19 岁);正式访谈对象 40 人,平均年龄 24.72(SD=0.80),预访谈为正式访谈之前所做的准备,以完善访谈提纲的题目。依据质性研究的"目的性抽样"原则,访谈对象选择能为本研究提供丰富信息的大学生,且访谈的对象不仅包括大学生,还包括高校心理教师、思政教师、专职心理咨询师和辅导员等人员,本研究的样本数量符合质性研究的样本量要求。在文献研究的基础上参考相关调查问卷,自编开放式题目共计 6 道,如对于精神富有,你是如何理解的呢? 你认为精神富有的大学生是怎样的人? 你认为什么因素会影响大学生的精神富有程度? 你认为精神富有的大学生在今后会有怎样的发展? 畅想:如果全体大学生都实现了精神富有的状态,那么学校、社会和国家会呈现出怎样的状态? 你认为当代大学生应如何提升自身的精神富有程度?

2.问卷对象

本研究采用整群抽样方法,对浙江省某省属高校的大学生进行调查。调查分为两个阶段:预测阶段和正式测试阶段。问卷初测目的是纠正模糊、混乱或准备不充分的题目,从而不断完善该问卷。预测阶段收到问卷 300 份,剔除无效问卷 26 份,回收有效问卷 274 份,问卷有效率 91.33%。正测阶段收到问卷 1100份,剔除无效问卷 47 份,剩余有效问卷 1053 份,问卷有效率 95.73%。为了避免预测问卷的干扰效应,正测阶段的被试与预测阶段的被试不重合。问卷采用李克特 5 点评分法:1 表示完全不符合,5 表示完全符合,分数越高表示大学生精神富有程度越强。

(三)自评量表的编制与验证

本研究基于文献资料、已有的相关量表,以及访谈文本内容的系统性整合、分析,进行《大学生精神富有量表》的编制。

一方面,本研究将所有校对后的访谈资料作为初始的资料分析文本,采用 Nvivo 11.0(简称 N11)质性分析软件进行分析。具体编码过程分为三个阶段。首先,进行开放式编码。以访谈文本资料中的关键词作为基础编码,初步产生 92 个编码,例如个人学识、成就感、具有理想和追求、人际交往能力和思想健康等。其次,进行关联式编码。从开放式编码的 92 个编码中析出 12 个范畴:理想观念、价值理念、道德观念、心理素质、审美素养、文化修养、群体意识、同辈支持、人际和谐、政治认同、社会参与和自我实现。最后,进行核心式编码。经过反复确定文本材料中关于上述 12 个范畴的表述,邀请专家对资料整理的结果进行反复分析和讨论,最终确定大学生精神富有内涵的内在维度和外在维度,系统地构建了大学生精神富有量表的六个测量指标,其中内在维度包含精神素养、心理素质和文化修养,外在维度包含群体意识、人际和谐和社会参与,如图 1 所示。

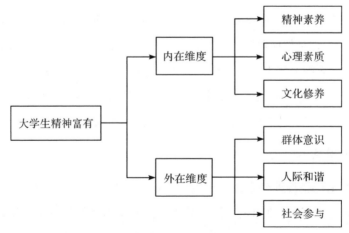

图 1　大学生精神富有维度图

另一方面,在访谈结果分析的基础上,编制了包含 37 个题目的大学生精神富有指标量表。在量表的初步编制阶段,我们邀请了 3 名教育领域专家、3 名大学教师和 6 名大学生对量表项目进行评价,并根据评价建议对量表进行了适当修改,形成了最终的预测问卷。预测问卷的应用涵盖了 200 名大学生,并对其数据进行了细致的项目分析,以判断是否需要删除或调整项目。分析结果表明,需要剔除的交叉负荷题项有一题(群体意识 3),最终剩下 36 题,在此基础上所有题项均具有良好的鉴别度。本研究最终构建了由 36 个项目组成的大学生精神富有量表,其中精神素养 9 题、文化修养 6 题、心理素质 6 题、群体意识 3 题、人际和谐 8 题、社会参与 4 题。

(四)数据收集及分析

本研究采用问卷星平台发放问卷,并组织被试在相对集中的时间段内进行现场填写。针对收集到的数据进行了无效问卷的处理工作,随后进行了数据的统计分析。我们使用 SPSS 22.0 工具对数据进行了探索性因素分析和信度分析;同时,采用 AMOS 22.0 工具对数据结构展开验证性因素分析和路径分析。

四、结果与分析

(一)信度检验

1. 可靠性分析

采用 SPSS22.0 对具有 36 个项目的《大学生精神富有量表》的内部一致性进行了研究,用克伦巴赫的 α 估计了量表和每个分量表的内部一致性,如表 1 所示。

表 1　量表可靠性(α 值)

分量表	题目项数	Alpha
精神素养	9	0.925
心理素质	6	0.892
文化修养	6	0.921
群体意识	3	0.882

分量表	题目项数	Alpha
人际和谐	8	0.942
社会参与	4	0.880

如表 1 结果显示,量表克伦巴赫的 α 总量表为 0.972,每个分量表分别为 0.925(精神素养)、0.921(文化修养)、0.892(心理素质)、0.882(群体意识)、0.942(人际和谐)和 0.880(社会参与),这些结果显示了令人满意的内部一致性,说明问卷具有较高的信度。

2. 收敛效度分析

在因子分析中,CR 值是用来评估潜在变量的内部一致性的指标,AVE 值是用来评估潜在变量的收敛效度的指标,代表潜在变量对所有测量变量的综合解释能力。结果如表 2 所示。

表 2　大学生精神富有量表 AVE 和 CR 计算结果

分量表	题目项数	AVE	CR
精神素养	9	0.51	5.45
心理素质	6	0.60	3.45
文化修养	6	0.55	3.73
群体意识	3	0.72	1.94
人际和谐	8	0.58	4.33
社会参与	4	0.74	2.03

观察表 2 中各个因子上的标准化载荷,大学生精神富有分量表的各个条目在其公因子下的标准化载荷值均大于 0.5,并且 CR 值均大于 0.7,由此可见,该量表具有良好的收敛效度。

(二)探索性因子分析

为确定《大学生精神富有量表》的因子结构,我们对样本(n=1053)进行了探索性因子分析(EFA)。从 KMO 值为 0.970,Bartlett 球型检验值 Sig(显著性值)=0.000<0.05 中,可知该数据适合进行探索性因子分析。基于量表的三个维度,对 37 个项目分别进行 3 次 EFA。第一次旋转后的成分矩阵显示为三因

子解,总方差解释为 67.45％,第一个因子包括 9 个题项(精神素养 3、精神素养 5、精神素养 4、精神素养 8、精神素养 6、精神素养 9、精神素养 7、精神素养 2、精神素养 1,25.45％的方差解释),第二个因子包括 6 个题项(文化修养 2、文化修养 5、文化修养 6、文化修养 4、文化修养 3、文化修养 1,21.73％的方差解释),第三个因子包括 6 个题项(心理素质 4、心理素质 5、心理素质 2、心理素质 6、心理素质 1、心理素质 3,20.27％的方差解释),具体如表 3 所示。

表 3　第 1 次 EFA 的旋转因子负荷矩阵(样本 N＝1053)

题项编号	因子 1 精神素养	因子 2 文化修养	因子 3 心理素质
精神素养 3	0.80		
精神素养 5	0.78		
精神素养 4	0.78		
精神素养 8	0.73		
精神素养 6	0.68		
精神素养 9	0.68		
精神素养 7	0.68		
精神素养 2	0.63		
精神素养 1	0.62		
文化修养 2		0.85	
文化修养 5		0.78	
文化修养 6		0.76	
文化修养 4		0.75	
文化修养 3		0.74	
文化修养 1		0.72	
心理素质 4			0.77
心理素质 5			0.77
心理素质 2			0.76
心理素质 6			0.73
心理素质 1			0.72
心理素质 3			0.69

第二次旋转后的成分矩阵显示为二因子解,总方差解释为 75.1%,第一个因子包括 8 个题项(人际和谐 7、人际和谐 8、人际和谐 4、人际和谐 5、人际和谐 3、人际和谐 6、人际和谐 2、人际和谐 1,45.51%的方差解释),第二个因子包括 3 个题项(群体意识 4、群体意识 2、群体意识 1,29.64%的方差解释),具体如表 4 所示。

表 4　第 2 次 EFA 的旋转因子负荷矩阵(样本 N＝1053)

题项编号	因子 4 人际和谐	因子 5 群体意识
人际和谐 7	0.83	
人际和谐 8	0.83	
人际和谐 4	0.79	
人际和谐 5	0.79	
人际和谐 3	0.74	
人际和谐 6	0.72	
人际和谐 2	0.70	
人际和谐 1	0.69	
群体意识 4		0.84
群体意识 2		0.84
群体意识 1		0.83

第三次旋转后的成分矩阵显示为一因子,总方差解释为 74.22%,该因子包括 4 个题项(社会参与 3、社会参与 4、社会参与 2、社会参与 1),具体如表 5 所示。三次 EFA 后得到的六因子与理论部分分类一致,结果显示,需要剔除的交叉负荷题项有一题(群体意识 3),最终剩下 36 题。根据上述因子解为每个因子命名,因子 1-6 分别被命名为精神素养、文化修养、心理素质、人际和谐、群体意识、社会参与。

表 5　第 3 次 EFA 的旋转因子负荷矩阵(样本 N＝1053)

题项编号	因子 6 社会参与
社会参与 3	0.90
社会参与 4	0.90
社会参与 2	0.84
社会参与 1	0.82

(三)验证性因子分析

EFA 的研究结果为六因素解的方案提供了初步支持。随后,采用 CFA(n＝1053)确定量表的结构效度。原始模型拟合情况为:$\chi^2＝4078.812$,df＝579,CFI＝0.892,χ^2/df(卡方自由度比)＝7.045,RMSEA＝0.076,SRMR＝0.0527。根据修正指数(MI),如果两个题项(精神 4 和精神 5)的测量误差在精神素养维度下相关,以及两个题项(社会参与 3 和社会参与 4)的测量误差在社会参与维度下相关,则卡方值将从 4078.812 减少到 3522.981。这将表明"精神素养 4"(学习大学思政课能够帮助你树立正确的科学的世界观)和"精神素养 5"(社会主义核心价值观能作为你的个人准则,并指导你的日常生活)两个题项与"精神素养"维度相关,但有相似的措辞;"社会参与 3"(你总是积极地参加社会实践、志愿服务等社会活动)和"社会参与 4"(你总是积极地加入各类社会组织)这两个题项与"社会参与"维度相关,但有相似的措辞。因此,这种修改被认为是合理的。在添加了误差协方差后,更新模型显示出了改进的拟合优度:$\chi^2＝3522.981$,df＝576,CFI＝0.909,χ^2/df(卡方自由度比)＝6.116,RMSEA＝0.070,SRMR＝0.0478。如图 2 所示,六个域的标准化因子负荷均超过 0.5,在 $p<0.001$ 时具有统计学意义,各分量表均显著正相关。总的来说,研究表明《大学生精神富有量表》的六因素模型的结构效度是充分的。

五、结语

本研究采取可靠性分析、收敛效度分析对《大学生精神富有量表》进行信度检验。各维度的内部一致性度在 0.85—0.95 之间,总量表的内部一致性度为 0.92。心理测量学要求心理量表的信度不低于 0.80,分维度的信度应不低于 0.60(吴明隆,2003)。这些结果表明编制的《大学生精神富有量表》符合心理测量学要求,较高的内部一致系数表明本研究设计的量表具有良好的信度。

通过探索性因子分析(EFA)和验证性因子分析(CFA)用于检验《大学生精神富有量表》的结构效度。经过三次 EFA 后得到了一个六因子结构,《大学生精神富有量表》由 6 个分量表下的 36 个项目组成:精神素养下的 9 个项目,文化修养下的 6 个项目,心理素质下的 6 个项目,群体意识下的 3 个项目,人际和谐下

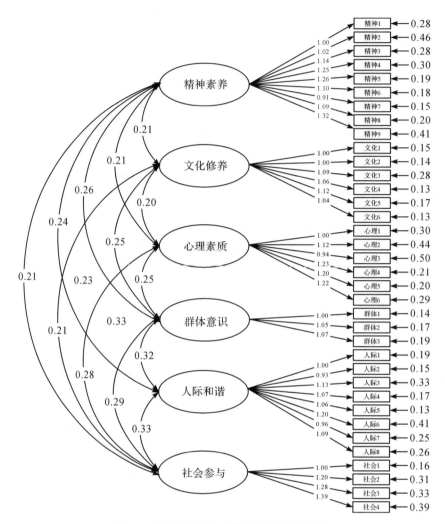

图2 《大学生精神富有量表》的因子结构图

的8个项目,社会参与下的4个项目。Schreiber 等认为心理量表的模型拟合指

数 χ^2/df 应不大于5,CFI 和 IFI 应不小于 0.9;RMSEA 应不大于 0.08[①]。考虑

到卡方自由度的差异也取决于样本量,在样本量较大时,不大于8也可以接受。

此外,在模型的内在结构适配度方面,潜变量与其题项之间的因子载荷均大于

0.9,达到了显著水平。可见,编制的《大学生精神富有量表》的模型拟合指数均

符合上述标准,支持了《大学生精神富有量表》的结构效度;并且,效度检验还可

---

① Schreiber J B, Nora A, et al,"Reporting Structural Equation Modeling and Confirmatory Factor Analysis Results:A Review",*J Educ Res*,vol.99(2006).

以通过收敛效度进行判别,《大学生精神富有量表》的每个维度的平均变异抽取量均大于 0.5,CR 值均在 0.8 以上,说明各维度之间具有良好的收敛效度。

综上,本研究在已有研究的基础上,经过数据的分析和验证分析,得出《大学生精神富有量表》的六因子模型,即内在维度的精神素养、心理素质和文化修养三个方面,外在维度的群体意识、人际和谐、社会参与三个方面。通过文献资料和实证数据的分析,证实了这一研究假设。基于此结构编制的《大学生精神富有量表》经过多次讨论与修订,最终形成包含 6 个维度共计 36 道题目的正式问卷。其中精神素养 9 题、文化修养 6 题、心理素质 6 题、群体意识 4 题、人际和谐 8 题、社会参与 4 题。同时,编制的《大学生精神富有量表》具有良好的信度和结构效度,可作为大学生精神富有程度的测评工具,也为大学生精神富有研究的理论方法进行了有益的实证探索。

参考文献

[1] 习近平.高举中国特色社会主义伟大旗帜　为全面建设社会主义现代化国家而团结奋斗——在中国共产党第二十次全国代表大会上的报告[M].北京:人民出版社,2022.

[2] 邢乐勤,游丽云.共同富裕视域下精神富有的内涵及其时代价值[J].观察与思考,2022(5):107-112.

[3] 徐宇宏.新时代大学生文化自觉提升路径探究——评《新时代大学生思想政治教育文化自觉研究》[J].领导科学,2021(16):129.

[4] 张亚席.文化强国视域下增强大学生文化自信的价值意蕴与实现路径[J].学校党建与思想教育,2022(6):70-72.

[5] 胡继冬.大学生文化获得感的基本内涵、生成逻辑及其提升路径[J].学校党建与思想教育,2021(17):52-55.

[6] 朱志荣.论审美意识的特质[J].上海师范大学学报(哲学社会科学版),2016(3):90-94.

[7] 陈京明.当代成人大学生自我实现路径探析[J].中国成人教育,2016(14):24-26.

[8] 朱军.群体意识形态视角下的社会主义核心价值观建构研究[D].武汉:

华中师范大学,2016.

[9] 贺来."陌生人"的位置——对"利他精神"的哲学前提性反思[J].文史哲,2015(3):130-137,167-168.

[10] 陈敏.当代大学生精神成人研究[D].武汉:武汉理工大学,2008.

[11] 徐文娴.马克思主义幸福观视域下的浙江"精神富有"问题研究[D].宁波:宁波大学,2015.

[12] 孟庆艳.培育新时代大学生社会担当精神的现实困境及路径选择[J].就业与保障,2021(24):34-36.

[13] 吴明隆.SPSS统计应用实务—问卷分析与应用统计[M].北京:科学出版社,2003.

[14] 张伟斌,陈华兴.试论精神富有和精神富有的社会[J].浙江学刊,2012(6):129-139.

[15] 王引兰.中国精神构筑的伦理维度[J].晋阳学刊,2019(5):64-69.

[16] SCHREIBER J B,NORA A,et al. Reporting Structural Equation Modeling and Confirmatory Factor Analysis Results:A Review[J].JEduc Res,2006(99).

经济活动的两种理性形式及规范

张伟东①

摘　要：现代人对于经济活动的认识有两个重要来源，其中经济活动的外在理性形式及规范是较早产生的，而经济活动的内在理性形式及规范则是在市场经济中孕育出来的，后者也是现代社会对于经济活动的主流认识。而对于经济活动的内在理性形式及规范的现代性认识也不是完全统一的。主流经济学只承认理性经济人及相关规范，演化经济学则只承认经济活动中的自发秩序和有限的理性，马克思主义政治经济学和制度经济学派则强调要以经济活动的外在理性形式及规范控制其内在理性形式及规范。

关键词：经济活动；理性形式；规范

一、经济活动的外在理性形式及规范

"经济活动的外在理性形式及规范"就是将经济活动的目的放在经济活动之外，以这个角度为元点认识和研究经济活动，并以这个目的为中心建立规范。人类对经济活动的认识有着漫长的历史，直到亚当·斯密之前人们对经济活动的认识还是非常简单的，这些认识大多站在一个外在的目的论视角上看待经济活动。

就西方经济伦理思想史来看，从亚里士多德到托马斯·阿奎那对经济活动的认识是具有传承性的。在亚当·斯密的经济理论形成之前，二者对经济活动的认识是西方经济伦理思想的主流。首先，这种认识的主体是站在经济活动之

---

①　作者简介：张伟东，浙江工商大学马克思主义学院硕士研究生，研究方向为思想政治研究。

外看待经济活动的;其次,这种认识使用了极其浓厚的政治色彩和伦理色彩的视角看待经济活动;最后,它以政治伦理规范为纲,为经济活动确立了一套外在的经济伦理规范。这套经济观念是由亚里士多德开创的,被托马斯·阿奎那完善和发展,并形成了一套外在于经济活动的理性规范形式,这套理性形式主导了西方经济活动近两个世纪。笔者将这套外在于经济活动的理性形式称为"亚里士多德—托马斯·阿奎那经济伦理秩序"。

对事物的认识与认识主体所处的视角有紧密关系。"亚里士多德—托马斯·阿奎那经济伦理秩序"是站在何处看待经济活动的本质呢?首先,在"亚里士多德—托马斯·阿奎那的经济伦理秩序"中,经济活动还不能离开政治秩序单独存在;其次,二者没有为经济活动赋予特殊性的性质,他们认为经济活动不过是人实现幸福的一种手段善,其是为"目的善"服务的;最后,二者认为经济活动的目的要服从于"至善",而超过自然限度的经济活动不能够达成这种"至善",因此经济活动是需要抑制在自然需求的限度之内的。二者是站在经济活动之外的政治和伦理境况中看待经济活动的,因此经济活动既不能离开政治伦理秩序单独存在,还要受到政治伦理秩序的严格限制。

在"亚里士多德—托马斯·阿奎那经济伦理秩序"中,经济活动是没有自身特质的,它不过是自然发展的一部分,即为了满足自身需要而不是追求利益采取的剩余产品的交换,所以经济活动一方面要遵循政治伦理秩序原则,另一方面还要遵循"自然原则"。依照自然原则,人们双方如果已经满足了各自的需要,就应该停止交换。依据这两条基本原则,经济活动首先要服务于政治活动的目的,其次以经济活动牟利的行为应该被禁止,再次交换中产生的利润和利息应该被禁止,最后托马斯·阿奎那还补充了慈善义务的原则,即人权高于财产所有权的原则,富人负有保护穷人生存的义务。除此之外,托马斯·阿奎那还依托宗教为这种理性认识构建了具有神属性的具体规范层面,比如他依据圣经解释慈善义务所强调的慈善规则——你储存的面包属于饥饿之人,你不穿的衣服属于没有衣服的人,你埋在土里的黄金可为身无分文之人自由取用。

从二者的经济活动认识论特质上看,二者都认为经济活动是满足政治、道德和生存需求的手段,这种视角是以作为道德理性和政治理性的主体身份看待经济活动的,并没有将自己纳入到经济活动的场域,简单来说,二者不是以从事和参与经济活动的人的身份而是以政治伦理学家的身份看待经济活动的。因此,他们认为经济活动不过是作为自然的延伸和实现人的目的的一种工具。

从亚里士多德和托马斯·阿奎那为经济活动设定的原则来看,经济活动是缺乏独立性和正当性的,一方面,经济活动不过是自然生产领域剩余后为满足生存需要进行的交换活动,因此必须限定在非营利的原则之下;另一方面,经济活动本身是为了满足统一的"目的善"服务的,因此城邦的和谐和个体幸福的实现要限制经济活动的盈利目的,贫困人口的生存权利要高于财产私有权利。依据这些原则来看,其是以政治伦理的目的性规范代替了经济活动本身应遵循的特殊规范,比如经济活动本身固有的一些原则:私有财产权、合作共赢和互利互惠的规范。

二者依据以上对经济活动的认识和规范形成了一套关于经济活动的理性形式:首先,其作为一个政治伦理理性主体站在经济活动之外看经济活动;其次,其将经济活动的目的放在经济活动之外的政治和伦理的目的上;最后,依据政治伦理规范为经济活动设定了规范。总体来看,这套对于经济活动的认识是一种自然、朴素的理性形式,这套经济规范是以政治伦理为核心的规范制度。因为这套理性形式中的主体、目的和规范都在经济活动之外,所以笔者将之称为"经济活动中的外在理性形式及规范"。

这套理性形式没有注意到经济活动的特殊性,并抑制了近代经济活动的发展。因此罗斯巴德批判道:"不幸的是,亚里士多德由于杜撰了一个虚构的、最原始的加尔布雷斯式的区分,即在应当被满足的'自然的'需要与无限制的因而应当被放弃的'非自然的'欲望之间的区分,而为后世埋下了麻烦。"罗斯巴德所说的"后世的麻烦"就是指以加尔布雷斯为代表的美国制度学派提出的"新社会主义"理论——通过国家的制度改革使计划经济和市场经济两种体系的权力与收入平等化。

确实在自由秩序经济学家眼中,这种站在经济活动之外看待经济活动的目的论方式和规范不仅是麻烦,而且是相当难以处理的。就当下的情况看,亚里士多德"为后世留下的这麻烦"仍在继续,尤其是在 1970 年罗尔斯的《正义论》出版之后,这个"麻烦"变得更加棘手了。不仅罗尔斯本人提出了作为平等的正义,政治哲学、经济伦理学、伦理学等学科也纷纷表达了对经济活动的主流秩序——自由秩序的不满,这些领域的著名思想家纷纷提出关于平等分配的、个体幸福的和社会正义的目的论的理论,对经济活动提出了更多的外在性认识和要求。因此阿马蒂亚·森说:"然而,要抛弃以权利为基础的道德理论,却不是一件容易的事情,尽管在很长一个时期内,伦理学曾经臣服于功利主义,但是最近它被康格尔(kanger)、罗尔斯、诺奇克、德沃金和麦基等作家以不同的方式复活了。"①实际上阿马蒂亚·森本人也是这一活动的参与者,他构建的经济伦理体系就是以个体的幸福权利为基础的,"它与亚里士多德的联系是显而易见的——如努斯鲍姆(Martha Nussbaum)已经讨论过的,亚里士多德集中注意人的'健旺'和'能力',这显然与生活质量和实质自由有关"②。阿马蒂亚·森在某种程度上就复活了亚里士多德关于幸福的思想——他称之为"实质自由",即人们有权利追求其欲望的生活,这种权利在经济伦理中生发为生产活动中的劳动自由权利、分配活动中的"可行能力"权利和交换活动中的自由交易权利。从根本上说,这是一种现代性的人权在经济活动中的表现,是一种市民社会性质的亚里士多德主义——其将亚里士多德的人生目的"至善"变为了"实质自由"。

在笔者看来,这个问题本身有重要意义——这种外在理性形式及规范是必要的,尤其对于过分关心效用的当代主流经济学来说,但其要求的形式和内容则不是完全必要的。站在经济活动之外看待经济活动的目的确实能够更好地把握人与经济活动的关系,能够使经济活动膺服于人的本质性目的,而不是人膺服于经济活动的直接性目的。这样看来经济活动不过是实现人的目的的工具,因此在使用机制上就没必要要求经济活动完全遵循政治和伦理的要求,而应该依据经济活动本身的特点,因势利导地提出政治和伦理的要求,而不是要求经济活动政治化和道德化。外在理性形式及规范应该以目的论为中心为经济活动划定必要的边界,使之在目的的维度上服务于人,而经济活动内在的理性形式和规范应该以经济活动本身的客观性为基础。尤其是随着人类认识水平的提高,以及对经济活动运行机制的把握和运用的经验的成熟,亚里士多德"留下的麻烦"反而应该被当作重要的目的来看,用以反思经济活动内在的理性形式和规范在整个人类的活动中无边界的泛滥,以无处不市场的精神信仰规划人的目的。

---

① 阿马蒂亚·森:《伦理学与经济学》,商务印书馆2003年版,第51页。
② 阿马蒂亚·森:《以自由看待发展》,中国人民大学出版社2012年版,第18页。

二、经济活动的内在理性形式及规范

"经济活动的内在理性形式及规范"就是依据经济活动本身的特殊性认识和研究经济活动的规律、问题等，并依据这些经验为经济活动设置符合自身特点的规范，简单来说就是将人看作经济活动的一部分，以市场为基准认识、研究和规范人的行动。

亚当·斯密的两本巨著《国富论》和《道德情操论》奠定了现代经济学的基础，从亚当·斯密开始，经济活动有了系统的内在的理性形式和规范——通过市场经济和市民社会的内在特征看待经济活动。一方面，亚当·斯密对现代经济活动的运行机制的认识是十分深刻的；另一方面，亚当·斯密对现代经济活动的人的属性的认识是十分深刻的。正是基于这两点，亚当·斯密建立了经济活动的内在理性形式及规范：作为市场机制中的行动者应该遵循何种理性形式及规范——自利的理性人和无形的手；作为市民社会中的活生生的人应该遵循何种理性形式及规范——同情及合宜性；由此产生了市民权利，比如自由、平等、公平等。

尽管亚当·斯密似乎已经很好地将这种内在的理性形式进行了规划。但这种规划的普遍性依然在形而上的领域受到了质疑。这个质疑首先是由德国历史学派提出的，即"斯密问题"：亚当·斯密关于经济活动的内在理性形式及规范是不是二元的？德国历史学派认为亚东·斯密的理论一方面强调人的同情属性，另一方面强调人的自利属性，这两种完全相反的属性同时存在何以可能。实际上这个问题涉及两个方面，即究竟是亚当·斯密本人的思想是二元论的，还是后人对这一思想进行了二元式的理解。

在亚当·斯密和他关于自由市场、自由贸易及劳动分工的经济学理论被广泛地接纳之前，人们对经济学的理解和认识是十分简单和浅显的。笔者将亚当·斯密之前的经济学称为"传统经济学"，这一划分的依据就和亚当·斯密的两个称呼有关，一个称呼是"古典经济学之父"，另一个称呼是"现代经济学之父"，这两个称呼理解起来可能有些不对称，但实际上包含了人们对于经济活动认识的转向和经济认识论发展的两个不同趋势的萌芽。

古典经济学发源于英国，这一理论批判了英国的重商主义和法国的重农主义。古典经济学认为,经济繁荣的根源是市场形成的自发调节机制,它们像一只"看不见的手"却无时无刻不在规划着人们在市场经济活动中的行为。因此过多的干预并不利于市场经济的繁荣和发展。而这一理论体系正是亚当·斯密创立的①。而亚当·斯密又被称为"现代经济学之父"的原因则与之相同,同样是因为主张市场自由竞争,亚当·斯密被称为"现代经济学之父"和"自由企业的守护神"②。

实际上,通过以上两段话很难看出"古典经济学之父"和"现代经济学之父"的差别,除了称呼的差别,其实质内容几乎是一样的——自由竞争下的市场机制。对亚当·斯密的头衔的奇怪描述(一种贡献而来的两个头衔)首先表达了人们对于经济认识的两次重要转变,第一次转变是亚当·斯密本人的贡献,第二次则是后继者根据亚当·斯密的研究导致的认识的转变。而以上两个对亚当·斯密的称呼所描述的事实基本上是对第一次转变的描述——亚当·斯密最杰出的贡献是提出了自由竞争的市场机制。

对现代经济学的概念已经有一个基本的共识,现代经济学是一门研究人类在市场中的经济行为和社会现象的科学,它的核心是发挥市场经济的自发调节功能和效用最大化。亚当·斯密对现代经济学的贡献是毋庸置疑的,比如在经济学研究的经验方法上(不追问终极原因的描述方法)、经济学研究的总体框架上(经济构成的四个环节)、国家和市场(自由竞争市场)的关系上。但有几个重要的问题值得注意:第一,亚当·斯密不追问经济行动的内在原因的经验方法是不是可以普遍化地在人类社会中运用,这一观点是亚当·斯密认可的吗?第二,经济学仅仅限于研究市场经济中的行为和现象吗?第三,国家不干预市场是放任市场发展,还是给市场规划边界,让市场在规划的边界内自由发展?起码在这三个基本点上亚当·斯密不会同意现代经济学的做法,有大量的证据表明这个分歧,比如亚当·斯密在《道德情操论》中就追问了人的行动的内在的普遍的动因,在《国富论》中也没有把经济活动的研究领域桎梏在研究市场经济中的行为和现象上,亚当·斯密撰写《国富论》的目的就隐含了市场经济自由竞争的边界——国家的富强。实际上,自新古典经济学开始,主流的经济学家就开始为私有财产谋划合理的解释,他们抛弃了宏观的视角,而仅仅从微观的实践看待

---

①　The Wealth of Nations. 亚当·斯密研究所官网. 引用日期 2021-12-03.

②　The Wealth of Nations. 亚当·斯密研究所官网. 引用日期 2021-12-03.

经济问题。19 世纪后期,这种视角开始逐渐发生转变,不断发生的经济滞胀促使人们开始反思以生产为基础的古典经济学,以需求为基础的边际效用逐步登上了市场经济舞台的中心,新古典经济学取代了古典经济学的中心地位。因此,亚当·斯密的第二个称呼恐怕不会合乎他本人的意见。更值得玩味的是,亚当·斯密本身是一名道德哲学家,而现代主流经济学却极力地抗拒伦理学,并将经济学从伦理学的学科范畴中分化了出去。因此对经济学的第二次认识的转变是主流经济学家归功于亚当·斯密的,以亚当·斯密的名字和这个名字代表的伟大贡献为主流经济学的实证化研究提供了可靠的基础。但这种认识犯了一个重要的错误——由于某些原因,它只继承了亚当·斯密一半的理论,即关于研究市场经济中的行为和现象的理论,并把这一理论普遍化和绝对化,却忽略了亚当·斯密另一半的也同样重要的理论,即关于市场经济应该做什么的理论。

因此,并不是亚当·斯密的理论是二元的,其根本原因是随着市场经济的快速发展,关于"理性经济人"和"无形的手的原则"溢出了市场机制的边界,开始在市民社会中被当作教条看待;其直接原因是主流的经济学不再关心亚当·斯密的另一半理论——《道德情操论》中的同情及合宜原则,这直接导致了这种内在的理性形式和规范的片面性发展;换个角度来看,伦理学也要为此负责任——伦理学没有深入市场机制的特征去讨论经济活动应遵循的原则。

当然,亚当·斯密两个方面的理论并没有被所有人忽略,在"当代关于市场经济应该做什么"这一问题上依然有顶级的经济学家在研究,虽然其没有成为主流的经济学理论,但随着主流经济学理论指导下的经济问题的暴露,这种理论越来越重要,并开始重新审视和批判主流经济学的理论,这种理论在西方一般被称为政治经济学,比如普特南和阿马蒂亚·森就是以这种宽阔的视角来理解经济学论文中提到的政治经济学概念。之所以这样用是因为二者看待经济的视角是一样的,它既把经济活动放在政治秩序的框架内理解,又关照了经济活动自发秩序的特殊性。

当然虽然亚当·斯密对经济学阐释的第一次转变也不是对传统经济思想的完全否定,起码在经济活动的目的上是继承了传统的经济伦理思想的——实现国家的富裕,不过实现国家富裕的方式不同了——经济理论被当作重要的工具,自由竞争市场作为了根本的方法。市场机制直至 16 世纪中后期才出现在人类的社会活动中,其成为经济活动的主要方式则更短,随着人对"无形的手"的把握,一种"内外相长"秩序形态正在全世界范围内发展和成熟。反思历史不惑当下,人理性的有限性和认识能力的无限性是紧跟着时代的脚步变奏的,在好的时代心存敬畏、在坏的时代怀抱希望,未来依然可期。

新时代我国网络空间主流意识形态
建设的现实困境分析

沈颖超[①]

摘　要：党的十八大以来，党中央高度重视意识形态安全，探索网络主流意识形态传播规律，加强主流意识形态的网络话语权已成为我们必须解决好的重大课题。通过分析网络空间我国主流意识形态建设面临的风险与挑战，阐释其实践形成，以给我国未来网络空间社会主义意识形态建设的未来走向提供建设理路。

关键词：网络空间；主流意识形态；风险与挑战

意识形态工作归根到底是做人的工作，人在哪里，意识形态工作的重点就应在哪里。互联网舆论是现实社会生活的缩影，网络空间是主流意识形态和非主流意识形态争夺的关键阵地。习近平总书记指出："过不了互联网这一关，就过不了长期执政这一关。"[②]因此建设具有强大凝聚力和引领力的社会主义意识形态必须重视网络空间主流意识形态建设工作，积极应对网络空间社会主义主流意识形态面临的风险与挑战，使主流意识形态牢牢抓住互联网意识形态话语主导权。

一、新时代我国网络空间主流意识形态建设的必要逻辑

中国特色社会主义进入新时代，网络意识形态安全也面临新情况，我国网络空间主流意识形态话语权建设不仅面临着西方意识形态渗透等外部冲击，也面

---

①　作者简介：沈颖超，浙江工商大学马克思主义学院硕士研究生，研究方向为思想政治教育。

②　中央网络安全和信息化委员会办公室：《习近平总书记关于网络强国的重要思想概论》，人民出版社 2023 年版，第 155 页。

临着主流意识形态治理能力有待提升等内部问题,西方话语霸权和网络多元思潮等问题严重冲击着我国网络空间主流意识形态话语权。随着网络在国家经济、政治和社会生活中的重要性日益增加,要使互联网这个最大变量变成发展的最大增量,必须高度重视新时代主流网络意识形态安全问题。倘若主流意识形态在网络场域陷入"失语""失声"状态,必然会损害国家意识形态安全。

二、新时代我国网络空间主流意识形态建设的风险与挑战

(一)西方国家对我国进行意识形态渗透

如今网络空间与海洋、陆地、天空、太空相提并论,成为"第五大空间"。以美国为代表的西方国家对非西方国家的意识形态渗透和侵略呈现出剧烈和隐蔽化趋势,借助在世界占据垄断地位的网络信息技术优势和话语优势,将现实空间的话语霸权拓展到虚拟网络空间,在新时代网络空间充斥着没有硝烟的意识形态交锋。

1.西方在网络技术和信息控制权等方面具有优势地位

西方国家不仅领先发明了计算机和互联网,而且拥有互联网的核心技术和基础资源,因此在网络技术、资源、信息和国际制度等方面处于主导地位。尽管我国网信领域科技创新成果显著,但同世界先进水平相比,同建设网络强国战略目标相比,还存在着不同程度的不足。

一方面,根服务器作为全球互联网的中枢系统,13 个根服务器中有 10 个分布在美国,根域名服务器是建构互联网最底层的基础设施。西方国家还持续创新网络新媒体和软件产品,不断延伸其在网络空间的传播领域,把其收集到的信息进行二次加工处理,为实施西方意识形态渗透和全球舆论信息控制提供了媒介与可能性。长期以来,为达到美国政府情报收集目的,美国国安局组织针对全球发起大规模网络攻击,从"维基解密"到"棱镜门事件",美国一直在全球布局大规模"监听网络"并从事大量网络攻击行动,其中中国是其重点攻击对象。

另一方面,在互联网全球化发展过程中,以美国为代表的西方国家凭借其发达技术优势向全球推广其制定的网络空间全球规则。美国政府先后发布《网络空间政策评估》和《网络空间行动战略》等文件,主导各种先进性评估,既当"选

手"又当"裁判",推进西方国家在互联网国际制度体系中的主导地位,进一步强化以美国为代表的西方国家在全球范围内的话语霸权地位,使西方国家牢牢掌握互联网的"主动脉",在国际上歪曲甚至重塑他国形象,挤压社会主义国家在全球的话语生存空间。

2.西方国家利用话语优势对网络空间主流意识形态展开渗透和攻击

在我国实现中华民族伟大复兴进入不可逆转的历史进程之际,以美国为代表的西方国家对我国多领域进行意识形态渗透,特别是与现实空间高度融合的网络空间。西方国家一以贯之地给其他非资本主义国家和发展中国家的网络空间主流意识形态施加国际舆论压力,实行网络空间中的"霸权主义"和"强权政治"。

以美国为代表的西方国家以网络空间为媒介进行全方位话语竞争,营造不利于非资本主义国家和发展中国家发展的全球舆论氛围,具体表现在两方面。

一方面,西方国家兴起"去意识形态化"思潮。近年来,随着我国的发展壮大,西方国家利用互联网媒介平台大肆宣扬"意识形态终结论""意识形态过时论""意识形态无用论"等观点,尽管其话语表达和理论观点不尽相同,但其实质是企图消解马克思主义观念,打击非资本主义国家,在国际舆论上直指我国主流意识形态。

另一方面,利用议题设置传播我国负面形象。当涉及我国相关话题时,西方国家报道的视角始终出于西方模式的解读,将隐含于议题话语中的西方价值观念传播到其他国家,以经济、政治、社会等话题包装意识形态话题。非资本主义国家遭受着西方国家因其议题设置优势而进行的"话语剥夺",加深其他国家对我国的负面印象,将我国民生问题政治化、局部问题国际热点化。在中国内部,网络平台上长期被灌输西方价值观的西方代理人借助热点事件企图利用未被证实的信息和新闻误导和裹挟普通人民群众,引发人民群众的不满情绪和愤懑之情,由此使党同人民群众割裂开来。

(二)信息网络化对社会主义意识形态的挑战

网络自身开放性特征决定了网络信息传播的随意性和多元性,我国网络空间舆论异常活跃,广大网民乐于表达、敢于表达,民间网络舆论场域迅速发展,再加之网络舆论圈层化的形成都会冲击到我国网络空间主流意识形态话语权建设,侵蚀主流意识形态的话语空间。

1.民间网络舆论场域的强势崛起冲击网络空间主流意识形态中心地位

网络技术的深度发展使网络意识形态参与主体呈现多元化发展趋势,根据传播主体划分,形成了以主流新闻媒体为主的官方网络舆论场域和以民众为主的民间网络舆论场。"以党政部门的'两微一端'、政务移动服务平台等为主体的官方舆论场域立足官方,以全知视角自上而下进行新闻叙事"①,宣传党和政府的方针政策,传播主流文化和社会主义核心价值观,维护社会和谐稳定。民间网络舆论场域是指借助微博、微信等社交媒体平台,网民通过自发交流和讨论而形成的自下而上、反映网民内心真实意愿的言论集散地。

一方面,官方议题设置和信息传播都控制在"把关人"手中,主流意识形态传播是单向格局,政府和官方媒体具有绝对话语权,民众缺少反馈发言的机会和渠道。互联网的深度发展弱化了信息传播中的"把关人"地位,在民间网络舆论场域人人都有话说、人人都能说,网民众声喧哗的话语表达在一定程度上消解了主流意识形态中心地位。强调去中心化的网络空间促使网络意识形态参与主体结构多元化,激发了意识形态主体的参与活力。不同思想倾向主体的发声导致民间网络舆论场域中的信息参差不齐,杂乱多样的信息与一元化的主流意识形态舆论导向产生矛盾,网络空间主流意识形态受到冲击。

另一方面,随着网络空间中信息沟通交流的互动性加强,网民更愿意接受来自民间网络舆论场域的信息,网民获得的信息往往是经过加工处理的,因此网络意识形态的传播会在别有用心者的作用下脱离主流意识形态,各种若明若暗的非主流和非理性意识形态充斥着民间网络舆论场域,这些"杂音"和"噪声"污染了网络舆论环境,使主流意识形态话语的主导地位和向心力受到挑战。自媒体等部分主体为博得眼球,在自身利益的驱使下把主流意识形态话语所表达的完整性叙事断章取义,特别是在以短小精悍为特征的"微时代",网民所接触到的主流意识形态处于"被遮蔽或被裁剪"状态,使信息传播呈现碎片化趋势,缺少理性深层次的思考。自媒体等部分主体在网络舆论场域中起

---

① 刘艳:《新时代中国网络意识形态话语权建构的三维审思》,《理论月刊》2021年第6期,第46—53页。

着传导带作用,成为网络舆情和热点事件的信息传播源头。在官方权威媒体通报热点事件前,真假难辨的信息已在民间网络舆论场域持续传播,各类信息在自媒体的传导带作用下一定程度上有所失真。倘若官方权威媒体发布热点事件丧失时效性会使民众与主流意识形态间产生间隙,不利于民众认同主流意识形态。部分无良自媒体为吸引流量反复炒作社会热点事件,其观点与主流意识形态背道而驰,极易引起不同意识形态主张间的舆论斗争,挑战社会主义主流意识形态。

2. 网络舆论圈层化弱化主流网络意识形态的引导力

网络技术赋权促进了社会圈层群体的成立,网民根据其共同的价值观,依托各类社交媒体平台分化聚合而成多圈层网络群体,"网络舆论圈层化是一个'圈中有层、层中有圈'的存在,且'圈'与'层'彼此相互依存,交织构成了网络舆论的空间向度和时间向度,共同演绎了其生传反馈的内在时空关系"①。

网络舆论的"圈子化"突破了以往网络舆论广场式的公开散播,在网络公共空间划分出多圈层,丰富了网络舆论生成和传播的路径,受制于"信息茧房"的影响,同一圈层内个体的互动黏性增强,对零散个体实行认同强化。网络舆论圈层化意味着各圈层有其独特的文化符号和价值体系,圈层文化具有多样性,既有助推主流文化和意识形态繁荣发展的圈层文化,也有与主流文化和意识形态意见相左的圈层文化。在原本较为边缘化的网络圈层参与者人数增加,支持力度加大的情况下,其在网络舆论场中会逐渐起到举足轻重的作用,形成强大舆论极端势力,分化社会共识,打破网络舆论场域中官方权威主流媒体占据主导地位的局面,进而改变网络舆论场域格局。

(三)多元社会思潮冲击主流意识形态安全

面临百年未有之大变局,各类社会思潮的交锋更为激烈,不良社会思潮的负面影响沉渣泛起,对我国网络空间主流意识形态话语权建设形成冲击。在我国网络空间,社会思潮主要以西方价值体系和资本逻辑两种形式对我国主流意识形态话语权建设造成较大威胁。

---

① 吴洁、许向东:《网络舆论圈层化:逻辑生成、发展深化与生态治理》,《新闻春秋》2022年第4期,第36—42页。

1.西方价值体系消解主流网络意识形态权威

各类社会思潮的激烈交锋已经突破学术观点的碰撞,其实质是意识形态和价值观的博弈。意识形态工作对国家政权的巩固极为重要,美国等西方国家也深谙思想领域的作用,西方敌对势力一直把我国视为西方模式推广的威胁,利用历史虚无主义、新自由主义和普世价值观等资本主义意识形态进行西方价值渗透。

历史虚无主义是通过歪曲、抹黑党史、新中国史、改革开放史和社会主义发展史,企图解构我国主流社会意识形态。"灭人之国,必先灭其史。"近年来,部分以"反思历史""解放思想"为由的社会思潮甚嚣尘上,在国内外反动势力的精心策划下,黄继光的胸膛挡不住机枪扫射、邱少云违背生物学常识等诋毁抹黑民族英雄的言论在网络平台上传播,甚至有部分言论以反思战争为借口,攻击抗美援朝的正义性。鼓吹历史虚无主义者的政治意图在于通过曲解我国历史细节达到对历史事件的颠倒黑白,破坏我国主流意识形态,潜移默化中消解广大人民群众的意识认同和历史认同,瓦解中国共产党执政的历史根基和群众根基,危害我国网络空间主流意识形态安全。

新自由主义提倡自由化、私有化和市场化,对公有制、社会主义和国家干预持否定态度,把在我国现阶段发展过程中出现的贫富差距、生态恶化等社会问题政治化,将中国建设道路中出现的问题扩大化以否定社会主义道路,借助互联网平台公开或隐蔽地将问题归于社会主义制度,抨击中国共产党的领导,西方敌对势力利用错误信息制造网络社会舆论进而以资本主义价值观念来改变和塑造我国人民群众。

2.资本逻辑的逐利性压制主流网络意识形态

逐利性是资本的根本特性,资本往往会流向有利可图的领域,资本在我国互联网产业发展过程中获取了高额利润,不管是外资还是国内资本,都想方设法地进入我国网络空间领域,逐渐形成成熟的操纵网络舆论模式,推动其资本行业市场发展。资本的踪影几乎遍布我国各个网络媒体社交平台,资本对网络空间舆论的操纵会使人民群众的自由意志受到资本意志的影响,干扰社会大众对社会热点事件的客观思考。

资本为达到其逐利目标,在网络空间会忽视我国主流网络意识形态,资本对金钱利润的过度追逐传递的是金钱至上的扭曲价值观,拜金主义、消费主义和利己主义思潮在网络空间盛行,资本逻辑是一种与我国主流意识形态体系截然不同的价值体系,看似是消费观念的选择,其实是在干扰人民群众的价值取向。在网络空间中,外资和私人资本调动一切有利于其发展的信息,淡化和忽视马克思主义主流意识形态的存在,甚至恶意曲解和抹黑马克思主义主流意识形态,利用资本控制的各种舆论工具误导人民群众,把资本意志凌驾于主流意识形态之上,为非主流意识形态大肆发声,不利于我国网络空间主流意识形态话语权的建构。

(四)我国网络主流意识形态治理能力有待提升

截至 2023 年 6 月,我国网民规模已达 10.79 亿,无人不网、无时不网、无处不网的特征日益显现,正从网络大国向网络强国阔步迈进。网络意识形态安全治理是新形势下互联网意识形态工作面临的时代课题,是党和政府需要高度重视的现实问题。我国网络主流意识形态管理能力还有待提升,需要充分结合网络意识形态新特征进行治理,突破传统意识形态治理方式和手段的制约。

1.网络意识形态安全治理机制较为落后

受传统意识形态治理影响,网络意识形态以党和政府为主导进行治理,但网络意识形态治理需要多方参与和共同合作,目前我国在网络意识形态安全治理领域存在治理主体责任权限模糊等问题,要把群众和社会组织充分吸收到网络意识形态安全治理当中,形成多主体参与、权责明确、上下联动的网络意识形态安全治理体系。

2.网络意识形态安全治理方式和手段单一

网络意识形态不同于传统的意识形态治理,治理方式和手段也需要与时俱进。面对敏感的网络舆情事件,个别基层政府舆情应对能力不足,一般采取信息封锁和压制管控的处理方式,缺乏科学应对舆情的机制。在快速发展的互联网时代,网络意识形态安全治理亟须创新治理方式和手段,从消极治理转为积极治理,从源头治理网络舆情事件,避免国内外敌对势力利用重大舆情事件在中国互联网舆论场策划炒作。提高网络意识形态安全治理水平是建设好维护好网络意识形态安全的应有之义。

三、结语

党的二十大报告中指出，要坚定维护意识形态安全。意识形态工作事关党的前途命运、事关国家长治久安。习近平总书记强调："互联网已经成为舆论斗争的主战场。"①要加强网络主流意识形态建设工作的创新发展，积极推进主流意识形态的网络话语表达，争夺互联网主流意识形态话语权，维护国家意识形态安全，更重要的是建立以网络主流意识形态主体、内容、客体、载体和场域为"五位一体"的实践应对途径，以抵制西方意识形态渗透，巩固社会主义主流意识形态在网络空间中的话语领导权。

参考文献

[1] 习近平总书记主持召开党的新闻舆论工作座谈会[N].人民日报,2016-02-20.

[2] 习近平.在网络安全和信息化工作座谈会上的讲话[N].人民日报,2016-04-26(2).

[3] 习近平.高举中国特色社会主义伟大旗帜 为全面建设社会主义现代化国家而团结奋斗——在中国共产党第二十次全国代表大会上的报告[N].人民日报,2022-10-26(1-5).

[4] 陈联俊.网络空间中马克思主义认同的挑战与应对[J].马克思主义研究,2017(6):96-103,160.

[5] 赵丽涛.我国主流意识形态网络话语权研究[J].马克思主义研究,2017(10):78-85.

[6] 吕峰.新时代中国主流意识形态话语权生成的现实境遇探析[J].思想政治教育研究,2018(1):34-37.

[7] 李江静.网络空间主流意识形态话语权的国际挑战探微[J].思想教育

---

① 中央网络安全和信息化委员会办公室:《习近平总书记关于网络强国的重要思想概论》,人民出版社 2023 年版,第 62 页。

研究,2018(1):47-51.

　　[8] 布超.全媒体时代维护我国意识形态安全面临的新挑战[J].学校党建与思想教育,2019(7):42-44.

　　[9] 祁峰,崔楠.新时代网络意识形态话语权研究述评与展望[J].北京航空航天大学学报(社会科学版),2023(4):72-71.

　　[10] 岳爱武.网络空间主流意识形态话语权建构的战略思考[J].哈尔滨工业大学学报(社会科学版),2022(1):51-57.

　　[11] 周坤.十八大以来我国社会主义主流意识形态网络话语权建设研究[D].长春:东北师范大学,2019.

　　[12] 李凯.新时代网络意识形态话语权建设研究[D].广州:中共广东省委党校,2021.

加强马克思主义宗教学研究队伍建设
推动高校马克思主义宗教观教育走深走实[*]

陆丽青　刘会会[①]

摘　要：借可视化分析软件 CiteSpace(5.8 R3)对马克思主义宗教观教育领域的研究进行分析，发现近年来该领域存在非常态化、不具有普及性及教育载体和师资力量不足等问题。文章提出，加强马克思主义宗教学研究队伍建设能通过教学内容建构、师资队伍建设、提升教学效果等进路，推动高校马克思主义宗教观教育走深走实。

关键词：马克思主义宗教观教育；马克思主义宗教学研究队伍建设；思想政治教育

一、马克思主义宗教观教育的重要性及本文研究方法与思路

进入新时代，随着我国国际地位的提高和国际影响力的扩大，社会制度的优越性得以充分体现，国际敌对势力对我国实施西化、分化的意图越来越不加掩饰，意识形态领域的斗争也愈加激烈。高校是培养人才的重要基地，大学生是国家宝贵的人才资源，肩负着人民的重托、历史的重任。作为意识形态斗争的前沿阵地，境内外敌对势力把高校作为重要阵地，一方面培养代理人，一方面进行宗教渗透，与我国争夺高知青年群体。面对意识形态斗争的严峻形势，如何构筑起

＊　本文系 2022 年度浙江省习近平新时代中国特色社会主义思想研究中心课题"习近平关于加强宗教人才队伍建设的重要论述在浙江的探索"(1270JYN5922107G)研究成果。
①　作者简介：陆丽青，浙江工商大学马克思主义学院副教授，硕士生导师；刘会会，浙江工商大学马克思主义学院硕士研究生，研究方向为思想政治教育。

高校防范宗教势力渗透的坚实壁垒,教育引导大学生正确认识和对待宗教问题,已成为新时代高校思想政治教育工作的重要内容。这项工作的突破点在于对大学生进行有的放矢的马克思主义宗教观教育,使其成为具有坚定政治立场和理想信念、堪当民族复兴重任的时代新人。

尽管我国马克思主义宗教观教育可以追溯至中国共产党建党前后,但大部分教育是通过马克思主义理论中的辩证唯物主义和历史唯物主义等内容的教育实现的,具有针对性、普及性、稳定性的马克思主义宗教观教育路径并未有效建构[1]。究其主要原因在于马克思主义宗教学研究力量及其成果不足以支撑马克思主义宗教观教育教学内容的建构、教育对象的普及及师资力量的建设,这通过马克思主义宗教观教育研究综述可充分体现。为了对马克思主义宗教观教育研究进行全面、深入的回顾分析,本文借助文献可视化分析软件 CiteSpace(5.8 R3)研究工具,以中国知网(CNKI)数据库收录的相关文献为研究对象,结合相关文献的内容分析,对我国马克思主义宗教观教育领域的研究态势、研究热点和研究重点进行分析,概括马克思主义宗教观教育领域存在的问题,并提出加强马克思主义宗教学研究队伍的建设,是推动马克思主义宗教观教育走深走实的重要支撑。

二、马克思主义宗教观教育研究的发展阶段及现实要求

在中国知网(CNKI)数据库中,以"主题=高校 OR 主题=大学生 AND 主题=马克思主义宗教观"为检索条件,截至 2022 年 11 月 20 日,共检索到相关文献 646 条。通过数据筛选,将其中无关文献剔除,最后获得 273 条文献,文献年度分布情况见图 1。按照研究文献的时间分布,大致可将高校马克思主义宗教观教育研究划分为以下三个阶段。

缓慢发展阶段(2007 年以前),文献数量缓慢增长。

新中国成立后,一大批高等院校得以建立,马克思主义宗教观教育在马克思主义理论课程中得以逐步开展。改革开放后,高校马克思主义宗教观教育进入

---

① 邢国忠:《大学生马克思主义宗教观教育的历史回顾与思考》,《科学与无神论》2019 年第 1 期,第 54—59 页。

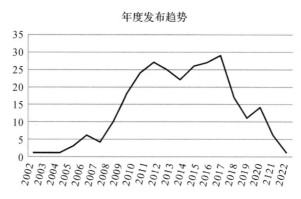

图1 马克思主义宗教观教育研究领域年度文献分布

深化发展的新阶段。2001年12月召开的全国宗教工作会议和2002年中共中央、国务院下发的《关于加强宗教工作的决定》①，成为21世纪初宗教工作的指南，促进了马克思主义宗教观教育研究的发展。2004年8月《关于进一步加强和改进大学生思想政治教育的意见》②催生的系列重要改革措施为思想政治教育发展创造了条件，马克思主义宗教观教育作为其重要组成部分也受到学界关注。另外，边疆地区高校率先围绕大学生宗教信仰现状、党的宗教政策和教育实践等问题开展了系列研究。但总体发文量较低，整体走势较为平缓。

快速发展阶段（2008—2017年），文献数量大幅增长。

一方面，在全球化发展的新趋势和改革开放的新形势下，我党高度重视宗教问题和宗教工作。党的十七大第一次将宗教工作基本方针正式写入党的报告和党章，迎来了2008—2012年间马克思主义宗教观教育研究首个高潮。党的十八大以来，习近平总书记对宗教工作做出一系列重要指示，尤其是2016年全国宗教工作会议的召开，进一步推动新时代党的宗教工作理论和实践创新，2017年成为该研究领域成果最多的一年。另一方面，随着境外宗教势力向高校渗透的加剧，党和政府高度重视大学生宗教观教育，出台了一系列重要政策文件。例如，2007年底中央四部委联合发布的《关于教育引导大学生正确认识和对待宗教问题的意见》、2015年印发的《关于进一步加强和改进新形势下高校宣传思想工作的意见》、2017年中共中央、国务院印发的《中长期青年发展规划（2016—2025年）》等都强调

---

① 《改革开放以来有关宗教工作的重要会议回顾》，《中国宗教》2021年第12期，第84页。

② 《中共中央、国务院发出〈关于进一步加强和改进大学生思想政治教育的意见〉》，《中国高等教育》2004年第20期，第5—7页。

了要培养学生树立正确的世界观、民族观、国家观、历史观、宗教观,自觉抵御境外宗教渗透活动,以共同维护祖国统一和各民族的繁荣发展。在这一阶段,在社会环境和国家政策的影响下,马克思主义宗教观教育受到重视,研究成果呈现蓬勃发展的良好态势。

明显回落阶段(2018年至今),文献数量显著下降。

根据对数据样本的分析发现,受制于研究内容重复、研究方法单一、研究热点转向等问题,该领域的研究出现下滑。首先,在研究内容上,重复性成果较多,研究主题囿于大学生宗教信仰原因探求、现状分析及对策建议等领域,因缺乏教育实践的积累和系统理论的指导,该领域研究陷入瓶颈。其次,在研究方法方面,大多研究以简单的社会调查为主,缺乏严格意义上的社会学规范,定量与定性研究相结合的成果更是少见,从而造成研究方法单一导致创新动力不足的现实困境。同时,发文数量的锐减与热点主题的转移密切有关。2015年中央统战工作会议和2016年全国宗教工作会议之后,"马克思主义宗教观中国化""宗教中国化"等迅速成为相关领域的研究热点。除此之外,自2016年全国高校思想政治工作会议强调办好思政课[1]、2017年教育部首次提出切实增强大学生思想政治理论课的获得感以来,"获得感"成为思政课教学研究新方向,相关研究随之兴起[2]。鉴于上述研究内容、研究方法等难题仍悬而未决,不可避免地导致研究热点的分流和转移。

研究领域发文量的显著下降,体现出马克思主义宗教观教育的关注度出现减弱趋势。高校是培养社会主义建设者和接班人的首要阵地。在高校进行马克思主义宗教观教育,既是坚持和巩固马克思主义意识形态指导地位的要求,也是高校落实立德树人根本任务的要求,同时也是维护国家安全,进行反分裂、反西化、反渗透政治斗争的需要[3]。新时代高校马克思主义宗教观教育不容忽视,亟待加强。

① 刘贵芹、本刊记者:《深入贯彻落实全国高校思想政治工作会议精神 切实增强大学生对思政课的获得感——访教育部社会科学司司长刘贵芹》,《思想理论教育导刊》2017年第5期,第4—8页。
② 本刊编辑部、陈绍辉:《贯彻落实全国高校思想政治工作会议精神 切实提高高校思想政治理论课教学质量》,《思想理论教育导刊》2017年第5期,第1页。
③ 杨延圣、王瑞:《新时代高校马克思主义宗教观教育的路径探究》,《高校马克思主义理论研究》2022年第1期,第136—144页。

三、马克思主义宗教观教育研究存在的问题

借助 CiteSpace(5.8 R3)对所选 273 篇目标文献的摘要、关键词等题录信息进行可视化分析,获马克思主义宗教观教育研究领域时间线视图(图 2)。时间线视图是对关键词共现、聚类网络进行分析而形成的可视化图像,图像侧重在该研究领域内,以时间维度分析研究对象的知识演进视图,它侧重于勾画关键词聚类之间的关系和某个聚类的历史跨度。其中横轴为时间坐标,时区以 1 年进行划分,并显示当年该聚类词汇的关键词。

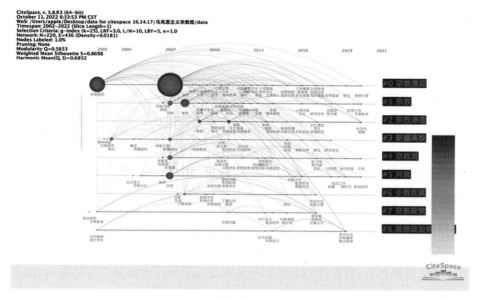

图 2　马克思主义宗教观教育研究领域时间线视图

本文以横向聚类结果来描述关键词共现网络中突出的聚类与节点。图 2 右侧有 9 个聚类标签。其中♯0 宗教信仰、♯01 宗教、♯02 宗教渗透三个聚类具有较强的同质性,可归纳为现实问题类群。同理,可将♯03 新疆高校、♯06 少数民族两个聚类总结为研究对象类群;♯04 宗教观、♯05 对策、♯07 宗教政策、♯08 思想政治教育队伍总结为建议和对策类群。通过对这三个类群的具体分析,可概括出高校马克思主义宗教观教育存在着以下三个方面的问题。

(一)高校马克思主义宗教观教育总体呈现非常态化的局面

这种非常态化表现为该领域的研究聚焦于大学生宗教信仰这一现实问题，缺乏系统性和理论性。由图2可知，现实问题类群，即宗教渗透和大学生的宗教信仰，是该研究领域出现频次最高的聚类。这一方面凸显了境外宗教渗透背景下大学生宗教信仰问题研究的重要性，另一方面也暴露出这一领域的研究缺乏系统性。以聚类"宗教信仰"为例展开具体分析可知：从研究历程来看，大学生宗教信仰问题从2002年开始受到研究者们的关注，是该领域的核心内容和热点问题；从研究重点来看，2002—2010年间，主要探究大学生皈依宗教的心理动机，2013年起开始转向从大学生道德文化教育[①]、人生理想[②]、科学信仰[③]等方向去研究如何抵御宗教在高校校园的渗透；从研究方法来看，现有研究以社会调查为主，深入的理论探讨较为少见。这一类出现频次最高的研究，大多从问题出发，既缺乏理论性，也缺乏系统性，比较直观地体现了目前高校马克思主义宗教观教育仍未形成常态化的局面。

(二)高校马克思主义宗教观教育不具有普及性

非常态化与非普及性密切相关，这从图2的研究对象类群可以充分体现。该领域的研究对象较多集中于新疆高校和少数民族大学生。2003—2018年间，"新疆高校"研究主题分布较为均匀，研究以调查为主[④]，从意识形态安全视角[⑤]，提出精神家园建设等[⑥]对策建议。学界开始广泛关注"少数民族大学生宗教信仰"问题始于2008年，究其缘由，与2008年拉萨"3·14"和新疆"7·15"事件密切相关。在党中央的指导下，包括新疆在内的民族地区高校开设了具有针对性、

---

① 何虎生、蒋浩存、呼延博文：《论加强党的民族宗教理论教育与立德树人的关系》，《民族教育研究》2018年第3期，第14—19页。

② 蒋菲：《当代大学生人生理想：基本内容与教育对策》，《东北师大学报》(哲学社会科学版)2016年第3期，第226—230页。

③ 邵帝霖：《马克思主义宗教观视角下当代大学生宗教信仰问题研究》，沈阳工业大学硕士论文，2018年，第39页。

④ 李娟：《新疆高校大学生信仰现状及对策研究》，新疆大学硕士论文，2009年，第6—16页。

⑤ 单学平：《关于西藏大学生意识形态领域反分裂斗争规律和教学的思考》，《西藏大学学报》(社会科学版)2011年第1期，第10—12页。

⑥ 张寿芝：《新疆少数民族大学生宗教信仰状况和对策研究》，华东师范大学硕士论文，2003年，第26—41页。

系统性和地域特色的马克思主义宗教观教育专门课程。该研究热点涉及五观①、三重认同②、和谐共生③、民族心理、民俗文化④等。虽然关于包括新疆在内的少数民族地区大学生马克思主义宗教观教育研究积累了有益的经验⑤,但这些颇具特殊性的研究在某种程度上并不具有代表性和普适性。该领域的这一研究特点鲜明地表明,现有的马克思主义宗教观教育不具有普及性。

(三)高校马克思主义宗教观教育缺乏有效的载体和师资

教育需要具有可持续性的、稳定性的载体,才能达到教育效果,但从目前的情况来看,马克思主义宗教观教育尚不具备这一必备条件。根据图2概括的第三个研究类群对策建议可得出这一结论。这个类群中的"对策",所涉文献强调了高校校园内宗教渗透的危害,提出将马克思主义宗教观教育纳入思想政治教育的范畴,旗帜鲜明地提出要向大学生宣传马克思主义宗教观,帮助他们正确地认识宗教和对待宗教。另外,研究者也充分认识到缓解大学生皈依宗教这一现象,除了要做好统战工作之外,学校需要加强理想信念教育。这一类群中的"宗教政策教育""思想政治教育队伍",从关键词突现的时间维度来看,两者研究起步时间较早,但学术关注度明显不足。其中教师队伍建设作为开展马克思主义宗教观教育的关键,该聚类最早可追溯至 2002 年,但此后研究内容较为分散且进展缓慢,2002—2019 年间主要由"高校学生"⑥"宗教知识"⑦"模式探索⑧"等关键词组成,理论上缺乏深度分析和探讨,特别是师资队伍建设中存在的数量、质

---

① 何慧星、吴新平、李智敏:《新疆高校民汉学生"五观"教育认同感研究》,《当代青年研究》2008 年第 5 期,第 42—44 页。

② 何虎生、蒋浩存、呼延博文:《论加强党的民族宗教理论教育与立德树人的关系》,《民族教育研究》2018 年第 3 期,第 14—19 页。

③ 张洪春:《少数民族思想政治教育接受过程研究》,中南大学硕士论文,2010 年,第 67—71 页。

④ 陈萌、郑晓齐:《少数民族大学生接受无神论教育的问题与对策》,《贵州民族研究》2017 年第 2 期,第 238—241 页。

⑤ 叶蕾:《新疆高校马克思主义宗教观教育的历史回顾与现实思考》,《新疆大学学报》(哲学·人文社会科学版)2015 年第 2 期,第 18—22 页。

⑥ 艾克科尔·阿不都拉:《新疆高校学生宗教信仰问题的几点思考》,《新疆大学学报》(哲学社会科学版)2002 年第 S1 期,第 157—159 页。

⑦ 胡吉红:《民族宗教问题是需重视的时代命题——评〈民族宗教知识简明教程〉》,《当代教育科学》2014 年第 9 期,第 73 页。

⑧ 田海燕、张鹏、阿迪边江·阿力木:《高校宗教信仰学生教育管理模式探索——以中北大学为例》,《中北大学学报》(社会科学版)2020 年第 6 期,第 152—156 页。

量、地位、培育路径等关键性问题在研究中鲜有提及。该领域研究的这一特点，鲜明地体现了马克思主义宗教观教育缺乏有效的载体和师资。

四、加强马克思主义宗教学研究队伍建设，推动高校马克思主义宗教观教育走深走实

党的十八大以来，以习近平同志为核心的党中央高度重视高校宗教工作，在2016年全国宗教工作会议上强调：要加强对青少年的科学世界观宣传教育，引导他们相信科学、学习科学、传播科学，树立正确的世界观、人生观、价值观①。2021年12月3日至4日，在时隔五年再次召开的全国宗教工作会议上，习近平总书记首次提出并强调：要培养宗教工作"三支队伍"即党政干部队伍、宗教代表人士队伍和宗教学研究队伍。其中对"三支队伍"之一的宗教学研究队伍培养提出四个标准：思想政治坚定、坚持马克思主义宗教观、学风优良、善于创新②。马克思主义宗教学研究队伍作为宗教工作重要理论和实践工作的有力推动者，加强该队伍建设，不仅能为马克思主义宗教学研究提供有效助力，并将有助于推动高校马克思主义宗教观教育走深走实。

（一）加强宗教工作"第三支队伍"建设，有助于高校马克思主义宗教观教育教学内容的建构

目前在高校进行马克思主义宗教观教育，最具可推广性的途径是将相关内容纳入"思想道德与法治""马克思主义基本原理概论""中国近现代史纲要"及"毛泽东思想与中国特色社会主义理论体系概论"等现有高校思想政治理论课课程。但目前这些课程的教学内容设置中，都未能体现马克思主义宗教观的相关内容。显然，只有在宗教工作"第三支队伍"的专业支持下，才能实现这一亟待解决的问题。

---

① 《发展中国特色社会主义宗教理论 全面提高新形势下宗教工作水平》，《科学与无神论》2016年第3期，第4—5页。
② 《坚持我国宗教中国化方向 积极引导宗教与社会主义社会相适应》，《人民日报》2021年12月05日，第1版。

（二）加强宗教工作"第三支队伍"建设，为高校马克思主义宗教观教育师资队伍建设提供支持

马克思主义宗教观是马克思主义理论的重要组成部分，但是由于国内马克思主义宗教观研究起步较晚，学科建设仍然存在不完善的局面，所以在马克思主义理论工作者队伍中的普及程度也十分有限，以至于许多思想政治理论课教师本身不具备马克思主义宗教观的基本知识，导致不能担负起在思想政治理论课教学中适时进行马克思主义宗教观教育的任务。加强宗教工作"第三支队伍"建设，扩大马克思主义宗教学专业研究队伍，为在高校思想政治课教师及思想政治教育工作者中开展必要的马克思主义宗教观教育提供支持，是马克思主义宗教观教育走深走实的前提条件。

（三）加强宗教工作"第三支队伍"建设，赋予高校马克思主义宗教观教育以时代气息，增强教学效果

马克思主义宗教观是开放的理论和发展的理论，加强宗教工作"第三支队伍"建设，不断推进马克思主义宗教观的中国化、时代化，才能不断为高校马克思主义宗教观教育补充新的内容，赋予教育内容时代气息，提升马克思主义宗教观教育的现实阐释力和回应力，不断增强教育的实效性。

新媒体助推乡村品牌化建设研究[*]

虞佳炯　杨亚茹　黄　娟①

摘　要：乡村品牌化通过新媒体集聚乡村特色资源，提升乡村运营能级，实现乡村价值增值保值，是乡村建设的重要抓手。文章探讨乡村品牌化的价值意义、新媒体助推乡村品牌化建设的优势及作用机制，剖析新媒体在乡村品牌化建设过程中存在的主要问题，并提出四条对策建议，以期实现新媒体赋能乡村品牌化建设、助力乡村振兴的目的。

关键词：乡村建设；乡村品牌化；新媒体

一、引言

习近平总书记在党的二十大报告中指出，"全面建设社会主义现代化国家，最艰巨最繁重的任务仍然在农村"，提出要"扎实推进乡村产业、人才、文化、生态、组织振兴"。② 2022 年中央一号文件中也指出乡村建设是一项重点工作，推动乡村振兴是我国发展的重要任务之一，必须坚持农业农村优先发展。

乡村品牌化赋能提升乡村运营能级，是乡村建设的重要抓手。如何将乡村品牌化经营的特殊优势转换为促进农村经济发展的动力，并进一步满足农民日

＊　本文系 2021 年浙江省省属高校基本科研业务费重点项目（XR202108）研究成果。

①　作者简介：虞佳炯，浙江工商大学马克思主义学院硕士研究生，研究方向为马克思主义理论；杨亚茹，浙江工商大学马克思主义学院硕士研究生，研究方向为马克思主义理论；黄娟，浙江工商大学马克思主义学院讲师，南开大学经济学博士、博士后，主要研究方向为资源环境经济与乡村振兴。

②　习近平：《高举中国特色社会主义伟大旗帜　为全面建设社会主义现代化国家而团结奋斗——在中国共产党第二十次全国代表大会上的报告》，《人民日报》2022 年 10 月 26 日。

益增长的美好生活需求①,是共同富裕下实现乡村振兴、发展乡村经济的一个重要课题。在品牌时代,要实现乡村振兴,需要引入乡村品牌化这一战略概念。乡村品牌化则是指通过引入品牌化的理念和方法,经营、管理、促进乡村发展②,重点关注且充分利用区域内自然资源、人文资源、人力资源等优势资源来实现品牌化,在乡村振兴的各个环节充分发挥其特殊功能③。显然,乡村品牌化是一种高质量、可持续、绿色化、共同富裕的乡村发展模式,是乡村发展方式变革和转型的重要途径。

二、乡村品牌化的价值意义

乡村品牌化具有重大的历史意义和现实价值。第一,乡村品牌化有助于农村产业由增产引导转入提质引导,助力产业升级,促使资本、技术、信息、人才等要素向乡村流动。第二,乡村品牌化有利于挖掘资源优势、带活产业,富裕村民,打造具有商业价值的现代化乡村服务品牌,对传统农业进行深层赋能,提升农村居民收入。第三,乡村品牌化有助于传播乡村当地特色优秀文化,弘扬工匠精神和诚信意识,也更容易凝聚文化力量,文化理论为传承农耕文化、唤起文化自觉和彰显文化自信提供坚强支撑。第四,有助于加快把该扶贫区域原有的农业生态、人文历史等区域资源优势逐步转变升级为产业发展优势和区域市场资源优势,实现扶贫品牌溢价功能,带动扶贫区域的经济发展升级和贫困农户的增收致富。

乡村品牌化建设过程中所积累和总结的经验,不仅为实现乡村振兴战略提供参考依据,也为扩展乡村多种功能、挖掘乡村多元价值、发展乡村多层产业、完善乡村建设机制铺垫基础与创造机会。总之,乡村品牌化的富民效应明显、发展潜力极大,是对乡村功能价值再认识的过程,是政府推进乡村发展路径的再实践、落实乡村振兴发展战略的重要渠道。

---

① 李闯、易宣羽:《乡村振兴视域下乡村品牌化经营发展路径》,《商业经济研究》2021年第11期,第138—142页。

② 李闯、胡晓云、蒋文龙等:《浙江省乡村品牌化建设的现状、问题与对策》,《浙江农业科学》2021年第62期,第1050—1056页。

③ 蒋琴、吴学成:《乡村旅游品牌建设与社会经济发展研究》,《农业经济》2019年第1期,第58—60页。

三、新媒体在乡村品牌化建设中的作用

为有效实现乡村振兴战略,加快推进农业农村现代化,要十分重视新媒体助力乡村品牌化建设的重要性和必要性,厘清新媒体在助推乡村品牌化建设过程中的积极作用。

(一)新媒体平台拓宽品牌推广渠道

随着互联网的快速发展,运用新媒体平台宣传产品、推出服务,为乡村品牌的推广拓宽了新渠道。杭州临安龙门秘境村落景区依托各大网络媒介,创建"云上推介"新模式,以"天目 e 站"为基础,建设龙门秘境"云上运营"平台,同微信公众号、抖音、新浪微博等建立联系,通过网络平台运营开展产品展示和销售、聚集粉丝、服务客户。不仅增加了产品的销售模式、拓宽了品牌的推广渠道,而且有助于实现品牌的成长。因而,新媒体平台使得推广渠道增加,对于乡村品牌的建设十分重要。

(二)新媒体平台明晰乡村品牌定位

企消双方的交易过程往往是信息单向传输模式,这就导致了双方的互动较少。而利用新媒体渠道大大拉近了消费者和企业的距离,这有助于企业了解消费者的需求,精确描绘消费者画像,明晰品牌定位,从而部署精准营销和推广。南京栖溪国际慢城准确找准定位,推出"东方国际慢城"品牌,依托不同新媒体平台实现"东方国际慢城"品牌化建设。"慢"就是品牌建设的理念,是当地品牌化建设的工具,有了特色就避免了旅游产品的同质化[①]。以此树立并宣传品牌,实现了特色化发展,提高了知名度和经济效益。因此,新媒体相较于传统媒体具有品牌快速定位的优势。

---

① 王燨、房建恩:《乡村旅游产品同质化问题分析及对策研究》,《江苏农业科学》2020 年第 48 期,第 14—19 页。

(三)新媒体平台促进乡村文化传播

我国乡村存在历史文化底蕴深厚但传播限度较大的现状。对于乡村品牌的建设而言,品牌的创建运行与当地经济、思想文化等因素间有着密切的关系。新媒体平台能充分发挥数字化传播的优势,为品牌文化的建设助力。杭州临安龙门秘境村落景区在新冠疫情的影响下,通过线上举办了"助万企帮万户,直播带货促发展——陌上花开,源梦秘境"等直播活动,产品销售额将近 10 万,直播人气达千万;并且在线上线下同时举办的全民茶饮节、啤酒艺术节等得到了浙江卫视、腾讯网等多家媒体的报道。龙门景区将当地经济发展和村落景区品牌文化的建设有效融合,在有形的活动中通过媒体报道及自身宣传传播着无形的品牌文化。因此,新媒体平台能有效地促进乡村本土品牌文化的传播。

(四)新媒体平台推进人才队伍建设

习近平总书记指出:"人才振兴是乡村振兴的基础,要创新乡村人才工作体制机制,充分激发乡村现有人才活力,把更多城市人才引向乡村创新创业。"[①]广大乡村在建设品牌的过程中,人才的运用是不可或缺的,要注重借助新媒体平台进行专业性的人才队伍建设。新媒体平台具有资源多、无界限等特点,能够较为高效地开展人才队伍建设工作。位于衢州市的常山县以网络直播来激活乡村振兴青春因子,推出"青村播"特色品牌,借助新媒体平台引育直播带货、短视频、村播等达人队伍,通过举办直播大赛和建立教学实训基地等方式,培养了一大批专业人才。同时,发挥人才集聚效应,吸引更多的人特别是年轻人返乡创业就业。

四、新媒体助推乡村品牌化建设过程中存在的问题

新媒体助推乡村品牌化发展作为新型的乡村发展方式,在持续推进乡村发展过程中也面临着较多问题。

---

① 习近平:《把乡村振兴战略作为新时代"三农"工作总抓手》,《求是》2019 年第 11 期,第 4—11 页。

(一)乡村对新媒体认知程度低,助推效能有限

在"互联网＋"背景下,乡村旅游营销需涉及互联网技术、旅游及市场营销等多方面的知识。虽然智能设备在乡村已得到了普及,但受村民观念差异和对新媒体接受程度的影响,乡村对新媒体的认识较为片面与保守。尤其是新媒体技术的虚拟性,使村民们产生"不切实际"等刻板印象,对新媒体与乡村品牌建设之间的发展可能性存在怀疑,在运用新媒体过程中也较为被动,缺乏实践自主能动性。因此,运用新媒体技术建设乡村品牌化,需提高村民的新媒体素养,增强其技术思维[①]。

(二)乡村品牌自身含金量不高,助推丧失活力

通过网络新媒体进行品牌推广是目前较优的推广途径,但面对粗糙的乡村品牌,主要存在以下缺陷:产品本身缺少精心的规划,营销缺少科学的策略,品牌蕴含的文化内涵较低。故新媒体推广也可能存在品牌信息被网络讯息所淹没的风险。因此,乡村品牌化建设不能盲目只为谋求盈利,而是要明确乡村品牌的正确定位,提高品牌的含金量与价值形象[②],才能获取较高的品牌发展存活率,以及最大化发挥新媒体助推乡村品牌发展的潜力与活力。

(三)品牌的扶持政策后续乏力,助推后劲不足

我国多地各级政府出台了一系列品牌扶持政策,但因为存在本土性不足、知晓度不高及监督环节缺失等问题,政策后续执行略显乏力,甚至仅限于精神层面的支持鼓励,并没有落到实处。有些品牌发展急于引入新媒体媒介,一味地追求"高大上""新奇",缺乏新媒体的实践经验,往往品牌自身的存活也会因为资金不足、手续不全或资源不够等问题夭折。总之,新媒体助推乡村品牌化建设发展需要当地政府精准有力的扶持。

① 楼馨元、戚晓明:《乡村治理中新媒体的应用研究》,《新闻爱好者》2022 年第 6 期,第 41—43 页。
② 尹长根、彭虹:《美丽乡村建设背景下生态旅游品牌推广研究——评〈生态农业和生态旅游业耦合产业链理论与实证研究——以三峡库区为例〉》,《环境工程》2021 年第 9 期,第 238 页。

（四）地方乡土文化的严重制约，助推难以进行

乡村品牌的创建与乡村当地文化有一定关联。我国大多数乡村有着浓厚的乡土文化，但在涉及利益的时候，有些宗族帮派、地缘关系等会阻碍品牌的创建与发展。乡村品牌不能创建运行，新媒体助推自然难以得到发展，进而乡村人们生活水平、思想解放程度就无法得到提高，那么固有的僵化恶习就很难得到改变。因此，新媒体运行所依赖的文化发展环境是影响其产生效用、发挥效能的重要因素，在实现新媒体助推乡村品牌化建设的过程中要重点关注地方乡土文化的融合运用。

（五）专业人才及配套资源不足，助推质量不佳

新媒体技术的迅速发展，相应地催生了大量的新媒体人才需求。但在生活、教育等配套设施及收入相对落后的乡村，相对缺乏知识更新快、接受新事物能力强、适应市场经济环境能力强的新媒体人才，这也是新媒体助推乡村品牌化的重要问题之一。因而，吸引专业人才到乡村创业或工作是摆在乡村建设面前一件刻不容缓的事。同时，新媒体发展的快速性要求从事这项工作的人员也要不断地得到相关专业培训。

综上，新媒体助推乡村品牌的建设与发展在当下广大的乡村还存在涉及政治、经济、文化、民族等因素的诸多困难，它们之间相互关联，错综复杂。解决这些困难是个巨大的系统工程，需要我们付诸实践予以解决，以实现新媒体与乡村品牌化建设的高度融合。

五、乡村品牌化建设的对策建议

各地乡村要挖掘完善乡村品牌的产业价值、治理机制、文化内涵、人力资源等，形成系统体系，以数字技术赋能乡村振兴，推动乡村智慧品牌建设，走好共同富裕的乡村发展之路。

（一）整合资源，发掘乡村品牌产业价值

产业振兴是乡村振兴的基础。在乡村产业发展规划中应将品牌化理念纳入其中，最大限度地挖掘乡村品牌的经济价值、产业价值。一方面，产业的不断发

展能提高乡村品牌化建设的速度和质量;另一方面,品牌化能增强溢价能力,促进品种的改良及品质的提升,实现农村产业结构的优化。可见,产业的发展和乡村品牌化的建设是一个良性的循环,要将两者积极有效地融合起来。

运用新媒体努力实现乡村品牌产业价值的最大化。第一,洞察消费者需求,绘制消费者画像。通过大数据分析等方式准确洞悉消费者的喜好、动机等,利于品牌在产品及服务等设计上更贴合消费者。第二,结合地方特色产业,赋能乡村品牌化建设。在新媒体平台中尽可能多地获得资源,经过整合、完善,依靠改革创新壮大乡村发展新动能①。当前,我国多地结合区域特色,通过电商平台赋能品牌增长,提升品牌的产业价值,推动形成"一地一品牌"的格局,促进乡村品牌化的建设。如海南搜了科技股份有限公司推出"一县一品,一社一店"的"互联网＋农业"新模式,通过新媒体平台直播带货,振兴乡村经济。

(二)智慧治理,完善乡村品牌建设机制

乡村品牌化建设是对乡村治理体系的"再塑造";反之,乡村治理是否有效也是乡村能否实现品牌化建设的重要前提。当前实现乡村品牌化建设,要处理好乡村治理与乡村品牌化建设之间的关系,加大政策保障和体制机制创新力度,增强乡村品牌的社会影响力,为当地社会建设提供动力。

乡村治理的力度大小、效果好坏直接影响乡村品牌化的建设成效。党的二十大报告中指出,全面推进乡村振兴,要"统筹乡村基础设施和公共服务布局"②。各地乡村要建立健全具体实施机制,加强农村基层组织建设,结合当地实际情况,推出"智慧服务"数字平台,提高乡村数字治理水平,大力推进数字乡村建设。一方面,通过新媒体平台借鉴学习其他地区的优秀做法,逐渐完善机制建设,为乡村品牌化建设提供制度保障;另一方面,打造并不断升级服务平台,大力提升乡村教育、医疗等基础民生领域的数字化水平,集聚乡村各个领域资源来打造品牌,突显乡村品牌一体化特点,助推乡村品牌化建设。

---

①　张雪:《推动文化产业赋能乡村振兴》,《经济日报》2022 年 4 月 19 日。

②　习近平:《高举中国特色社会主义伟大旗帜　为全面建设社会主义现代化国家而团结奋斗——在中国共产党第二十次全国代表大会上的报告》,《人民日报》2022 年 10 月 26 日。

(三)数字赋能,推动乡村文化繁荣发展

"挖掘乡村特色文化成就特色产业,能够成为推动经济发展的重要抓手。"[①] 推动文化产业发展,打造特有文化价值是乡村品牌化建设中的重点任务。追本溯源找到根植于民族血脉之中的文化特征,进而发展乡村文化内在涵义,是乡村品牌化建设的应有之义。

"互联网+"时代,借助新媒体平台推动乡村文化繁荣发展是必要的。文化需要经过传播和传承才能发挥其既有效用。第一,利用新媒体渠道开展网络宣传工作,向社会传播当地的特色乡村文化和内涵。广大乡村可以挖掘当地可利用的自然资源、人文资源等,将乡村潜在资源转化为文化产品,通过市场运作将其固化为品牌,进而实现乡村品牌化,以数字化赋能乡村文化建设。如南京江宁旅游产业集团推出的《金陵水乡·钱家渡》数字文创产品,推动了乡村文化资源实现数字化。第二,依托新媒体平台建设"地名品牌",推进乡村地名文化建设。当前,中国网·网家平台已经开设了"地名品牌"电商专区,各地乡村要抓住机遇,凝练当地地名文化,进军电商行业,打造独特的地名品牌。

(四)培养人才,开展农民数字技能培训

乡村振兴的关键在于人才振兴。乡村品牌化的建设是一项系统工程,要将经济、文化、社会等领域的成果有机结合以求实现,而"人"正是联系各领域、发挥效能、推动乡村品牌化持续发展的关键因素。

各地乡村在品牌化的实现过程中要注重加强农民和当地乡贤的数字素养与技能培训,培养专门人才在网络平台助力产品及服务的宣传和推广。为此,各地乡村可以增强农民对乡村数字平台和操作流程的认知,开展农民对乡村数字平台的应用技能培训,整合吸收优质新媒体资源。近些年,抖音、快手等短视频平台有越来越多的"新农人"活跃其中,众多短视频创作者通过平台直播和发布浓浓"村味"的视频来宣传家乡,在带动家乡经济发展的同时,也在为乡村品牌化的建设贡献力量。各地乡村要善于挖掘本土人才,号召大家进驻新媒体平台。此外,对于紧缺和急需人才,各地乡村可以把教育作为战略资

---

① 张春艳:《新媒体语境下的乡村文化建设》,《长白学刊》2020年第4期,第140—146页。

源,与高等院校、职业院校等进行合作,为产业落地储备人才,不断壮大乡村品牌化建设人才队伍。

参考文献

[1] 习近平.高举中国特色社会主义伟大旗帜 为全面建设社会主义现代化国家而团结奋斗——在中国共产党第二十次全国代表大会上的报告[N].人民日报,2022-10-26(001).

[2] 李闯,易宣羽.乡村振兴视域下乡村品牌化经营发展路径[J].商业经济研究,2021(11):138-142.

[3] 李闯,胡晓云,蒋文龙,等.浙江省乡村品牌化建设的现状、问题与对策[J].浙江农业科学,2021,62(6):1050-1056.

[4] 蒋琴,吴学成.乡村旅游品牌建设与社会经济发展研究[J].农业经济,2019(1):58-60.

[5] 王燨,房建恩.乡村旅游产品同质化问题分析及对策研究[J].江苏农业科学,2020(2):14-19.

[6] 习近平.习近平谈治国理政:第三卷[M].北京:外文出版社,2020:261.

[7] 楼馨元,戚晓明.乡村治理中新媒体的应用研究[J].新闻爱好者,2022(6):41-43.

[8] 尹长根,彭虹.美丽乡村建设背景下生态旅游品牌推广研究——评《生态农业和生态旅游业耦合产业链理论与实证研究——以三峡库区为例》[J].环境工程,2021(9):238.

[9] 张雪.推动文化产业赋能乡村振兴[N].经济日报,2022-04-19(002).

[10] 张春艳.新媒体语境下的乡村文化建设[J].长白学刊,2020(4):140-146.

思想政治教育教学专题

习近平法治思想贯穿融入高校
思政理论课教学研究[*]

肖小芳　　方笑笑^①

摘　要：习近平法治思想是习近平新时代中国特色社会主义思想的重要组成部分。高校思政理论课的课程性质与习近平法治思想的内在要求存在一致性，基于高校思政理论课教学策略的视角，本文致力于探究习近平法治思想贯穿融入高校思政理论课教学的可行方式、创新路径和时代价值。

关键词：习近平法治思想；高校；思政理论课教学

党的十八大以来，以习近平同志为核心的党中央在立足我国法治建设实践的基础上，凝练形成了习近平法治思想。习近平法治思想是马克思主义法治理论中国化的最新成果，其核心内容集中体现在习近平总书记在中央全面依法治国工作会议上提出的"十一个坚持"^②。习近平法治思想是新时代我国法治建设顺利推进的根本遵循，也是高校思政理论课教学的重要内容。高校思政理论课是全面贯彻党的教育方针政策、开展意识形态教育和提升大学生法治素养的主阵地。习近平总书记曾指出："普法工作要在针对性和实效性上下功夫，特别是要加强青少年法治教育，不断提升全体公民法治意识和法治素养。"^③因此，思政理论课教师要积极响应教育部印发的《全国教育系统开展法治宣传教育的第八

---

　* 本文系 2021 年度浙江工商大学马克思主义学院"部校共建"课题"习近平法治思想贯穿融入高校思政理论课教学研究"的阶段性成果。

　① 作者简介：肖小芳，浙江工商大学马克思主义学院副教授，博士，研究方向为政治哲学和法哲学；方笑笑，浙江工商大学马克思主义学院硕士研究生，研究方向为马克思主义基本原理。

　② 习近平：《论坚持全面依法治国》，中央文献出版社 2020 年版，第 2—5 页。

　③ 《习近平在中央全面依法治国工作会议上强调　坚定不移走中国特色社会主义法治道路　为全面建设社会主义现代化国家提供有力法治保障》，《人民日报》，2020 年 11 月 18 日，第 1 版。

个五年规划(2021—2025年)》中提出的"认真落实习近平法治思想"的要求①,将当代大学生培养成我国法治建设的积极践行者和坚定守护者,从而增强新时代全面依法治国的思想定力。

一、高校思政理论课教学中贯穿融入习近平法治思想的方式

习近平法治思想集中阐明了为何要实行依法治国、如何实行依法治国的核心问题。聚焦高校大学生这一关键群体,大力开展法治教育,弘扬社会主义法治文化,提升大学生的法治素养,这是高校落实立德树人根本任务的重要体现,也是高校具体落实习近平法治思想在国家、社会、个人等层面提出的实践要求的重要体现。作为加强党的意识形态教育、全面贯彻党的教育方针的核心课程,高校思政理论课的课程性质与习近平法治思想的内在要求之间存有高度的契合性。这种高度的契合性是高校思政理论课教学中贯穿融入习近平法治思想的重要理论依据。众所周知,将习近平法治思想贯穿融入高校思政理论课教学,增强大学生的政治认同和情感认同,提升大学生践行社会主义核心价值观的积极性,这也是现实之需、时代之唤。因此,从理论和现实层面而言,高校思政理论课教学中贯穿融入习近平法治思想有着鲜明的时代价值。结合高校思政理论的政治性、实践性等课程性质,习近平法治思想一是要融入教材,二是要融入课程,这样才能更好地融入实践,进入学生头脑。

(一)融入教材

在原有的顶层设计内容的基础上,结合时代需求,继续扩容习近平法治思想的最新论断和最新理论成果,将习近平法治思想贯穿融入高校思政理论课教材。高校思政理论课主要包括"马克思主义基本原理概论"(以下简称"原理"课)、"毛泽东思想和中国特色社会主义理论体系概论"(以下简称"毛概"课)、"中国近代史纲要"(以下简称"纲要"课)、"思想道德与法治"和"形势与政策"(以下简称"形策"课)等课程,除了"形策"课,其他课程使用的教材与课程名称一一对应。目前

---

① 中华人民共和国教育部:《教育部关于印发〈全国教育系统开展法治宣传教育的第八个五年规划(2021—2025年)〉的通知,http://www.moe.gov.cn/srcsite/A02/s5913/s5914/202111/t20211111_579-070.html,2022-3-29。

最直接的体现是思想政治理论课的相关教材仍在不断增添习近平法治思想的内容。对比《思想道德与法治》2021 版与《思想道德修养与法律基础》2018 版可以发现,教材名称的修订更加明确了法治建设与法治教育的紧迫性。2021 版在绪论中将原本位于"时代新人"相关内容里面的"提升思想道德素质和法律素养"的内容单独提出来,变成与"时代新人"并列的单独一节,并且引用了习近平总书记关于法治理念的最新论述。在第四章《全体人民的共同追求》这一节,旧教材对社会主义核心价值观的解释较为笼统,新教材将"法治"单独列出来进行解释并强调其重要性。2018 版第六章的标题为《尊法学法守法用法》,在 2021 版则被修订为《学习法治思想、提升法治素养》,更加凸显了学习法治思想的重要性。在"法律及其历史发展"一节的内容下增添了习近平总书记关于法律是什么的论述,融入了马克思对资产阶级法律的批判。在第六章中,最突出的改变就是增补了习近平法治思想的形成和意义及习近平法治思想的内容①。《毛泽东思想和中国特色社会主义理论体系概论》在第十一章第三节中也做出了较大改动。2018 版的第一部分为"全面依法治国方略的形成发展",而在 2021 版中修订为"坚持习近平法治思想",系统地阐释了习近平法治思想的内容②。总之,上述两门课程的新版教材结合图文表现形式和二维码扩容形式,强调了学习习近平法治思想及坚持中国特色社会主义法治体系的重要性,较大程度上修缮了原有的教材内容。

除了思政教材的直观修订外,还有一些教材的内容虽然较少直观地体现习近平法治思想的内容,但零星地隐含着习近平法治思想,需要我们在实践教育中善于发掘结合点。《马克思主义基本原理》2021 版的第一章第三节在论及辩证思维方法时主张坚持和运用好底线思维,不能突破法律的底线;第三章第一节论及社会意识的形式时详细解释了政治法律思想的概念;第四章第三节论述资本主义政治制度和意识形态时涉及资本主义的法律制度,揭示了资本主义法律制度的原则与实质③。这些都是有待发掘其与习近平法治思想之内在联系的很好的教学素材。《中国近代史纲要》2021 版在第十章"中国特色社会主义进入新时

① 《思想道德与法治》编写组:《思想道德与法治》,高等教育出版社 2021 年版,第 4—237 页。

② 《毛泽东思想和中国特色社会主义理论体系概论》编写组:《毛泽东思想和中国特色社会主义理论体系概论》,高等教育出版社 2021 年版,第 264—267 页。

③ 《马克思主义基本原理》编写组:《马克思主义基本原理》,高等教育出版社 2021 年版,第 54—212 页。

代"的"四个全面"战略布局中提及全面依法治国的重要性和中央为实现全面依法治国的重大决策部署,阐释了目前我国法治建设所取得的成就和未来所要达到的目标及其实现路径①。"形策"课所采用的教材《时事报告(大学生版)》最鲜明的特点就是每一学期都会及时更新,适时补充最新时事热点,扩容最新精神。以 2021—2022 下学期这一版为例,其主要内容涉及"共同富裕""数字经济""碳中和""港澳台事务"等。这些时事热点所蕴含的法治理念是值得深挖的②。

综上所述,一方面,我们应该继续优化教材的教学内容,将习近平法治思想的相关书籍、重要论述、讲话稿和基本精神贯穿融入新形态教材或修订版教材,方便教师结合多方面知识灵活展开教学;另一方面,要在教材中添加更为丰富的图文描述,并以二维码的方式供学生或老师学习,以便学生对我国的法治有更直观的了解。

(二)融入课程

高校思政理论课教师要将教材体系中较为抽象的习近平法治思想转化为教学体系,并借助自身的诠释性理解和话语建构将相关知识点贯穿融入具体的课程教学环节,拓展贯穿融入的环节、内容和渠道,充分展现其内在的科学性、系统性和时代性。

1."原理"课应聚焦习近平法治思想所蕴含的马克思主义基本立场、基本观点和基本方法

思政教师应侧重从方法论的角度结合相关知识点将习近平法治思想贯穿融入:可结合绪论"马克思主义的鲜明特征"和第三章"群众史观"引导学生理解习近平法治思想的人民性立场及其实践导向,阐明习近平法治思想与马克思主义法治理论及我国传统法律文化的承继和发展关系,剖析习近平法治思想与古今中外法治观念的本质区别,结合马克思主义的基本观点以彰显习近平法治思想的科学性和实践性;可结合第二章"理论创新与实践创新的良性互动",聚焦习近平总书记提出的一系列新概念、新范畴、新观点、新论断(如法治中国、平安中国等),分析习近平总书记推进的法治理论创新和法治实践创新,剖析中华优秀的

---

① 《中国近现代史纲要》编写组:《中国近现代史纲要》,高等教育出版社 2021 年版,第 318—319 页。
② 《时事报告大学生版》(2021—2022 学年度下学期),《时政报告》杂志社 2021 年版,第 23—106 页。

传统法律文化资源与习近平法治思想间的内在关联；可围绕政治和法治、改革和法治、依法治国和以德治国、依法治国和依宪治党的关系等，结合第一章辩证唯物主义的原理分析习近平法治思想如何体现辩证思维；可结合第三章历史唯物主义的基本原理剖析习近平法治思想的重要理论基础即历史唯物主义；亦可结合习近平生态法治观剖析第一章社会生活实践的人与自然关系；等等。

2."思想道德与法治"课应凸显习近平法治思想的丰富内涵和本质特征

在问题或专题导向下开展大学生法治教育应是该课程中贯穿融入习近平法治思想的重点，具体教学思路如下：选取典型性案例，就"全民守法"的含义、困境与出路进行探讨；开展"以依法治国为主抑或以德治国为主"或"依规治党与以德治党"为主题的辩论；借助动漫、微电影作品等，诠释习近平有关网络空间治理法治化的重要论述。在领会教材修订思路的基础上突出重点难点，讲清社会主义法律及其作用、习近平法治思想的科学内涵和指导意义、加强宪法实施与监督的措施和提升法治素养的路径等问题上下功夫[①]。

3."毛概"课应彰显习近平法治思想的理论逻辑和地方实践

可选取具有地方特色的相关案例如"法治浙江"的积极探索和具体实践，或以演讲、辩论、研讨等方式结合新冠肺炎疫情分析中国制度的优势，从法理学视角阐述中国共产党执政的合理性与合法性，以习近平法治思想助力新时代改革开放，等等。

4."纲要"课应侧重阐释习近平法治思想的历史依据和当代价值

在课堂教学中回顾党领导法治建设的百年历程，从历史与现实的双重维度阐明为何要坚持走中国特色社会主义法治建设道路，从而坚定学生的法治信仰与历史使命感。

5."形策"课应密切关注我国法治建设的实践、热点问题、新的法律法规等

思政教师在教学过程中要高度重视将基础理论知识与时事热点相结合，以随机提问或课堂展示的方式，引导学生分析为何要出台新的法律法规，关注

---

① 陈大文、栗孟杰：《着力引导大学生不断提升法治素养——〈思想道德与法治（2021 年版）〉》第六章重点难点解析[J]，《思想教育研究》2021 年第 11 期，第 98—102 页。

我国的法治建设实践,提升学生运用习近平法治思想分析和解决实际问题的能力。

毋庸置疑,习近平法治思想贯穿融入高校思政理论课教材和教学应分工合作、相互配合、各有侧重①,这样才能最大限度地发挥效能,充分利用各类教学资源,增强思政理论课的教学实效性。

二、高校思政理论课教学中贯穿融入习近平法治思想的创新路径

用习近平法治思想这一重大理论成果指导高校思政理论课教学实践要坚持大学生法治素养培育的社会主义方向,这是我们应该坚守的第一要义。我们可以从以下几个方面入手,拓展常态化的、兼具时代性和实践性的教学实践方式和可行路径,从而更好地坚定大学生对社会主义法治的信仰。

一是内容的不断丰富与创新,推动高校思政理论课教学中贯穿融入习近平法治思想的常态化和长效化。如开展法治竞赛活动、拍摄法治类微电影、设计法治教育宣传展板等,积极营造良好的法治教育环境,以喜闻乐见的方式潜移默化地熏陶学生,引导并鼓励大学生积极参与双向交互性的实践,既作为受教育者参与法治教育实践,又作为法治教育的实践者参与普法宣传等法治实践,从而更深入地领悟法治的实质②。

二是学习形式和宣传载体的创新,提升高校思政理论课教学中贯穿融入习近平法治思想的鲜活的时代感和吸引力。习近平总书记指出:"要运用新媒体新技术使工作活起来,推动思想政治工作传统优势同信息技术高度融合,增强时代感和吸引力。"③当代大学生在认知方面具有时代特色,法治教育应采用符合大学生对新媒体的接受和运用能力十分突出这一认知特点的传播方式④。例如,借助"学习强国"、抖音、快手、公众号等现代新媒体平台,围绕热点法治事件,设

---

① 陈驰、古剑:《高校思政课法治教育的价值、内容与路径——习近平新时代中国特色社会主义政法思想融入高校思政课教学研究》,《四川师范大学学报》(社科版)2019 年第 4 期,第 11 页。

② 叶军:《习近平新时代中国特色社会主义思想指导下高校法治教育的创新发展》,《法制博览》2020 年第 16 期,第 66 页。

③ 《习近平在全国高校思想政治工作会议上强调:把思想政治工作贯穿教育教学全过程 开创我国高等教育事业发展新局面》,人民日报,2016 年 12 月 9 日,第 1 版。

④ 黄兰兰:《习近平法治思想大众化研究》,华中师范大学硕士论文,2021 年,第 13—15 页。

置法治议题讨论或制作微视频或设计情景展示,引导学生主动参与其中,通过精心打磨具备政治性、思想性、时代性、知识性、趣味性等特质的法治宣传教育作品,让学生真学、真懂、真信、笃行。在运营新媒体的时候,要注意作品发布的时间内容等,紧跟青年人的潮流,语言以生动幽默为佳,可以适当地运用表情包、热门网络歌曲、电影片段等,让抽象而枯燥的思政理论变得易于吸收,使广大学生领会习近平法治思想的精髓①。

三是实践场域的不断拓展与构建,强化高校思政理论课教学中贯穿融入习近平法治思想的实效性。我们知道,扎根于中国特色社会主义法治实践的习近平法治思想彰显着鲜明的实践品格。相关教师和各部门可精心设计与之相关的实践教学,如开展专题讲座式实践教学、校园社团式实践教学,开拓教学实践基地进行法治调研,与有关合作部门以观摩、旁听、实习或志愿服务的方式等积极引导大学生开展法治实践活动。努力建构覆盖学校、家庭、社会等多元化的法治教育网络,建设好大学生可以投身其中的法治教育平台②。

四是整合模式的创新,提升高校思政理论课教学中贯穿融入习近平法治思想的协同性。高校各门思政理论课在培养大学生法治素养方面理应形成一种协同性作用,还应有效整合法理学、民法、宪法学等专业课程中的法治资源,在这些专业课程与高校思政理论课间形成协同效应,引领大学生树立正确的法治观。

五是加强构建高校思政理论课教学中贯穿融入习近平法治思想的协同互动机制。高校思政理论工作者、校党政干部、共青团组织成员、辅导员、兼职律师(要鼓励从事法律工作的组织积极参与学校法治教育)③等是培育大学生法治认同的不同施教者。这些不同的施教主体要善于整合和利用校内外宝贵的教育资源,构造培育法治认同的协同育人机制。

高校思政理论课中贯穿融入习近平法治思想不仅是诠释立德树人使命的本质要求,也是提升大学生践行社会主义核心价值观的积极性的时代之呼唤④,更

① 黄兰兰:《习近平法治思想大众化研究》,华中师范大学硕士论文,2021年,第13—15页。
② 周春晓:《习近平法治思想对新时代大学生法治教育的意义及实践路径》,《农村经济与科技》2021年第24期,第324—326页。
③ 宋玲:《持续提升公民法治素养》,《红旗文稿》2021年第20期,第24页。
④ 侯彦杰、生力元:《社会主义核心价值观融入法治建设探析》,《思想理论教育导刊》2021年第3期,第125—129页。

是当代大学生将法治的真谛内化于心、外化于行的现实需要。如何有效地持续推进高校思政理论课教学中贯穿融入习近平法治思想，如何不断地探索灵活有效的教学方式、教学手段等，用习近平法治思想武装新时代大学生的头脑，是有待于每个思政课教师进一步积极探索的目标。

新时代高校数字思政育人模式创新研究[*]

徐　灿　李梦云[①]

摘　要：数字化技术已经渗透进了人类生产生活的各个领域，也影响了教育业的转型发展。要满足青年学生的多样化需求，提升其理论水平和综合能力，思政教育同样需要抓住数字化发展的浪潮，不断改革、完善、升级。创新数字思政育人模式，首先，加强数字思政教育阵地建设，既要把握课堂教学主渠道，也要拓展其他场景，将数字技术渗透思政教育全过程；其次，利用大数据、云计算建立数字思政分析平台，由此了解学生的发展动态与需求，分析教师的教学需要和课堂反馈；最后，创新新时代数字思政育人理念，与时俱进把握新时代、新青年的特点，深挖数字思政教学资源，实现全员全过程育人。

关键词：数字思政；思想政治教育；大数据

开展马克思主义理论教育、推进党的创新理论进教材、进课堂、进头脑，是落实好立德树人根本任务、培养担当民族复兴大任的时代新人的重要举措和现实路径。习近平总书记强调："推动思想政治理论课改革创新，要不断增强思政课的思想性、理论性和亲和力、针对性。"[②]党的十八大以来，以习近平同志为核心的党中央先后召开了全国高校思想政治工作会议、全国教育大会，做出了一系列的重大决策和部署，着力推动了思政课创新发展。同时，随着全球信息化、网络

---

　*　本文系 2022 年度浙江工商大学马克思主义理论研究与建设工程专项课题（第一批）"数字思政的理论与实践研究"、浙江工商大学"数字＋"学科建设项目（重点）"数字时代高校思政教育的创新模式和机制路径研究"（SZJ2022B018）阶段性成果。
　①　作者简介：徐灿，浙江工商大学马克思主义学院硕士研究生，研究方向为马克思主义中国化；李梦云，浙江工商大学马克思主义学院教授、博士生导师。
　②　习近平：《用新时代中国特色社会主义思想铸魂育人贯彻党的教育方针落实立德树人根本任务》，《人民日报》2019 年 3 月 19 日，第 1 版。

化的发展,互联网技术与数字技术成为新时代做好思想政治理论工作的必然选择。为满足青年学生需求、推动思政育人新成效,思政课也需要与时俱进,及时把握现代化数字技术优势,促进数字化转型与升级,探索数字思政育人新模式。

一、创建广阔的数字思政教育阵地

习近平总书记指出,做好高校思想政治工作"要运用新媒体新技术使工作活起来,推动思想政治工作传统优势同信息技术高度融合,增强时代感和吸引力"[①]。青少年群体朝气蓬勃、思维活跃,接受新事物新知识的能力强,对互联网、社交媒体有着极大的兴趣。推进思政课改革,需要用新媒体技术手段丰富学生思政课学习的场景环境、方式途径,既要抓住课堂教学主渠道,也要拓展思政教学的其他实践场景,增强思政课的时代感和吸引力,真正发挥思政课立德树人功能。

(一)将数字技术融入课堂教学主渠道

思政课是青年学生树立正确三观、提高思想觉悟和政治素质的重要阵地,引领着当代年轻人的精神风貌和意志品质。随着数字化、网络化、智能化的飞速发展,在做好传统的思政课教学的同时,利用数字技术优势,建设数字化交互课堂,提升学生理论学习的参与度和积极性,让思政课堂真正"大起来""活起来",成为思政教学的必由之路。

将数字技术融入课堂教学可以分为课前、课中、课后三步走。课前,通过线上调查和数据分析了解学生的认知情况与学习偏好,摸清学生的需求,厘清学习内容的重点、热点、难点,由此制定更加科学有效的教学方案。课中,实施线上线下混合式教学。首先,无论何时都不能抛弃思政实体课堂教学,抛弃师生、生生面对面交流的机会。线下实体课堂要突出互动性、增强感染力,注意观察学生的状态和表现,提升学生学习兴趣,调动学生思考的主动性;要利用多媒体、音视频、趣味游戏将抽象的理论讲具体、讲深刻,让理论深入人心。其次,线上课程拓展了学生的学习途径,丰富了学生的教育体验。教师依托互联网和云端技术,实现优质资源共享,打破时间空间上的限制,把信息真正送到学生的手中。同时,

---

① 习近平:《习近平谈治国理政》(第二卷),外文出版社 2017 年版,第 378 页。

线上课程内容精练、条理清晰、重点鲜明,可以为学生提供更加直观的线上学习氛围,锻炼学生独立思考的能力,提高理论学习的成效。课后,利用大数据智慧平台对学生的学习成果进行分析和反馈,通过线上作业、线上答疑、课程评价等程序精准了解学生对知识点的掌握情况及对课程的满意度。这样的数字教学生态不仅简单便捷,提升了工作效率,也激发了学生自主学习的潜质,让每个学生都得到自由而全面的发展。

(二)将数字技术渗透思政教育全过程

除了课堂教学这条主线外,利用数字赋能思政育人打造具有创新性、针对性、实效性的教学活动和教学环境,推进学思践悟一体化,也是思想政治理论课创新的重要渠道。利用5G、VR、AR、物联网、云计算等数字技术,创新思政课教学方式,打造沉浸式、交互式、参与式体验空间,开发思政育人模式的多种可能性,实现虚拟和现实、课堂和课外有效结合、共同提升,提升学生思政学习的积极性,把思政课真正讲生动、讲精彩。

第一,将物联网融合进思政育人模式。物联网可以通过信息传感器等装置和技术,将任何物品与网络相连接。将物联网技术应用于学生出没的学习、生活、实践场所,增强学生与思政教学资源的互动性,让学生在成长发展的全过程中随时随地接受先进思想文化的洗礼,培养高尚的道德品格和正确的价值观念。例如,在教材、实验室上添加二维码,只需轻轻一扫,便能在电子设备上呈现详细的内容,加深学生的理解。第二,打造线上场馆,享受沉浸式参观体验。运用"互联网+红色资源"的形式,利用三维可视化与虚拟现实技术,全方位地录入革命纪念馆、博物馆、陈列馆等红色场馆,实现一触即达。浙江作为社会主义现代化先行省,在思政教育中要注重打造"重要窗口"展览馆,通过实物作品、图书报刊、图像视频等媒介展示"重要窗口"历史背景、探索历程和未来展望,以及浙江省践行"八八战略"、示范先行的重要成就,引导学生为争当"重要窗口"模范生贡献青春力量。第三,在专家指导下,将VR/AR虚拟现实技术应用于思政教育场景,搭建教育"元宇宙"平台,实现虚拟世界和现实世界的信息融合,借助体感技术,增强交互式体验。戴上VR眼镜,就可以进入虚拟空间,甚至可以让历史伟人亲临讲述他们的故事,跟学生来一场跨时代的对话,让书本上枯燥的二维文字和图片鲜活起来,让学生身临其境、置身其中,得到思想的解放。

二、创立有效的数字思政分析平台

现阶段,教育数字化迎来了重要的发展机遇,数字化转型成为教育教学不可逆转的趋势。数字思政是数字时代不断发展的必然产物,利用大数据建立思政教育教学分析评价体系,可以诊断、整合、分析思想政治工作的各项教育数据,智能生成互动报告,提出优化措施,做到对症下药,提高思政教育的效能,推进高效的教育输出。

(一)精准分析学生发展动态和特殊诉求

运用数字化、信息化手段推动高校思想政治教育工作的开展,不只要分析学生群体面对的普遍问题,还需要结合数据分析个别情况,兼顾普遍性和特殊性。结合分析结果,了解大学生的发展状态,以及学习成长过程中面临的主要问题,提出合理的、针对性的解决办法,保证学生的个性化健康发展。

将数字技术融入学生评价体系,开发智能学习考察工具,定期对学生的学习成果进行测试考核,包括线上问卷自评、学习小组互评、教师评价。通过大数据分析掌握学生的学习情况,及时了解学生的发展状态,精准评估思政教育达成的效果,精准分析目前教育方式存在的问题。对数据进行加工和处理,以更加清晰直观的方式对教学效果进行反馈,自动生成改进优化报告,查缺补漏。

同时,在解决学生普遍问题、满足学生普遍需求的情况下,应利用数字技术精准分析不同学生的地域特征、专业特点、心理诉求,注重差异化、照顾其特殊性。明确思政课内容的定位,制定合适的教学大纲,以具有鲜明特色的图片、音视频丰富教学素材,使思政课在有限时间内发挥最大的效能。利用线上平台,在判断学生喜好的基础上实现个性化学习资源的推送。学生可以根据自己的实际情况对知识进行选择,这种自主式、开放式的学习模式,让教学更加科学化、信息化,可以满足不同学生成长成才的需求,使其在自我探索、解决疑难中增强切身感悟,真正把道理理解透、学明白,促使其全面发展。

(二)准确解析教师教学需求与课堂反馈

"办好思想政治理论课关键在教师,关键在发挥教师的积极性、主动性、创造性。"①讲好思想政治理论课,实现立德树人总目标,需要思政课教师具备广博的知识储备、深厚的思想理论素养和成熟的教学手段,把抽象的理论转化为学生们的感性共鸣,再将感性认识消化为理性认同。要打造一个全方位、智能化的数字教学资源库,加强思政教学与数字技术的结合,帮助教师备好课、讲好理、出实效。同时,建设好教育教学的评估和反馈系统,客观了解学生的学习能力和知识的掌握情况,进而完善思想政治教学计划安排,提升思政育人效果。

首先,要使思政育人的效果最大化,选取更加优质的教学内容才是"硬道理"。用数字技术辅助教师思政课教学,打造数字思政教学资源库、思想政治理论课教师资源共享平台,坚持共建共享,为思政课教师提供大量的教学素材和学习资源,包括名校名师示范课程、教学案例、文献数据库、素材库等。教师可以在PC端或手机端查找所需资源,按照自身的个性化要求与选择,通过信息的智能分析、关键词检索等,查找所需的学习资源、备课资料包等。这样一来可以加强教师对教学内容的研究学习,加深对理论全面、系统的理解,增强思政课堂教学的学理性;二来可以给教师提供生动多彩的素材以辅助教学,提升思政课教学的感染力、趣味性,以此帮助教师构建一套充满专业性、学理性,又凸显政治性、时代性,案例鲜活,包含热点,富有吸引力的教学体系。其次,建立完整的教学反馈体系。通过信息技术手段,建立多层次、多角度、可视化的教学评估反馈系统。获取包括学生对课程的思想性、条理性、创新性、互动性的评价数据,以及对学生专业能力、政治素养、价值塑造的数据统计,在此之上,依托大数据了解学生的特点习惯、学习偏好、存在问题,为完善教育教学安排提供精准数据支持。

三、创设先进的数字思政教育理念

思想政治教育归根到底是回答如何培养人的问题。抓好学生群体的特点,在传授知识的同时,培养学生的思想道德、心理素质,激发其潜能,助力青年学生努力成为"有理想、敢担当、能吃苦、肯奋斗的新时代好青年"②。思政课程的数字化是促使思政教育高质量发展的重要动力。要积极主动挖掘数字信息,结合

---

① 习近平:《习近平谈治国理政》(第三卷),外文出版社2017年版,第330页。

② 习近平:《高举中国特色社会主义伟大旗帜 为全面建设社会主义现代化国家而团结奋斗——在中国共产党第二十次全国代表大会上的报告》,人民出版社2022年版,第71页。

数字技术,围绕立德树人、卓越人才培养目标,创新人才培育理念,协同多方力量,实现全员育人、全过程育人,在创新发展中赓续红色血脉。

(一)与时俱进把握思政育人新特点

将思想政治教育和数字技术高度融合、协同发展,关键是发挥好教师的作用,"更重要的是培育高校教师运用大数据技术实施思政教育的工作理念,帮助教师树立精准育人的意识"[①]。要让更多教师意识到运用数字信息技术提高思政教学效果的必要性,主动接受并学习运用数字技术,全面提升信息化素养,以此形成数字时代下思想政治教育教学的新理念。

与时俱进是马克思主义的重要理论品质,思想政治教育也应该坚持这一原则。在数字时代,依然要遵循思想政治教育工作的规律与学生成长的规律,用真理的力量引导学生,不断探寻数字时代下思政教育的新特点。高校传统的教学手段已经很难适应"00后"大学生,教师应把握新时代大学生的特点与需求,推进思政课堂数字化转型,构建校内校外、线上线下相融合的数字化平台;加强校园信息化数字化基础设施建设,开展智能交互式学习实践;打造教育云平台,实现智慧督导、智慧研训、智慧评价等。将思政教育的新理念、新做法贯穿到教书育人的全过程,拓宽学生的眼界,让学生学会理论联系实际,提高其直面问题、分析问题、解决问题的能力。知识的传递方式随着信息技术日新月异的发展而不停地改变,数字化转型升级将对学校教育教学不断提出新的要求。这要求学校、教师鼓励和教育当代青年主动担负起社会责任,与数字信息技术同生长、共进步,成为社会转型发展中德才兼备、全面发展的数字化人才。

(二)全员协同打造思政育人新成效

习近平总书记强调:"要坚持显性教育和隐性教育相统一,挖掘其他课程和教学方式中蕴含的思想政治教育资源,实现全员全程全方位育人。"[②]思政课堂是思想政治教育工作的主力军、排头兵,而高校的其他部门也有着天然的思政育人职责,是大学生思想政治教育的重要组成部分。这些职能部门要加强跟学生

---

① 古力铭:《基于大数据的高校思想政治教育精准化变革》,《学校党建与思想教育》2020年第12期,第61—63页。

② 习近平:《习近平谈治国理政》(第三卷),外文出版社2017年版,第331页。

的沟通交流,结合数字信息技术,寻找自己工作岗位上的教育育人优势,找到契合点,在日常工作中发挥育人本领,助力学生成长成才。

全员协同、多方联动。整合学校全体部门的力量,包括校团委、学生处、教务处、图书馆、宣传部等,积极构建"大思政"工作格局,与思政工作同频共振。通过数字化手段,建设智慧校园门户网站。实现教学资源的充分汇集、数据信息的全员共享,让学生能充分参与思想政治理论实践活动,提高教育教学的效率。

校团委、学生处等组织与学生的联系十分紧密,肩负着为党育人、为国育才的使命,是加强学生思政教育的重要阵地,要结合信息技术,积极主动搭建思政教育平台,做好青年学生的引路人。第一,用符合大学生的宣传话语体系,构建校园新媒体矩阵,在微博、微信、抖音定期发布云团课、云思政内容,用新时代中国特色社会主义思想铸魂育人。第二,紧抓重要时间节点,开展线上主题宣传,举办理论宣讲大赛、党史学习竞赛、志愿服务等精品活动,在视频号、B站、抖音等平台同步直播,并及时在微博、微信公众号进行新闻推送。用大众认可的优质文化产品感染更多的大学生,培养学生良好的思想道德素质、健康的心理素质和优秀的文化素质,激励其努力成为德才兼备、堪当大任的时代新人。第三,发挥好实践育人的作用,围绕乡村振兴、共同富裕、公益慈善等主题,组织各类社会实践活动。结合学生的专业和诉求,利用智能分析工具为其量身设计科学合理的社会实践计划,通过社会实践彰显青年的良好风采,提升其整体素质。

四、结语

思政课教学在学生的成长发展中发挥着极其重要的作用。运用5G、AR、VR、大数据等数字化技术,做好体验式教学、沉浸式教学、互动式教学,可以让思政课堂真正大起来、教学内容真正广起来,育人主体真正多起来、育人水平真正提起来、育人效果真正强起来,让广大青年学生在耳濡目染下坚定马克思主义的信仰、中国特色社会主义的信念,厚植爱党爱国情怀,扎实理论专业知识,积极主动地投身到实现中华民族伟大复兴的奋斗中去。

党史教育在大学思政课中常态长效推进机制研究[*]

金　兵　王宇昂[①]

摘　要:常态长效推进党史教育,在巩固党的执政地位、反对历史虚无主义言论、加强社会主义精神文明建设等方面,都有着十分重要的意义。大学思政课常态长效推进党史教育,需要采用公共课程与专门课程相结合、必修课程与选修课程相结合、线下课程与线上课程相结合、教师讲授与学生感悟相结合、课堂学习与课外实践相结合的机制,并应有必要的动力激发和统筹协调机制。

关键词:思政课;党史教育;常态;长效

习近平总书记在 2021 年 2 月党史学习教育动员大会的讲话中曾指出:"我们必须把党的历史学习好、总结好,把党的成功经验传承好、发扬好。"[②]2021 年,在中国共产党成立 100 周年之际,全党全国范围内曾掀起过党史学习教育的高潮。为继续推进党史学习教育,2022 年初,中共中央办公厅印发了《关于推动党史学习教育常态化长效化的意见》,强调:"用好学校思政课这个渠道,推动党史更好地进教材、进课堂、进头脑,发挥好党史立德树人的重要作用。"[③]思想政治课要常态长效推进党史教育,就高等学校方面来看,应有相关的实施机制和保障机制。

---

[*] 本文系浙江工商大学 2021 年度校级本科教学改革项目"高校思想政治理论课推进党史学习教育的长效机制研究"的成果。
[①] 作者简介:金兵,博士,浙江工商大学马克思主义学院教授,硕士生导师,研究方向为中国近现代史基本问题;王宇昂,浙江工商大学马克思主义学院硕士研究生,研究方向为中国近现代史基本问题。
[②] 习近平:《在党史学习教育动员大会上的讲话》,《党建》2021 年第 4 期,第 5 期。
[③] 《中办印发关于推动党史学习教育常态化长效化的意见》,《人民日报》2022 年 3 月 22 日,第 1 版。

一、大学思政课与党史教育的常态长效推进

思政课是对大学生进行思想政治理论教育的最主要渠道,在常态长效推进党史教育方面具有独特的优势。这种独特的优势,主要表现在以下几个方面。

首先,高校思政课现有必修课程在教学目的方面已经包含一些党史教育的因素。例如,"毛泽东思想和中国特色社会主义理论体系概论"的开课目的包括"使我们的大学生对马克思主义中国化进程中形成的理论成果有更加准确的把握""对中国共产党领导人民进行的革命、建设、改革的历史进程、历史变革、历史成就有更深刻的认识"等[①]。再如,"中国近现代史纲要"的学习目的则是"认识近现代中国社会发展和革命、建设、改革的历史进程,深刻领会历史和人民是怎样选择了马克思主义、选择了中国共产党、选择了社会主义道路、选择了改革开放,深刻领会中国共产党为什么能、马克思主义为什么行、中国特色社会主义为什么好,更加坚定地在中国共产党坚强领导下为实现中华民族伟大复兴而不懈奋斗"[②]。以上这些内容说明,现有大学思想政治理论课程的教学目的已经包含有许多党史教育的因素。只要落实好这些教学目的,就可以让现有思政课程开展党史教育成为可能。从本质上看,大学思政课与党史教育的目标是一致的。有学者曾指出,"党史和思想政治理论课都是为了一个共同的目标,即提高学生思想政治素质",是为了"坚定对马列主义的信仰,提高知党、爱党的自觉性,为学生指明前进的方向"[③]。这种本质目标的一致性,让大学思政课推进党史教育成为可能。

其次,大学思想政治理论课现有必修课程可以从不同角度渗透党史教育的内容。例如,"中国近现代史纲要"可以从历史发展的角度来讲党史,"毛泽东思想和中国特色社会主义理论体系概论"可以从马克思主义中国化、理论成果的角度来讲党史,"马克思主义基本原理概论"可以为中国共产党的指导思想溯源,等等。有学者还指出:""基础"(原"思想道德修养与法律基础"课程的简称,现名

---

① 《毛泽东思想和中国特色社会主义理论体系概论》编写组:《毛泽东思想和中国特色社会主义理论体系概论》,高等教育出版社 2021 年版,第 6 页。

② 《中国近现代史纲要》编写组:《中国近现代史纲要》,高等教育出版社 2021 年版,第 9 页。

③ 张建彬:《党史在思想政治理论课中的育人功能探析》,《传承》2013 年第 2 期,第 40 页。

"思想道德与法治",引者注)则有对党的光荣传统和优良作风的大量论述。"①在高校思想政治理论课中,"中国近现代史纲要"课程是讲好党史的重要渠道,而其他必修课程只要加强教学设计,也可以渗透中共党史内容,从不同角度开展党史教育。

最后,从师资方面来看,思政课教师也比高校中其他学科的教师更具有开展党史教育的优势。大学思想政治理论课教师,一般受过中共党史、马克思主义理论及思想政治教育的系统训练。相关的专业知识使思政课教师在讲解党史时能够讲深讲透,超越一般讲党史故事的低层次水平。相关的思想教育经验,则使得思政课教师能够通过党史教育,升华其精神内涵,揭示其思想教育意义。师资的优势,不仅可以让思政课教师利用已有课程来渗透党史教育,更可以开设专门的中共党史课程,把党史系统地讲好。

二、大学思政课常态长效推进党史教育的机制

(一)实施机制

在大学中,通过思想政治理论课,通过思政课教师,常态长效推进党史教育,必须要有行之有效的实施机制。这种机制包括公共课程与专门课程相结合的机制、必修课程与选修课程相结合的机制、线下课程与线上课程相结合的机制、教师讲授与学生感悟相结合的机制、课堂学习与课外实践相结合的机制。

1.公共课程与专门课程相结合的机制

通过大学思想政治理论课常态长效推进党史教育,需要把公共课程和专门课程结合起来,既有效利用现有思政必修课程,又探索开设与党史有关的选修课程,让党史教育得以多元化、多渠道地开展。

首先,要利用大学思政课体系中现有"中国近现代史纲要""毛泽东思想和中国特色社会主义理论体系概论""马克思主义基本原理概论"等课程的党史教育资源。如前所述,现有大学思政课体系中不同课程,可以从不同角度引入党史教育。但是,在引入党史教育的时候,需要教师加强备课,从不同的思政课中挖掘

---

① 孟宪杰:《思想政治理论课是高校党史教育的主阵地》,《传承》2015年第11期,第23页。

相应的课程资源。以与党史教育最为接近的"中国近现代史纲要"课程为例，一方面要认识到它不完全是党史教育；另一方面又要抓住其中党史教育的主线，梳理出党史教育的内容。"中国近现代史纲要"课程从1840年鸦片战争开始讲起，在论述时段上比中共党史更长。课程除了讲中国共产党革命建设活动外，还讲其他政治势力或党派的活动，特别在中国近代史时期，内容范围上要更广一些。这些说明了"中国近现代史纲要"课程与中共党史课有一定的区别。但是，需要指出的是，"中国近现代史纲要"课程的重点，是中国共产党领导中国人民进行革命和建设的内容。因此，在1921年以后，中国共产党领导人民进行革命和建设的探索，就成为"中国近现代史纲要"课程论述的重要主线。所以，教师在讲"中国近现代史纲要"课程时，要突出党史这条主线。

教师在讲1919年五四运动以前旧民主主义革命时期的历史时，要向学生指明不同政治派别对国家出路探索的经验教训，让学生认识到中国先进知识分子最后接受马克思主义具有历史必然性；在讲1919年以后新民主主义革命时期的历史时，则要以中国共产党诞生、发展及其对中国革命的参与和领导为主线，对教学内容加以组织；在讲1949年以后的中国现代史时，更需要突出中国共产党作为执政党在国家政治生活中的领导地位。

其次，需要注意的是，除了利用高校思政课体系中现有课程之外，学校更应该开设"中共党史"课等专门课程，来重点推进党史教育。2021年5月，中共中央办公厅曾印发了《关于在全社会开展党史、新中国史、改革开放史、社会主义发展史宣传教育的通知》，进行动员和部署。高等学校应落实党中央的要求，开设党史专门课程，把它作为高校党史教育常态长效开展的重要渠道。单独开设专门的党史课程，可以直接把中国共产党的历史讲好，论述中国共产党的诞生、发展、壮大，论述中国共产党的自身建设，论述中国共产党领导中国人民进行革命、建设事业的探索，论述中国共产党如何领导中国人民开天辟地、改天换地、翻天覆地、惊天动地的历程，论述中国共产党如何领导中国人民救国、兴国、富国、强国的历程。专门的中共党史课程，较"中国近现代史纲要"课程，在党史教育方面更系统、针对性更强，可以作为选修课程列入大学思政课体系。有条件的学校，亦可把党史课作为大学生的必修课程，进一步凸显其地位、强化其作用。为常态长效推进党史教育，高等学校可以采用公共课程与专门课程相结合的机制、必修课程与选修课程相结合的机制，多角度、多层次地开展教学工作。

2.线下课程与线上课程相结合的机制

运用现代信息技术,丰富教学方式,可以让党史教育变得更加灵活生动。当前,笔记本电脑、手机及平板电脑等电子设备,在大学生中的使用已相当普及。这些电子设备全面使用互联网尤其是移动互联网技术。电子设备的普及和互联网技术的广泛使用,有利于高校思想政治理论课教学形式的创新。要通过大学思政课长效推进党史教育,可充分利用当前的互联网技术优势,采用线下线上混合式教学、翻转课堂等方式。除了线下实体课堂上的党史教育之外,思政课教师还可以利用超星学习通、学堂在线、智慧树、中国大学慕课网等教学平台,建设线上网课,把教学视频、课程作业搬到网上,并在线上与学生互动、交流、答疑等。教师可以自己录制党史教学视频,可以搜集党史纪录片、拓展性阅读材料等,放到教学平台上,供学生浏览和观看。教师还可以设计互动性话题,编写检测学习效果的练习,放到线上教学平台,供学生交流、使用。把党史教学活动及讨论活动从线下的实体教室搬到线上的教学平台,可以拓展党史教育的时空范围,让教学活动得以多维展开。

思政课教师还可以结合微博、抖音、B站、微信公众号等网络媒体平台,运用大学生耳熟能详的媒体,发表党史教育内容,拓宽党史教育的线上渠道。线上的党史教育可以突破时空的阻隔。线上网课,可以让思政课教师呈现更多党史教育精彩内容,也可以让学生不受时间、地点的约束,利用笔记本电脑、平板电脑、手机,随时随地地进行党史学习。运用信息技术手段,创新党史教育的方式,可以调动大学生学习党史的积极性。"网络技术的进步、媒体舆论的发展,在为大学生开辟新渠道、新空间和新机遇的同时,也在倒逼当代大学生思想政治教育自我革命。"①所以,教师要树立"数字思政"的意识,加强"互联网+"的培训,迎接挑战、抓住机遇,丰富党史教育的实现方式。

3.教师讲授与学生感悟相结合的机制

"大学生最突出的特点是已经具备了独立思考能力,而且思维灵活,求新意识强,……单纯课堂教学的形式已经不能满足大学生学习的需要。"②要使得大

---

① 严莹:《新媒体时代高校思想政治教育研究》,上海交通大学出版社 2020 年版,第 24 页。
② 徐永赞:《学校思想政治教育接受规律研究》,河北人民出版社 2011 年版,第 12 页。

学思政课中的党史教育开展能够长效化,不仅应注重教师的讲,还应注重学生的悟。教师的讲,是外部的输入;学生的悟,则是内部的生成。党史教育不是单纯地传授党史知识,而是让大学生从中获得思想认识;不是为了把大学生个个都培养成党史专业人士,而是让大学生能够从党史学习中受到启发、明白道理;不是简单地讲党史故事,而是为了让大学生从中认识到历史和人民选择中国共产党的必然性,让大学生衷心地拥护党的领导、自觉地在党的领导下为中国特色社会主义事业而奋斗。所以,高校思政课推进党史教育,必须要重视大学生思想认识的提高。而要提高大学生思想认识,不能仅靠教师的外部灌输,更要注重学生的内心感悟。

推动大学生在党史教育中的内心感悟,教师可以开展情境式教学、布置情境式作业,设置特定的情境,引导大学生融入特定情境,换位思考,设身处地地站在英雄模范的立场上进行体会,进而理解他们的人生抉择、感悟革命真理。例如,教师可以让大学生从之前中央宣传部、中央党史研究室、共青团中央、全国妇联等 11 个部门联合组织评选出的"100 位为新中国成立作出突出贡献的英雄模范人物"和"100 位新中国成立以来感动中国人物"中,选择一位优秀共产党员,查阅相关历史资料,了解人物生平及时代背景,然后站在特定的历史"现场",融入特定的情境,以当事人的身份写一份"红色家书",让学生在完成的过程中,感悟优秀党员的伟大情怀。再如,教师可以组织大学生拍摄有关党史的情景剧,让他们查找党史人物的背景资料,并通过角色扮演的方式,体会党史人物的心境、情怀、认识。又如,教师可利用一些党史上重大事件的纪念日、英雄模范人物的诞辰或忌日,组织大学生开展纪念活动。在特殊日期的纪念活动中,大学生也能感受到特定的情怀,形成一定的感悟。

4.课堂学习与课外实践相结合的机制

长效推进党史教育,可以在课堂教学之外,组织大学生开展课外社会实践。这种课外社会实践可以利用思想政治理论社会实践课来开展,可以组织一些专门的外出参观调研活动,如参观与中共党史有关的爱国主义教育基地、调研所在地区优秀共产党员的先进事迹等。

以参观爱国主义教育基地为例,包含有历史遗迹、纪念馆、陈列馆、烈士陵园等形态的爱国主义教育基地,也是开展党史教育的重要载体,而不仅仅是爱国主义教育。早在本世纪初,中宣部公布的全国第二批爱国主义教育示范基地,即以反映党的历史为中心,例如,北京的李大钊烈士陵园,天津的周恩来邓颖超纪念馆,上海的"南京路上好八连"事迹展览馆,江苏的沙家浜革命历史纪念馆,浙江的鄞县四明山革命烈士陵园,江西的永新三湾改编旧址,广东的毛泽东同志主办农民运动讲习所旧址,陕西的洛川会议纪念馆,甘肃的宕昌县哈达铺红军长征纪念馆,重庆的赵世炎烈士故居,等等①。具有党史教育意义的爱国主义教育基地,数量众多、分布广泛。各地高校可因地制宜,就近选择一些场馆,组织大学生进行参观。参观时切忌走马观花,教师要进行讲解,要讲出情感、讲出深度、讲出意义,要注意大学生参观与中小学生参观的不同,从大学生的认知特征和知识基础出发,进行讲解内容的设计。再以调研优秀共产党员先进事迹为例,全国各地尚有一些健在的离退休老革命或老干部,也有一批表现突出、事迹感人的优秀共产党员。教师在开展党史教育时,可组织大学生对这些老干部、优秀共产党员进行访谈,并在此基础上写出调研报告。大学生通过聆听老干部、优秀共产党员的人生经历、先进事迹,明白道理,学习榜样。大学党史教育不能仅仅拘泥于课堂,而应走向社会,开展参观和调研。参观与中共党史有关的爱国主义教育基地,可以让大学生对党史的认识有现场氛围,体会更加直观;调研所在地区优秀共产党员的先进事迹,可以让大学生感受到党史人物、党史故事就在身边,进而拉近与党史的距离,对党史形成亲近感、亲密感。

(二)保障机制

大学思想政治理论课常态化、长效化推进党史教育,还需要有一定的保障机制。

1.动力激发

利用大学思想政治理论课,常态长效推进党史教育,需要一定的驱动力。这种动力机制,就立场来看,可分为内部和外部两种。内部指学校、教师、学生要提高对党史教育开展重要意义的思想认识,形成自我激励及内部驱动力。就学校和教师来说,愿意持续不断、常态长效地开展党史教育;就大学生来说,主观上乐于接受党史教育,乐于开展党史学习。外部指党史学习教育开展需要有一定的

---

① 《中宣部公布第二批全国爱国主义教育示范基地名单》,《党建》2001 年第 7 期,第 31 页。

考核制度来督促,有外部压力来推动和规范,以期达到预期的目标和效果。从思想上提高认识,形成内在的驱动,形成主观能动性,是大学党史教育常态长效开展的根本;而一定的考核制度,形成外在的推动,造成客观上的压力,是推动大学党史教育落到实处、有效开展的外部督促力量。

大学常态长效开展党史教育的动力机制,就立场来看,包括教与学两个方面,既要提高老师教的动力,又要提高学生学的动力。教师的动力机制,可通过职业成就感、课酬奖励等方面来达成。职业成就感是精神层面的;课酬奖励是物质层面的。教育主管部门和高等学校,需要从精神和物质两个层面,让教师有动力开展党史教育。而学生的动力机制,则可以通过认识提高、课时学分等方面来达成。认识提高的获得,需要进行思想动员;课时学分则是对学习行为的认可和肯定。教育主管部门和高等学校,既需要在党史教育开展前对大学生进行思想动员,又需要在党史教育开展后对大学生的学习行为进行考评和肯定。从教与学两个方面,考虑高等学校常态长效开展党史教育动力机制的设计,既要有精神层面的引领,也要有物质层面的奖励;既要有思想认识的提高,也要有利益角度的认可。这样党史教育才能充分调动教师教和学生学的积极性,才能将常态长效真正落实。

2.统筹协调

大学常态长效推进党史学习教育,需要不同部门、不同课程的协调配合。

首先,党史教育开展,需要统筹马克思主义学院内部的各门课程、各个教研部,厘清工作思路,凝练工作目标。如前所述,"中国近现代史纲要""毛泽东思想和中国特色社会主义理论体系概论"等现有必修课程可以渗透党史教育。但是,如何渗透,则应加强集体备课,在党史教育推进方面分工合作。同时,马克思主义学院在开设专门的中共党史课时,也需要统筹协调,在师资配备、课程设计、教学手段等方面运筹帷幄、加以规划。这样才能把党史教育落到实处。

其次,高等学校需要建立统筹平台,统筹学校相关部门(如马克思主义学院、教务处、党委宣传部、学工部、团委等)。学校相关部门应通过前述统筹平台,在课程安排、学生组织、经费投入等方面配合协调,为党史教育的推进做好保障。例如,学校教务处就需要给党史课程设定一定的学分,需要在课时安排、教室安排等方面给予配合,并进行一定的考核,把这些课程落实到位。再如,学校学工部、团委等部门,可以定期举办党史讲座,以系列讲座的方式开拓高校党史教育的第二条战线。高等学校各个部门在党史教育开展方面,既要发挥部门优势进行分工,又要经常进行交流,加强合作。而交流合作必须要有一定的平台。高等学校可以考虑设立党史教育协调中心这样的组织,或是设立党史教育实施联席会议这样的制度,作为学校各部门统筹党史教育开展的平台。有了专门性的统筹平台,才能解决党史教育开展过程中遇到的问题,扫除党史教育开展的障碍。

三、大学思政课常态长效推进党史教育应注意的问题

(一)加强体制机制设计

体制机制是保障大学思政课常态长效推进党史教育的关键。只有将相应的体制机制建设好,才能把高校思政课推进党史教育的优势发挥出来;只有将相应的体制机制建设好,高校党史教育才能真正得以落实,才有常态、长效开展的保障。所以高等学校应做好顶层设计工作,要发挥体制机制建设对高校思政教师的引领作用,不断推进教学制度创新,摆脱高校思政课教学的思维定式,让党史教育更好地融入高校思政课。

(二)创新推进实施形式

习近平总书记指出:"党史学习教育有自身的特点和规律,要发扬马克思主义优良学风,坚持分类指导,明确学习要求、学习任务,推进内容、形式、方法的创新,不断增强针对性和实效性。"[1]将党史教育融入大学思政课堂,应该考虑受众的特征,创新形式、增强动力。高校党史教育教与学的形式,要以调动大学生积极性和增强大学生获得感为旨归,不断探索、不断创新。不同高校应根据自身的优势和特色,创新推进党史教育的实施形式。

中国共产党拥有百余年的光辉历史。党史中的经验教训及优秀党员的品质,是我们宝贵的精神财富。大学思想政治理论课作为对学生进行系统思想教育的主渠道,必须要常态长效推进党史教育,把党史教育资源充分利用好,发挥好党史立德树人的重要作用,培养合格的社会主义接班人。

---

[1] 习近平:《在党史学习教育动员大会上的讲话》,《求是》2021年第7期,第4—17页。

党史文化融入高校党建品牌建设路径研究*

李　佳　高若珊①

摘　要：党史文化是中国共产党发展过程中凝练出的精神财富，讲好党史不仅能为党建品牌的发展夯实理论基础，更能启发高校的思政教育。作为政策教育前沿的高校，应当重视对党史文化的挖掘，利用文化力量潜移默化地推动党建品牌的持续发展。就此，本文提出通过深入学习党史、重视党史文化物质载体作用、结合专业进行党史文化教育，筑牢高校党建品牌建设的理论基石，助力将意识形态阵地建设落到实处。

关键词：党史文化；党建品牌；党建工作

2022年3月，中共中央办公厅印发了《关于推动党史学习教育常态化长效化的意见》，旨在要求各级单位学史明理、学史增信、学史崇德、学史力行，坚定自觉地牢记使命初心、开创发展新局面。高校党建品牌的建设首先面对的是青年力量、青年思维。基于其面对群体和工作对象的特殊性，高校党建品牌的发展也需不断融入新思想、开创新局面，推动青年一代对历史、对理论的自信，让其热爱历史、崇尚革命。开展党史学习教育不仅是对青年一代的重要鞭策，也是赓续红色血脉，增强基层党组织政治觉悟，积极发挥实质性作用的有效路径。

　＊　本文系浙江工商大学2022年度高等教育研究课题"新时代高校基层党建工作品牌化建设创新研究"研究成果。

　①　作者简介：李佳，浙江工商大学马克思主义学院讲师，研究方向为高校党建；高若珊，浙江工商大学马克思主义学院硕士研究生，研究方向为中国近现代史基本问题。

一、党史文化融入高校党建的内涵

党史文化是中国共产党自成立以来,带领全国人民在积极认识和改造社会历史的过程中创造出来的,能够体现党历史发展脉络、利于资政育人的文化成果的总和。党史文化的形成和传承反映了一代代共产党人顽强拼搏、自强不息的精神状态。高校党建工作的创新发展,需要积极融入中华优秀传统文化,讲好中国故事,传承革命精神,不忘初心,坚定信念根基。当前高校对学生意识形态的教育正处在一个关键时期,学生群体面对外来意识形态的冲击,需要在学习中不断提高自己的党性修养,爱党、敬党、拥党,铭记历史。借助党史文化的丰富内涵,助推党建工作在新时期应对新挑战,完成新任务。

二、党史文化融入高校党建品牌建设的价值意蕴

(一)深入理论学习,提高政治素养

高校党建工作的开展,要针对性地关注大学生知识深度、广度、可信度的需要,不仅要关注中国、聚焦当下,还要拓宽视野、目及世界。高校作为为党育人、为国育才的基地,要充分把握当代大学生的特点,聚焦现实问题,为党和人民事业发展培养一代代赓续奋斗的接班人,全面优化大学生的思想政治理论素养,积极推进大学生党史学习教育常态化建设[①]。习近平总书记在思想政治理论课教师座谈会上指出,要坚持主导性和主体性相统一,理论离不开传统教学的渗透,同时也要加大对学生接受特点和思维模式的研究。在尊重学生主体性作用的前提下,将思想政治理论课的理论性、权威性更好地发挥。对党史文化做到真学、真懂、真信,发挥党史文化在高校党建工作中指导、育人的作用,适当选用大学生喜爱的讲授方式,把握好通俗性,构建多渠道、多主体的协同教育。充分调动高校积极力量,以及身边优秀实践案例,不拘泥于党员教师的理论宣讲,鼓励广大

---

① 张维维、金蓉:《新时代大学生思想政治理论素养的结构特征与优化路径》,《思想教育研究》2019年第12期,第135—139页。

党员干部做党建工作的参与者和推动者,结合校园和社会热点引导学生潜移默化地学习党史,提高政治理论素养。

(二)坚定政治站位,端正价值取向

党史文化是最好、最生动的教材,加强党史文化学习,能够使学生深刻认识到中国共产党发展的历史和中国发展的足迹,进一步坚定对中国发展道路的信心。因此,要提升学习党史文化在高校党建工作中的地位,强化高校学生的思想建设,不仅要牢牢占领思想舆论高地,更要在人文和情感上凝聚人心。

作风建设是一个持续的过程,我们要利用党史文化强化高校组织的服务理念,把党组织全心全意为人民服务的宗旨落到实处。一方面,大学生处于构建正确人生观的关键时期,鲜明完整的党史学习有利于加深马克思主义理论在高校学生群体中的影响力,对大学生的思想起到正确的引导作用。另一方面,作为高校党建品牌领头人,教师党员在研读党史文化后,可以将民族精神和时代精神融会贯通,提取现实价值,形成自觉服务的品质。随着党史文化学习的开拓和推进,凝练出更强的奉献意识和责任意识,促进党建工作更好地服务广大师生。

(三)抓牢思政教育,融入教学方向

党史文化融入思政教学,让大学生在思政课上有所思、有所悟,在学习感悟中坚定政治立场、明确责任担当、继续艰苦奋斗。将党史文化和伟大建党精神融入高校党建品牌,通过思政课融入党史教育的主渠道,引导学生学习党史基本知识,夯实理论根基,在理论教学中融入党史教学案例,推动党史教育更好地走进学生心里,引导学生树立正确党史观,满怀信心向前进。培养师生的家国情怀,引导学生树立爱国爱家的意识,引导教师从建党精神中汲取立德树人的教风。因此,将党史文化融入高校思政课,不仅是做好高校思政教育的基本要求,更是落实党史文化长效化学习的要求。做好大学生的思想政治工作,不可忽视党史文化的内在作用,重视将建党以来每一步的成就和历经的苦难融入课程大纲,不仅让学生对建党历程有更为生动的认识,也厘清了当今社会主义建设的来之不易。思政课的本质是讲道理,思政课教师首先要充分利用课堂主渠道把道理讲深、讲透、讲活,与此同时,又要注重思政课教学鲜明的实践性特征,努力实现党史教育课程实践教学的要求。

三、高校党建工作存在的问题

(一)对党史文化认识不到位

高校是意识形态斗争的前沿阵地,但多数高校的党建部门并没有认识到开发党史文化的重要性,没有对党史文化的价值进行合理分析。领导者和党员教师不知如何将党史文化和党建工作紧密结合。在文化理解方面,也只停留在表面,形式化问题严重[①]。

(二)党建工作开展形式单一

面对当前高校党建工作的对象,"00后"已成为主要学生群体。他们思维敏捷、个性活跃,有着较强的适应能力和接受能力,在面对新鲜事物时更具批判精神。但有些高校党建工作脱离学生实际,依旧运用刻板方式,平铺直叙地讲述,认为运用传统讲授法就可以开展教育工作,这不仅是缺乏考察的表现,还容易造成学生的抵触行为[②]。

(三)党史文化融入程度较低

目前高校基层党组织在开展工作时,侧重的还是例行检查、制度建设,对党史文化的重视程度不够,没有结合具体情况制定组织发展规划,认为在关键时间点进行统一教育就是党史文化学习。这不仅难以达到预期效果,更难将党史文化和党建品牌建设深度融合。

---

① 刘秋月:《探究红色文化融入高校学生党建工作的价值与路径》,《大学》2020年第38期,第5—6页。

② 范露元、孙江南、常叶青,等:《红色文化融入高校党建工作的路径分析》,《品位·经典》2022年第13期,第30页。

四、党史文化融入高校党建品牌的实现路径

(一)深入学习党史,赓续红色血脉

党史文化是中国共产党和中国人民在长期革命、建设、改革中凝练出的物质和精神的总和,是革命历史的足迹,也是共产党员的信仰源泉。继承、传播、发展党史文化不仅是党员赓续红色血脉的使命,更是高校思想建设的关键。高校党建要培养文化自信,就要坚持深入学习党的优秀历史文化,将党史学习作为党建基本工作和教学工作。只有先讲好党史故事,才能让师生对党的发展充满兴趣、对党领导中国特色社会主义事业充满信心。因此党史文化的学习宣传应有系统性,以党在革命、建设、改革实践中的价值体系、理想信念为内在线索,以党史文化宣传活动为学习教育载体,有效提高对党史文化学习的实效性。党史学习教育具有强大的正本清源功能,既能从学理上揭露错误社会思潮的本质,又能有力回击各种错误意识对党史的随意化、碎片化解读,从真实准确的史料和深入细致的研究出发得出正确历史结论。一个党员拥有了高度的文化自信,才能在瞬息万变的环境中,立住脚跟,乘风破浪,不为巧言所引,不被乱象所迷,求真务实,奋勇前进。因此培养文化自信不仅是高校党建工作的目的,同时也是高校面向社会层面树立文化旗帜的尝试。

(二)丰富文化载体,挖掘特有基因

习近平总书记在党史学习教育动员大会上的讲话指出:"党的历史是最生动、最有说服力的教科书。"①党史文化作为文化精神的一个方面,是我们重要的精神财富。开发党史文化,不能只限于文化故事的重复讲述、党史人物的重复提及,这不免让生动活泼的故事变得枯燥乏味。要充分挖掘党史文化,就要发掘党史文化的现实载体,善于利用周边革命历史纪念馆、重大会议历史纪念馆、名人故居、烈士陵园等,推进校内校外合作,共同探索"大思政课"教学的新机制。运用数字党建、大数据等技术,实现党建工作的移动化、智能化、便捷化,快速配置

---

① 习近平:《在党史学习教育动员大会上的讲话》,人民出版社 2021 年版,第 2 页。

党建资源,创新社会服务职能,将党史学习教育阵地延伸到社会,为马克思主义时代化宣传探索新思路。同时不忽视革命歌曲、革命题材电影、宣传画报等大众传媒方式,适时依据党的最新政策进行调整和补充,让党史文化的教育活泼有形,师生更喜闻乐见。此外,挖掘各校各地特有的党史文化基因,拓展校本素材内容。当地的党史文化是环境和人民智慧结合的产物,折射出人民革命的历程、情感态度和价值观的取向。党史故事来自革命,却又比革命本身更深入人心。挖掘特有的革命细节和党史文化资源可以体现出党在不同时期所蕴含的红色精神,充分利用当地的党史文化进行党史教育,不仅容易引发师生的情感共鸣,对所在土地更加热忱和尊敬,更提升了红色文化潜移默化的育人实效。

(二)融合专业文化,开展社会实践

有效的传播载体和合适的传播内容,是高校党史文化形成其特有品牌,并在高校党建工作中发挥凝聚作用的关键一步。除了理论学习,更要积极开展实践活动,以调动学生积极性。同时,学生需求呈现出个性化特点,高校要创新和改变实践活动形式,发挥学生主观能动性。通过专业文化的代入、社会实践的展开,创新实践形式,提高学生觉悟。党史文化的融入可以很好地缓和理论与实际之间的差距,让学生认识到所学知识并非空洞,而是有迹可循的。优化内容和传播方式,打造基于专业文化的党建教育品牌,使其更易被学生接受,也更贴近生活。提升党建品牌吸引力,发挥其潜移默化的辐射与渗透作用,并引领专业教育获得更大的发展。

知、行、意:中国共产党党史学习的三重演进[*]

孟　洋　王　楠[①]

摘　要: 重视党史学习是我们党的优良传统,党史学习是一个长期性的学习过程,需要结合"知、行、意"三个层次,才能达到最佳学习效果。"知、行、意"是哲学思维的层次展现,彰显了对理论认识程度的不同把握。党史学习既要懂得党史讲什么,又要从党史学习中促进实践、提升修养,不断凝聚起实现中华民族伟大复兴的磅礴力量。

关键词: 中国共产党;党史学习;"知、行、意"

重视党史学习是中国共产党的优秀传统。中国共产党成立百余年来,一直强调党史学习,一直在党史学习中总结经验、获得启迪,不断推进党的伟大事业开辟新的历史境界。党的二十大报告也指出,"坚持理论武装同常态化长效化开展党史学习教育相结合,引导党员、干部不断学史明理、学史增信、学史崇德、学史力行,传承红色基因,赓续红色血脉"[②]。

辩证唯物主义告诉我们,任何理论的学习都是从实践到认识,再从认识到实践的发展过程。在认识发展的过程中,"知、行、意"彰显了对理论认识程度的不同把握。"知、行、意"是哲学思维的层次展现,"知"体现了对理论的关键把握,"行"彰显了实践的根本导向,"意"是主观精神的升华和呈现,任何理论的学习只

---

　*　本文系浙江工商大学 2022 年研究生科研创新一般项目"促进人民精神生活共同富裕的浙江实践与经验研究"、浙江工商大学"学习宣传贯彻党的二十大精神"研究生专项创新课题一般项目"伟大历史主动精神的出场、内涵、价值及弘扬路径研究"阶段性成果。

　①　作者简介:孟洋,浙江工商大学马克思主义学院硕士研究生,研究方向为马克思主义中国化;王楠,浙江工商大学马克思主义学院硕士研究生,研究方向为马克思主义中国化。

　②　习近平:《高举中国特色社会主义伟大旗帜　为全面建设社会主义现代化国家而团结奋斗——在中国共产党第二十次代表大会上的报告》,人民出版社 2022 年版,第 65 页。

有遵循"知、行、意"的三个境界层次,才能取得显著的成效。党的历史是最生动、最有说服力的教科书,学习党史要深刻理解和准确把握党史学习的"知、行、意",推动党史学习入脑入心入行。

一、参透党史学习的"知"

毛泽东曾深刻指出:"如果不把党的历史搞清楚,不把党在历史上所走的路搞清楚,便不能把事情办得更好。"①历史是最好的老师,我们学习党史,必须要参透党史学习的"知",要搞清楚党史学习究竟"学什么"的首要问题。知史爱党,知史爱国。学习党史、国史是坚持和发展中国特色社会主义的必修课,我们学习党史就是要从党的一百多年实践当中深刻了解、透视中国共产党团结带领中国人民开辟中国特色社会主义事业伟大实践的来龙去脉,从中国共产党一百多年的历史当中深刻领悟党的鲜明特质和巨大贡献。学习党的历史、从党的百余年实践出发既是参透党史学习"知"的需要,也是党史学习不断巩固和加强的基础。

首先,要了解、认识中国共产党的百年实践就是一部不断学习和创新理论的历史。中国共产党人最鲜明的特质就是不断加强自身的理论学习,不断推动党在实践中的理论创新。回顾党的历史,每当遇到革命和建设的关键时期,每当党和人民面临新的机遇和挑战,中国共产党人总是能够以虚心学习、开拓创新的态度,逢凶化吉、开辟新路。民主革命时期,毛泽东深刻洞察国民党反动派和旧军阀的本质和阶级特性,在《中国社会各阶级的分析》一文中就鲜明揭示"谁是我们的朋友""谁是我们的敌人""谁是我们的依靠力量"等革命的现实问题。秋收起义后,他又带领党的军队开辟出一条"农村包围城市、武装夺取政权"的革命新路,成功将马克思主义的科学真理同中国革命的现实实践相结合,在以毛泽东同志为核心的党中央的不断探索下,逐步形成了具有中国特色的马克思主义中国化的第一个理论成果——毛泽东思想。改革开放时期,以邓小平同志为核心的党中央在全面考察世界局势和国内主要矛盾新变化的基础上,大胆提出"时代的主题是和平与发展"的重要论断,把党的工作中心始终紧扣在经济建设上,提出改革开放的伟大决策,在实践中丰富和发展马克思主义理论,逐步实现马克思主

义中国化的第二次理论飞跃,形成了中国特色社会主义理论体系。党的十八大以来,以习近平同志为核心的党中央,立足世界百年未有之大变局,着眼于实现中华民族伟大复兴的政治大局,以极高的政治站位和深邃的思想洞察,在国内主要矛盾发生深刻改变的基础上不断推动治国理政理论的创新发展,开辟了当代21世纪马克思主义理论发展的新境界,形成了习近平新时代中国特色社会主义思想。中国共产党一百多年来实践探索的历史深刻说明我们党理论创新的强大能力,这也是党史学习过程中把握学习方向的一条主线。

其次,要了解、认识中国共产党的百年实践是为中国人民谋幸福、为中华民族谋复兴的历史。习近平总书记指出:"中国共产党一经诞生,就把为中国人民谋幸福、为中华民族谋复兴确立为自己的初心使命。"①近代前后,中华民族面临世界的"千年未有之大变局"时并未实现顺势发展,而是封闭自守,这就直接导致了中华民族落后于世界,在近代成为帝国主义列强压迫的对象。内忧外患下的中华民族呼唤着新的力量领导实现伟大的民族复兴。中国共产党在中华民族饱经磨难之时,应时而起、应势而生。中国共产党自成立之日起,就明确表明自己的奋斗目标是带领中国人民实现民族独立、国家富强、人民幸福,实现共产主义。历经党的历代领导集体,这一初心使命从未改变。毛泽东号召全党同志"全心全意为人民服务";邓小平提出评判一切工作的标准是"人民拥护不拥护、人民赞成不赞成、人民高兴不高兴、人民答应不答应";江泽民提出中国共产党始终代表最广大人民的根本利益;胡锦涛要求全党必须把实现好、维护好、发展好最广大人民根本利益作为一切工作的出发点和落脚点;习近平总书记更是明确指出,"人民对美好生活的向往,就是我们的奋斗目标"②。一百多年来,中国共产党始终秉持为中国人民谋幸福、为中华民族谋复兴的初心使命,以艰苦卓绝的伟大实践带领人民实现了从站起来到富起来再到强起来的巨大飞跃。

最后,要了解、认识中国共产党的百年实践也是为人类谋进步、为世界谋大同的历史。回顾党的百余年历史,中国共产党始终顺应世界潮流、承接时代发展,在为中华民族谋解放、谋幸福的征程中,也为世界人民谋解放、谋进步。中国共产党的成立,是世界无产阶级革命解放运动史上具有重要意义的事件,不仅标

---

① 习近平:《在庆祝中国共产党成立100周年大会上的讲话》,《人民日报》2021年7月2日,第2版。

② 习近平:《在十八届中央政治局常委同中外记者见面时的讲话》,《人民日报》2012年11月16日,第1版。

志着马克思主义指导下的社会主义革命在半殖民地、半封建社会的东方中国具有开展和成功的可能,更成为影响广大同样是半殖民地、半封建社会的亚非拉国家争取民族独立和民族解放的重要经验来源和旗帜引领。改革开放以来,中国共产党人敏锐地察觉到当时的世界很长一段时期内,不会爆发大规模的世界性战争,以邓小平同志为核心的党的第二代领导集体准确把握"和平与发展"的时代主题,积极推行多元、自主、共赢的积极开放政策,不仅为中国的经济腾飞赢得了重要的历史机遇,更为世界经济的繁荣与稳定贡献了中国力量。党的十八大以来,以习近平同志为核心的党中央,因势利导、顺势而为,提出共建"一带一路"倡议,推动构建人类命运共同体,发展新型大国关系,坚持以相互尊重、合作共赢为基础,走和平发展道路,坚持以深化外交布局为依托,着力打造全球伙伴关系,为世界经济的复苏与和平稳定发展不断贡献中国智慧和中国力量。一百余年来,中国共产党始终把谋求中国人民的幸福生活同世界人民的解放进步联系起来,矢志不渝,不断接力。

二、贯彻党史学习的"行"

历史是人类社会发展变迁的记载,是人类社会存续进步的文化资源。以史为鉴,可以知兴替。党的历史是中国共产党团结带领人民持续开拓奋进的精神资源。习近平总书记强调:"要抓好党史、新中国史的学习,用好红色资源,增强党性教育实效,让广大党员、干部在接受红色教育中守初心、担使命,把革命先烈为之奋斗、为之牺牲的伟大事业奋力向前推进。"①学习党史要想真正入脑入心,必须将其融入生活、立于实践,从学习"知"的维度,拓展到"行"的维度,不仅要把党史学习的理论知识掌握好,更要学史力行,把党史学习常态化、长效化地实践下去。

第一,将党史学习常态化,把党史学习作为终身必修课、常修课。述往思来,向史而新。学习党史不是完成政治性任务,而是锤炼党性、提升理论水平的重要路径。党的历史凝结着中华民族从站起来到富起来再到强起来的成功经验,这

---

① 习近平:《用好红色资源,传承好红色基因　把红色江山世世代代传下去》,《求是》2021年第10期,第4—18页。

是我们党和人民共同创造的宝贵财富。因此,对待党史学习必须树立常态化意识,经常回顾学习党的奋斗历程,从党和人民的艰苦奋斗中汲取治国理政的经验和智慧。做好党史学习常态化,首要就是抓好党员领导干部这个关键少数。党的领导干部要自觉树立起党史学习的常态化、终身化、生活化的思想意识,从自身做起,抓好支部建设的日常学习,团结带领党员同志从理论教育和支部生活中培养学习党史、领悟党史的党性意识,在党史学习的生动实践中形成党员干部学习、领悟和践行党史教育的长效机制。

第二,不断营造党史学习的良好氛围。习近平总书记强调,要"普及党史知识,推动党史学习教育深入群众、深入基层、深入人心"①。党史学习不仅仅是个人的事情,也不单单是党员的必修课,更是广大人民群众的事业。党史学习要讲带动、讲交流、讲促进,以朋辈间的互动交流增进党史学习的浓厚氛围。一方面,要把党史学习同思想政治理论课联系起来,深化思想政治理论课铸魂育人的关键功能,发挥思政教师立德树人的重要作用,用好红色党史资源,组织开展现场教学、专题研讨等形式多样的系列主题活动,在创新教学中让党史学习潜移默化地浸润学生的"心田"。另一方面,党史教育要融入群众,要积极发挥青年宣讲的重要作用,让群众用自己的语言讲党史,让党史学习上接理论、下接地气,做好群众党史学习的互动性工作,充分运用以互联网平台为主体的新兴传播媒介,推动党史学习"飞入寻常百姓家",为全社会营造良好的党史学习氛围。

第三,将党史学习理论化,不断提升政治自觉和政治能力。党的百年奋斗凝练了党的创新性理论和历史性经验,学习党史不能浮于表面,要将学习党史提升到理论的高度,深挖党史的理论价值,以创新研究的视角拓展党史学习的深度。一方面,要坚持用党的先进理论武装头脑,习近平总书记关于党史学习的重要论述是党史学习教育的基本遵循和行动指南,必须一以贯之地学习落实。同时,要从历史发展的时代巨变中领悟理论的生动魅力,特别是党的十八大以来的十年间,我们始终坚持以习近平新时代中国特色社会主义思想为引领,实现了跨越式的历史性变革,新时代十年的伟大变革实践也充分印证了习近平新时代中国特色社会主义思想的前瞻性和科学性。因此,党员和群众务必要坚持不懈地用习近平新时代中国特色社会主义思想指导党史学习与实践,提升自

---

① 习近平:《在党史学习教育动员大会上的讲话》,《求是》2021 年第 7 期,第 4—17 页。

身政治理论水平和政治格局。另一方面,要深入挖掘、系统总结党的百年奋斗历程中的宝贵经验启示,围绕《中共中央关于党的百年奋斗重大成就和历史经验的决议》,从百年奋斗的历史经验中汲取奋进力量,进一步提高应对风险挑战的斗争意识、斗争本领。

三、培养党史学习的"意"

《中共中央关于党的百年奋斗重大成就和历史经验的决议》中强调:"党和人民事业发展需要一代代中国共产党人接续奋斗,必须抓好后继有人这个根本大计。"[1]学习党史的目的不是细数功劳簿,而是总结经验、谋划未来。学习党史不仅仅是政治理论的学习,更是道德情操的养成。我们要从党的百年历史中汲取革命精神、传承红色基因,在心中播下信仰的种子,把个人理想与党的使命追求联系起来,不负韶华、踔厉奋发。

一要深刻领悟党百年奋斗的历史价值,增强历史自信。历史自信是民族生存发展的最大底气,也是一个政党治国理政的最大底气。中国共产党在诞生、发展、壮大的历程中,创造了一个又一个彪炳史册的人间奇迹,这是我们党百年奋斗的价值所在,也是我们党历史自信的重要来源。新民主主义革命时期,中国共产党领导革命军队被迫长征,在约两万五千里的行程中,翻雪山、过草地,历经14省,创造了世界军事史上的奇迹;社会主义革命和建设时期,党带领人民以无比饱满的建设热情,一扫旧中国贫穷落后的社会面貌,奠定了社会主义现代化建设的物质基础,实现了中华民族有史以来最为广泛而深刻的社会变革;改革开放和社会主义现代化建设新时期,中国共产党敢闯敢试,领导人民闯出了一条人类社会发展史上前所未有的现代化发展道路,实现了经济、政治、思想、文化和社会的全方位变革,长期困扰中国人民的温饱问题得到稳定解决;中国特色社会主义进入新时代,党领导人民实现了全面建成小康社会的历史性跨越,解决了物质绝对贫困问题,创造了世界减贫史上的奇迹,也为世界减贫事业贡献了中国智慧和中国方案。历史是最公正的裁判,一个政党的历史是其能否长期执政的底蕴支

---

① 《中共中央关于党的百年奋斗重大成就和历史经验的决议》,《人民日报》2021 年 11 月 17 日,第 1 版。

撑。中国共产党的百余年历史已经充分证明,没有共产党就没有新中国,没有共产党就没有中华民族的伟大复兴的光明前景。每一个中国共产党人都应从党的光辉历程中深刻领悟党的百年奋斗的历史意义,牢固树立坚定的历史自信,敢于担当历史责任,为实现中华民族伟大复兴汇聚浩荡力量。

二要深刻领悟和弘扬伟大建党精神,培育精神力量。人无精神则不立,国无精神则不强,党无精神则不兴。一百多年来,中国共产党在长期奋斗中构建起了中国共产党人精神谱系,孕育和诞生了一个个振奋人心、鼓舞斗志的精神成果。学习党史,不仅要学习党的历史事实,更要领悟党史中蕴含的精神力量。伟大建党精神作为中国共产党的精神之源,积淀着中国共产党人"坚持真理、坚守理想,践行初心、担当使命,不怕牺牲、英勇斗争,对党忠诚、不负人民"的宝贵精神品格。历史川流不息,精神代代相传。以伟大建党精神为源头的精神谱系是激励一代代中国共产党人把握历史主动、开创历史伟业的精神动力。历经百余年风雨,中国共产党依然风华正茂,虽饱经沧桑却始终保持旺盛生机和蓬勃活力,其中的奥秘就在于中国共产党人独有的精神密码和精神支撑。新的奋斗征程上,我们更要从革命先辈的浴血奋斗中传承红色血脉,从党的沧桑巨变中凝聚共识,大力弘扬以伟大建党精神为源头的精神谱系,在党史学习中进一步坚定信仰信念信心,用新的伟大奋斗创造新的伟业。

四、小　结

习近平总书记强调:"要巩固拓展党史学习教育成果,建立常态化长效化制度机制,教育引导广大党员、干部把学党史、用党史作为终身必修课,不断坚定历史自信、增强政治自觉,弘扬伟大建党精神,更加信心满怀地奋进新征程、建功新时代。"[1]历史是最好的教科书,党史是最好的营养剂。党的百年奋斗重大成就和历史经验,是党领导人民锚定既定奋斗目标、意气风发走向未来的重要法宝和宝贵财富。因此,着重把握好"知、行、意"三个维度,扎实推动党史学习教育走实走深,有助于进一步加强新时代党的建设,不断提升党的凝聚力和战斗力,切实

---

① 习近平:《在参加内蒙古代表团审议时强调　不断巩固中华民族共同体思想基础　共同建设伟大祖国　共同创造美好生活》,《人民日报》2022年3月6日,第1版。

增进广大人民群众对中国共产党领导和中国特色社会主义的政治认同、思想认同、理论认同、情感认同,凝聚起实现中华民族伟大复兴的磅礴力量。

参考文献

[1] 习近平.论中国共产党历史[M].北京:中央文献出版社,2021.

[2] 习近平.习近平谈治国理政(第4卷)[M].北京:外文出版社,2022.

[3] 班永杰.建立党史学习教育常态化长效化制度机制[J].红旗文稿,2022(2):23-25.

[4] 郭国祥,向燕君.论开展党史学习教育的理论逻辑、历史依据和现实要求[J].马克思主义与现实,2021(5):170-177.

[5] 谢伏瞻.坚持马克思主义立场观点方法,深化党史学习教育[J].马克思主义研究,2021(6):1-12.

[6] 段妍.党史学习教育重在实现常态化制度化[J].人民论坛,2021(17):36-39.

[7] 辛向阳.党史学习教育的遵循[J].红旗文稿,2021(6):13-17.

[8] 梅荣政.谈谈党史学习教育[J].湖北社会科学,2021(3):24-29.

[9] 陈荣武.党史学习教育的历史考察与发展路向[J].思想理论教育,2021(3):76-82.

[10] 齐卫平.开展党史学习教育的几个着力点[J].党的文献,2021(1):46-51.

传承历史记忆:爱国主义教育的重要途径[*]

顾豪迈^①

摘　要:历史记忆在当代中国爱国主义教育中发挥着不可或缺的作用。历史记忆有助于提升国民的政治认同感、保存民族精神和形塑国民的归属感。在现代化深入推进、全球化深入发展的今天,我们要大力弘扬革命文化和社会主义先进文化,坚持中华民族叙事立场、铸牢中华民族共同体意识,让红色记忆和民族团结历史记忆不断发扬光大,充分发挥历史记忆在爱国主义教育中的作用。

关键词:爱国主义教育;历史记忆;历史书写

爱国主义教育作为实现中华民族伟大复兴中国梦的精神支柱和精神动力,是思想政治教育的核心内容。习近平总书记在省部级主要领导干部学习贯彻党的十九届六中全会精神专题研讨班开班式上的讲话中强调:"要用好红色资源,加强革命传统教育、爱国主义教育、青少年思想道德教育,引导全社会更好知史爱党、知史爱国。"^②增进人们对中国历史的认识、理解与把握,是当代中国爱国主义教育的重要组成部分。因为历史记忆记载着中国人民在中国共产党的领导下革命、建设、改革实践的足迹,储存着中华民族世世代代形成和积累的优秀传统文化,铭记着五十六个民族友好交往、交流、共融的历史场景。通过历史记忆

---

　*　本文系浙江省宗教院校思想政治教育指导中心年度课题"'四史'教育推动宗教中国化建设的路径研究"(1270QT0121004-003)的阶段性成果。

　①　作者简介:顾豪迈,浙江工商大学马克思主义学院讲师,法学博士,主要研究方向为思想政治教育、政治哲学。

　②　《习近平在省部级主要领导干部学习贯彻党的十九届六中全会精神专题研讨班开班式上发表重要讲话》,中国政府网 2022 年 1 月 11 日,http://www.gov.cn/xinwen/2022-01/11/content_5667663.htm。

的开掘与书写,能够引导人们体会到共同的历史命运、共享的价值理念、共同的利益关切和荣辱与共的深厚情感。

一、爱国主义的基本内涵界定

爱国主义的具体内涵会因时代不同而有所变化,但其基本内涵是比较稳定的。中央马克思主义理论研究和建设工程重点教材《思想道德与法治》将爱国主义界定为"是人们对自己家园以及民族和文化的归属感、认同感、尊严感与荣誉感的统一,是调节个人与祖国之间关系的道德要求、政治原则和法律规范"①。上述对爱国主义概念内涵的界定,事实上是从"国家"内涵的理解角度进行的。按照我们一般对于"国家"的理解,爱国主义的基本内涵至少包含了三个层次的内容:对政治共同体的认同、对文化共同体的热爱,以及对民族团结和国家统一的拥护。

首先,爱国主义体现在对政治共同体的认同。在自由主义者看来,在国家产生之前,人们处在自由、平等和独立的状态之中,但是他们无法借助自己的力量来保障自由与安全。于是,他们就决定通过建立国家来保护自己,建立的方式是转让部分个人权利给国家,让国家代为行使。霍布斯、卢梭等人都对这一观点进行了论述。所以,在自由主义者看来,国家只是个人实现权利和自由的工具,是本身没有内在价值的政治实体。这一观点对于现代国家的建立影响深远。现代国家一般由立法机关、行政机关和司法机关等机构组成。其中由立法机关制定、司法机关执行的法律制度规定了个人权利的内容,划定了个人权利神圣不可侵犯的边界。每个人在行使自己权利的过程中不可侵犯他人的合法权利。国家机关在行使权利的时候也需要尊重公民的合法权利。除了法律制度外,国家制度体系还包含其他内容:根本制度、基本制度和具体制度,以及为了实行这些制度所建立的机制②。从这一层面来说,爱国主义体现为对作为政治共同体的国家的认同,具体表现为国民对国家基本制度的认可、对社会发展道路的拥护和对国家方针政策的支持。

其次,爱国主义体现在对文化共同体的热爱。社群主义不认为个人面对国家具有优先性,也不认为国家是为了维护人们的自由和权利才被制造出来的。

---

① 《思想道德与法治》编写组:《思想道德与法治》,高等教育出版社 2023 年版,第 79 页。
② 丁志刚、于泽慧:《论制度、制度化、制度体系与国家治理》,《学习与探索》2020 年第 1 期,第 38—43 页。

在社群主义看来,国家是以精神、文化为基础而自然生发出来的有机体。早在古希腊时期,亚里士多德就将城邦看作自然演化的产物,而不是人类理智的建构物。与植物等自然生物相类似,城邦也是一个有机体。每个公民都是城邦不可缺少的一部分,每个公民也只有在城邦生活中才能成为一个真正的人。德国思想家赫尔德把民族看作有机体,民族精神在其发展过程中具有举足轻重的地位。民族精神和它孕育出来的民族文化支撑着民族共同体的发展。当代社群主义思想家同样认为,民族国家不完全是通过社会契约建立起来的政治—法律共同体,而更应该是历史—文化共同体。正如查尔斯·泰勒所说:"国家在很大程度上是由语言、文化(通常还有悠久的历史)黏合在一起的。"①从这一层面上来说,爱国主义体现为对作为文化共同体的国家的热爱,具体表现为对祖国灿烂文化的发自内心的喜爱和对民族精神的自觉自愿的继承。

最后,爱国主义体现为对民族团结和国家统一的拥护。世界上大多数国家都是民族国家,不过它们不一定是单一民族国家。民族和国家是两个不同的实体。从理论层面来看,民族与国家的组合可能有三种不同的形式:单一民族国家、多民族国家、同一民族成立不同的国家。但从事实层面来看,绝大多数国家都属于多民族国家。对于多民族国家来说,如何协调好民族与国家之间的关系,以及民族认同与国家认同之间的关系,是亟待解决的重大问题。民族认同的极端化,容易导致民族分离主义的产生。民族分离主义主张民族边界与国家边界必须完全一致。这一主张的实质是在强调本民族特殊性的同时,拒绝承认现有民族国家的主权地位,试图挣脱现有民族国家框架的束缚,以寻求建立新的民族国家。因此,民族分离主义势必会对民族国家的稳定与团结构成严峻的挑战。为了应对民族分裂力量的严峻挑战,现代国家必须采取行之有效的方式将民族认同融合到国家认同之中,让各族人民建构起共属一个国家的想象,让各族人民在多民族的大家庭中实现共同富裕和共同发展。从这一层面上来说,爱国主义体现为对民族团结和国家统一的拥护,具体表现为"坚决维护国家主权、安全、发展利益,旗帜鲜明反对分裂国家图谋、破坏民族团结的言行"②。

---

① Charles Taylor, *Reconciling the Solitudes: Essays on Canadian Federalism and Nationalism*, Mantreal & Kingston:McGill-Green's University Press,1993,p. 25.

② 《习近平主持中共中央政治局第二十九次集体学习》,新华网 2015 年 12 月 30 日,http://world.people.com.cn/n/2014/0328/c1002-24761811.html.

二、历史记忆在爱国主义教育中的作用

法国社会学家莫里斯·哈布瓦赫将记忆区分为两种类型:自传记忆和历史记忆。自传记忆是指个体对过去亲身经历的事件的记忆,而历史记忆是指人们经由文本、图像接触到的非亲身经历历史事件的记忆[①]。历史记忆对爱国主义教育的重要性非同一般。历史记忆有助于提升国民的政治认同感、保存民族精神和形塑国民的归属感。

国民能否对作为政治共同体的国家产生认同,与国家的政治制度、政治理念能否赢得人心有关。国家的政治制度、政治理念能否吸引人,又与爱国主义教育能否让国民真切地体会到权利的实现、生活的改善有关。历史记忆在这一过程中起到了不容忽视的作用。正如美国政治思想家毛里齐奥·维罗里所说:"为了使这一情感魔方成为可能,我们肯定需要诉诸理性与利益的道德论证,但我们也必须依靠故事、想象与先见之明,如同好的雄辩家一样。"[②]借助于历史故事,国民能够在今昔生活的对比中、忆苦思甜的活动中感受到共享国家发展成果的喜悦,进而认识到国家制度的优越性。新中国成立以来,特别是改革开放以来,中国的面貌、中华民族的面貌、中国人的面貌发生了翻天覆地的变化。这一变化让人们相信,中国特色社会主义道路、理论、制度、文化是完全正确的,党的基本理论、基本路线、基本方略是完全正确的,每个国民都应该热爱我们的祖国。

国民能否热爱作为文化共同体的国家,与国家能否保持自己的民族精神和民族文化有关。民族精神和民族文化是一个国家存在和发展的基础,也是国民与国家之间联结的纽带。如果一个国家丧失了自己的民族精神和民族文化,那么它将无法屹立于世界民族之林,它的国民也将无法对它保有热爱和忠诚。借助于历史记忆,国家能够保存自己民族的精神命脉。如果没有共同记忆,国家就会丧失维护其同一性的精神文化基础。正是因为重视保存历史记忆,中华民族才能在绵延 5000 年的历史长河中屹立不倒。

各族人民能否自觉维护国家统一和民族团结,与他们能否建立起共属一个

---

① 莫里斯·哈布瓦赫:《论集体记忆》,毕然、郭金华译,上海人民出版社 2002 年版,第 42 页。
② 毛里齐奥·维罗里:《关于爱国》,潘亚玲译,上海人民出版社 2016 年版,第 9 页。

国家的想象有密切的联系。在自我与他者的比较中,人们才能生发共属一体的强烈情感。因为外在的"他者"构成了自我反观自身的镜子,正是由于"他者"的出现,才会引发自我对自身的反思和对"我是谁""我归属于哪个群体"的追问。历史记忆恰好为自我与他者的比较、自我内部成员休戚与共感的强化提供了重要的场域和坐标。群体成员之所以认为与其他群体有所不同,很重要的原因是他们有着不同的历史记忆;群体内部成员之所以认为属于同一群体,很大程度上是因为彼此分享共同历史记忆。不同民族国家正是借助历史记忆界定谁是该群体的成员。反抗日本帝国主义侵略的艰苦岁月,是全体中华儿女共同的历史记忆。这一历史记忆将五十六个民族的中华儿女凝聚在一起,夯实了各族人民共属一体的民族心理基础,巩固了我中有你、你中有我、谁也离不开谁的多元一体格局。

三、传承历史记忆,增强爱国意识

国家是历史性的存在,承载着特定的历史记忆。黑格尔曾说:"历史对于一个民族永远是非常重要的,因为他们靠了历史,才能够意识到他们自己的'精神'表现在'法律''礼节''风俗'和'事功'上的发展行程。"[①]历史记忆固然是我们关于过去的记忆,但也关乎国家的现在和未来。在当代中国爱国主义教育的过程中,我们必须充分发挥历史记忆的作用。不过,在现代性深入推进、全球化深入发展的今天,历史记忆和爱国主义教育都面临着一系列严峻的挑战——革命历史记忆遭遇嘲讽和解构,国家记忆的内容和书写方式发生改变,族群(民族)记忆与国家记忆之间存在冲突。为增进人们的爱国意识,我们在历史记忆的开掘和书写的过程中需要注意下列问题。

坚决反对历史虚无主义,传承红色记忆。红色记忆之中蕴含着中华儿女英勇无畏、抵御外侮的光辉历史,能够引导民众"回顾革命历史、缅怀革命先烈、追思英雄情怀、感受革命精神"[②],进而提升国民的政治认同感,激发民众继续革命先烈开创的伟大事业的决心和勇气。历史虚无主义打着"还原历史""反思历史"

---

① 黑格尔:《历史哲学》,王造时译,生活·读书·新知三联书店 1956 年版,第 206 页。
② 吴娜:《红色文化记忆与国家认同》,《新疆社会科学》2017 年第 3 期,第 133 页。

旗号亵渎红色记忆、抹黑革命英雄人物,是对中国过往革命与建设历程的解构,以及对中国共产党执政合法性的质疑。因此,在传承红色记忆的过程中,我们必须坚决反对历史虚无主义。在历史叙事时,不论是素材的选择,还是情节的安排,我们都必须牢牢掌握话语主导权。对于诋毁、恶搞革命英雄的行为,我们必须运用法律武器进行严肃处理。

坚持本国叙事立场,传承中华民族记忆。记忆具有社会建构性,社会群体既是人们获得记忆内容的地方,也是找回记忆线索的地方①。每个国家都从自身的实际需要出发书写历史记忆。由于叙事立场存在差异,不同国家对于同一历史事件的记忆会出现分歧。因此,根本不存在没有民族国家立场的历史书写。我们要时刻警惕打着"全球史"旗号却采用西方中心主义视角书写的历史作品。毋庸置疑,历史记忆的书写需要有国际视野。但是与此同时,全球史的书写也需要尊重每个民族国家的书写立场,尊重每个民族国家对历史记忆的理解。在书写全球史的过程中,我们应该坚持本国历史叙事立场,勇于向世界发出中国声音。

树立正确中华民族历史观,传承民族团结的历史记忆。在尊重和保护少数民族记忆的基础上,我们要大力弘扬民族团结的历史记忆。不同民族之间如果能够共享历史记忆,就能建立起同属于一个国家的民族共同体意识。要强调中华民族自古以来就是密不可分的一家人的历史事实,要让各族人民血浓于水、休戚与共的历史记忆扎根于每个民族成员的内心当中。要通过文学艺术形式保留和复活民族融合、民族团结的历史记忆,夯实各族人民共属一体的民族心理基础,巩固我中有你、你中有我、谁也离不开谁的多元一体格局。在国民教育中,要注意不同民族题材的历史记忆内容的呈现,教材中既要有唐诗宋词,使不同民族的孩子们亲近和识记李杜的名篇,同时,《格萨尔王》等民族题材的诗歌也要进入教科书,让学生充分认识到中华文化是五十六个民族的共有文化,每个民族都为中华文化的发展繁荣做出了不可磨灭的贡献。

---

① 莫里斯·哈布瓦赫:《论集体记忆》,毕然、郭金华译,上海人民出版社 2002 年版,第 68 页。

大力弘扬井冈山精神　深入推进思政课实践教学[*]

张绪忠　梁正玉　张胜红[①]

　　党的二十大报告强调：弘扬以伟大建党精神为源头的中国共产党人精神谱系。井冈山精神是我们党在极其艰苦的情况下将马克思主义的基本原理同中国革命的具体实践相结合而产生的伟大精神，是我们党精神谱系的重要组成部分。大力弘扬井冈山精神，积极推进井冈山精神在新时期放射出新的时代光芒。

　　1927 年 10 月，毛泽东率领湘赣边界秋收起义的队伍到达湖南、江西两省交界的井冈山地区。1928 年 4 月，朱德、陈毅率领南昌起义余部及湘南部分农军也来到井冈山地区，开创了井冈山革命根据地，从此在井冈山开展了轰轰烈烈的革命运动。井冈山是中国革命的摇篮，井冈山革命时期留给我们最为宝贵的财富就是跨越时空的井冈山精神。井冈山精神的内涵概括为：坚定不移的革命信念；坚持党的绝对领导；密切联系人民群众的思想作风；一切从实际出发的思想路线；艰苦奋斗的作风。其内涵也可以概括为"坚定信念、艰苦奋斗、实事求是、敢闯新路、依靠群众、勇于胜利"24 字精神。为更好地推进思政课程建设，深切感受思政课中的真实场景，为使下一步思政课教学取得更好的效果，2022 年 6 月 28 日到 7 月 2 日，笔者等到井冈山接受革命的洗礼，亲身感受当年炮火连天的革命场景，进一步深刻领会井冈山精神的时代内涵，对下一步有针对性地开展思政课实践教学具有重要而深远的意义。

　　* 本文系团中央 2022 年度共青团实践育人工作立项课题"数字化时代大学生社会实践工作质量评价体系研究"（2022SJLX31）、浙江省哲学社会科学重点研究基地浙江工商大学中国化时代化马克思主义研究院一般项目"抗战时期中国共产党政党形象的塑造研究"的阶段性成果。
　　① 作者简介：张绪忠，浙江工商大学马克思主义学院副教授，研究方向为中共党史党建、思想政治理论课实践教学；梁正玉，浙江工商大学马克思主义学院硕士研究生，主要从事中国近现代史基本问题研究；张胜红，浙江工商大学马克思主义学院硕士研究生，主要从事中国近现代史基本问题研究。

一、学习革命先辈以苦为乐、革命理想高于天的乐观主义精神

坚定信念、艰苦奋斗是井冈山精神的灵魂。在井冈山革命斗争的过程中,我们的革命先辈始终把共产主义理想信念作为自己的终身追求,始终发扬艰苦奋斗的优良作风。

理想信念是精神之光,是一个组织或个人发展的不竭动力。习近平总书记指出:理想信念是中国共产党人的精神支柱和政治灵魂,也是保持党的团结统一的思想基础。① 党的十八大以来,以习近平同志为核心的党中央深入推动理想信念内化于心、外化于行,使理想信念建设的途径更加制度化、规范化②。在革命战争年代,特别是井冈山革命斗争时期,革命条件是非常艰苦的,经过南昌起义、秋收起义之后,面对当时复杂的国内外环境,党和军队内各种"左"的和右的思想时而出现,"红旗到底能打多久"的右倾悲观主义思想严重,中国革命还能不能继续走下去,中国的红色政权还能存在多久,很多人心中产生了疑惑,特别是在国民党疯狂地屠杀共产党和革命群众,又经历"三月失败"和"八月失败"两次重大挫折之后,不少革命意志薄弱的同志或脱党,或投靠了国民党,面对这样一种形势和环境,毛泽东等老一辈革命家没有退缩,始终没有动摇自己的意志,他们坚定地认为共产主义理想一定能够实现,这靠的就是共产党人对中国革命光明未来的坚定信念和不懈追求。正是因为有了理想信念,我们的革命先辈才在那样艰苦的环境中产生了战胜一切困难的超凡勇气。

艰苦奋斗是我们党的政治本色和优良传统,也是井冈山精神的重要基石。"红米饭,南瓜汤,秋茄子,味道香,餐餐吃得精打光;天当房地做床,娶个月亮进洞房;干稻草,软又黄,金丝被儿盖身上……"一首《红米饭 南瓜汤》是井冈山时期红军在艰苦斗争中以苦为乐的革命乐观主义精神的真实写照。井冈山时期,国民党反动派疯狂地包围封锁,当时粮食供应非常困难,红军每人每天只有五分钱的伙食费,经常吃了上顿没有下顿,解决红军的吃饭问题成为当时井冈山根据地首要的重要工作。井冈山盛产一种米叫红米,价钱很便宜,但这种米比较粗

---

① 习近平:《坚定理想信念 补足精神之钙》,《求是》2021年第21期,第4—15页。

② 黄耀霞、刘成荫:《新时代中国共产党人坚定理想信念的时代内涵、价值意蕴和实现途径》,《思想教育研究》2022年第6期,第133—138页。

糙,不是很好吃,吃下去却能够顶饿,所以当时根据地就大量种植这种米当作粮食。后来红米也吃光了,红军战士就煮南瓜吃。因为南瓜比较好种,又比较适应在山区这种地方生长,果实结得比较多,而且还比较好储存,即使冬天也可以拿来享用,所以除了红米外,红军主要的口粮就是南瓜。红米饭配南瓜就成为当时井冈山军民生存下来的重要保障。当年井冈山人民为了革命,哪怕自己忍饥挨饿,也要挤出那宝贵的一粒粒红米、一颗颗南瓜,来支持红军的革命事业。正是有了这种精神,才有了《红米饭 南瓜汤》这首脍炙人口的不朽歌谣。正是凭借这种因"红米饭,南瓜汤"而产生的伟大井冈山精神,中国革命才以星星之火,最终呈现燎原之势,才一步一步地走向胜利。《红米饭 南瓜汤》后来被改编为《毛委员和我们在一起》。在井冈山时期那段艰难的岁月里,在我们的革命战士没有衣服穿、没有粮食吃的情况下,毛泽东、朱德等老一辈革命家以身作则,为人民军队树立了非常好的榜样。革命理想高于天。在井冈山长久传唱着的"红米饭那个南瓜汤,挖野菜那个也当粮,毛委员和我们在一起,餐餐味道香,味道香……"充分表达了革命者坚定共产主义理想信念,为了理想信念敢于吃苦的革命乐观主义精神。我们在培训的过程中,又重新传唱了这首经典的革命歌曲,也深刻领会了我们的革命前辈在那个艰苦卓绝的革命年代所经历的困难、所付出的巨大牺牲,进一步体悟了革命乐观主义精神。

二、学习革命先辈实事求是、敢闯新路的创新精神

实事求是、敢闯新路是井冈山精神的核心要义。在艰苦卓绝的斗争中,在革命走向低谷的时期,正是中国共产党人始终坚持实事求是的原则,坚持走农村包围城市的新路子,最终从低谷中逐渐走出来。也正是由于我们党坚持实事求是的思想路线,探索出新的革命道路,才使得我们党开创了以农村包围城市、武装夺取全国政权的中国革命独特道路。

实事求是是我们党为人处世的基本原则。习近平总书记在庆祝中国共产党成立 100 周年大会上指出,中国共产党坚持实事求是,从中国实际出发,不断推进马克思主义中国化时代化。井冈山革命斗争时期,我们的革命先辈尊重社会发展的规律,一切从实际出发,客观地分析当时的国内外局势,特别是毛泽东同志在秋收起义部队来到井冈山以后,探索出一条适合中国的革命道路。为了从

思想上澄清当时不少人的混乱思想,1928年10月,在宁冈茅坪召开的湘赣边界党的第二次代表大会上,毛泽东做了《政治问题和边界党的任务》(后改名为《中国的红色政权为什么能够存在》)的报告。在报告中,他客观地总结了创建井冈山革命根据地的实践经验,透彻地分析了中国革命形势,指出中国红色政权可以长期存在并能持续发展的原因。该报告深入浅出地阐明了中国红色政权能够在白色势力的四面包围之中长期存在和不断向前发展的可能性和必然性,再次回答了"红旗到底能打多久"的疑问,鼓舞了井冈山军民坚持红色革命斗争的信心。

敢闯新路是革命不断向前发展的不竭动力。只有不断地根据革命形势的发展,不断地调整我们党的工作方针,才能推动革命事业向前发展。井冈山革命斗争时期,毛泽东立足于中国革命现实,提出了"以农村为中心"的革命思想。井冈山的革命运动是在不断摸索中进行的,前面没有任何的先例可以借鉴。从经济政策、土地政策到党的建设、军队建设等方面,我们党都是在不断的调查研究过程中,在不断的实践中发展起来的。特别是土地革命,如何确定没收对象,土地分配的标准、分配的区域,土地所有权问题,土地能否自由买卖、租赁等棘手的问题频出如何探索出一项既不侵犯小资产阶级利益,又能保护中小商业者,还能起到推动井冈山革命政权发展的政策确实比较难,当时只有一切从实际出发,勇闯新路,一步一步地摸索前进。大革命失败后,中国共产党开展了武装斗争并将夺取中心城市作为首要目标。南昌起义、广州起义就是比较典型的例子。毛泽东领导的秋收起义一开始也是打算夺取湖南的中心城市长沙的,但后来由于进攻受挫,改为向敌人薄弱的山区寻求落脚点。朱毛红军在井冈山会师后开辟了井冈山革命根据地。古田会议后,毛泽东发表了《星星之火,可以燎原》一文,文章指出,红军、游击队和红色区域是半殖民地中国在无产阶级领导之下农民斗争的最高形式,是促成中国革命高潮的最重要因素。当时还明确提出了"农村工作是第一步,城市工作是第二步"的思想,这就标志着农村包围城市、武装夺取政权思想的初步形成,也就为发展农村革命根据地,确立农村包围城市的战略方针奠定了坚实的思想基础。

三、学习革命先辈心中始终装着人民、始终代表人民根本利益的革命品质

始终依靠群众、勇于胜利，是井冈山精神的坚强基石。在井冈山革命斗争时期，毛泽东、朱德等老一辈革命家身先士卒，成功开辟了中国特色的革命道路，这说明我们党始终同广大劳动人民心连心，始终代表广大人民的根本利益。

群众路线是我们党的根本路线，是克敌制胜的重要法宝。无论是大革命时期，还是土地革命时期，还是抗战时期及解放战争时期，都是我们党战胜一切困难，取得革命胜利的重要法宝。在长期的革命过程中，毛泽东提出了一系列关于群众工作、密切联系群众、全心全意为人民服务的思想。取信于群众、给群众以实利、问计于群众、与群众同甘共苦是井冈山时期党的群众路线的主要内容①。秋收起义之后，毛泽东率领工农革命军辗转来到永新县，由于当地群众不了解红军队伍，他们害怕这支军队像国民党一样可怕，就纷纷躲到山里去。为了打消人民群众的顾虑，毛泽东等在宣传方面做了大量的工作，告诉群众这支部队是为劳苦大众打天下的，让大家不要害怕，保证不会侵犯老百姓利益的。渐渐地，在日常的相处过程中，老百姓亲眼看到红军的所作所为——帮助村民修桥修路，从来不去抢村民的粮食和物品，也就和红军熟识起来。特别是井冈山革命根据地一开始创建的时候，得到当地绿林出身的袁文才、王佐的认同，充分说明了依靠群众的重要性。二人一开始担心毛泽东率部上山可能会抢夺他们的地盘。毛泽东会见了袁文才之后，答应送给他一百支枪。袁文才很受感动，表示要竭尽全力帮助红军解决各种困难，同意建立后方医院和留守处，最后还把自己的根据地让给了红军，这充分说明了我们党群众路线很到位。为了更好地发动群众，防止违反群众纪律的事情发生，毛泽东等老一辈革命家从实际出发，制定了"三大纪律，六项注意"（后来改为"三大纪律 八项注意"）。最初颁布的"三大纪律"是"行动听指挥；打土豪筹款子要归公；不拿农民一个红薯"。它的颁布赢得了广大群众的热烈欢迎。正是因为充分依靠广大人民群众，朱毛红军才在井冈山完全

---

① 唐海英：《井冈山时期党的群众路线实践及启示》，《井冈山大学学报》（社会科学版）2015 年第 5 期，第 10—15 页。

站稳了脚跟。如果没有群众的支持,不可能有工农武装割据、建立红色政权的局面[①]。正是有了人民的大力支持,井冈山的星星之火最终发展成为燎原之势。

四、传承井冈山精神,讲好新时代的思政课

习近平总书记在学校思想政治理论课教师座谈会上强调:"办好思想政治理论课关键在教师。"教师是办好思政课的关键。习近平总书记在会上提出了"政治要强""情怀要深""思维要新""视野要广""自律要严""人格要正"的新要求。通过井冈山培训,深刻理解到革命先辈创办井冈山革命根据地非常不易,现在的幸福生活是无数革命先辈用鲜血和生命换来的,吾辈应更加珍惜。在和平发展的今天,我们要大力弘扬井冈山精神,在习近平新时代中国特色社会主义思想的指引下,坚持立德树人的根本任务,更好地发挥思政课的育人功能,讲好新时代的思政课。

一是要始终坚定马克思主义的信仰,坚定共产主义的信念。习近平总书记指出:理想信念是共产党人精神上的"钙"。[②] 党的十九届六中全会指出,坚定理想信念、坚持全面从严治党、不断推进党的自我革命是我们党百年奋斗的重大成就和动力源泉。[③] 可以说,理想信念是我们思政课教师必须具备的一种素质。习近平总书记指出:思政课要解决学生的理想信念问题,要让有信仰的人讲信仰。思政课教师首先必须要有信仰,只有自己有了坚定的信仰,才能对所讲内容有高度的认同感,也才能引导广大学生树立共产主义的远大理想。通过井冈山这次培训,我们更加坚定了共产主义的信仰,坚定了永远跟党走的勇气和决心,井冈山精神始终激励我要做一名优秀的思政课教师,以习近平新时代中国特色社会主义思想为指导,在讲授井冈山这段革命历史的时候,更能把这次井冈山培训的切身体会讲透彻、讲生动,让学生真正了解我们党那段可歌可泣的光荣历史,坚定共产主义的理想信念。

二是在厚植爱国主义情怀上下功夫,做一个有情怀的思政课教师。马克思

---

① 唐海英:《井冈山时期党的群众路线实践及启示》,《井冈山大学学报》(社会科学版)2015 年第 5 期,第 10—15 页。

② 习近平:《坚定理想信念 补足精神之钙》,《求是》2021 年第 21 期,第 4—15 页。

③ 《中共中央关于党的百年奋斗重大成就和历史经验的决议》,《人民日报》2021 年 11 月 17 日,第 1 版。

指出,"道德的基础是人类精神的自律"。思想政治教育要落实立德树人的根本任务,唯有唤醒人性、触及人的灵魂、与人的情感相交融才能达到预期的效果[①]。2018 年习近平总书记在全国教育大会上指出,培养什么人是教育的首要问题,要在厚植爱国主义情怀上下功夫,让爱国主义精神在学生心中牢牢扎根。2019 年习近平总书记在学校思想政治理论课教师座谈会上再次强调,要引导学生厚植爱国主义情怀,为进一步明晰新时代情怀教育的价值逻辑和实践逻辑指明了方向。要做一个有情怀的思政课教师,以培养报国使命感、行业自豪感、社会责任感和文化归属感为重点,要将爱国主义的思想,特别是井冈山时期革命先辈的爱国情怀、报国之志在思政课堂中确切地表达出来,将情怀教育深深融入日常的思政课教学过程,培养学生的爱国心、报国心和责任心,要努力构筑以思政课程为核心,以课程思政为支撑,以党课、网络微课为补充的情怀教育课程体系。

三是充分挖掘红色资源,深入开展红色实践教学。习近平总书记指出:红色是中国共产党、中华人民共和国最鲜亮的底色[②],"历史是最好的老师""党的历史是最生动、最有说服力的教科书"[③]。作为一名思政课教师,特别是作为一名"中国近现代史纲要"课程的教师,要充分运用这些红色资源,传承红色基因,接受红色传统洗礼。根据教学安排,能够结合各地的红色文化资源和革命文物,深入挖掘红色资源的教育价值。要通过拜谒革命烈士纪念碑、参观革命纪念馆和革命遗址等活动,引导广大学生接受红色传统洗礼、巩固和升华理想信念[④],结合各地的革命烈士纪念馆、党史纪念馆等资源,有条件的进行现场情景教学。要充分利用重要纪念日组织学生进行革命根据地参观、瞻仰、宣誓等相关的实践活动,将理论知识与社会实践相结合,使学生在红色实践过程中触动心灵、体悟真谛,激励学生不忘来时路,继续走好新时代的长征路,在红色文化的激励中做新时代的开拓者,达到预期的实践教学效果,提升思政课实践育人的质量和效果,为实现中华民族伟大复兴做出自己应有的贡献。

---

① 赵志勇、王娟:《人文情怀教育——大学生思想政治教育的新视角》,《山西经济管理干部学院学报》2016 年第 1 期,第 98—101 页。

② 习近平:《用好红色资源 赓续红色血脉 努力创造无愧于历史和人民的新业绩》,《求是》2021 年第 19 期,第 4—18 页。

③ 习近平:《在党史学习教育动员大会上的讲话》,《求是》2021 年第 7 期,第 4—17 页。

④ 黄耀霞、刘成荫:《新时代中国共产党人坚定理想信念的时代内涵、价值意蕴和实现途径》,《思想教育研究》2022 年第 6 期,第 133—138 页。

工程哲学视域下的思政课教学创新[*]

郭　飞^①

摘　要：推进新时代思想政治理论课教学创新是一项长期而艰巨的任务。思政课教学创新需要在思维方式上进行创新。工程思维为思政教学创新提供了重要借鉴。作为工程活动中所蕴含的思维方式，工程思维因其实践性、协同性、限定性、人本性和时代性而具有普遍的方法论意义，常被用于指导各种复杂而富于挑战性的社会实践活动。促进我国新时代思想政治理论课教学创新，需要坚持工程思维，在教育教学理念、教学设计、课堂教学和教师发展等多方面协同发力，共同塑造全方位立德树人的良好局面。

关键词：思想政治理论课；教学创新；工程思维

习近平总书记在学校思想政治理论课教师座谈会上指出的"八个统一"，为思想政治理论课教学创新提供了根本遵循。这不仅体现出辩证思维，而且体现出工程思维。工程思维是工程活动中所蕴含的思维方式，在本质上是"筹划性思维、规则性思维、科学性与艺术性兼容的思维、综合集成性思维、构建性思维、权衡性思维、殊相性思维、价值性思维、过程性思维、逻辑思维与非逻辑思维相统一的思维、复杂性思维"^②。工程思维具有一般性的方法论功能，常常被用来指导各种复杂而艰巨的社会活动。本文将探讨以工程思维推动思想政治理论课教学创新的必要性和可行性。

---

　*　本文系浙江省社科联课题（2023N030）、浙江工商大学高教课题（Xgy21042）、浙江工商大学马克思学院"部校共建"课题的阶段性成果。

　①　作者简介：郭飞，浙江工商大学马克思主义学院博士、副教授，研究方向为马克思主义基本原理。

　②　李永胜：《论工程思维的内涵、特征与要求》，《洛阳师范学院学报》2015 年第 4 期，第 12—18 页。

一、新时代思政课教学创新的艰巨性

思政课建设的时代紧迫性。中国特色社会主义进入新时代,我国社会主要矛盾转化为人民日益增长的美好生活需要和不平衡不充分的发展之间的矛盾。"新时代社会主要矛盾转化昭示着满足人民的美好生活需要成为了社会发展的主要任务,这也向思想政治教育提出了新课题和新使命。"[①]在思想认识上,思想政治理论课教学要从我国的新国情、新任务、新挑战、新机遇等各种社会实际出发,充分认识新时代思想政治理论课教学创新的意义,适应新时代思政课教学创新的诉求。在教学内容上,思想政治理论课教师要结合新时代立德树人的根本要求,讲好思政课,为学生提供丰盛的精神大餐。在教学手段上,思想政治理论课教师要灵活利用各种新技术教学手段,探索教学方式方法创新,不断提高思政课堂教学的实效性。这些既是思想政治理论课教学创新的重要背景,也为思政课教学创新提出了更高要求。

思政课教学创新的长期性和持续性。思政课随着社会实践发展而不断发展,与时俱进地提升教学实效性是中国特色社会主义事业不断发展的必然要求。思想政治理论课教学要牢牢把握马克思主义主流意识形态,抵制各种错误社会思潮的消极影响。"错误社会思潮主要通过消解人们对中国特色社会主义的道路认同、理论认同、制度认同、文化认同来威胁我国主流意识形态安全。"[②]在激烈的社会思潮斗争中确保马克思主义的根本指导地位,将是一项艰巨而长期的任务。此外,多元文化分散了学生的注意力,弱化了学生对思想政治理论课的关注度。新时代背景下,持续做好思想政治理论课教学创新,发挥思政课对青少年成长的培根铸魂作用,将是思想政治理论课教学创新的历史重任。时代在不断发展,思政课教学也要持续创新。

营造思政课教学创新的良好氛围需要一个过程,其中教育主管部门的教育评价导向至关重要。思想政治理论课的教学内容更新速度快、教学工作量大,上

---

① 陈华洲、赵耀:《美好生活视域下思想政治教育的现代转型》,《思想教育研究》2018 年第 11 期,第 29—35 页。

② 秦在东、靳思远:《错误社会思潮对我国主流意识形态安全的威胁及其治理》,《思想教育研究》2019 年第 1 期,第 81—86 页。

好思政课并不容易。思想政治理论课教师常常需要花费许多时间在繁重的教学上,这在一定程度上制约了教师的科研工作。在当前高校发展全球接轨的背景下,科技是第一生产力,大学越发重视科研。如何将高校的育人功能与科研工作二者之间平衡起来成为一个难题,这种难题在思政课教学中及在思政课教师中同样存在。受制于多种因素的制约,目前我国高等教育的考核标准要从科研至上、轻视教学的老路上彻底转变,将是一个漫长的过程。这决定了思想政治理论课的改革创新具有长期性和艰巨性。

教师队伍建设和教学实效性提升不能一蹴而就。教师是思想政治教育教学的关键。新时代、新任务、新使命下的思想政治理论课教师队伍,无论在数量上还是在质量上都有待进行持续性、整体性提升。可喜的是,近年来,从中央到地方都大量开展了思想政治理论课教师"能力提升工程"。这种以工程方式推进思想政治理论课改革创新的举措,无疑对打造一支优秀的思想政治理论课教师队伍具有重要意义。课堂是上好思想政治理论课的主渠道。思想政治理论课的课堂教学效果提升将是一个持续性推进的过程。从"思政课程"到"课程思政",开展多渠道、全方位、全时段协同育人也将是一个不断展开的历史进程。

二、工程思维的方法论意义

工程思维是工程活动中所贯穿的独特思维方式。揭示工程活动的特点有助于揭示工程思维的特征。工程活动具有实践性、协同性、限定性、人本性和时代性等特点,相应地,工程思维表现为实践性思维、协同性思维、限定性思维、人本性思维和时代性思维。工程思维源自工程实践并反作用于工程实践。合理的工程思维促进工程活动顺利开展,而不合理的工程思维制约工程活动的顺利开展。工程思维具有重要的方法论意义,尤其适用于各种复杂性、系统性的社会活动。

工程思维的实践性。工程思维要求工程活动具有可行性。工程因在不同情境中展开而具有可错性,而工程实践活动要求可靠性和安全性。工程的可错性与安全性并不矛盾。实践活动的复杂性和迭代性、人们认识的局限性和实践有限性,都决定了工程活动不可能百分之百安全。工程活动的多主体关涉性和社会影响巨大,决定了工程活动追求可靠性和安全性。为了确保工程的可靠和安全,工程活动中需要采用安全可靠的措施。工程思维的实践性还体现为工程是直接现实的社会生产力,工程改变世界。

工程思维的协同性。工程是多主体对多要素的系统整合过程。工程活动是集体实践,需要分工明确的组织把各种要素整合起来。规模大、科技含量高、持续时间长、多专业综合、多单位参加等复杂性特征是现代工程的特点。一个工程项目通常包含构思、决策、设计、招标、采购、施工、竣工交付、报废或回收等多个环节。现代工程活动越来越多地对工程的全生命周期各个环节进行充分论证和考量。一项工程往往是包含投资方、业主、承包商、设计单位、施工单位、监理单位等多方主体和参与者的工程共同体。工程活动是工程共同体成员之间协同的结果,是工程与社会之间不断协同的结果。因此,现代工程活动也越来越多地关注所有的工程共同体成员,尽最大努力使工程活动符合工程共同体的意愿,使得工程与工程共同体之间相互促进。

工程思维的限定性。首先是工程目标具有限定性。工程目标通常是唯一的和确定的。工程活动具有明确的预期目标并以此为导向来开展活动。现代工程需要充分的可行性评估,其中包含了对预定目标的审视。其次是工程活动性质的限定性。工程目标蕴含着工程活动的类别,限定了行动者所从事的工程活动的类别,决定了工程活动的确定性和独特性。最后是工程资源的限定性。工程活动有技术条件、人力、物力、财力、时间约束等限定性条件,是工程共同体在有限资源条件下所展开的特定活动。每项工程都只能是特定社会条件下的实践活动。

工程思维的人本性。坚持以人为本是工程活动的重要出发点和落脚点。工程建造和工程物运行都要体现以人为本的价值理念。工程伦理的基本原则包括不伤害、促进安全健康和福利、促进人和社会发展等。工程活动对人具有生存论方面的价值。工程是人的存在方式,为人的生存和发展建造了工程物或工程系统,同时在工程活动中赋予人的生存以意义感。"人的存在论问题内蕴着工程存在论,人类借助工程行动创造了自己的文化世界、属我的意义世界,并成就人自身。"[1]工程活动蕴含并体现出工程精神。工程精神丰富了人的精神世界。"它从根本上影响着工程从业者对工程的认识、情感、意志和行为"[2],为社会意识提

① 张秀华:《"做"以成人:人之存在论问题中的工程存在论意蕴》,《哲学研究》2017 年第 11 期,第 121—126 页。

② 王章豹:《论工程精神》,《自然辩证法研究》2011 年第 9 期,第 61—68 页。

供务实、精准、协作、以人为本等积极的价值。

工程思维的时代性。工程是特定社会历史条件下的活动。这些历史条件包括技术的社会历史性、特定的生产力状况、对工程的认识程度、对各种工程风险的认知水平和控制程度等。工程活动反映并反作用于特定的社会历史条件。工程是人类发展的阶梯，它不断向上延伸并筑牢自身，从而使得人类与工程之间不断协同进化。工程以实践为导向，在技术运用上坚持适度原则。工程活动中最好的技术未必是最先进的，而通常是最适合的。工程是具体社会条件中人的意志的行动化的真实展开。考察工程离不开关注其社会历史性和时代性，以及其现实可能性和行动合理性。

总之，工程活动具有一般性和特殊性。一般性体现为：工程是人类有目的、有计划的实践活动，它不仅是改造世界的方式，而且是一种库恩式的"解题"方式。特殊性体现在：工程活动代表了特定的活动类型、特定的价值观、特定的思维、特定的方法论等特定性的方面。工程活动受制于独特的工程思维，工程思维存在于工程活动之中。人类的各种实践活动在思维结构上具有相通性。工程思维具有一般性，可以被运用于各类复杂性的社会实践活动中。社会工程研究的兴起表明：工程思维对于理解和处理各类社会历史活动具有重要指导作用。工程思维中的务实、协同、限定、人本等价值理念嵌入人类各个实践领域并不断发挥作用。

三、思政课教学创新需要工程思维

思想政治理论课教学创新是一项具有复杂性、系统性的社会工程。在思政课教学创新中引入工程思维，以工程思维审视并推进思想政治理论课教学创新，具有必要性和优越性。

思想政治理论课教学的实践性。教学是一种实践活动。思想政治理论课的理论代替不了思想政治理论课的教学实践。为了从根本上解决教育中理论与实践相脱节的问题，学界提出了教育工学理论。教育工学旨在把教育理论和教育技术以至教育实践连接起来。首先，在工程视域下审视和分析教育活动，进一步研究教育活动中的工学操作；其次，把教育理论向教育实践的工学转化作为核心;最后,对教育工作的实践主体进行规定和描述①。在思想政治理论课教学实践中,"教师如工程师一样运用工程思维,依据教育目的和所面临的实际境况对各种教育理论进行适当的取舍与非逻辑的复合,设计可行性教育实践方案并加以实施"②。

思想政治理论课教学的协同性。按照行动者网络理论,网络中所有的相关者都是行动者,它们共处于行动者网络之中,共同对行动产生影响。思想政治理论课中的"行动者"最主要的是教师和学生,同时还包括教育环境中的各种物,例如教室的空间布局、教室中的各种设施等。要坚持协同思维,把各种"行动者"整合到服务于活动目标的工程活动中。此外,协同思维要求树立系统思维,整体把握教育过程,把高校思想政治理论课看作一个整体,坚持"以德育人与以德立身相协同、专业教育与思想教育相协同、知识教育与信仰教育相协同、教学方式与教学内容相协同、学科建设与课程建设相协同"③。马克思主义理论的整体性决定了高校思政课程体系的整体性,进而决定了思政课教学活动的整体性。

思想政治理论课教学的限定性。思想政治理论课的直接任务是要把马克思主义理论和正确的价值观及理念传播给学生,引导学生形成正确的认知、理念和价值观。思想政治理论课的意识形态性使得教学内容具有鲜明的限定性。在不同的社会或国家,由意识形态所决定的思想政治教育的基本内容"是一定国家的哲学意识形式、政治意识形式、伦理意识形式"④。此外,思想政治理论课的限定性还体现在教育指导思想的规定性和正确性,以及课堂教学的情境性和时间空间限定性等方面。

思想政治理论课教学的人本性。思想政治理论课教学是教师与学生之间的对话,不仅是对学生的思想政治教育,更是立德树人、对人的教育。思想政治教育在根本上是做人的工作,关注人的发展,在过程和结果上坚持以人为本。思政课教学创新面对的是青年学生,他们是祖国的未来和希望,因此要在教学中了解学生的状况,把握并满足学生的需求,尊重学生,促进学生成长成才。"思想政治教育的起点在人,终点也在人。现代思想政治教育要科学发展,就必须

---

①　刘庆昌:《教育工学的范围和基础》,《社会科学战线》2014年第2期,第201—209页。

②　王爱菊、徐文彬:《论教师即教育工程师》,《教育研究与实验》2015年第4期,第28—32页。

③　张雷声:《在改进中加强思想政治理论课建设的协同研究》,《思想理论教育导刊》2017年第7期,第115—122页。

④　郑永廷:《论思想政治教育的内涵、外延与规范》,《教学与研究》2014年第11期,第53—59页。

坚持以人为本。"①

思想政治理论课教学创新的时代性。思想政治理论课教学创新尤其体现在教学内容上。思想政治理论课教学是在已有社会历史条件下运用特定的教学理念、技术手段、教学方式方法展开的。这决定了思想政治教育的效果提升是一个持续推进的过程,远无止境。社会历史条件的客观性是开展教育活动的背景和出发点。每一代人都是在前一代人的基础上开展社会活动的,这是历史唯物主义对思想政治教学创新的根本方法论指导。在特定社会历史时期,人们对思想政治教育规律的认识是有限的,只能依赖相对真理开展教学活动。这决定了思想政治教育实效性的提升不仅具有时代性,而且具有持续性。

四、以工程思维推进思政课教学创新

教师对教育活动进行工程化处理,使得教学过程成为现实。工程活动受制于工程理念、工程设计、工程建造、工程师等多个要素。这对思想政治理论课教学创新的指导意义在于:可以从教育理念、教学设计、课堂教学、教师发展等方面协同发力,推进思政课教学创新。

坚持合理的教育教学理念。教育教学理念决定了教学活动的方向、品质和效果。思想政治理论课教学创新要以立德树人为根本目标,以提高教学实效性为直接目标,坚持以人为本、协同推进。坚持协同推进,一是要协调好课堂教学的科学性与政治性,把握并遵循思想政治理论课的教学规律,以科学的方式推进意识形态教育,用学术话语讲政治,以理服人;二是要促进家庭教育、学校教育、社会教育的一致性和协同性;三是要推进不同课程之间的协同,使各门课程都具有思想政治教育功能,实现全方位育人、全员育人。

思想政治理论课教学创新重在设计创新。一种西方工程哲学的观点认为,工程的核心是设计。课堂是特定时空中的情境性活动。这就要求对课堂进行设计,降低教学的随意性。精彩的课堂往往是经过认真设计的。在课堂教学中,教师要严格依据教学设计,始终围绕教学目标和教学设计展开。好的教学设计使

---

① 曾文、张耀灿:《现代思想政治教育必须看到人、走进人和发展人》,《思想政治教育研究》2018年第5期,第58—61页。

课堂教学成为合理的、经得起推敲的活动场域。教学设计需要考虑学生的年龄特征、人格特性、学习规律性和设计合理性等各种变量。思政课教学创新要统筹兼顾，严格按照教学设计方案展开，强调教学过程的严肃性、规范性和合理性，避免随意更改教学设计方案及其后果的教学随意化。

守牢思政课堂主阵地。如果将上课与工程相类比，那么课堂教学可以大致对应于工程实施或建造阶段。课堂是思想政治理论教育创新的主阵地，在课堂教学实践中实现从教育科学走向教育艺术的转化。思想政治理论课教学要符合规律性，体现出真理性。"思想政治教育不仅是一项科学事业，更是一项艺术事业，是塑造人的灵魂的独特艺术活动。"①与教学方法相比，教学艺术只能在实践活动中感悟和总结，它是一种实践智慧。教学活动的艺术性与教学设计并不矛盾，教学"新手"的教学活动需要从规范性开始，精心设计课堂教学，当经历了足够的教学实践，进入熟练的阶段，得心应手，才能更好地把课堂教学活动转化为一种艺术性的活动。

促进思政课师生协同发展。教育不仅要促进学生成长，也要能够促进教师发展，绝不能以学生的成长换来教师的生命消逝。思想政治理论课教学创新应坚持师生协同发展的理念，防止课堂教学演化为教师劳动异化的场域。只有教师在教学中有获得感、幸福感，才能确保教学是教师愿意为之付出的活动。其中有待解决的问题包括如何实现教学相长，如何同等地评价教学活动与科研活动，等等。从人的发展来说，思政课教学创新要关注教师的职业成长。在教学活动中实现师生共同发展，才能让教师有动力去追求从匠师、能师到人师的职业发展目标，从而为上好思政课奠定主体基础。

---

① 肖友平、冯宝晶:《试论如何掌握思想政治教育的艺术》,《思想理论教育导刊》2017 年第 2 期,第 125—128 页。

数字时代高校心理健康教育新模式的构建

郭洪芹①

摘　要： 当今时代已进入数字化时代，数字时代呼唤数字化的心理健康服务模式。文章结合当下数字化时代的社会特点和高校心理健康教育的现实状况，阐述了当前高校心理健康教育的新形势、新特点，分析了数字化时代高校心理健康教育面临的突出问题，借助数字治理的思维探索数字化背景下高校心理健康服务的新路径，提出构建数字时代高校心理健康教育的新模式。

关键词： 数字时代；高校心理健康教育；模式；构建

一、数字时代高校心理健康教育的新形势

当今时代，在习近平新时代中国特色社会主义思想的指引下，心理健康服务界正深入贯彻落实党的十九大以来习近平总书记关于"加强心理健康服务"的讲话精神和要求，深入学习党的二十大精神。作为高校思想政治工作的重要组成部分，高校心理健康教育工作承担着落实立德树人根本任务，在"心理育人"实践中践行社会主义核心价值观，为新时代社会主义现代化建设培养自尊自信、理性平和、积极向上的时代新人的重要使命。

当今时代，已经开始快速进入数字化时代，政府工作报告多处着墨"数字化"。新时代，我国即将进入"数字时代"。数字中国的建设与发展，在提升政府服务效能、提高社会治理效能、满足人民群众日益增长的美好生活需要等方面发

① 作者简介：郭洪芹，浙江工商大学马克思主义学院副教授，浙江大学教育学院博士研究生，研究方向为心理健康教育。

挥着越来越重要的作用。数字技术的快速发展推动了社会的数字化转型,而数字化的时代则呼唤数字化的服务,包括数字化的心理健康服务。

有研究证明当代大学生已逐渐建立数字化生活意识,具有了一定的运用信息技术手段获取合适的学习资源或生活资源的能力,开始享受便捷的数字化生活[1][2]。本文结合当下数字化发展的时代特点和大学生的现实状况,借助数字治理的思维探索数字化背景下高校心理健康服务的新路径,构建数字时代高校心理健康教育的新模式。

二、数字时代高校心理健康教育面临的突出问题

(一)大学生心理危机事件频发,危机干预经验难以共享

早在 2007 年,李辉等人在对云南省 3313 名大学生的自杀调查研究中发现,13.2%的大学生有自杀意念,4.7%的大学生有过自杀企图。[3] 田琪等人的一项针对杭州市大中学生自杀问题的较大规模流行病学调查显示:在参与调查的7335 例样本中,14.3%的学生有自杀意念,6.9%的学生有自杀计划,2.1%的学生有自杀行为,1.0%的学生有多次自杀行为。[4] 高世伟等人对吉林市 842 名在校大学生的调查结果显示,大学生自杀意念的检出率为 14.7%。[5] 一系列相关研究结果表明,我国青少年学生自杀等心理危机的发生率较高。

出于危机干预和资源力量所限,各高校危机干预的经验教训等难以共享。这在一定程度上阻碍了高校心理危机干预经验的积累、干预能力的提升,也不利于有效防范心理危机。

---

① 李远:《大学生数字化学习能力现状调查研究》,浙江师范大学硕士论文,2014 年。
② 颜琳:《大学生数字化生存能力评价体系研究》,浙江师范大学硕士论文,2018 年。
③ 李辉、刘倩倩、方晓义,等:《云南省大学生自杀行为及相关因素分析》,《心理发展与教育》2007 年第 3 期,第 56—61 页。
④ 田琪、汪晓敏、章荣华,等:《杭州市青少年自杀问题现况调查》,《中国心理卫生杂志》2012 年第 3 期,第 230—234 页。
⑤ 高世伟、柳晓琳:《吉林市大学生生命质量与自杀意念相关性及自杀意念的影响因素分析》,《现代预防医学》2020 年第 10 期,第 1848—1851 页。

(二)大学生数字素养不高,造成更多互联网相关心理问题

作为数字化时代的个体,具有数字素养,不仅是生活在数字时代所必需的核心素养,更是一个数字人生存的基本能力。作为数字时代开路先锋的大学生们,几乎无时无刻不在与网络、新媒体打交道。然而,他们的数字素养大多仅仅停留在使用数字工具层面,尚未发展出批判性地理解数字媒体工具和内容的能力,更缺乏使用数字技术进行创造和沟通的能力。由此,在大学生们尚未拥有高层数字媒介素养之前,更加容易造成个人的身心健康问题,比如网络社交依赖等。部分大学生沉溺于虚拟世界,甚至以网络游戏中的交往和关系代替现实的人际沟通,进而忽略或者隔离了现实生活中的情感交流和链接,这种现象非常容易造成社交焦虑或社交行为退缩等心理问题。也有个别大学生抵制不住网络世界形形色色的诱惑导致上当受骗,网络欺诈等现象层出不穷,而在遭遇此网络种种负性事件后,大学生的心理很容易陷入崩溃状态,甚至引发心理危机等严重后果。

(三)心理测评不科学,影响了心理健康大数据的真实性

数字时代,大数据的分析和利用对于政策的制定具有重要价值。当前,高校心理健康的大数据普遍依赖大规模的心理测评获得。笔者调查发现,多数高校在心理测评中使用的测评量表主要是有以下几类:症状自评量表(SCL-90)、大学生心理健康调查表(UPI)、卡特尔16种人格因素问卷(16PF)、中国大学生心理健康测评系统、艾森克人格问卷(EPQ)、焦虑自评量表(SAS)、抑郁自评量表(SDS)、明尼苏达多相人格测验(MMPI)。其中最常见的使用方式为UPI和SCL-90组合,其他量表的使用率非常低。

这类心理测评工具普遍存在诸多弊端。第一,此类测评量表大多是自陈式量表,测验结果是否准确主要取决于参测学生的主观态度。在测试环节,如果大学生有顾虑,则通常会掩饰和防御,或者装好或者装坏,不是根据自己真实的心理状况来作答,因而心理测试的结果误差较大,导致结果不真实、不准确、不可靠。第二,此类量表基本全是30—40年前从国外引进修订的心理测量根据,其中的测试项目、备选答案及评分标准、常模等已经远远滞后于时代的发展,因此,更加导致此类测试结果可能不准确。第三,由于没有标准化的施测程序,没有统一的评价标准,再加上测量工具和比较标准陈旧过时,因此,不同学校测量出的

结果差距很大。比如对于有心理问题的学生比例,因为对心理问题的评估标准不统一,统计结果从 3% 到 30% 不等,甚至还有超过一半的。由此可知,基于心理测评基础上收集的心理健康大数据在很大程度上并不一定符合大学生心理健康的真实情况。

(四)传统心理健康服务形式跟不上数字时代的要求

在心理健康服务方式方面,过去最常见的方式是面对面的心理咨询服务。在心理健康教育开展形式方面,采用最多的是讲座形式,其次是电视、网络直播,还有微信公众号、宣传册、现场宣讲等等。由此可见,无论是咨询服务,还是科普教育,传统服务方式还是占据着主流。

在新冠肺炎疫情背景下,心理健康教育和服务需要视情况减少最为常见的面对面服务,而需要更多地运用电话、网络等多媒介数字工具开展相应的心理健康服务,这对于心理健康教育的工作人员和受众都是一个很大的挑战。当前的高校心理健康教育还是以传统服务形式为主,随着疫情防控形势的渐趋平稳,心理健康教育的模式又逐渐回归到了传统面对面服务的老路上。这种心理健康教育的工作理念和思路模式等跟不上新时代的节奏,不符合数字化时代的新特点,不能与时俱进地满足当下高校心理健康教育的新要求。

三、新时代高校心理健康教育新模式的构建

数字化新时代,大学生的心理服务需要已经从"传统心理健康教育"转变到"多媒介相互融合的新媒体心理健康服务"。在数字时代,大学生们更期盼以自己喜欢和擅长的数字工具,获得心理健康服务和身心健康发展。因此,高校的心理健康教育不仅要着眼于各项心理健康教育内容的实施与落实,还要以大学生的获得感、幸福感和满意度等作为推进高校心理健康教育进一步深化和提升的标准。

(一)建立心理健康教育数字化管理系统

数字化、信息化是未来心理健康服务的趋势,社会问题到底是什么样的心理原因造成的,需要大数据的支持,提前干预。

1.开发心理健康教育数据采集与分析系统

在心理健康大数据采集前,使用统一的大学生心理健康测评工具,规定标准化的心理健康测试流程,保证从心理测试前宣讲开始,到学生真实作答完毕,严格按照心理测评的标准化程序完成大学生心理测试。

心理测试是心理健康大数据采集的基础,严谨、科学、标准化的心理测评可以最大可能地保障测试结果的准确性和真实性。心理测评报告的云端化查看和储存,有助于测试者对测评结果进行科学的统计分析,根据分析结果制定相应的心理健康教育对策,体现心理健康教育工作的科学性和专业化水平,最终有利于实现心理育人的目标。

除基础性心理测评之外,系统对学生信息、各种心理服务,以及搜索、浏览、登录等用户使用情况也有详细的记录和数据分析,有助于实现心理健康数字化管理。

2.建立心理健康教育数据和资料共享机制

数字化心理健康教育平台,可以通过计算机信息管理技术对各类心理健康教育资料进行数据集成和分析,提供教育决策参考,为全省高校心理健康教育提供完整的数据库,进而实现云端心理健康服务和管理。

心理健康各类数据和资料的共享,应该分层、分类设置不同的权限和功能。比如超级管理员为省教育厅心理健康教育工作负责人或其指定的工作人员,然后是各高校心理健康教育机构负责人等。不同类型高校、不同级别的管理员,分别拥有不同的数据共享权限和资料获取范围。由此可以实现心理健康教育工作的标准化、电子化、专业化,将大大地提高心理健康教育管理和服务的工作效能。

(二)构建"互联网+"心理健康服务数字模式

1.加强在线心理健康知识教育,增强学生心理健康自觉意识

设立心理健康知识宣传教育专栏,通过发布各种科普文章,拓宽学生心理健康的视野;推荐各种适合大学生的心理健康类经典读物和精品在线开放课程等,让学生可以使用各种智能设备通过互联网不断学习心理健康知识,以增强其自觉维护和促进心理健康的意识。

2.开展自助式心理健康智能服务,促进学生自我心理成长

国内著名心理学家黄希庭的研究结果显示:大学生对心理健康的服务需要强度,排在第一位的是心理健康的服务内容,其次是服务态度与方式,而大学生在遇到心理问题时去寻求非专业的服务则排在了第三位。此研究结果说明当前大学生群体对心理健康服务的内容有明确的需要;服务态度与方式仅次于服务内容,在心理健康服务需要中占有重要地位;此外,大学生还需要"非专业化服务"。这里的"非专业化服务"是指大学生在遇到心理困境时比较愿意跟朋辈人员交流,或者愿意接受来自学校、家庭、社会等的环境支持与人际互动服务。此研究结果说明大学生在心理健康服务需要的表达方面具有集体和社会化倾向特征,也为开展智能化的线上自助心理服务提供了客观依据。基于此,可在平台上设立菜单式心理健康自助服务专栏,可包括心理科普、心理游戏、心理放松和心理交友等自助服务项目。

3.成立线上心理咨询师队伍,共享云端心理咨询服务

选拔一批胜任力强、有心理健康相关专业基础、有丰富心理咨询服务工作经验,并且能熟练运用多种媒介开展心理健康服务的心理咨询师队伍,组成可以实现省内高校共享的心理咨询"云战队",重点为全省高校学生提供公益性、志愿性服务。

4.选聘资深心理危机干预专家,开展危机案例"云督导"

借助全国各省市心理危机干预中心的力量,选聘有危机干预工作经验的高校心理健康教育资深专家、相关专业的精神科医生、公安系统的谈判专家等相关领域的行业专家组成专家团队,在高校发生心理危机事件后,从上到下组织心理危机案例"云督导"。由此,每一起危机个案发生之后,危机干预的经验和教训得以深入分析,绝不让同样的悲剧有重演的机会,把心理危机真正地扼杀在萌芽中。

(三)探索建立"线上线下"混合式心理健康教育模式

对心理健康服务方式和途径的有关调研结果表明:"科普宣传活动的开展,心理健康教育教学以及向同学或朋友咨询"是当前大学生排在前三位的希望获

得的心理健康服务方式和途径①。这三种心理健康服务的方式和途径都适合通过线上数字化平台来实现。

除此之外,高校是大学生的心理之"家",在自己的学校接受心理健康服务能满足其内心的集体归属感。因此,各高校在依托全省心理健康教育一体化平台的同时,也必须进一步加强和改进本校的心理健康教育和服务工作,真正形成高校心理健康教育工作由全校教职工和所有相关部门齐抓共管的局面,真正将心理健康教育渗透与融合进高校思想政治工作中,真正形成高校心理育人的"三全服务",以满足大学生身心健康发展的需要,以实现大学生心理素质的普遍提升。这些是必须要通过线下各校心理健康教育实体机构才能实现的。

当代大学生既需要心理健康教育专业工作人员开展的专业化程度较高的心理健康服务,也需要来自家庭、学校和社会等非专业人员所提供一般性心理支持和相应的资源与能量。大学生们在遇到心理问题时,既要能从学校心理健康教育师资队伍中获得其需要的心理健康服务,也要能从自己身边的重要他人和亲朋好友中获得心理支持和成长的力量。因此,家庭、学校和社会应协同合作,共同形成有利于大学生的心理健康发展的良好外因,通过大学生的积极自我内化,促进大学生由内而外的心理成长!

---

① 黄希庭、郑涌、罗鸣春等:《中国大学生心理健康服务需要调查与评估》,《西南大学学报》(社会科学版)2011 年第 3 期,第 1—5,198 页。

大思政视域下大学生公益精神的培育

——基于 5 年以上志愿服务动机的实证研究[*]

金小苗^①

摘　要:蔚然成风的志愿服务是大学生公益精神的培育基础,文章运用经典扎根理论,对 5 年以上公益敬老志愿服务者初次志愿服务动机、当下志愿服务动机、未来志愿服务动机深度访谈,分析发现:志愿服务产生精神的富足;志愿服务动机是多模型的组合;志愿服务动机有变化的过程。提出促进志愿服务活动、培育公益精神的以下建议:开展各种促进志愿动机产生的学校教育;产生积极志愿服务体验的公益实践;让志愿服务成为社会风尚的文化。

关键词:志愿服务;公益精神

习近平总书记提出的"大思政课"理念是新时代思想政治教育工作改革的重要指导思想,在该理念的指导下,思政教育教学必须重视实践,在实践中检验真理、发展真理。志愿服务是加强社会管理、推进文明进步的重要标志和途径,是贯彻落实思想政治教育实践育人的有效载体和途径,是新时代青年最广泛、最主动、最喜爱的实践活动。在全面建设社会主义现代化国家的新时代,志愿服务有助于培养有理想有本领有担当的时代新人。大学生志愿服务作为社会实践的重要组成部分,在"大思政课"理论视域下,将其作为实践育人的重要方式有利于提升"大思政课"的育人效能,打造"大思政课"格局,是落实党中央"'大思政课'我们要善用之"的具体反映。

截至 2022 年 3 月底,全国志愿服务信息系统实名注册人数高达 2.21 亿,志

＊　本文系浙江工商大学 2022 年度校高等教育研究课题"大思政格局下大学生公益精神的培育研究"(1270KU222006)研究成果。

①　作者简介:金小苗,浙江工商大学马克思主义学院讲师,研究方向为公益慈善、志愿服务。

愿队伍总数 123 万支,发布志愿项目数 906 万个,累计记录志愿服务时间达376017 万小时。志愿服务是思政育人的重要方法与途径。人们为什么愿意从事志愿服务,即志愿服务的动机是什么,人们持续不断地参与志愿服务的原因又是什么。对这些问题的深入探讨既能丰富志愿服务动机的相关理论,又能促进志愿服务教育、公益实践的开展,也能助力公益精神的培育。

一、文献回顾

(一)志愿服务动机的概念

在心理学学科中,"动机"一词是对某种行为产生的原因的概括。动机研究发展至今,涉及范围十分广泛,不仅可以用来研究人类行为的源泉,也可以发现人类行为背后的动力和原因,进而可以决定行为的方向、行为的强度,这在一定程度上可以激发出行为的产生、强化这种行为出现的频次,也可以鼓励某种行为持续性地出现。志愿服务活动是公益活动的一种,具有无偿性、奉献性等特征,倡导"奉献、友爱、互助、进步"的精神理念,是志愿者在不求回报、不计报酬的前提下进行的。志愿服务是指个体在不为任何物质报酬的情况下,自愿贡献个人的时间和精力,为改善社会服务、促进社会进步而提供的服务。志愿服务动机,就是在"奉献、有爱、互助、进步"理念的指引下,个体不为物质报酬,自愿奉献个人时间与精力的原因和动力。

(二)持续志愿服务动机的相关研究

关于志愿服务动机的变化研究较少,国内研究者吴鲁平依据对青年所做的访谈资料,利用"扎根理论"的研究方法对青年的参与动机的类型及其阶段特征做了分析,该研究认为个体参与志愿服务的动机不是静态的,而是处于一种动态的变化之中。一方面,这一演变过程主要是从参加志愿服务的初始阶段,变化发展成进入志愿服务业后持续参加的阶段,这两个阶段的志愿者动机有很大的变化。另一方面,不同类型的动机不是绝对对立的,而是可以共生的,在参与的动机结构模型中,存在多种由两种或两种以上的动机类型混杂化后而形成的"多元混合模型"。贺志峰和齐从鹏以生态系统模型为分析框架,利用调查数据考察了影响居民持续服务的相关因素。研究发现,除了性别、婚姻等微观个体特征因素的影响外,志愿服务规范化管理、专业化管理对持续性志愿参与意愿具有显著正向影响;价值回报是激励持续提供志愿服务的核心动力,而过于注重物质激励,则可能会降低持续性志愿参与意愿。

(三)志愿服务动机研究小结

通过对志愿服务动机模型的文献梳理,志愿服务的动机可分为三个维度,一是指向社会的、他人的,为公共利益的;二是指向个人的,如个人体验与非经济的收获;三是没有指向、没有区别的动机类型,只为行善事而行善。关于志愿服务动机的研究比较丰富与全面,但还有以下问题值得探讨与研究。

在研究对象的选择上,已有研究一般针对的是以参与一次性或几次志愿活动的人为研究对象,而对于长期从事志愿服务的人的研究较少,以致力于终身志愿服务的人为对象的研究就更少。

在研究的内容上,主要是对志愿服务动机的模型进行研究,对其变化与持续性的研究较少,如初次参与志愿服务动机、现阶段志愿服务动机、终生致力于志愿服务动机有什么变化?

二、研究方法与对象

(一)研究方法

研究采用经典扎根理论展开调研,对受访者展开了半结构式访谈,每个访谈的平均持续时间为 60 分钟到 90 分钟。所有的访谈在 2020 年 11 月到 2021 年 2 月完成,一共采访了 18 位。本研究对所有的受访者都做了匿名处理,用 A、B……字母代替。本文对访谈内容进行整理,对每个访谈问题进行编码分析。我们使用开放编码来分析数据,编码过程产生了"亲戚朋友""生活困难""价值认可""慈悲心肠"等一系列一级编码。随着进一步的数据收集和数据对比分析,我们开始聚焦,形成了如"心理需要""行善需求""佛教信仰"等二级编码,并对各阶段志愿服务动机二级编码次数进行统计,以了解哪些因素更容易对志愿服务动机产生影响。

（二）研究对象

研究对象是在浙江雨花公益敬老组织中参与志愿服务超过 5 年的 18 名志愿服务者。该志愿服务者平均年龄超过 40 岁，原先的职业有家庭主妇、企业高管、工人、商人、教师等；其中男性 3 位，女性 15 位。

三、研究结果

（一）志愿服务动机概况

将访谈内容整理成文本资料，从开放编码到一级编码再到二级编码，在整理中可以发现：一是每位被访谈者初次从事公益动机、当下从事公益动机、未来从事公益动机是有差异的，有由浅到深的过程，如访谈者 A，从最初是心理、生活需要的满足到当下积极的公益体验再到未来继续做公益的使命担当；二是每位被访谈者的初次从事公益动机是不同的，有因为朋友的介绍、信仰的影响、家庭教育的影响、乐于助人的性格、传统文化的影响、偶然的志愿体验；三是当下从事公益动机趋于相似，主要动机是在公益过程中产生的积极的情感体验、个人的收获与成长、社会的使命与责任、传统文化的践行、善的传播；四是未来继续从事公益事业的动机更加趋同，主要集中在公益的使命与传统文化的传播。

（二）志愿服务的深层动力

将初次、当下、未来志愿服务动机的二级编码，也是志愿服务更深层的动力进行统计，结果如表 1。从表 1 可以发现：首先初次志愿服务动机中，自发行善的需求是最高的，一共有 7 次。由此可见，行善是志愿服务的出发点，是很多人的心理需求，社会需要给善的行为一个表达的机会与窗口。当下志愿服务动机中，在志愿服务中产生了积极的情感体验的动机是最高的，有 8 次。由此可见，如何组织、管理、运行好志愿服务活动非常重要，如何在这些过程中让志愿者产生积极的情感体验，是促进志愿活动的强大动力。还有在未来志愿服务动机中，公益慈善的使命动机次数最高，有 5 次。由此可见，慈善的使命与责任是志愿服务工作更容易长久地持续甚至是终生地从事的有力支持。最后，虽然初次、当下、未来志愿服务动机的二级编码有所不同,但都涉及传统文化的弘扬与践行、行善的需求。由此可见,一方面,行善是很多人心理需求的满足;另一方面说明文化的重要性,特别是弘扬践行与创新性地转化我国优秀传统文化的重要性。

表 1　各阶段志愿服务动机二级编码次数统计

初次志愿服务动机二级编码次数统计	动机	心理、生活有需要	价值、理念认同	自发行善的需要	佛教信仰	社会责任担当	弘扬传统文化
	次数	4	1	7	4	2	1
当下志愿服务动机二级编码次数统计	动机	积极情感体验	个人成长	传播善的需要	社会责任与使命	传统文化的践行	佛教文化的践行
	次数	8	4	2	2	2	2
未来志愿服务动机二级编码次数统计	动机	公益组织文化的吸引	公益慈善的使命	对公益慈善的信心	对公益慈善的喜爱	慈善本身回报(有益身心)	对文化的践行
	次数	3	5	1	1	2	4

(三)参与志愿服务产生精神的富有

研究结果发现志愿者参与志愿服务的原因是感受到积极的情感体验,如"感受到自己的价值、心理的安宁、内心的满足、快乐、爱与善、幸福、生命的意义""在服务老人中得到内心精神上的回报,丰满了精神世界"等。特别是在当下志愿服务动机的二级编码次数统计中,产生了积极的情感体验的动机次数是最高的,其次是个人的成长。志愿服务产生积极美好的情感体验,这些积极情感体验促使其乐于投身于志愿服务。

(四)志愿服务能满足个体心理之所需

针对志愿服务动机有哪些,不同学者有不同的研究结果,并提出了不同的模型结构。本次研究结果发现志愿者既存在只为行善而行善的单一动机模型;也存在二元动机模型,即有来自助人者内心世界的内源性动机与关注受助者状况改善的外源性动机;也存在多元动机模型,即为满足生活、心理的基本需要,也有实现理想、承担社会责任、弘扬文化的需要。所以志愿服务动机是多模型的组合,或者说志愿服务可以满足不同人不同的心理需求。从研究可以发现,初次、当下、未来志愿服务的动机有所不同,但都涉及传统文化的弘扬、行善的需求。可见志愿服务激发了人们的善念、善行,这必定促进美好的共同富裕的建设。

(五)持续志愿服务动机需以公益慈善为使命

志愿服务动机随着志愿服务时长的变化有一定的变化,初次志愿服务、当下志愿服务、未来志愿服务的动机不尽相同,而且有从浅到深的过程,由最初各种参与的动机变为当下从事志愿服务产生的积极情感体验再到未来对慈善事业的使命与担当。初次志愿服务动机源于各种心理的需求,如心理、生活的需求,价值理念的认可,自发行善的需求,社会责任的担当,传统文化的弘扬,佛教信仰的践行。当下志愿服务动机与初次志愿服务动机不同在于,心理、生活的需求及价值理念的认可变成了积极的情感体验、个人生命的成长,其他与初次志愿服务动机一样。对于未来从事参与志愿服务的动机演变为对慈善事业的认可、喜爱、担当,以及对优秀传统文化的践行与弘扬。

四、对策

志愿服务蔚然成风,离不开公益精神的培育,公益精神的弘扬反过来也促进更多志愿服务的产生。但公益精神的培育并非朝夕所能完成,需要社会、学校、公益慈善组织多方合力,基于上述的调研结果,具体可以通过以下的路径与方法实现。

(一)开展激发志愿服务动机的学校教育

志愿服务动机是多种多样的,对于同一个人,有几种动机可能同时存在,随着志愿服务时间的增加,志愿服务动机有由浅入深的变化过程,有从关注"小我"到服务"大我"的过程。可见,参与公益志愿实践是培养公益精神与使命的重要途径。学校在教育上通过多种方式与路径,激发学生对志愿服务的兴趣,并产生初次志愿服务动机;在校园文化上,弘扬志愿服务精神;在学生思想教育上,引导学生积极参与公益志愿服务实践;在社会实践中,为学生提供丰富、便捷的志愿服务体验机会;在志愿服务管理上,及时激励参与志愿服务的学生,以形成志愿服务的良好循环。

(二)产生积极志愿服务体验的公益实践

研究结果中发现无论是初次志愿服务动机还是当下志愿服务动机抑或未来志愿服务动机,公益组织"善"的本质或者说"利他"的本质都是最重要的影响因素。这要求各类公益组织活动以"善"为始,以"善"为终,并让参与者产生积极的志愿服务体验,在志愿服务过程中,思想受洗礼、精神得升华,感受到志愿服务是参与、建设、共享美好社会的重要方式。

(三)营造志愿服务的社会风尚

研究结果发现,初次、当下、未来的志愿服务动机都受传统优秀文化、公益组织自身文化的深刻影响。很多志愿服务者都是以弘扬、践行传统文化为自己的人生使命。可见文化对志愿服务的影响之大。这需要我们继续传承、弘扬优秀传统文化中关于"善"的思想,也需要在新时代的精神文明建设中,注重公益精神、志愿服务精神的建设与弘扬,形成人人公益、人人乐于志愿服务的社会氛围。

参考文献

[1] 穆青.如何理解志愿服务与志愿精神[J].北京青年政治学院学报,2015(3):9-12.

[2] 吴鲁平.志愿者的参与动机:类型、结构——对 24 名青年志愿者的访谈分析[J].青年研究,2007(5):31-40.

[3] 贺志峰,齐从鹏.志愿者为何愿意持续提供服务?——基于生态系统模型的实证分析[J].青年探索,2020(6):59-70.

"问题链"模式下的高校思政课
学习共同体构建探析[*]

潘惠香[①]

摘　要："问题链"教学模式下的高校思想政治理论课学习共同体是一个具有明确目标、鲜明特色的学习团体。在该团体内部，成员间通过相互交流协作和人际支持来加强线上线下的人际互动，降低人机互动的孤独感。师生间通过"问题链"共同解疑、破疑来完成对知识的探索和建构。构建该学习共同体对提高思想政治理论课线上线下混合式教学质量具有切实可行的效果，能够改变大学生学习思想政治理论课的态度，提高大学生对思想政治理论课的满意度，增强学生的获得感。

关键词：问题链；线上线下混合式教学；学习共同体

借助现代信息技术来开展教学活动已是新时期教师必备的教学技能。近年来，建设个性化的SPOC(Small Private Online Course，简称SPOC)，将在线课程学习与线下课堂教学有机融合起来建设融合式的线上线下混合式课程，已成为诸多高校应对疫情常态化常用的教学策略。SPOC的个性化教学模式实现了慕课的私人定制，将信息化大数据背景下的教学引上了一条更具操控性的道路，为教师和学生提供了更具个性化的"教"与"学"的体验。然而，通过本人及一些学者(刘冰、李彦敏，2019)的教学实践发现，学生在SPOC课程的学习过程中以参与人机互动为主，人际互动参与度不高。在人机互动中，学生注重结果而非过

---

　　[*] 本文系浙江工商大学2020年度校高等教育研究课题"问题链导向下的SPOC学习共同体的构建——以'原理'课为例"(Xgy20049)研究成果。

　　[①] 作者简介：潘惠香，浙江工商大学马克思主义学院副教授，哲学博士，研究方向为马克思主义哲学、国外马克思主义。

程,注重对课程成绩影响较大的章节测验和作业等模块,不注重对课程成绩直接影响较小的视频与讨论等模块。在平台的学习过程中,学生很少主动发帖提出疑问或参与讨论交流,他们大都是回答教师提出的问题,很少有针对同一个问题进行同伴间的交流沟通,如果有也是以单向提问为主,缺乏人际的深层次沟通。这样的学习过程,很容易使学生仅是为了完成作业任务、获得课程成绩而学习,学习过程没有成就感,学习兴趣下降,学期结束后获得感不强。这样的学习过程不能很好地实现知识的内化,不能很好地引导学生把正确的世界观、人生观和价值观内化于心、外化于行。

鉴于线上学习的缺陷,有些高校开始尝试通过建立学习共同体的方式来提高学生线上学习的不足。关于学习共同体的探讨,国外学者起步较早。比如美国学者纽曼(Newman)和维拉格(Wehlage)在 1995 年时就指出,构建"学习共同体"对提升学生的学习能力有直接影响。加拿大学者迈克尔·富兰(Michael Fullan)也认为,构建学习共同体能有效推动学校的教育教学变革。美国教学与未来国家委员会(NCTAF)在 2005 年 6 月的报告《导入学习共同体》中明确提出,学校的发展必须依托学习共同体的构建。在 NCTAF 的影响下,美国开展了一系列建立学习共同体的教育实验,并取得了较好的效果。在亚洲,日本的佐藤学教授从 21 世纪 90 年代末开始在日本 3000 多所学校进行"学习共同体"的实践,掀起了日本基础教育的变革。自 2000 年起,韩国、越南、印尼等国,以及我国的香港、台湾地区也先后开展了相关的教学改革。国外关于学习共同体的探索表明,通过构建学习共同体可以有效促进教学的发展。

学界在建设 SPOC 课程、进行学习共同体的探索方面已经取得了一定的成效,但把学习共同体的理念运用于 SPOC 课程的建设方面的探索还较少。鉴于此,笔者尝试在线上线下混合式教学模式中,通过构建"问题链"教学模式下的SPOC 学习共同体,来解决当前线上学习的不足,提高高校思想政治理论课的教学质量。

一、"问题链"模式下的学习共同体的内涵与特征

"学习共同体"理念最早源于美国教育家约翰·杜威对学校教育的研究,他认为学校是"雏形的民主共同体"。而日本的佐藤学教授则通过自己的教育实践

来践行"学习共同体",并总结出构建"学习共同体"应遵循的三个原则和两个关系。"三个原则指的是公共性原则、民主性原则和卓越性原则;两个关系指的是互相倾听的关系和互相关怀的关系。"公共性原则体现的是"宽以待人的精神与尊重多样性的精神"。民主性原则"要求学生、教师、校长、家长结成对等关系,每个人都成为学校的主人公,实现个人的权利,承担个人的责任与义务"。老师"要把所有的孩子都纳入到老师的视线和谈论的话题当中",对孩子们要一视同仁。卓越性原则"要求追求完美,教师要撑起三面旗帜:尊重每个学生的尊严、尊重教材的发展性、尊重自己的教育哲学"。"我们要做的就是帮助每一个学生超越他自己,变得更加优秀,而不是盯着少数不会的学生看。"

以佐藤学教授的"学习共同体"理念为引导来构建"问题链"教学模式下的SPOC 学习共同体,此学习共同体是指由学生、教师和助学者(研究生助教等)基于互联网,在线上的 SPOC 课程学习和线下的课堂教学中,以"问题链"为引导,彼此之间经常在学习过程中进行沟通、交流、分享各种学习资源,共同完成一定学习任务的学习团体。该学习共同体具有如下特点。

(一)"以学生为中心"是构建 SPOC 学习共同体的首要原则

正如佐藤学教授的公共性、民主性和卓越性原则所言,本学习共同体"以学生为中心"来建构,尊重学生的多样性和差异性,尊重学生的兴趣和需求,关爱和平等地对待每一位学生。

尊重学生的多样性和差异性,相信网络时代的"00 后"大学生具备一定的自学能力和学习热情,通过构建 SPOC 学习共同体来激发学生的兴趣。SPOC学习共同体,可以将线上单向的人机对话转变为线上双向的人机对话、人际对话,并与线下课堂教学间的人际对话相结合,使学生的学习过程由单向的学习过程转变为思想碰撞、体验分享、语言交流的过程,从而改变学生以往被动应付枯燥的知识讲授的现状,变主动快乐进行"线上"自学和"线下"讨论,变"一言堂"为"多言堂"。

尊重学生的兴趣和需求,平等地对待每一位学生。SPOC 学习共同体中的成员同舟共济、权责共担,无论是在线上的 SPOC 课程学习中,还是在线下的课堂教学中都相互交流协作、共享资源和人际支持,以共同完成对知识的探索和建构。在学习共同体中,教师不再是以"教"为中心的知识传授者,而是指导者与合作者;学生不再是以"学"为中心的被动接受者,而是主体和创造者。在学习共同体中,所有成员在互相交流的基础上互相关怀,让彼此无论是在"线上"平台的解惑,还是"线下"教学的交流中,都能感受到学习共同体的爱心和温暖。

(二)"问题链"是 SPOC 学习共同体中师生互动的媒介

学生无论是在 SPOC 课程的学习中,还是在线下的课堂学习中,都会遇到很多困惑或关注的问题。尊重学生的需求,把学生的困惑或关注的问题转换成"问题链",通过"问题链"教学围绕学生所需所想所惑来传道授业解惑。"问题链"是教师为了实现教学目标,根据教材的知识体系和学生的知识经验,针对学生线上线下学习和生活过程中关注和困惑的问题,把教材知识体系转换为学生的认知体系,把教材语言转变成学生语言的具有系统性、逻辑性的一连串的教学问题链。从形式上看,"问题链"一问接一问,一环套一环;从内容上看,它文文相连,环环紧扣;从目标上看,它步步深入,由此及彼。它的每一问都可使学生的思维产生一次飞跃,像一条锁链把学生的疑问和教学的目标紧紧地连在一起。在 SPOC 学习共同体中,师生间以"问题链"为媒介来进行互动,教师通过巧妙设问、逻辑追问、层层解答等步骤使学生能系统掌握课程知识点,最终达到提升教学质量的效果。这种"问题链"教学模式能够使线上和线下的教学都能围绕学生所惑来进行,不仅有学生所需的"解惑""好听"等元素,而且能增强"人—机—人"的互动,使学生线上学习的自主性和成效性与线下课堂的趣味性与知识性很好地融合,切实达到提高高校线上线下混合式课程教学质量的目的。

由此可见,"问题链"教学模式下的 SPOC 学习共同体是一个具有明确目标、鲜明特色的学习团体。在这个学习团体内部,成员间为了实现共同的目标,通过相互交流协作、资源共享和人际支持,能够加强人际互动,降低人机互动的孤独感。师生间通过"问题链"这一媒介,共同解疑和破疑以完成对知识的探索和建构。

二、"问题链"模式下的高校思政课学习共同体的构建意义

（一）有助于改变大学生对思想政治理论课的学习态度，增强学生的获得感

构建"问题链"教学模式下的 SPOC 学习共同体，将实现传统思想政治理论课教学理念的真正变革，使思政课教学由以往教师告诉学生"是什么"转变为激发学生思考"为什么"，从以往教师"讲授真理"转变为学生"发现真理"。这种"以学生为中心"的教学理念，真正实现真懂、真信、真爱学生！真懂学生，即知道网络时代的学生特点。"00 后"大学生善于利用网络，习惯图像刺激。他们获取资讯的来源多元、快捷、碎片化。他们的思想活跃度高，有一定的自学能力和分析力。他们有一定的政治理论素养，但对理论问题理解不深。SPOC 学习共同体中的思政课教师能根据"00 后"大学生的特点来因材施教，运用网络时代的现代信息技术与思政课教学深度融合来构建 SPOC 学习共同体，通过"问题链"教学围绕学生所需所想所惑来传道授业解惑。真信学生，即尊重学生，相信学生具备一定的理论学习能力、分析问题能力和解决问题能力，通过构建 SPOC 学习共同体来激发学生的兴趣，使学生由以往被动接受枯燥的理论讲授变为主动地进行"线上"自学和"线下"讨论。真爱学生，即心中有学生，用耐心、细心和爱心对待每一位学生，让学生无论是在"线上"平台的解惑，还是在"线下"教学的交流中，都能感受到 SPOC 学习共同体中老师的爱心和用心。这样的 SPOC 学习共同体的构建，将会使学生改变以往对思政课随便应付的态度，从而确立主体意识，大大增强学生学习思政课的自主性和获得感。

（二）有助于提高思想政治理论课线上线下混合式教学的质量

构建"问题链"教学模式下的 SPOC 学习共同体，将使教学过程由现有的单纯由学生在线"人—机"互动的单向学习过程转变为基于问题链的学习共同体，教师与学生线上和线下混合交流、协作，共同探索知识的"人—机—人"互动的多向学习过程。这种学习过程，能够增加师生间的人际互动的参与度，降低学生线上学习的孤单感和疲劳感。教师通过"问题链"教学来巧妙设问、逻辑追问、层层

解答学生的各种疑问,不仅能够达到提升教学互动效果的目的,而且能够引导学生把正确的世界观、人生观和价值观内化于心、外化于行。这一学习共同体模式在促进学生个性化学习的同时,将理论学习与理论内化拆解为两个过程,突出了学生主动建构与内在认同的紧密关系,切合思想政治理论课的课程性质,能够在一定程度上克服传统教学模式和单向的线上学习模式的不足,使"教"与"学"的分离向师生"教"与"学"的结合转变。

此外,"问题链"导向下的高校思想政治理论课 SPOC 学习共同体,使线上的学习和线下的教学都能围绕学生所需所想所惑来进行,不仅有学生所需的"解惑"知识,还能增强师生互动,使学生线上学习的自主性和成效性与线下课堂的趣味性与知识性得到很好的融合。这种教学模式适应教育部提出的"推进现代信息技术与教育教学深度融合,重塑教育教学形态,大力推进慕课和虚拟仿真实验建设,共享优质教育资源"的要求,能有效提高高校线上线下混合式教学的效果。

三、"问题链"模式下的高校思政课学习共同体的构建效果

(一)大学生学习思想政治理论课的态度发生了明显的改变

"问题链"教学模式下的 SPOC 学习共同体的构建,使学生真切感受到了"以学生为中心"的教学理念在思政课教学中的落实,提高了学生在思政课教学过程中的主体性,学生对思政课的学习态度发生明显改变,具体表现在四方面。

第一,学生的到课率高了。建立了 SPOC 学习共同体后,教师在教学中经常利用超星学习通、中国大学慕课国家精品课程在线学习平台的慕课堂等教学平台中提供的签到工具来检查学生的线上和线下学习情况。便捷而精准的考勤手段使学生不敢缺课。此外,更为关键的是,"问题链"专题教学能解学生所需所想所惑,精彩纷呈的课堂学习内容吸引住了学生,使学生甚至会担心因为缺课而错过精彩的上课内容。

第二,学生的抬头率高了。以往思政课上看其他书籍、玩游戏、刷剧等现象并不鲜见。建立了 SPOC 学习共同体后,这些现象明显改善了。教师借助现代通信设备,利用"问题链"紧紧牵住学生,使学生在线下课堂中,积极通过手机上

的超星学习通、中国大学慕课国家精品课程在线学习平台的慕课堂等教学平台来参与老师发布的主题讨论、测验题、"漫读红色经典"、"画说两富浙江"、"卡尔·马克思杯"竞赛等活动。

第三,学生课余学习思政课的时间增加了。建立了 SPOC 学习共同体后,为了完成老师布置的线上课程的"问题链"清单任务,学生会主动利用课余的时间进行线上学习。随着学生投入学习的时间增加,书本上的知识渐渐地内化为自身的思想,自然将理论学习与理论内化融为一体。

第四,学生与老师之间的互动从被动变为主动。建立了 SPOC 学习共同体后,学生和老师作为共同体内部的成员,经常通过微信、钉钉等社交工具来互动,共享学习资源,共同探讨课程知识或社会现实问题,学生与老师之间的互动由被动转为主动,由疏远变为亲密。

(二)大学生对思想政治理论课的学习满意度提高,获得感增强

通过构建"问题链"教学模式下的 SPOC 学习共同体,线下思政课堂气氛更加活跃了,学生对思政课的重视程度和参与程度明显提高,教学效果明显得到改善,体现在学生对课堂的满意度提高和获得感增强。通过图 1 的调查问卷统计可知,在 SPOC 学习共同体中,学生对线上 SPOC 课程的学习满意度高,有80.99%的学生认为线上课程非常好,12.4%的学生认为较好,只有 0.83%的学生认为非常差。由图 2 可知,通过课程的学习,所有的学生都认为课程对提正自己的"三观"有帮助,85.95%的学生认为帮助很大,12.4%的学生认为帮助较大。由图 3 可知,线下课堂教学过程中,79.34%的学生认为教师通过"问题链"教学引导学生生疑、释疑和破疑,师生互动效果好,在互动中自己能力得到提升,获得感强。由图 4 可知,84.3%的学生认为教师善于因材施教,注重培养学生分析问题解决问题的能力。通过班级微信群的互动,学生对教师的教学评价好评度高,好评如潮。由此可见,构建"问题链"教学模式的 SPOC 学习共同体来开展线上线下的混合式教学比单纯的线上课程加传统的课堂教学更能提升学生学习的自主性,学生的学习参与度高、能力提升明显、获得感增强。

你对本学期所使用的本校自建的"马克思主义基本原理概论"线上课程的评价是（ ）[单选题]

选项	小计	比例
A.非常好	98	80.99%
B.较好	15	12.4%
C.一般	6	4.96%
D.较差	1	0.83%
E.非常差	1	0.83%
本题有效填写人次	121	

图1

你认为任课老师在教学中是否善于运用马克思主义思想来启发学生思维，培养学生树立正确的"三观"？[单选题]

选项	小计	比例
A.很好	104	85.95%
B.较好	15	12.4%
C.一般	2	1.65%
D.不好	0	0%
本题有效填写人次	121	

图2

你认为任课教师在线下课堂教学中是否能够根据学生所需所惑来及时更新教学内容，理论联系实际来传道授业解惑？[单选题]

选项	小计	比例
A.非常好	96	79.34
B.较好	23	19.01%
C.一般	2	1.65%
D.较差	0	0%
E.非常差	0	0%
本题有效填写人次	121	

图3

你认为任课老师在线下教学中是否善于因材施教，注重与学生的交流互动，注重培养学生分析问题和解决问题的能力？[单选题]

选项	小计	比例
A.非常好	102	84.3%
B.较好	16	13.22%
C.一般	2	1.65%
D.较差	0	0%
E.非常差	1	0.83%
本题有效填写人次	121	

图4

参考文献

[1] 刘冰,李彦敏.SPOC学习者在线学习行为特征分析——基于互动视角[J].集美大学学报,2019(1):34-38.

[2] 蒋盈,杨银.师范生学习共同体:价值意蕴、基本特征及其组织形式[J].福建师范大学学报(哲学社会科学版),2020(1):134.

[3] 佐藤学.迈向基于协同的高质学习[J].中国德育,2016(7):32-33.

[4] 佐藤学.构建"学习共同体"的学校改革[J].中国德育,2007(7):11.

[5] 潘惠香.问题链导向的混合式教学实践探索——以"马克思主义基本原理概论"课为例[M].陈华兴,马克思主义理论研究与教育Ⅱ,杭州:浙江工商大学出版社,2019.

"积极体验式"教学在青少年劳动
教育中的应用初探[*]

姚月红　　朱佳莉[①]

摘　要:新时代青少年劳动教育以劳动意识、劳动情感和劳动能力的培育为基础,以全面提升劳动素养为核心目标。"积极体验式"教学是指在融合和借鉴积极心理学与体验式教学的基础上尝试提出的一种教学模式。本文试图将以"环境情感化""内容生活化""方法体验化"为核心要素的"积极体验式"教学应用于青少年劳动教育,强调"体验"和"感悟"在劳动教育中的重要价值,并通过"情境体验""情感体验""生活体验"等形式的相互作用,借助"环境""关系""实践"等积极要素,以唤醒青少年劳动意识,激发其劳动情感,提高其劳动能力,从而有助于实现劳动教育在认知、情感、行为等层面的培育目标,全面提升青少年劳动素养,并提高青少年劳动教育的实效性。

关键词:"积极体验式"教学;青少年劳动教育;应用路径

近年来,国家有关部门高度重视青少年劳动教育的实施。2020年《中共中央　国务院关于全面加强新时代大中小学劳动教育的意见》中强调,要"积极探索具有中国特色的劳动教育模式"[②];2020年教育部印发的《大中小学劳动教育指导纲要(试行)》中明确指出,"要全面提高学生的劳动素养"[③],并提到劳动教

---

　*　本文系教育部人文社会科学研究规划基金项目"高校思想政治理论课'积极体验式'教学模式及其拓展应用研究"(17YJA710038)研究成果。

　①　作者简介:姚月红,浙江工商大学马克思主义学院硕士研究生导师、副教授,博士,研究方向为思想政治教育与心理健康教育;朱佳莉,浙江工商大学马克思主义学院研究生,研究方向为思想政治教育。

　②　《中共中央　国务院关于全面加强新时代大中小学劳动教育的意见》,http://www.gov.cn/zhengce/2020-03/26/content_5495977.htm,2020-03-26。

　③　《教育部关于印发〈大中小学劳动教育指导纲要(试行)〉的通知》(教材〔2020〕4 号),http://www.moe.gov.cn/srcsite/A26/jcj_kcjcgh/202007/t20200715_472808.html,2020-07-09。

育要"关注学生劳动过程中的体验和感悟"及"获得有积极意义的价值体验"①，由此强调学生在劳动中"积极体验"的重要性。党的二十大报告中也再次强调要"在全社会弘扬劳动精神"②。可见，新时代青少年劳动教育的地位更加凸显，而且明确强调了"体验"和"感悟"在劳动教育中的重要价值。那么如何提升劳动教育的实践育人效果？本文尝试探索将"积极体验式"教学的理念和方法应用于青少年劳动教育，以期在一定程度上提升青少年劳动教育的实效性，并进一步推进"积极体验式"教学的拓展性应用路径研究。

一、"积极体验式"教学的核心三要素

"积极体验式"教学是笔者在多年教学实践的基础上，在融合和借鉴积极心理学与体验式教学基础上尝试提出的一种教学模式。笔者认为，"积极体验式"教学是以积极心理学为理论依据，采取多种积极、正向的教学方法来增进学生的积极体验，激发学生的主体性、能动性、积极性和创造性，强调通过学生的参与、体验、反思来理解、领悟、内化教学模式，并发展学生积极品质、积极人格、积极认知和积极行为的一种独特而有效的教学模式③。"积极体验式"教学的理念目标与劳动教育的育人目标在一定程度上相契合，因此，"积极体验式"教学作为一种强调以学生的积极体验为核心的教学模式，其理念和方法对于培育青少年的劳动素养、增强学生的积极体验具有现实意义和参考价值。具体来说，"积极体验式"教学中以"环境情感化""内容生活化""方法体验化"为核心的教学要素可以为青少年劳动教育提供一种积极视角和方法参考。

（一）环境情感化：富有情感的教学环境是"积极体验式"教学的关键因素

教学环境是学校开展教学活动所必需的条件，"积极体验式"教学重视并强化环境的熏陶和引导价值。一方面，"积极体验式"教学注重课堂师生互动

---

① 《教育部关于印发〈大中小学劳动教育指导纲要（试行）〉的通知》（教材〔2020〕4 号），http://www.moe.gov.cn/srcsite/A26/jcj_kcjcgh/202007/t20200715_472808.html，2020-07-09。

② 习近平：《高举中国特色社会主义伟大旗帜　为全面建设社会主义现代化国家而团结奋斗——在中国共产党第二十次全国代表大会上的报告》，人民出版社 2022 年版，第 44 页。

③ 姚月红：《积极心理学在"基础"课教学中的影响与应用》，《思想政治理论教育新探索》2015 年第 1期，第 14 页。

和情感交流,致力于形成一种以关怀、信任和尊重为核心的师生关系,在这种良好的师生关系中,学生会更主动地参与各项活动,从而激发青少年的劳动兴趣。另一方面,"积极体验式"教学努力营造富有情感色彩的教学情境,尊重学生的主体地位,充分发挥学生的主体意识,从而有助于强化青少年参与劳动的内驱力,并激发学生的潜力和完善学生的人格。良好的教学环境可以通过陶冶、感化、浸润等方式,在潜移默化中对青少年产生影响,既能让青少年获得愉悦感和满足感,产生环境归属感,又能与青少年发生交互关系,塑造其性格与品质,使青少年与环境处于双向互动、动态发展之中。可见,情感化的教学环境可以与劳动教育诸要素之间相互作用,并间接地影响着劳动教育目标的达成。

(二)内容生活化:生活化的教学内容是"积极体验式"教学的基本因素

生活是课堂教学的源泉,教学的最终目标也是为了回归生活。一方面,"积极体验式"教学强调教学内容的生活化,由此可以激发青少年的积极学习心向,让青少年在体验、领悟、反思学习内容的过程中,促成积极认知、积极情感和积极行为。另一方面,生活化的教学内容往往生动形象,具有可操作性,是青少年所喜闻乐见的内容,因而能够促进青少年认知、情感、行为的一体化和协同化发展,满足青少年身心发展的需要,并使其发展获得持续的动力支持和鲜活的教育素材。可见,生活化的教学内容能够进一步丰富和拓展劳动教育的教学资源,更好地为劳动教育的目标服务。

(三)方法体验化:以"体验"为主的教学方法是"积极体验式"教学的重要因素

教学方法与教学目的、教学内容紧密联系,既是实现教学目的的必备工具,也是教学内容的表现形式。一方面,"积极体验式"教学从课程设计到教学过程,都关注并强调"体验"在教育中的重要作用,主要包括情境体验、情感体验、生活体验等多种形式。另一方面,通过多样化的积极体验活动,能够激发学生的"积极体验"和愉悦感、成就感、满足感、获得感、幸福感等积极情感,引导学生产生强烈的情感共鸣和认同,从而充分实现劳动的教育意义。可见,注重积极体验的教学方法能够有效激发青少年的内在动机和劳动兴趣,推动青少年劳动教育目标的有效达成。

总的来说,"积极体验式"教学应用于青少年劳动教育,将为全面提升青少年劳动素养提供可能性,同时也为进一步提升劳动教育实效性、积极探索具有特色的青少年劳动教育模式提供一定的参考,从而有助于强化重视劳动教育的氛围,也有助于推进劳动教育目标的实现。由此也提示,新时代青少年劳动教育要兼顾青少年的认知、情感与行为,要重视"体验"和"感悟"的作用。

二、"积极体验式"教学应用于青少年劳动教育的关键点

要探索"积极体验式"教学如何应用于劳动教育,首先需要厘清"积极体验式"教学在青少年劳动教育中应用的关键点何在,必须明确"通过什么来应用""应用于何处""要达成什么目标"等问题,也就是要明确其中的应用载体、应用环节及核心目标。

(一)应用载体:家、校、社一体化的劳动场域

"积极体验式"教学在劳动教育中的应用载体是指劳动教育发生的各种场域,包括家庭、学校、社会等方面。作为教育主、客体之间的桥梁,应用载体发挥着独特的中介作用,主要体现为在多种环境中塑造青少年的劳动素养。

首先,学校作为青少年学习的重要场所,是实施劳动教育的关键平台。相关文件中明确指出,"学校要切实承担劳动教育主体责任","充分发挥自身专业优势和服务社会功能"①,因此,要充分发挥学校在劳动素养培育中的重要作用,帮助青少年获得积极的劳动体验,促进其身心全面发展。可以说,学校是应用"积极体验式"教学开展劳动教育的主导性、关键性平台。

其次,家庭作为青少年生活的重要场所,对青少年劳动素养的形成起着奠基性作用。正如习近平总书记所说,"家庭是孩子的第一个课堂,父母是孩子的第一个老师"②;"广大家庭都要重言传、重身教,教知识、育品德,身体力行、耳濡目染,帮

---

① 《中共中央 国务院关于全面加强新时代大中小学劳动教育的意见》,http://www.gov.cn/zhengce/2020-03/26/content_5495977.htm,2020-03-26.

② 习近平:《从小积极培育和践行社会主义核心价值观——在北京市海淀区民族小学主持召开座谈会时的谈话》,《人民日报》2014 年 5 月 31 日,第 2 版.

助孩子扣好人生的第一粒扣子,迈好人生的第一个台阶"①。相关文件中也强调了"家庭要发挥在劳动教育中的基础作用"②,在潜移默化中培育青少年的劳动素养。可以说,家庭是应用"积极体验式"教学来开展劳动教育的持续性、基础性平台。

最后,社会作为大课堂,既是青少年校外劳动教育的重要平台,也是检验劳动教育的最佳场所。青少年要实现劳动素养的全面提升,不仅要从书本上汲取知识,更要在社会实践中锤炼能力,实现知行合一。青少年劳动教育的成效需要通过社会生活的实践来检验。可以说,社会是应用"积极体验式"教学开展劳动教育的检验平台。

总之,"积极体验式"教学应用于青少年劳动教育要以学校为主导平台,以家庭为基础平台,社会为检验平台,以共同发挥家庭、学校和社会三者的教育合力。

(二)应用环节:培育劳动意识、劳动情感、劳动能力

"积极体验式"教学在青少年劳动教育中的应用环节,主要包括培育劳动意识、劳动情感、劳动能力等方面。不同环节的目标相互关联,并共同服务于实现劳动教育目标。

第一,培育劳动意识,为实现劳动教育目标提供思想基础。唤醒劳动认知、激发劳动动机是培育青少年劳动意识的关键所在。帮助青少年树立正确的劳动认知,一是要让青少年认识到劳动的本源性价值,即"社会是劳动创造的"③,同时,社会历史也是通过人类的劳动而创造的,从而激发青少年的主体性意识;二是要让青少年意识到劳动的教育价值,即以劳动为核心的劳动教育"具有树德、增智、强体、育美的综合育人价值"④。因此,新时代劳动教育要引导青少年把劳动从"外在的要求"变为"内在的需求",让青少年在获得正确劳动认知的基础上,激发劳动兴趣和内在动机,以唤醒劳动主体性意识。

第二,培育劳动情感,为实现劳动教育目标提供发展动力。劳动情感具体

---

① 习近平:《习近平在会见第一届全国文明家庭代表时的讲话》,《人民日报》2016年12月16日,第2版。

② 《中共中央 国务院关于全面加强新时代大中小学劳动教育的意见》,http://www.gov.cn/zhengce/2020-03/26/content_5495977.htm,2020-03-26。

③ 习近平:《在知识分子、劳动模范、青年代表座谈会上的讲话》,《人民日报》2016年4月30日,第2版。

④ 《中共中央 国务院关于全面加强新时代大中小学劳动教育的意见》,http://www.gov.cn/zhengce/2020-03/26/content_5495977.htm,2020-03-26。

表现为劳动主体对劳动的热爱、对劳动者的尊重和对劳动幸福的认同等。因此,在劳动情感培育过程中,一是要培养青少年热爱劳动、尊重劳动者的积极情感态度,领悟"劳动是一切幸福的源泉"①"劳动者是国家的主人"②,一切劳动和劳动者都应当被尊重;二是要提升青少年劳动的积极情感体验,增强劳动的满足感、获得感和幸福感,这种情感上的愉悦体验更具有持久性。因此,要重视对青少年劳动情感的培育,尝试在激发劳动情感中促发青少年的积极劳动行为。

第三,培育劳动能力,为实现劳动教育目标提供能力保障。劳动能力主要体现在劳动知识、劳动技能和劳动创造等方面③,可以为劳动教育目标的达成提供能力支持。"积极体验式"教学提倡"把立足点放在学生固有的积极能力和积极潜力上"④,因而劳动能力的培育应体现在两个方面:一是夯实基本的劳动知识与技能,使青少年"具备满足生存发展的基本劳动能力"⑤;二是培养创造性劳动能力,使青少年体验从简单劳动到创造性劳动的发展过程,从而让青少年"在创新创业中展现才华、服务社会"⑥。因此,要有意识地培养青少年的劳动能力和创新能力,并引导其在创造性劳动中实现自身发展和推进社会进步。

(三)核心目标:全面提升劳动素养

2020 年教育部文件中指出:"要全面提高学生的劳动素养,使学生树立正确的劳动观念,具备必备的劳动技能,培育积极的劳动精神,养成良好的劳动习惯和品质。"⑦由此进一步明确了劳动教育的目标指向。有学者对劳动素养进行了

① 习近平:《在全国劳动模范和先进工作者表彰大会上的讲话》,《人民日报》2020 年 11 月 25 日,第 2 版。
② 《教育部关于印发〈大中小学劳动教育指导纲要(试行)〉的通知》(教材〔2020〕4 号),http://www.moe.gov.cn/srcsite/A26/jcj_kcjcgh/202007/t20200715_472808.html,2020-07-09。
③ 王泉泉、刘霞、陈子循等:《核心素养视域下劳动素养的内涵与结构》,《北京师范大学学报(社会科学版)》2021 年第 2 期,第 37—42 页。
④ 任俊:《积极心理学》,上海教育出版社 2006 年版,第 266 页。
⑤ 《中共中央 国务院关于全面加强新时代大中小学劳动教育的意见》,http://www.gov.cn/zhengce/2020-03/26/content_5495977.htm,2020-03-26。
⑥ 中华人民共和国国务院新闻办公室.《新时代的中国青年》,http://www.gov.cn/zhengce/2022-04/21/content_5686435.htm。
⑦ 教育部关于印发《大中小学劳动教育指导纲要(试行)》的通知(教材〔2020〕4 号),http://www.moe.gov.cn/srcsite/A26/jcj_kcjcgh/202007/t20200715_472808.html,2020-07-09。

四个维度的划分：劳动价值观、劳动情感品质、劳动知识技能、劳动实践习惯[①]；也有研究认为，劳动素养主要包括劳动的价值观念、态度情感、知识技能和品格特征等不同方面，但更侧重劳动行为层面上的培养[②]。结合相关文件和已有研究可见，青少年劳动教育以劳动素养的全面提升为目标指向，以培育劳动意识、劳动情感、劳动能力为基础，以劳动习惯和品质的养成为外在表现，以劳动精神的塑造为内在表现，并集中体现在劳动行为中，是一个内化于心、外化于行的过程，其内在要素相辅相成，并从认知、情感和行为等层面共同构成劳动教育的目标结构。

三、"积极体验式"教学在青少年劳动教育中的应用路径

"积极体验式"教学试图通过"情境体验""情感体验""生活体验"等体验形式的相互作用，借助"环境""关系""实践"等要素应用于青少年劳动教育，以唤醒青少年的主体性劳动意识，激发正向的劳动情感，提高基础性和创造性劳动能力，从而促进青少年劳动教育实现在认知、情感、行为等层面的培育目标，全面提升青少年劳动素养，并提高劳动教育的实效性。

（一）发挥"情境体验"和"劳动环境"的隐性作用，唤醒劳动意识

培育青少年劳动意识的关键是要引导其树立正确的劳动认知，激发劳动兴趣和劳动内驱力。因此，青少年劳动教育要运用好"积极体验式"教学中"情境体验""劳动环境"等教学要素，致力于激发青少年的劳动主体性意识。

第一，创设劳动情境，树立正确的劳动认知。

青少年劳动教育要运用好"积极体验式"教学中"情境体验"的隐性作用，致力于激发青少年的劳动主体性意识。形成正确劳动认知的关键在于创设劳动情境，劳动情境本身即是构成"积极体验式"教学的重要因素。一方面，问题是引发思维的重要手段[③]，要重视问题的教育功能。在劳动情境下，教师要组织青少年

① 余江舟：《新时代劳动素养的四重维度》，《中国高等教育》2021年第 Z2 期，第 53—55 页。
② 王晖、刘霞、刘金梦等：《中小学生劳动素养评价的国际经验及启示》，北京师范大学学报（社会科学版）2022年第 4 期，第 142—149 页。
③ 李秀伟：《唤醒情感——情境体验教学研究》，山东教育出版社 2007 年版，第 171 页。

思考"何谓劳动""为何劳动""劳动有何意义"等问题,引导青少年对劳动的思考,让青少年理解劳动是一种自我实现的需要,从而促进青少年思想观念的真正转变。另一方面,要重视"替代性经验"的教学价值,通过引导观察他人的劳动行为、过程和结果,提高青少年的劳动认知。针对学生在劳动过程中产生的消极情绪和负面想法,教师要通过引导学生观察和反思他人的劳动过程,从而调整认知并走出消极状态。对此,只有在交流、反思中学习,青少年才能将体验真正内化为自身的思想体系,从而有效地巩固劳动意识。

第二,优化劳动环境,激发劳动兴趣和劳动内驱力。

"积极体验式"教学重视环境对青少年劳动心理的积极影响,劳动环境只有呈现出关怀、个性化和多样性等特点,才可以推动青少年获得更好的劳动体验。库伯说,"体验学习是个体与环境之间连续不断的交互作用过程"①,环境对青少年的成长发挥关键作用,因此,激发青少年劳动兴趣的关键在于优化劳动环境。其一,要注重校园文化中的劳动文化建设,打造一个教育与文化相协调的劳动教育环境。劳动教育要融入学校文化,关键在于将劳动元素嵌入校园环境建设的方方面面,如墙壁的装饰、教室黑板报的设计等,通过人与环境之间的良性互动,让青少年的劳动兴趣获得浸润性的生成。其二,尊重青少年的身心需要是激发青少年自觉参与意识的重要原则。劳动环境的设计要从青少年的身心需求出发,探索出适合学生身心发展的劳动环境模式。基于此,通过营造自由开放、贴近生活的劳动环境,可以激发青少年的劳动内驱力,强化青少年的劳动意识。

(二)发挥"情感体验"和"情感互动"的带动作用,滋养劳动情感

劳动教育不能仅限于知识技能的传授,还要关注课堂教学中的情感因素。因此,要合理运用"积极体验式"教学的情感元素,从师生情感互动、情感体验两方面入手,重点激发青少年的劳动情感。

第一,加强师生情感互动,以情动情。

"积极体验式"教学的开展注重师生之间的情感对话关系,其本质就是师生通过情感互动,共同建构一个相互作用、相互信赖的情感场。因此,劳动教育要

---

① 库伯:《体验学习——让体验成为学习和发展的源泉》,王灿明、朱水萍等译,华东师范大学出版社2008年版,第30页。

充分认识到情感互动的作用,要合理运用"积极体验式"教学的情感元素,发挥"情感体验"的带动作用,注重培育学生热爱劳动、尊重劳动的情感和态度。一方面,通过构建以关怀、民主为核心的师生互动关系,引发青少年的情感共鸣。教师自身需要具备丰富的情感素质,用自己的言行去引导学生,以丰富的劳动情感感染青少年,真正热爱学生、热爱自己的教育事业、热爱劳动,只有这样的情感互动才是有效的,才能真正激发出学生对劳动的热爱之情。另一方面,教师要尽可能地挖掘课堂情感教学要素,对青少年进行情感激励。例如,教师要通过视频资源以增强劳动教育的鲜活度,可播放《大国工匠》等劳动纪录片,以劳动模范的高尚品格,引发学生对劳动者的尊重、敬佩之情,或播放《桥》《天渠》等影视作品,引导青少年认识到劳动与社会发展的紧密关系,深刻理解中国工人阶级为缔造新中国而进行的艰苦劳动历程。总之,对青少年进行情感陶冶,能够有效地激发青少年尊重劳动、热爱劳动的劳动情感。

第二,设计富有情感性的体验活动,以体验升情。

"积极体验式"教学强调让学生在体验中感受劳动"美"的独特魅力和劳动"幸福"的深厚情感,从而进一步强化劳动情感。积极心理学家米哈里·契克森米哈赖的"福流"理论认为,当人们处于福流状态时,能够体验到愉悦、满足等积极情绪,进而提升人们的幸福感和生活满意度。[1] 青少年劳动教育可以通过设计富有情感性的体验活动,激发青少年的劳动"福流"体验。其一,将劳动变为一种"美"的体验活动。劳动的美的体验能够让个体精神完全处于一种放松的状态[2],即获得"福流"体验,从而培育青少年发现美和鉴赏美的能力,领悟体力劳动的力量美和脑力劳动的智慧美。其二,将劳动变为一种"幸福"的体验。劳动教育应将青少年劳动情感与幸福相联系,引导青少年深刻认识并切身体会到"劳动是一切幸福的源泉"[3]的价值追求,让青少年成为一名能够通过劳动来创造幸福、领悟幸福的人,从而获得深层的愉悦感、获得感和劳动幸福感。可见,劳动教育要重视通过劳动"福流"体验来激发青少年的劳动情感,并在劳动情感的激发中引导青少年更主动地投身到劳动实践中。

---

① 曾光、赵昱鲲:《幸福的科学:积极心理学在教育中的应用》,人民邮电出版社 2018 年版,第 92 页。

② 单旖旎:《劳动教育的深化:追寻美学意蕴》,《教育理论与实践》2020 年第 31 期,第 14—17 页。

③ 习近平:《在全国劳动模范和先进工作者表彰大会上的讲话》,《人民日报》2020 年 11 月 25 日,第 2 版。

（三）发挥"生活体验"和"劳动实践"的强化作用，培育劳动能力

"积极体验式"教学立足于青少年劳动能力目标的达成，突出"生活体验""劳动实践"对培育青少年劳动能力的效能。

第一，回归生活体验，夯实劳动知识与技能。

"积极体验式"教学尝试从学生已有的劳动经验出发，强调将"教学中激发起来的学生的情感、兴趣、动机催化到学生的生活中去"[①]，在生活实践中锻炼青少年的劳动能力，因此，劳动教育必须要走出学校课堂，不断拓展劳动教育的第二课堂、第三课堂，力争实现"劳动"与"生活"的良性互动，让劳动教育回归现实生活。一是在校园劳动基地进行田间劳作实践活动，将劳动知识和智慧转化为技能并融入基础劳作，增强青少年的基本劳作技能；二是家长要以生活化体验为主要任务，给青少年提供参与家庭劳动的机会，提升其基本生活技能；三是社会要提供分阶段的社区公益劳动体验，低年段主要参加一些简单的公益劳动，而高年段则可以主动参加社区义务劳动等，培养青少年的公益劳动能力。同时，教师要鼓励学生在参与生活体验的过程中学以致用，通过解决生活实际问题来提升劳动效率和劳动质量，从而达到巩固劳动能力的目的。总之，劳动教育要从生活中来，并回归于生活，让青少年在生活体验中亲身经历，从而夯实基本的劳动能力和技能。

第二，搭建劳动实践平台，提升创造性劳动能力。

"积极体验式"教学重视对青少年创造性劳动能力的培养，强调创造性劳动的教育价值。习近平总书记在党的二十大报告中强调，必须坚持"创新是第一动力"[②]。创造性劳动能力是在实践中生成的，搭建家、校、社多样化实践平台，可以满足青少年创新能力发展的需要。一是发挥学校在创造性能力培养中的主导作用，建设配套完备的劳动实践基地，并积极开展以培养青少年创造力为目的的劳动技能创新比赛。二是发挥家庭在创造性劳动能力培养中的基础作用，给青少年提供一个能够激发创造力的家庭环境。三是发挥社会在创造性劳动能力培养中的辅助作用，关注创造性劳动能力在社会中的可迁移性。在人工智能时代，

---

① 李秀伟：《唤醒情感——情境体验教学研究》，山东教育出版社 2007 年版，第 93 页。

② 习近平：《高举中国特色社会主义伟大旗帜　为全面建设社会主义现代化国家而团结奋斗——在中国共产党第二十次全国代表大会上的报告》，人民出版社 2022 年版，第 33—44 页。

新的劳动技能和劳动方式赋予了青少年更高的创造性劳动能力要求。实践是培育并检验劳动能力的最佳场域。杜威认为,真正的学习需要到复杂的社会实际中去实践,并最终为社会服务①。青少年在创造性劳动过程中要能够充分发挥主体性、独特性和创新性,最终凭借其创造性劳动成果服务于社会发展。

综上所述,青少年劳动素养的全面提升要建立在劳动意识、劳动情感和劳动能力培育的基础上。一方面,"积极体验式"教学将"体验"贯穿于劳动教育的全过程,"环境""关系"等要素都服务于"体验"这一核心要素。无论是"情境体验""情感体验"或"生活体验",都注重体验的连续性,在各种积极体验的浸润下,实现劳动精神的内化和劳动习惯、品质的外化。另一方面,"积极体验式"教学重视"体验"的开放性。青少年在积极体验中感受劳动的真正意义,进而将体验内化,并在日常生活世界、专业生活世界及社会生活世界中实现共融共通,形成开放性的劳动体验圈②。鉴于此,青少年劳动教育才能在生成劳动意识、提升劳动情感及发展劳动能力的基础上,最终培育青少年积极的劳动精神、良好的劳动习惯和品质。

---

① 游柱然、胡英姿:《体验与建构:当代美国高校实践教学研究》,中国社会科学出版社 2014 年版,第 6 页。

② 王明娣、景艳:《生活体验视角下劳动教育课程价值的思考》,《教育理论与实践》2021 年第 41 卷第 16 期,第 15—19 页。

新媒体视角下高校宣传思想工作的守正创新*

吴韵冰　　葛鑫含^①

摘　要：在科技飞速发展的大背景下，新媒体的出现为高校宣传思想工作创造了机遇，使高校的宣传思想工作呈现新形态的同时，又提出了严峻的挑战。高校应紧跟时势，将新媒体与宣传思想工作融合，在党的方针政策领导下守正创新，为高校学生意识形态和价值观的形成与发展提供坚实保障。

关键词：新媒体；高校宣传思想工作；守正创新

随着新媒体的不断发展，人类社会发生了巨大变化。高校师生的学习、工作与生活都与新媒体密不可分，新媒体与高校的结合已形成不可逆之趋。新媒体环境下，高校成了意识形态的主要阵地，工作任务异常艰巨。在新形势下，高校宣传思想工作想要取得显著成效，就必须最大限度利用新媒体的优势，坚持政治方向正确，坚持中国共产党的领导，坚守"立德树人"的使命，创新高校宣传思想工作模式，形成高校宣传思想工作新格局。

一、新媒体的特点

新媒体是科技快速发展的产物，也是时代的产物。每个时代都有属于自己时代的"新媒体"，当今时代的"新媒体"是利用数字技术，通过无线通信网、卫星等渠道，以手机、电脑等电子设备为终端，向用户提供信息和服务的传播形态，因

＊　本文系 2022 年度浙江工商大学"部校共建"马克思主义学院课题"新媒体背景下官方微信平台在高校宣传思想文化工作中的创新策略研究"（BXGJ20005）研究成果。

①　作者简介：吴韵冰，浙江工商大学马克思主义学院教师，主要研究方向为马克思主义中国化；葛鑫含，浙江工商大学马克思主义学院硕士研究生，主要研究方向为中国近现代史基本问题。

其传播即时、信息海量、互动等多元化的特点,在媒体产业占据重要的地位,应用于经济、政治、文化等多个领域,在新时代发展迅速。

（一）传播跨时空性

新媒体传播信息的方式不同于传统媒体,从信息传出到用户接受需要一个相对久的时间,其显著特征就是不受时间、空间的限制,有极强的跨时空性。用户可以通过手机、电脑等电子设备随时随地加工自己的图片、文章等内容发布到网上,也可在有互联网支持的地方随时接收信息,在短时间内就可掌握国内国外动态,且其传播的成本低。这也是传统媒体无法实现的极大优势。

（二）信息海量化

新媒体传播具有跨时空性,它可传播的内容来自世界各地,这也决定了新媒体传播信息的海量化。随着科技的发展,互联网可以储存的内容越来越多,可以呈现给用户的内容也越来越多,通过新媒体,用户可以同一时间体验到文字、图片、音频等不同形式的信息。除此之外,面对海量的信息,用户可以通过网络技术轻松检索需要的内容,而不需反复翻阅。

（三）个性化

传统媒体传播的内容是固定的,一般是同一信息传播给全部人,而新媒体的信息传播可以直接对标个人。新媒体用户可以根据自己的喜好,在数以万计的词条中找到自己需要的,可以同他人享用同一信息;同时各种 App 可以通过数据分析,向用户推送他们频繁浏览的相似信息,"量身定制",加深用户关于所浏览的内容的印象,接收到与其他人不同的内容。

（四）互动性

不同于传统媒体,新媒体具有很强的互动性,其传播方式是双向的,即信息的传播者和接收者在信息的处理上是有互动的,而不是简单的传播者单向的输出,信息接收者单向的输入的模式。利用新媒体,信息的接收者可以随时发表自己的意见,同传播者及其他信息接收者进行交流,探究信息的广度和深度,同时,信息传播者可通过交流来掌握受众的动态，立足群众基础，用受众喜欢的方式对受众喜闻乐见的内容进行信息宣传，提高宣传思想工作的有效性。

（五）虚拟性

新媒体的跨时空性和海量性就决定了新媒体的虚拟性这一显著特征。互联网用户可以自由地在网上发表信息，发布的内容中有真实的信息，同时也存在着虚假的内容，这就会误导受众，产生不良的社会效应，如近几年网络上出现某一事件的几次反转，就是新媒体的虚拟性所造成的。再者，因为网络的虚拟性，进行网络监管和网络舆论引导也比传统媒体的管理更加复杂，对新媒体的不可控性也逐渐显现。

二、新媒体为高校宣传思想工作创造机遇

作为党的宣传思想工作的重要组成部分，高校宣传思想工作是立德树人的奠基石。新媒体以其跨时空化、信息海量化等特点，与高校之间的关系已然密不可分，高校要抓牢新媒体的优势，把握它带来的机遇。

（一）成为高校宣传思想工作的重要载体

新媒体的出现使信息传播的形式呈现多元化趋势，高校积极发挥新媒体的优势，利用文字、图片、音频等多种形式传播海量信息。他们集成多种传播形式，建设了层次多样的传播路线，点面结合使高校宣传思想工作的影响力与传播速度得到了明显的提高，得到了前所未有的成效，实现了新媒体与高校宣传思想工作的双赢。

高校通过新媒体将"立德树人"作为首要任务，积极宣传党的路线、方针、政策，开展形势与政策教育，宣传报道先进人物、先进事迹等，积极引导大学生树立正确的世界观、人生观和价值观，为实现中华民族伟大复兴的中国梦提供人才保障。

（二）壮大宣传思想工作队伍

习近平总书记指出宣传工作要树立"大宣传"的理念，动员全体成员的参与。正是在这样的理念指导下，在新媒体的促进下，高校的宣传思想工作不再仅仅是

学校宣传部门的职责,而是全校所有部门共同的责任,因新媒体的出现,不仅要求传统高校宣传思想工作者的参与,还需要掌握互联网技术的专业人士参与,更需要高校教职员工与学生的共同参与,将党的思想传播给广大高校师生。

(三)提升高校宣传思想工作成效

在新媒体时代下,高校宣传思想工作弥补了传统媒体,如布告、演讲等方式存在的时空限制,利用新媒体传播性快、时效性强、便捷性高等显著特征,提高了工作效率的同时又节省了人力、物力资源。同时通过新媒体,传播主体和客体可以进行"零"距离沟通,能做到双向互动,高校教师通过与学生的交流,从而掌握学生的生活与学习动态,将理论与实践相结合,不断改进宣传思想工作,提升宣传内容的广度和深度,提高宣传思想工作的质量;学生与学生之间也可以实现"双向互动",通过交流借鉴,充分发挥主观能动性,促进宣传思想工作开展,营造民主的高校宣传思想环境。

(四)拓展高校宣传平台

新媒体的出现为高校的宣传提供了一个崭新的平台。高校可以通过图片、文字、短视频等内容,利用微信公众号、视频号等新媒体进行宣传,将学校的特色和优势用图文并茂、动静结合的形式展现出来。通过这种方式,不仅可以使本校师生增强认同感,汇集凝聚力,还可以将高校风貌传递给社会,扩大高校的影响力,成为高校宣传的另一张名片。

三、新媒体背景下高校宣传思想工作面临的挑战

高校学生正处于价值观形成的关键时期,且是新媒体的最大使用主体,他们对网络中的海量信息缺乏辨识能力,甚至价值判断会受某些内容的影响。除此之外,为适应新媒体时代的宣传思想工作,传统的高校宣传思想方式必然也要有所调整。新媒体背景下高校的宣传思想工作面临着多方挑战。

(一)意识形态遭遇挑战

习近平总书记曾指出："意识形态工作是党的一项极端重要的工作。"①因其自由性、海量性等特点,以互联网为依托的新媒体也成为意识形态宣传的主要阵地,除了马克思主义、社会主义核心价值观等主流意识形态的传播,也不乏历史虚无主义、享乐主义、功利主义等错误思想,以及各种反动、反华势力的入侵,煽动高校学生进行非法聚集,严重影响社会安定和高校学生正确价值观的形成,同时也加剧了高校宣传思想的不可控性,新媒体领域中的意识形态传播俨然成为一场没有硝烟的战争。

(二)宣传思想工作队伍素质亟待提高

随着新媒体的变化,宣传思想工作队伍在能力、知识、观念等方面也要随之改变。在新媒体时代,不同于之前传统媒体时代,无论大事小事,都会被无限放大,在短时间内就会被快速传播且传播范围极广。高校宣传思想工作队伍处理突发事件的能力亟须提高,需引导舆论朝着正确的方向发展,若处理不到位,必然引发"蝴蝶效应"。新技术的出现必然要求相关工作人员掌握操作技术,而部分高校宣传思想工作者依赖于传统宣传模式,需要花费一定时间和精力去研究掌握新媒体的运营、发布等技术。如果以学生为主要运营群体,会因为毕业升学等情况给宣传思想工作队伍的培养造成不稳定性。新媒体时代可以在网络上接触到的信息更加多,因而选择适合学生的、学生想要的思想宣传内容显得尤为重要,如果选题内容不恰当,可能会导致脱离工作实际,脱离师生群体,违背了高校宣传思想工作的初衷。

(三)传统宣传思想工作模式落后

传统宣传思想工作的转型任务任重而道远。传统的高校宣传思想工作以教师为主导,学生是受众群体,而新媒体的出现使相对接收信息快、学习新事物能力强的学生对教师的依赖降低,对传统工作中教师的主导地位有极大的削弱作用;高校学生在新媒体的协助下可以在网络平台上"自由"发言,但因发言不当造

---

① 习近平:《习近平总书记系列重要讲话读本》,人民出版社 2014 年版,第 109 页。

成的后果不可估量,且现阶段高校的新媒体信息过滤技术相对落后,管理难度大;相比较于传统的高校思想宣传内容,新媒体背景下的话语风格及内容呈现形式更加丰富多样,如短视频、长视频,以及一些网络化的语言等;除此之外,传统的高校宣传思想管理模式已不能再适应新媒体的校园环境,不论是人员的管理,还是网络信息的管理,都需要花费大量时间和精力。

四、新媒体背景下高校宣传思想工作的守正创新

守正和创新两者是辩证统一的,守正是创新的前提,保证创新立场的正确性;创新是守正的延伸,为守正注入活力源泉。新媒体的快速发展已然成为不可阻挡的历史潮流,高校宣传思想工作者只有坚持守正创新,才能妥善处理所面临的挑战,才能坚守好党的宣传思想工作重要阵地。

(一)守方向之正

守方向之正,朝着正确的方向前行,才能行稳致远。习近平总书记曾强调要加强党对宣传思想工作的全面领导,高校宣传思想工作是党宣传思想工作的重要组成部分,新时代高校必须坚持中国共产党的领导,坚守马克思主义的指导地位,用习近平新时代中国特色社会主义思想武装师生头脑,坚定"四个自信",统筹兼顾,抵制错误思想对高校意识形态的侵蚀,为高校意识形态工作的顺利开展提供最坚实的政治保障。

(二)守使命之正

坚守使命,高校宣传思想工作应始终落实"立德树人"这一教育的根本使命,事关国家和民族的前途。高校要发挥新媒体的优势,利用微信公众号、视频号等宣传媒介,"青年大学习"等主题团课、党课,大力弘扬社会主义核心价值观,继承和发扬中华优秀传统文化,用正确的舆论引导师生坚定理想信念,以培养担当民族复兴大任的时代新人为着眼点,为实现中华民族伟大复兴中国梦凝精聚力。

(三)创新工作理念

习近平总书记在全国宣传工作会议上强调理念创新是宣传思想工作创新的重点,高校宣传思想工作应用"大宣传"的理念改进理念创新,就是要保持思想的敏锐性和开放度。改变传统模式的"单打独斗"的宣传理念,利用校内校外的一切资源,与社会、政府联合,共同构建高校宣传思想工作新局面。除此之外,新媒体的出现并不意味着传统媒体就应被淘汰,高校宣传思想工作应扬长避短,积极融合传统媒体与新媒体,两者结合共促宣传思想工作的创新。

(四)创新内容方式

高校宣传思想工作要想取得成效,核心在内容。新媒体与传统媒体相比较的一大优势就是其传播方式多样,可传播的内容丰富,要想高校宣传思想工作能更深入人心,就要紧紧把握新媒体的优势。一方面,高校宣传思想工作在紧跟时势的同时又要贴近师生的实际,宣传师生喜闻乐见的、高质量的、高水平的内容,而不是照本宣科,展示一场场"独角戏";另一方面,高校应积极拓展宣传思想的方式,发挥新媒体的作用,利用图片、视频、音频、VR等多种方式传播,在进行授课、报道等传统宣传思想工作时也须结合新媒体,增加宣传的趣味性,形成以校园官方媒体为主、多种平台联合的宣传教育和舆论引导体系,扩大宣传的影响力和凝聚力。

(五)创新管理机制

随着新媒体的发展,出现的不可预测使传统的高校宣传思想工作管理机制亟待创新。创新高校管理机制,首先要解决的是组织领导层面的问题,贯彻领导机制。高校宣传思想负责人应响应坚定政治立场、明确政治方向、带领好宣传工作队伍,建成一支风正的宣传思想队伍;高校创新舆情监测和处理机制是高校宣传思想工作能够有序展开的保障。新媒体的出现使舆情管控更不易,高校应与当地网安部门协作,运用互联网展开社会热点、校园焦点等舆情的收集和分析,对新媒体环境下的舆情提前预警,定期开展舆情引导演练,对负面舆情进行及时疏导,杜绝错误思想的侵蚀。创新高校宣传思想工作,不仅需要宣传思想工作队伍政治方向端正,还要求其业务能力精湛。除了要定期开展培训,不断锻炼高校宣传思想工作者的能说会写、操作电子设备、平台运营等基本能力以外,还需完善考核管理模式,明确职务和考核办法,激励宣传思想工作者不断前进。

五、结语

新媒体的出现,为高校的宣传思想工作创造机遇的同时也带来诸多严峻的挑战,新时代高校宣传思想工作使命伟大,任重道远。新媒体的出现给高校宣传思想工作者提出了更高的要求,为保证高校宣传思想工作的有效开展,守正创新才是关键。高校要积极发挥新媒体的优势,坚持正确的政治方向,坚守伟大的使命任务,不断学习与完善,更新理念,改革技术,不断提升高校宣传思想工作的影响力和号召力,开创新时代高校宣传思想工作新局面,培养合格的社会主义建设者和接班人。

参考文献

[1] 周长群,刘坤雁.新媒体时代下高校宣传思想工作创新研究[J].思想政治教育研究,2019,35(5):157-160.

[2] 金国峰.新时代高校宣传思想工作的守正创新[J].中国高等教育,2019(12):49-51.

[3] 刘醒,沈光.自媒体视域下高校宣传思想工作的挑战与机遇[J].开封教育学院学报,2019,39(9):227-229.

[4] 朱艳丽.高校宣传思想工作的守正与创新——以媒体融合为背景[J].闽南师范大学学报:哲学社会科学版,2020,34(2):119-122.

[5] 贾咏梅.新媒体环境下加强高校宣传思想工作探究[J].学校党建与思想教育,2015(19):84-86.

机器学习 LightGBM 算法在大学生心理普查分类预测中的应用[*]

李　瑜　李雪松　沈淼栋[①]

摘　要：利用机器学习的 LightGBM 算法构建分类预测模型，将心理测试结果作为模型训练的输入特征，心理咨询师的评估结果作为模型训练的标签。模型对大学生的心理健康状态分类预测的准确率、对有心理问题学生能被识别出来的识别准确率，对预测筛查有心理问题且经咨询师评估确有心理问题的正确筛查率都表现良好，模型的分类预测能力良好。使用 LightGBM 算法构建分类模型，对心理测试数据和成长经历与家庭情况等基本信息进行分析，可提高大学生心理健康状态分类预测的准确性。

关键词：心理普查；机器学习；分类预测模型

一、研究背景

大学生是心理问题的高发人群，20％～30％的大学生有常见心理问题[②]，其中低年级大学生心理问题较多[③]。通过心理普查筛查出有心理健康风险的大学

　＊　本文系浙江工商大学马克思主义学院"部校共建"研究项目（BXGJ19009）、浙江省社会科学规划课题"智媒体下'00 后'大学生参与网络集群行为心理机制及对策研究"（22GXSZ001Z）研究成果。

　①　作者简介：李瑜，浙江工商大学马克思主义学院讲师，博士，研究方向为心理测量和心理健康教育；李雪松，浙江工商大学统计与数学学院本科生；沈淼栋，浙江工商大学统计与数学学院本科生。

　②　Auerbach RP, Alonso J, Axinn WG, et al., "Mental disorders among college students in the World Health Organization world mental health surveys", *Psychological Medicine*, 2016, 46(14), pp. 2955-2970.

　③　姚斌、汪勇、王挺：《大学生心理健康状况及影响因素的比较分析》，《西安交通大学学报》（医学版）2004 年第 2 期，第 201—204 页。

生并及时进行心理辅导和干预非常重要。很多高校开展了包括心理测试、测试结果筛查、心理访谈的心理普查,但是当前的心理普查普遍存在两个困境。一是根据量表的筛查标准,从心理测试结果中筛查出可能有心理健康问题的学生,然后对这些学生进行心理访谈,但访谈结果显示,确实存在心理问题人数占心理测试筛查出来的人数的比例偏低,说明量表筛查标准的分类准确率不高,同时还由于筛查出来的人数过多而导致心理访谈工作量巨大。二是心理量表主要是针对心理症状进行调查,对于暂时未发现有明显心理症状的学生,没有开展出现心理问题的预测工作。有些学生的成长经历和家庭状况可能会对其心理健康产生一定的负面影响,是心理问题发生的潜在影响因素,如果能够通过心理普查发现心理问题发生的风险,并进行有针对性的预防式干预,可以降低心理问题发生的概率。相关研究发现,抑郁症状出现后再采取干预措施仅能轻微降低抑郁症发生的风险,而在症状出现之前就进行有针对性的预防干预,可显著降低抑郁症发生的风险[①]。随着高校心理健康教育的深入,高校心理健康工作不仅要关注心理问题学生,更要预防学生心理问题的发生。因此,探索提高心理普查的分类准确率和利用心理普查结果开展心理问题预测的方法值得研究。

近些年来,将机器学习技术应用于心理健康领域逐渐成为发展趋势,机器学习技术在预测心理健康问题、为临床心理干预提供数据分析支持方面发挥重要作用,且在准确识别问题人群方面的成本更低。以往研究也证明了机器学习在心理问题分类预测中的强大性能,如 Kessler 等人构建机器学习模型预测重性抑郁障碍,获得了良好的稳健性和准确性;Sau 等人使用机器学习技术对船员进行焦虑和抑郁筛查,取得了较高的准确率。LightGBM 是一种机器学习算法,可用于构建分类预测模型,该算法具有更快的训练速度和更高的运行效率,同时内存占用更小、预测准确率更高,能够处理大规模的数据。

机器学习用于心理健康领域的已有研究中,多侧重于临床样本的精神障碍诊断和预测,对于非临床群体及其积极心理的预测很少。此外,以往相关研究大多针对老人、孕妇和青少年儿童等,专门针对大学生心理健康情况分类预测的研究较少。

---

① Cohen LS, Altshuler LL, Harlow BL, et al., "Relapse of major depression during pregnancy in women who maintain or discontinue antidepressant treatment", *The Journal of the American Medical Association*, 2006, 295(5), pp. 499-507.

心理测试数据可作为心理状态分类预测的特征,如 Na 等人在使用机器学习算法预测韩国成年人的抑郁症风险时,将抑郁量表测试结果的基线分数纳入预测特征。此外,性别、家庭状况、生源地、是否独生、留守经历、负性生活事件、疾病史等基本信息和过往经历与大学生的心理健康问题存在相关性,也可作为预测特征。结合使用心理测试数据和人口统计学信息进行预测时的准确率明显高于仅使用人口统计学信息或心理测试数据的预测准确性。本研究将结合使用人口统计学等基本信息和心理测试数据作为分类预测的特征,采用 LightGBM 算法构建分类预测模型,对大学新生的心理健康状态进行分类预测。

二、研究对象和方法

(一)研究对象

对华东地区的两所高校大学新生进行一个学期两次调查。第一次调查为问卷调查和心理测试,施测时间为新生入学时,获得有效结果 4227 份。第二次调查为心理访谈,剩余有效被试 3985 人,流失率为 15.33%。第二次调查包含男生 1893 人(47.5%),女生 2092 人(52.5%)。

(二)研究方法

1.测量工具

(1)自编基本信息问卷。心理健康状况受家庭情况和成长经历等因素影响,为了解大学生这些基本信息,自编基本信息问卷,共 11 个条目,具体见表 1。

表 1　信息问卷相关指标详情

指标名称	问题	选项及计分
性别	您的性别是?	男,女(0　1)
家中排行	您在家中的排行是?	独生,老大,中间,最小(0—3)
家庭经济状况	您认为您家的经济状况如何?	富裕,较好,一般,贫困(0—3)
家庭结构	您家目前的家庭结构是?	完整,单亲,重组家庭,孤儿(0—3)
家庭氛围	您觉得您家的家庭氛围怎样?	亲密,融洽,疏离,紧张,冲突(0—4)

指标名称	问　题	选项及计分
童年住校经历	您在童年期住校过吗？	没住过校,初中住校,小学住校,小学和初中住校(0—3)
童年留守或寄养经历	您童年时有过留守或寄养经历吗？	没有,初中时有过,小学时有过,幼儿期有过,小学和初中有过,初中和幼儿期有过,小学和幼儿期有过,幼儿期、小学和初中都有过(0—7)
负性生活事件	您是否经历过重大负性生活事件(如被侵犯、被孤立、至亲去世等)并接受过心理干预吗？	没有,有且接受过心理干预,有但没有接受过心理干预(0—2)
生理疾病史	您患过较为严重的或慢性生理疾病吗？	没有,有且已经痊愈,有但尚未治愈(0—2)
精神疾病史	您有被确诊过某种心理疾病吗？	没有,有且已经康复,有且在治疗,有但未治疗(0—3)
轻生意图史	您有过要结束自己生命的想法吗？	没有,有(0　1)

（2）大学生人格问卷（University Personality Inventory，UPI）。由日本心理工作者和精神科医生合作编制,用于筛查大学生(尤其是新生)心理问题的量表,我国引入后进行了修订。该量表有 56 个反映身体和精神症状的条目。该量表采用是非式选择(肯定记为 1 分、否定记 0 分),最高分为 56,最低分为 0。总分越高,表明症状越多,心理问题越严重。

（3）大学生心理健康筛查量表（College Students Mental Health Screening Scale，CSMHSS）。由教育部普通高等学校学生心理健康教育专家指导委员会指导、北京师范大学发展心理研究所开发研制。该量表用 96 个条目从 22 个指标维度进行三级筛查,分别筛查疑似有精神病性症状或自杀风险等严重心理问题,焦虑、抑郁、敌对攻击等一般心理问题和学校适应困难、人际关系困扰、学业压力等发展性问题。每个条目有 4 级选项,分别记 1—4 分。量表的模型结构合理,拟合良好[①]。

（4）心理访谈。由 30 位心理咨询师在心理测试后,根据心理测试结果显示的问题等级由重到轻的顺序进行一对一的心理访谈,进一步评估学生是否存在心理问题,并根据需要转介到精神科进一步诊断。

---

① 方晓义、袁晓娇、胡伟等:《中国大学生心理健康筛查量表的编制》,《心理与行为研究》2018 年第 1 期,第 111—118 页。

2.数据统计与分析

本研究采用 Jupyter Notebook 分析数据。其中,采用 Pandas 库预处理数据和进行描述性统计分析,采用 Scikit-learn 库构建 LightGBM 分类预测模型,并计算模型分类预测效果的评价指标。

3.构建分类预测模型

给定数据集 $D=\{(x_i,y_i):i=1,2,\cdots,n,x_i\in\mathbf{R}^p,y_i\in\mathbf{R}\}$,其中 n 为样本个数,每个样本有 P 个特征。给定损失函数 $L(y,f(x))$,输出回归树 $\hat{f}(x)$,具体算法步骤如下。

(1)利用常量 $\Im$ 初始化模型:估计使损失函数极小化的常数值,它是只有一个根节点树。

$$f_0(x) = \arg\min_{\Im} \sum_{i=1}^n L(y_i,\Im) \tag{1}$$

(2)进行模型迭代,迭代次数 $m=1,2,\cdots,\zeta$

①对 $i=1,2,\cdots,n$,计算残差 r_{im},即在当前模型下的损失函数的负梯度值

$$r_{im} = -\left[\frac{\partial L(y_i,f(x_i))}{\partial f(x_i)}\right]_{f=f_{m-1}} \tag{2}$$

②根据 r_{im} 拟合一个回归树,得到了第 m 棵树的叶子结点区域 $\Re_{mj}$,$j=1,2,\cdots,\delta$。j 表示叶子节点个数。

③对 $j=1,2,\cdots,\delta$,利用线性搜索估计叶子节点区域的值 $\Im_{mj}$,使损失函数极小化。

$$\Im_{mj} = \arg\min_{\Im} \sum_{x_i\in\Re_{mj}} L[y_i,f_{m-1}(x_i)+\Im] \tag{3}$$

④更新回归树:其中 I 为指示函数,当回归树判定 $x\in\Re_{mj}$ 时,其值为 1,否则为 0。

$$f_m(x) = f_{m-1}(x) + \sum_{j=1}^J \Im_{mj}I(x\in\Re_{mj}) \tag{4}$$

(3)迭代 ζ 次后输出最终模型。

$$\hat{f}(x) = f_M(x) = \sum_{m=1}^\zeta \sum_{j=1}^\delta \Im_{mj}I(x\in\Re_{mj}) \tag{5}$$

4.评价指标

模型需要考虑精确性、可解释性和稳健性。本研究用准确率、精确率、召回率、f2 分数(同时兼顾准确率与召回率,各占一定权重)和模型分类能力综合指

标 AUC(Area Under Curve)来衡量模型的分类预测效果。指标数字越大,表明模型的分类预测效果越好,说明模型越优。这些指标由混淆矩阵计算得出,混淆矩阵包含的信息见表2,其中预测情况是通过问卷或机器学习模型预测出的结果,真实情况是心理咨询师的评估结果。TP 表示分类准确的有心理问题学生人数,FP 表示分类错误的无心理问题学生数量,FN 表示分类错误的有心理问题学生数量,TN 表示分类准确的无心理问题学生数量。

表 2 混淆矩阵

		真实情况	
		有心理问题	无心理问题
预测情况	有心理问题	TP	FP
	无心理问题	FN	TN

各指标的计算方法为:

$$准确率 = \frac{(TP + TN)}{(TP + FN + FP + TN)} \tag{6}$$

$$精确率 = \frac{TP}{(TP + FP)} \tag{7}$$

$$召回率 = \frac{TP}{(TP + FN)} \tag{8}$$

$$f2 \, 分数 = \frac{TP}{(TP + 0.8FP + 0.2FN)} \tag{9}$$

AUC 是将 FP 和 TP 分类准确的样本数分别作为 X 轴和 Y 轴来绘制曲线,再计算曲线下方的面积来实现对模型分类能力的综合评估。由于曲线一般都位于 y=x 直线的上方,所以 AUC 一般在 0.5 和 1 之间取值。

为了检验模型在新数据中的分类预测性能,即检验模型对数据有无过度拟合,对模型进行了泛化性测试。为此,将样本数据分成训练集和测试集,分别占 75% 和 25%,用于训练模型和检测模型。分析数据时将问卷调查数据作为输入特征,将心理访谈数据作为标签,对所有特征进行了 Min-Max 标准化处理。对分析结果使用 10 倍交叉验证,并对 10 次运行结果的准确率、精确率、召回率、f2 分数和 AUC 进行平均,取其平均值。

三、研究结果

(一)特征选取

计算各个特征与标签相关性并选取相关性大于 0.2 的特征,最终从基本信息问卷中选取性别、童年寄养/留守经历、家庭氛围、家庭经济状况、家庭结构、负性生活事件、精神疾病史和轻生意图史 8 个特征,从 UPI 中选取 1 个总分特征,从 CSMHSS 中选取 1 个总分特征和 22 个筛查指标特征,共计 32 个原始特征。为捕获特征之间的交互作用并为模型添加非线性,引入交叉特征 36 个,交叉特征为两个特征的乘积。原始特征和交叉特征共计 68 个。为消除特征之间的多重共线性,逐步消去方差膨胀因子较大的特征,最终剩余 40 个特征作为模型输入特征。

(二)训练集分类结果

LightGBM 算法在训练集上的分类结果见表 3。LightGBM 的 learning_rate=0.1,num_iterations=40,max_depth=7。

表 3 LightGBM 算法分类结果

标签	混淆矩阵(n)		预测结果				
			准确率	精确率	召回率	f2 分数	AUC
有心理问题	TP=646	FP=108	0.965	0.799	0.881	0.814	0.920
无心理问题	FN=110	TN=3121					

表 4 量表筛查标准分类结果

标签	混淆矩阵(n)		预测结果			
			准确率	精确率	心理问题学生准确识别率	f2 分数
有心理问题	TP=536	FP=586	0.798	0.478	0.709	0.511
无心理问题	FN=220	TN=2643				

从 LightGBM 算法的分类结果来看,能对 96.5% 的学生心理状态进行准确分类预测,而根据量表筛查标准的筛查结果(见表 4),只能对 79.8% 的学生进行

准确分类；在所有预测结果为有心理问题的大学生中，根据咨询师的访谈评估结果，有79.9％的大学生确实有心理问题，而根据量表筛查标准的筛查结果，在所有被筛查出来有心理问题的学生中，经心理咨询师访谈评估后发现，有52.2％的学生并没有心理问题，这可能跟量表的筛查标准有关，而筛查标准又跟常模有关，很多量表的常模比较旧或是做不到经常更新，已经不能适应新一代大学生心理状况调查的需要；LightGBM算法能将确实有心理问题学生中的88.1％准确识别出来，高于根据量表筛查标准的70.9％的准确识别率。LightGBM算法没有识别出来11.9％有心理问题的学生，导致这个结果的部分原因可能是数据集中噪声点的存在及模型性能有限，也有可能是这些学生当前还没有明显的心理症状，但是存在心理问题风险，对于这类学生则需要通过心理访谈进一步了解情况，评估潜在心理问题风险，必要时进行预防式的心理辅导。

综合看准确分类率和对心理问题学生的准确识别率，LightGBM算法的f2为81.4％，高于心理量表筛查标准的51.1％，表明LightGBM算法构建的分类模型分类预测效果更好。从模型的综合评价指标来看，对于临床心理学应用，AUC值大于0.7表明模型性能良好[①]，该模型AUC为0.920，说明模型对训练集拟合良好。此外，还测试了未使用组合特征的分类性能，结果较使用组合特征的算法分类性能有所下降，AUC降至0.88，说明组合特征的使用对模型效果提升有所帮助。

(三)特征重要性排名

根据信息增益计算出模型中各个特征的重要性。排名前10的特征(见表5)全部来自量表或由量表中的特征交叉形成的组合特征。各个特征的重要性占比相对均衡，表明该模型并不过度依赖于任何特征，即除去任何一个特征，该模型都将相对稳定。

---

① Wadekar AS, *Predicting opioid use disorder (OUD) using a random forest*, Proceedings-International Computer Software and Applications Conference，2019，pp. 960-961.

表 5　LightGBM 算法中排名前十的特征

序号	特征	特征重要性	序号	特征	特征重要性
1	幻觉妄想	0.115	6	依赖	0.057
2	UPI 总分	0.111	7	自杀意图 * 社交恐惧	0.044
3	幻觉妄想 * 抑郁	0.108	8	自杀意图 * 幻觉、妄想	0.042
4	幻觉妄想 * 偏执	0.077	9	社交恐惧	0.037
5	抑郁	0.064	10	焦虑 * 抑郁	0.034

注：* 表示两个特征的组合,下同。

(四)泛化性测试结果

模型在训练集上的分类结果表明模型性能佳,从模型在测试集上的分类结果来看(见表 6),模型在新数据上的预测性能也佳,表明模型的泛化性能良好。模型对训练集和测试集都拟合良好,说明模型性能良好,可用于预测识别有心理健康问题的大学生。

表 6　LightGBM 泛化性能测试结果

标签	混淆矩阵(n)		预测结果				
			准确率	精确率	召回率	f2 分数	AUC
有心理问题	TP＝158	FP＝31	0.870	0.836	0.715	0.809	0.873
无心理问题	FN＝63	TN＝470					

四、讨论与建议

LightGBM 算法构建的分类预测模型,对心理健康状态的分类准确率明显高于直接根据量表筛查标准的分类准确率,且可以分类预测出有心理问题学生和有潜在心理问题学生,为后续对不同心理状态的学生开展有针对性的心理健康工作提供依据。

使用组合数据集在分类预测中的效果比仅使用人口统计学等基本信息数据集或心理测试数据集更好,使用两个数据集的组合是预测大学生心理问题准确率高的关键。排名前十的特征全部来自心理测试数据集,说明在预测心理问题时,心理测试数据的特征对预测心理问题起到主要作用,然而仅使用心理测试数据集中的特征,预测准确率并不高,结合使用人口统计学、家庭经济状况、家庭氛围和过往经历等数据集中的特征可显著提升预测准确率。排名前十的特征有一半为组合特征,一是因为单个特征的表达能力有限,通过特征组合构造新特征,新特征和原特征一起,可以提升模型的解释能力和泛化能力;二是因为不同特征之间存在相互作用,且各特征与标签之间可能存在非线性关系,组合特征的使用可以提升模型的完备性,从而能够使模型捕捉到各特征之间的相互作用及特征与标签间的非线性关系。

为提高大学生心理普查的效率,使心理普查能更好地发挥心理问题筛查和预防作用,基于 LightGBM 算法分类模型的预测效果,提出以下建议。

第一,心理测试中除了选择合适的心理量表外,还应该收集学生的成长经历和家庭情况等基本信息,这些是影响学生心理健康的重要因素,使用组合数据集进行分类预测的准确率更高。

第二,采用机器学习方法对心理测试结果进行分析,对学生的心理健康状况进行分类预测。由于机器学习模型对心理健康状态的准确识别率高,可以对准确识别出来的有心理问题学生开展心理干预和辅导,对少量的没有被准确识别出来的学生进行心理访谈,这些学生可能没有心理症状但有潜在心理健康风险,必要时及时开展预防式干预和心理健康教育。

第三,从预测心理问题的主要特征来看,幻觉、妄想、抑郁、偏执、自杀意图、依赖是心理健康的核心症状;组合特征在预测心理问题中的重要作用表明,幻觉、妄想、抑郁、偏执、自杀意图之间有很强的关联,在大学生心理健康教育中,需要了解不同心理健康症状之间的关系,有针对性地开展预防教育和干预。

参考文献

[1] 贾绪计,金桃,汪强等. 机器学习及其在心理健康领域的应用[J]. 宁波大学学报(教育科学版),2021,43(4):117-122.

[2] HAHN T, NIERENBERG AA, WHITFIELD-GABRIELI S. Predictive analytics in mental health:Applications,guidelines, challenges and perspectives[J]. Molecular Psychiatry, 2017,22(1):37-43.

［3］KESSLER RC, LOO H, WARDENAAR KJ, et al. Testing a machine-learning algorithm to predict the persistence and severity of major depressive disorder from baseline self-reports[J]. Molecular Psychiatry,2016, 21 (10):1366-1371.

［4］SAU A, BHAKTA I. Screening of anxiety and depression among the seafarers using machine learning technology[J]. Informatics in Medicine Unlocked,2019(16): 100228.

［5］KE G, MENG Q, FINLEY T, et al. LightGBM: A highly efficient gradient boosting decision tree[J]. Advances in Neural Information Processing Systems,2017(30): 3146-3154.

［6］SAU A, BHAKTA I. Predicting anxiety and depression in elderly patients using machine learning technology[J]. Healthcare Technology Letters, 2017, 4(6): 238-243.

［7］JIMÉNEZ-SERRANO S, TORTAJADA S, GARCÍA-GÓMEZ JM. A mobile health application to predict postpartum depression based on machine learning. Telemedicine Journal and E-health: The Official Journal of the American Telemedicine Association[J]. 2015, 21(7): 567-574.

［8］TATE AE, MCCABE RC, LARSSON H, et al. Predicting mental health problems in adolescence using machine learning techniques[J]. PloS one, 2020, 15(4): 1-13.

［9］CARPENTER KLH, SPRECHMANN P, CALDERBANK R, et al. Quantifying risk for anxiety disorders in preschool children: A machine learning approach[J]. PloS one, 2016, 11(11): 1-20.

［10］PRIYA A, GARG S, TIGGA NP. Predicting anxiety, depression and stress in modern life using machine learning algorithms[J]. Procedia Computer Science, 2020, 167(6): 1258-1267.

［11］宋丽娟,唐平,杨贵英,等.四川省部分高校大学生心理健康状况与人格特征分析[J].中国学校卫生,2012,33(6):732-734.

［12］刘秀菊.高校新生心理健康状况及影响因素研究[D].济南:山东大学,2008.

[13] 汪立夏,舒曼.大学生心理健康状况、负性事件及求助行为趋势分析——基于江西省十年大学生心理健康状况调查[J].教育学术月刊,2013(5):24-27.

[14] 薛敏霞,舒曼.家庭负性事件对"00后"大学生心理健康的影响[J].济宁学院学报,2019,40(5):92-98.

[15] 杨雪花,戴梅竞.大学生心理健康状况及其研究进展[J].国外医学(社会医学分册),2000(2):65-68.

[16] 丁欣放,聂晶,张斌.心理因素与学业表现:机器学习分类预测模型(英文)[J].心理科学,2021,44(2):330-339.

[17] 顾亚文.浅谈基础特征工程[J].数字技术与应用,2020,38(2):217-218.

虚拟现实技术应用于高校思想政治教育的融合路径研究*

杨建萍①

摘　要：在教育数字化转型背景下，虚拟现实技术与高校思想政治教育逐步融合。本文旨在论证二者融合必要性和可能性的基础上，从教材、教具、教资三个维度探讨融合路径：开发虚拟现实思政教材，创设虚拟现实教学场域，提升思政教师虚拟现实技术能力，促进虚拟现实技术与高校思想政治教育的深度融合。

关键词：虚拟现实技术；高校思想政治教育；融合路径

2022年8月，《全面推进"大思政课"建设的工作方案》中提出，要"积极研发成本适宜的虚拟仿真教学资源"，强调虚拟仿真技术与教育领域的有效融合。党的二十大报告中指出，要"推进教育数字化"。如何将思想政治教育变得有意思、有深度、有温度，是高校思想政治教育的努力方向。随着数字时代的到来，虚拟仿真技术逐步进入高校思想政治教育视野，思想政治教育工作也面临着重大变化。如何将虚拟现实技术应用于高校思想政治教育并推动二者之间的深层融合发展，是当前致力于思想政治教育数字化发展的崭新课题。本文将在可视化分析的基础上，结合笔者开发的教具资源案例，探讨虚拟现实技术应用于高校思想政治教育的融合路径，为提升高校思想政治教育教学实效提供参考。

---

*　本文系浙江工商大学"数字＋"学科建设项目（重点）"数字时代高校思政教育的创新模式和机制路径研究"（SZJ2022B018）、浙江省高等教育研究课题"基于OBE的马院实践教学三位一体改革研究"（KT2023074）、浙江工商大学研究生科研创新基金项目"数智育人：高校数字思政建设研究——以浙江省智慧思政特色应用试点高校为例"研究成果。

①　作者简介：杨建萍，浙江工商大学马克思主义学院硕士研究生，研究方向为思想政治教育。

一、何以需要：虚拟现实技术应用于高校思想政治教育的研究述评

虚拟现实（Virtual Reality），可以创建和生成可交互的三维立体环境，应用于思想政治教育中，可以为学生带来沉浸式的"在场"感。高校思想政治教育的教学方法对教育成效具有重要影响，将虚拟现实技术与高校思想政治教育相融合，帮助解决内容空洞、场景受限、互动不足等问题，在拓展场景、创新形式、提高互动、提升实效等方面都发挥着重要作用。

（一）文献搜集

为厘清国内关于虚拟现实技术应用于思想政治教育的研究动态，笔者在中国知网上搜集相关文献，并利用 CiteSpace 软件进行可视化分析，来确定研究热点和发展动向，用以梳理虚拟现实技术应用于高校思想政治教育何以需要融合的原因。以"虚拟现实技术"和"思想政治教育"等关键词为主题，经过筛选，得到有效中文文献 130 篇，如表 1 所示。

表 1　中国知网具体检索流程和规则

要点	详情		
检索时间	2023 年 5 月 1 日		
时间跨度	2000 年至今		
数据来源/语种类型	中国知网期刊数据库/中文		
以"主题"为字段标识符进行交叉检索	"虚拟现实"OR"虚拟现实技术"	AND	"思想政治教育"
	"VR"OR"VR 技术"		
检索结果	130 篇有效文献		

（二）关键词共现分析

关键词能够高度凝练文章主题和核心内容。通过分析 CiteSpace 中的 Keyword 节点，得到了虚拟现实技术与思想政治教育的关键词共现图谱，如图 1 所示。该图谱展示了国内虚拟现实技术与思想政治教育相关主题的研究关键词，节点的大小表示关键词的共现强度。

图1 国内虚拟现实技术与思想政治教育的关键词图谱

表2展示了关键词强度前十的知识图谱,包括VR技术、虚拟现实、思政课、课程思政、思政教育、红色资源、实践教学、新时代、信息技术和智能技术等关键词。同时,梳理近几年的高频关键词,可以发现近三年国内研究主要以红色资源、课程思政、教学平台、网络思政、资源库、应用和融合现状等关键词为研究方向。本文研究主题为融合路径,笔者将结合自身的红色资源开发与思想政治教育应用实例展开融合探究,符合当前主要研究趋势方向。

表2 国内虚拟现实技术与思想政治教育的研究高频关键词

序号	关键词	频次	中心度	序号	关键词	频次	中心度
1	VR技术	42	0.75	6	红色资源	4	0.1
2	虚拟现实	18	0.65	7	实践教学	11	0.09
3	思政课	20	0.48	8	新时代	4	0.09
4	课程思政	8	0.19	9	信息技术	4	0.08
5	思政教育	8	0.12	10	智能技术	2	0.07

对关键词进行聚类,图2展示了关键词聚类强度前十的知识图谱,将关键词排名,排名靠前的关键词聚类分别是虚拟现实、VR技术、思政课、信息技术、思政教育和课程思政等。

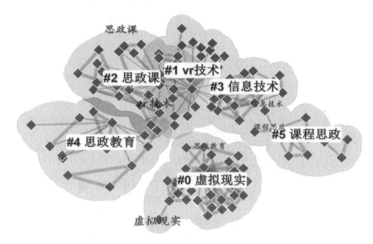

图 2 国内虚拟现实技术与思想政治教育的关键词聚类图谱

2016 年被称为"虚拟现实元年"。同年 12 月,习近平总书记指出,"要运用新媒体新技术使工作活起来,推动思想政治工作同信息技术高度融合"[①]。此后虚拟现实技术在思想政治教育领域的学术成果不断涌现,主要分为以下三个主题。其一,优势研究。董金权(2011)提出虚拟现实技术为思想政治教育提供了全新的可能性,解决了传统思政实践教学的经费、时间、地域等现实条件制约。[②]其二,理论基础研究。通过嵌入马克思主义现实人理论、建构主义理论、具体认知观理论等不同理论,论述虚拟现实技术应用于思想政治教育的合理性。其三,结合模式研究。高义栋等(2017)提出手机、一体机、主机+大屏、立体投影四种教学应用模式[③];秦晓华等(2021)从教学理念、教学场域、技术水平等角度展开论述[④];温旭(2021)认为可以将突发事件、红色场景、重大事件作为应用场景[⑤]。

通过梳理,可以发现国内关于虚拟现实技术应用于思想政治教育方面的研究起步相对较晚。近年来,尽管关于虚拟现实技术与高校思想政治教育的相关文献数量有所增加,实际上,我国研究进展远远落后于技术发展水平。目前更多

---

① 习近平:《习近平谈治国理政》(第 2 卷),外文出版社 2017 年版,第 378 页。
② 董金权:《基于 VR 的高校思想政治理论课虚拟实践教学的意义与可能》,《重庆科技学院学报(社会科学版)》2011 年第 8 期,第 155—156 页。
③ 高义栋,闫秀敏,李欣:《沉浸式虚拟现实场馆的设计与实现——以高校思想政治理论课实践教学中红色 VR 展馆开发为例》,《电化教育研究》2017 年第 12 期,第 73—78,85 页。
④ 秦晓华,邱耀立:《论 5G 时代高校思政课实践教学与 VR 技术的融合》,《学校党建与思想教育》2021 年第 15 期,第 64—67 页。
⑤ 温旭:《VR 技术赋能高校思想政治教育的价值与应用》,《思想理论教育》2021 年第 11 期,第 88—93 页。

的是概念性讨论,存在缺乏针对性、实证性等问题,以具体案例作为研究的内容较少,亟待研究和探索。本文试图解决这些问题,深入剖析虚拟现实技术应用于思想政治教育的研究现状,基于高校思想政治教育视角,理性地认识虚拟现实技术的应用潜力,对二者的融合路径进行分析,提出未来研究方向。

二、何以可能:虚拟现实技术应用于高校思想政治教育的机遇与挑战

基于虚拟现实技术的虚拟社会与现实社会越发"重叠",形成了新的思想政治教育共同枢纽,这种特殊的虚拟发展局势不仅为高校思想政治教育的全面发展提供了全新的、无限的机会,而且也带来了前所未有的新挑战。一方面,虚拟现实技术是促进思想政治教育变革的重要力量;另一方面,虚拟现实技术影响了真正的现实学习活动,陷入虚拟存在的困境。

(一)虚拟现实技术应用于高校思想政治教育的新机遇

虚拟现实技术既深刻改变了高校学生的学习生活,重塑了高校学生成长发展的环境,也成了高校开展立德树人工作的全新载体,高校思想政治教育在新机遇中探索推进。抓住虚拟现实技术这一机遇,挖掘其与高校思想政治教育的融合路径,提升高校思想政治教育的针对性。主要表现在以下三个方面。

一是思想政治教育场景立体化。在虚拟现实技术的基础上,传统思想政治教育教学环境得到改善,实现了教育内容的多场景化和立体化。通过信息化升级教育内容,构建层次化、动态化和多维化的教育传播场景,从多个角度和场景刺激学生的感官,有助于提升学生的思维认知和实践能力。此外,通过立体化场景满足多元化教学需求,实现教研协同、虚拟资源库、仿真教学、虚拟内容多级分发,满足学生多路径的知识学习需求,从而提高教育实效。

二是思想政治教育课堂沉浸化。通过虚拟仿真教学资源的设计,一方面,身临其境感使学生沉浸于虚拟学习的第一视角,实现场景与个人之间的互动,增强"第一视角角色代入"体验感,实现人物"在场交流"和"主动求教",构建"一对一"交互学习新模式;另一方面,教师既是课程实施的掌舵者,也是思政教育的实践者,通过虚拟现实课堂的交互,有助于提高思政教师与学生之间的交流,达到全

过程育人的目标。

三是思想政治教育教学个性化。对高校学生群体或个体进行精准教育,增强思想政治教育的针对性和实效性。根据思想政治教育课堂的特点和规律,以及学生成长成才和发展的规律,充分运用虚拟现实技术创建虚拟与现实的教学模式,学生可根据自身需求展开学习,加速学生主体与虚拟现实客体在情感上的碰撞,推动思想政治教育教学个性化。

(二)虚拟现实技术应用于高校思想政治教育的新挑战

虚拟现实技术对高校思想政治教育提出的挑战是全新的,也是全方位的。一方面,高校学生享受着虚拟现实教学带来的各种便利;另一方面,他们必须面对现实,在虚拟与现实的解构和重构中去调整意识形态和行为。由于虚拟现实技术的发展,高校学生对虚拟世界产生了浓厚的兴趣,越来越热衷"虚拟"而忽视"现实",造成技术对生活的参与超越了其使用目的和教学初衷。总体而言,在此背景下的挑战主要体现在以下几个方面。

第一,虚拟学习的主体意识不强。运用虚拟现实技术加强和创新高校思想政治教育工作。要求学生主体树立"虚拟"意识,努力处理好"虚拟"与"现实"的自我教育分界点,从而更好地打造智能化、精准化、个性化、互动式虚拟教学模式。从时代发展来看,虚拟现实技术的多样化发展为思想政治教育的创新发展提供了外在推力。线上教育、虚拟实践、元宇宙等虚拟学习比以往任何时候都更需要加强学生的学习自制力。同时,要避免极端个人主义、历史虚无主义、"高级黑"、"低级红"等非主流思潮对高校学生的虚拟意识形态领域产生消极影响。

第二,虚拟教育的内在机制缺乏。虚拟现实教学虽然高度仿真化,但事实上,在新的虚拟现实教育生态系统中,权威灌输等传统做法已经收效甚微。从学校教育的变革来看,技术的更新配备速度要远超教育体制机制等的变化,这种重视技术、忽视机制的倾向极大地制约了高校思想政治教育的创新发展。

第三,虚拟应用融合路径不足。加强和改进高校思想政治教育,关键就在于提升教育的针对性、实效性。虚拟现实技术的引入不仅与技术本身使用有关,而且还与虚拟教育服务和虚拟仿真资源有关。目前,许多高校选择与技术公司开展共同合作等形式,开发虚拟教育平台、设计虚拟仿真资源等。一方面,技术公司没有相应的理论知识背景;另一方面,高校本身缺乏对虚拟现实技术的熟练掌握和运用,这将导致专业性不强、融合路径不足等问题。

三、何以可为:虚拟现实技术应用于高校思想政治教育的融合路径

高校学生群体不论是在成长成才的环境上,还是身心发展的基本形态上,都表现出了一个重大转变。思想政治教育必须充分考虑到学生思想和行为的新变化,进一步创新、发展和实施具体的融合路径。笔者将结合自己的虚拟仿真资源开发经验,从教材、教具、教资三大方面展开融合路径探讨。

(一)知识赋能:教材编写融合路径

在教材融合方面,以"马克思主义基本原理概论""毛泽东思想和中国特色社会主义概论""中国近现代史纲要""思想道德与法治"等思想政治教育课程为主线,密切结合思政课教学内容及专业特色编写出具有思政特色且适合虚拟仿真教学的教材,打造特色"虚拟现实+思政教学"创新模式。突破传统思想政治教育教学的"瓶颈",运用虚拟现实技术实现思想政治教育"守正"基础上的"创新"。

在传统教材的基础上,开发虚拟现实教材,在对应的目录章节中嵌入虚拟仿真教学资源,打造"虚拟"现实教材。在传统教材的基础之上,更加注重习近平新时代中国特色社会主义思想与中国文化、中国精神的内在契合。将以《习近平新时代中国特色社会主义思想学习纲要》等系列学习纲要为重要参考,实现思政课堂从"线下"到"在线"再到"在场"身临其境的教学模式的转变,力图使学生在"可听""可看""可想""可学"的虚拟3D场景中悟透习近平新时代中国特色社会主义思想。

将教材可视化、聚合化、个性化,构建规模化的教材网络矩阵,实现教材资源良性循环使用。在此路径中充分融入社会时政热点,选取新鲜素材,使学生从理论高度看待时事政治。以笔者开发的"灵境"数智思政教学产品为例,虚拟仿真在结合教材知识点的基础上聚焦于中国式现代化的全国红色印迹。浙商虚拟现实主题场馆展示了浙商百年来的艰辛创业历程及"四千"精神与百折不挠的浙商精神;抗日战争虚拟现实主题场馆展示了抗日战争的相关知识点,以及可以身临

其境体验抗日精神等,以"虚拟化"的方式融入思想政治教育教材。寓情于景,寓教于乐,准确找到虚拟现实教材与学生诉求相结合的教学"创新点""出彩点""重难点",挖掘"新元素""新问题""新观点",通过虚拟现实技术与教材的融合,提升高校思想政治教育的"魅力指数"。

(二)技术赋能:教具开发融合路径

第一层面的教具开发,学校应用虚拟仿真技术,根据教学内容需要,使固化的文字、图片、影像资料、场馆数字化、动起来,根据其本身的虚拟性特点还原当时场景,形象生动地打造虚拟立体环境。用透彻的学理分析回应学生,用深邃的思想理论说服学生,促进教与学的深度融合,拓展了教学内容的广度和深度。例如,笔者开发的特色资源中设置了辩论视频上传和互评等多样化的同辈交互形式,实现多形式人机、人人互动。

第二层面的教具开发,通过虚拟现实技术和交互型虚拟现实设备展示真实的教学环境。借助声像编制,创建符合科学原理和教育原则的教学场景,使学生能够在情境中展开学习。基于虚拟现实学习场景,学生通过头显等设备获取根据教材内容设计的可触、可感的3D场景,开展交互式学习,实现学理性与真实性的统一。

第三层面的教具开发,学校可以配备虚拟现实拍摄设备,通过简单的拍摄实操教学,引导学生主动设计自己心目中的虚拟现实教学资源。一方面,这符合了高校学生学习的思维特点,有效激发了学生的学习内生性,使他们在积极参与中自主解疑、增强信心,实现了由被动获取知识向主动创造知识的转变,提升了高校思想政治教育实践教学的获得感。另一方面,通过学生视角展开设计,更具有同辈学习的独特关注点,此类虚拟仿真资源的开发和应用,对学生群体更有学习吸引力。在丰富虚拟教学资源库的同时,充分激发学生实践成长成才的主体意识,增强他们投身实践的自觉性、创新性,从而真正提升"三全育人"的教育实效。

(三)人才赋能:教资培训融合路径

利用好虚拟现实资源进行育人的前提,要将虚拟现实技术融入高校教师群体,充分发挥思政教师立德树人的重要作用。一方面,加快构建高校教师体系虚拟现实培训工作,通过教学案例展示、研讨会或教学观摩等形式,让教师相互学习、借鉴和启发,共同提升虚拟现实技术的教学应用水平。另一方面,为高校教师提供实际操作虚拟现实技术的教学机会,例如建立虚拟现实实验室或提供虚拟现实设备和软件工具。鼓励教师把虚拟仿真教学资源研究好、把虚拟现实技术结合好,不断创造优质的思想政治教育虚拟供给。完善虚拟教学评估制度及激励机制,凸显虚拟现实技术应用于高校思想政治教育研究、教学、协同、交互的实效。

具体而言,借助由全景仿真资源收集到的用户反馈与教学体验,通过数据挖掘、用户画像等增值服务帮助高校教师快速了解仿真资源中学生的互动需求,进行精准教育,不断完善互动内容与相关数据库,提升教学满意度。鉴于此,必须始终牢牢抓住"现实的人",在"现实的人"本原的基础上,开展虚实结合教资培训融合育人。

四、结语

虚拟现实技术在高校思想政治教育中的应用与融合已成为教育技术发展的必然趋势。从教材、教具、教资的三方视野来设计高校思想政治教育融合路径,提供一个既充分利用虚拟现实技术又充分体现现实与虚拟相融合、线上与线下相协调的教育理念及实践模式。未来应不断探索创新,深化虚拟现实与思政教育的融合,为培养高质量人才做出更大贡献。

参考文献

[1] 徐建军.大学生网络思想政治教育理论与方法[M].北京:人民出版社,2010.

[2] 陈宝,刘会强.高校思想政治理论课虚拟实践教学探微[J].思想理论教育,2013(15):59-62.

[3] 郭继武,李邢西.虚拟现实技术在高校思政课的应用[J].中国高等教育,2017(23):20-21.

[4] 赵亮,杜玥,李赫亚.虚拟现实技术在思想政治理论课中的创新应用[J].学校党建与思想教育,2018(12):34-35,38.

［5］唐智,董文明.VR技术支持下高职思政课教学问题及其应对［J］.职业技术教育,2020,41(5):64-67.

［6］卢勇.基于虚拟仿真技术的高校思政课在线教学实践探索［J］.中国大学教学,2021(4):79-84.

［7］杨丽艳.虚拟实践融入高校思想政治理论课实践教学的研究与探索［J］.思想政治教育研究,2021,37(2):97-100.

［8］韩承敏.反思与重构:高校数字思政教育研究［J］.江苏高教,2021(5):89-93,109.

［9］董宜祥,崔亚会.VR技术和思政课参与式教学的融合路径［J］.中学政治教学参考,2022(11):35-37.

［10］张清扬.VR助力高校思政教育的优势及路径［J］.传媒,2022(7):79-81.

高校思想政治教育质量提升研究

——基于 SWOT 分析法

高习强[①]

摘　要:高校思想政治教育环境利用 SWOT 分析法进行分析,了解外部环境和内部环境,根据优势、劣势、机会、威胁提出相关提升策略。教育管理者可以基于此较为全面地了解、掌握高校思想政治教育环境的特点,把握思想政治教育工作。

关键词:思想政治教育;SWOT 分析法;质量提升

利用 SWOT 分析法融入思想政治教育,制定提升高校思想政治教育质量的策略,促进思想政治教育的发展。在一定的环境下,高校思想政治教育才可以进行,环境制约着其实施和发展。高校思想政治教育更加值得引起社会的关注,其中大学生代表着青年团体,也代表着国家的未来。大学生并未能在社会得到有效的锻炼,所以大学生的思想也容易受到周围环境变化的影响。

一、SWOT 分析法简介

20 世纪 80 年代初,海因茨·韦里克提出 SWOT 分析法,用以评估组织的优势 S(Strengths)与弱点 W(Weakeness);与此同时,对外部环境的机会 O(Opportunities)、威胁 T(Threats)进行分析,制订有效战略计划。SWOT 分析法是战略管理中分析的重要工具,也是一种战略性的思维方法[②]。

---

① 作者简介:高习强,浙江工商大学马克思主义学院硕士研究生,研究方向为心理健康教育。
② 王义高:《企业战略管理》,中国经济出版社 2006 年版,第 159—160 页。

二、高校思想政治教育环境分析

(一)"优势"分析(Strength)

1.高校设施完善

设施是规划施行。随着时代的进步,高校重视学校设施管理,对校园环境进行改善。从高校的设施上来说,随着国家对高校大力投资,逐步重视,高校拥有越来越多的教学资源,与此同时,这些资源也为思想政治教育的发展提供了坚实的物质基础。高校教学科研仪器、网络设备及课程资源水平普遍提高。从生活上来说,高校食堂、寝室的生活设施不仅从建筑设计、菜单、装修等影响学生,而且也潜在地向学生传递着文化观念,例如,高校在公共生活场所装有电视,播放新闻、电视、电影,潜移默化地影响学生的思想。

2.校园文化活动丰富多彩

校园文化活动是为实现学校教育目标而举行的教育活动。其一,大学生的思维开阔,校园文化活动多姿多彩,促进校园文化的深度和广度发展。其二,随着国家政策的出台,高校为了促进思想政治教育的发展,提升思想政治教育的质量,举办了多种多样的活动,如革命主题的演讲、小品、短视频大赛等,潜移默化地对大学生进行思想政治教育。这些活动激发了大学生的爱国情怀,促进了思想政治教育的发展,坚定了民族自信心。

3.大学生素质良好

素质是人在平时的修养,分为思想、文化、身体,即代表德、智、体三个方面。从高中到大学后,大学生开始接受高等教育,无论是道德素质还是心理素质都经得起考验。校园里,随时可见学生们互相聊天友爱的画面;食堂里,学生整齐有序地排列队伍;教室内,学生奋笔疾书、保持安静。大学生自身优良的道德品质有利于思想政治教育的提升,而德育的提升有利于大学生自身的发展。

（二）"劣势"分析（Weakness）

1. 网络环境复杂

网络环境是指由于网络的渗透、扩张，从而引起国家信息政策、信息管理体制、社会文化等方面的变化。大学生利用网络上课、学习、购物等，享受便利的同时也让其处于危险边缘，各种网络诈骗花样千奇百怪，其中兼职刷单被骗人数不少。大学生网络安全意识调查问卷中，收到 8 次诈骗短信的占到了 18.64%，甚至超 8 次的高达 14.6%，严重影响了大学生在校园里的学习[①]。当大学生浏览网上信息的时候，要分辨信息是否符合社会主义核心价值观，不能人云亦云、亦步亦趋。

2. 公共课教学方式单一

教学方式是指教学方法中的活动细节。在教学过程中，具体的活动状态表明了教学活动呈现的形式。高校教师对于思政课的教学方式单一，没有发挥出高校的优势。教师课堂上无法和学生进行互动，导致部分大学生不重视，还出现了迟到、早退、上课发呆等现象；还有部分老师课堂上只教授课本知识，不讲述与学生感兴趣的事件进行连接，导致大学生失去了对思政课的兴趣。高中政治与大学公共课有重复性，大学生因此对公共课敷衍了事。

3. 公共课教学空间不足

教学场所是学生上课的主要场所，是老师和学生相互探究知识的场所。一般来说，大学专业课会启用小班授课，而公共课多启用大课堂模式教学。一方面，公共课往往是几个班级同时上课，学生数量较多，迟到早退不易发觉；另一方面，教师在上课时提出问题，学生回答的时候，班级里学生发言随机，不能每个人发言，师生互动机会少，导致师生之间交流减少，大大降低学生的学习兴趣，无法吸引学生。

（三）"机会"分析（Opportunity）

1. 国家对思想政治教育重视

习近平总书记指出，办好中国特色社会主义大学，要坚持立德树人，强化思想引领，把培养践行社会主义核心价值观融入教书育人全过程。一方面，国家和

---

① 王广丽：《当代大学生网络安全意识培育路径研究》，长沙理工大学硕士论文，2020 年。

党高度重视思想政治教育,而高校思想政治教育的对象是大学生,大学生代表祖国的未来;另一方面,国家加强对思想政治教育的重视,推动思想政治教育的传播,丰富学生的精神世界,彰显独特内涵。

2.中国特色社会主义理论体系不断丰富和完善

党的十七大报告把党在建设和发展中国特色社会主义过程中相继形成的马克思主义中国化最新成果统称为"中国特色社会主义理论体系"。党的十八大以来,以习近平同志为核心的党中央提出一系列思想政治教育的指导思想;党的十九大后,习近平新时代中国特色社会主义思想被写入党章,这是中国特色社会主义理论的又一次创新与完善。

3.党的建设不断加强

党的建设活动在以习近平同志为核心的党中央领导下,不断深入发展。党的建设对高校思想政治教育来说需要不断加强,同时为高校思想政治教育的开展发挥引领作用。高校举办各种活动推进党的教育,例如征文比赛、讲座、演讲比赛等,推动思想政治教育的发展,提升思想政治教育的质量。

(四)"威胁"分析(Threat)

1.市场经济冲击

市场经济是指通过市场来进行配置社会资源的经济形式。社会主义不断发展,市场经济的影响也给高校思想政治教育带来挑战,带给大学生们贪图享受的思想。市场经济还存在着弊端,在高校当中的市场经济给予的影响远不止如此。例如,大学生只在乎人际交往方面,只在乎自己的利益得失问题,没有完全地为他人考虑,并没有考虑到他人的感受。这样的一种现象,与我们社会主义核心价值观是背道而驰的。

2.家校合作机制不完善

家庭教育是学生最早接受的教育,目前家校合作机制存在不完善的情形,当家庭教育与高校思想政治教育出现相背离的情况时,就会对高校思想政治教育的发展产生阻碍。一方面,高校与家庭之间距离遥远,家长单方面地会认为大学生没有必要进行教育,对孩子在学校的情况不闻不问,导致双方缺乏沟通;另一方面,家长自身价值观存在偏差,影响子女价值观的形成。家校合作共同促进大学生成长成才和发展,进而提升高校心理健康教育质量。

三、高校思想政治教育质量提升战略选择

(一)So 战略:利用机会,发挥优势

1.国家重视,改善条件

国家高度重视思想政治教育,高校应当抓住这个机遇,利用国家发布的经费去提升学校的设施设备,提升办学水平。一方面,高校应营造良好的学习氛围,激发大学生的学习兴趣,促进思想政治教育的传播;另一方面,思想政治教育发展的同时,也为高校的发展奠定了基础。

2.结合党建,开展活动

一方面,把知识点相关的事件引入课堂,引发大学生的学习讨论,正确引导高校学生爱国爱党情怀;另一方面,课后让学生对课上讨论的事件进行分析和总结。高校开展有关党建的校园文化活动,不仅促进了思想政治教育的发展,也指引着大学生的价值导向。

(二)St 战略:依靠优势,应对威胁

1.抓住机遇,优化资源

国家和政府重视思想政治教育,高校应利用、整合现有的教育资源,对当前教师的教学方法进行改革和创新,提高学生学习兴趣。课堂上,增强师生交流,禁止教师一人独自讲解知识点。教师通过了解学生,增进师生感情,让学生对思想政治教育的想法得到充分的交流。

2.增强合作,培养学生

学校教育与家庭教育两者相互结合,共同促进学生的全面发展。高校要重视学生的心理健康状况,举办关于亲情教育的活动,增强家校间的合作,促进学生的全方面发展。在高校思想政治教育过程中,假如把学校和家庭两者相分离,

则高校思想政治教育与教育目标相背离。因此在高校思想政治教育中,家庭和学校合作不可分割,两者相统一,共同培育大学生。

(三)Wo 战略:抓住机会,改进不足

1.抓住机会,利用网络

一方面,高校应重视大学生的精神世界和价值观的形成,预防腐朽思想的侵袭,避免对大学生的身心造成危害;另一方面,高校应该积极利用网络技术举办符合价值观的活动,促进学生精神世界的发展,培养学生的集体意识和爱国意识。高校需要防止网络腐朽思想对大学生的侵袭,培养全面发展的大学生,营造学风良好的校园氛围。

2.抓住党建,正视经济

一方面,高校应抓住党的建设,将校园文化活动的多样性和党的建设结合起来,通过党的建设的宣传,提高学生对党的建设重要性的认识和对多元文化的辨别能力;另一方面,高校利用党的建设,开设相关讲座和课程,树立良好的风气,让学生正视社会主义市场经济的影响。

(四)Wt 战略:弥补不足,规避威胁

1.创新教学,降低影响

一方面,在课堂上,高校教师应注意把社会主义核心价值观融入课本,对教学模式进行创新。另一方面,高校应针对学生就业焦虑,开设指导课程,培养学生的良好心态;同时,提升学生心理素质,树立正确的价值观。

2.运用网络,加强思想

一方面,高校应积极利用互联网技术对思想政治教育进行传播,积极培养大学生拥有符合社会主义的价值观;另一方面,利用网络技术对突发事件进行宣传,及时预防并了解学生的想法,积极加强正确网络思想在大学生中的传播。

参考文献

[1] 王义高.企业战略管理[M].北京:中国经济出版社,2006.

［2］王广丽.当代大学生网络安全意识培育路径研究[D].长沙:长沙理工大学,2020.

［3］田长生.后喻文化视野下大学生思想政治教育的SWOT分析及对策研究[J].佳木斯大学社会科学学报,2015(1):71-73.

［4］沈蕾、刘畅.国内外思想政治教育方法研究[J].湖北经济学院学报(人文社会科学版),2010(10):25-27.

［5］徐国亮.思想政治教育——基于新视野的系统分析[M].山东:山东大学出版社,2007.

［6］袁菲菲.基于SWOT分析的高校思想政治教育文化环境及其优化对策[D].贵阳:贵州师范大学,2017.

［7］单亚.后喻文化视野下大学生思想政治教育的SWOT分析及对策研究[D].杭州:杭州师范大学,2012.

［8］赵可飞.SWOT分析视角下的高校思想政治教育环境优化研究[D].武汉:中国地质大学(北京),2010.